세상에 울림을 주는

논리적인 발표 기법

김호준 · 우은영 · 김정호 공저

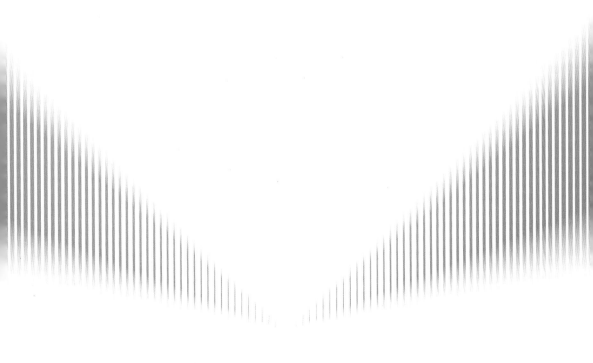

박영사

머리말

세상에 울림을 주는
논리적인 발표 기법 발간에 즈음하여

스피치는 그리스·로마에서 정치연설이나 법정에서의 변론에 효과를 올리기 위한 화법연구에서 기원한 학문으로, 담화를 통해 다른 사람을 설득하는 기술을 총칭하는 수사학에서 기원하였다. 스피치는 한 사람의 화자가 중요한 문제에 대해 충분히 준비하여, 다수의 청자를 상대로 이루어지는 의사소통 행위이다. 그리고 좋은 스피치란 청자의 감정을 자극하고 설득함으로써 청자의 신념이나 행동을 새롭게 세우거나 강화 또는 변화시키는 것을 일컫는다.

스피치는 의사소통에 있어, 과거부터 현재까지 가장 중요한 역할을 하고 있다. 특히 현대 문명 정보화 사회에서의 스피치는 말하기와 듣기, 프레젠테이션 시각자료 등이 매우 강조되고 있어 부단한 노력이 필요하다. 그러나 대부분의 사람들은 대중 앞에서 서는 것을 두렵고 어렵다는 생각에 스피치를 피하고 싶어 한다.

하지만 급변하는 정보화 사회에서 스피치의 파급효과는 엄청나다. 예를 들어 조직 사회 내에서 좋은 스피치는 '자기 PR', '조직홍보 마케팅 전략' 등에서 논리적이며 설계적인 자신을 표현함에 탁월하며, 직급이 높아질수록 그 책임과 리더십을 평가받는 것에도 큰 비중을 차지하게 된다. 또한, 좋은 스피치는 자신의 사회관계 내에서도 중요하다. 가족, 친지, 친구 등 모임이나 행사에서도 자신의 명석한 주장을 표현함으로써 청중들의 신뢰와 공감을 이끌어 낸다.

오늘날 이렇게 중요하게 여겨지는 스피치와 프레젠테이션은 당장 좋은 결과를 내기가 쉽지 않지만, 지속적인 관심과 노력만 있다면 누구나 좋은 스피치를 할 수 있다. 따라서 좋은 스피치를 원하는 사람은 '어떻게 청자에게 관심과 흥미를 불러일으키고, 수요자에게 프로젝트를 성공적으로 완성할 수 있는지'에 초점을 두어 부단한 노력을 경주하여야 한다.

현재 시중에 유통되고 있는 '스피치와 프레젠테이션' 관련 서적들은 주로 방송국 앵커와 같은 직업적 스피치를 원하는 사람들을 위해 저술된 책이나, 강의학원에서 특정 주제를 대상으로 기술한 책들이 주류를 이루고 있다. 특히, 대부분이 스피치(말하기 듣기)만을 주제로 하고 있으며 프레젠테이션(시각자료)는 별도 분야로 간주되고 있다. 하지만 스피치와 프레젠테이션은 자신의 주장을 '말하기'와 '보여주기'란 형태로 표현하는 방법이므로, 이는 병행하여야 효과가 극대화 된다.

스피치 발전 역사는 짧지만 다양한 이론들이 정립되어 발전되고 있다. 그러므로 본 저서는 오늘날 정보화 시대에 대응하기 위한 프레젠테이션 기법과 현대 사회의 트랜드를 반영한 감성에 기반한 스피치 기법을 위해 발간되었다.

본 저서는 크게 상기에서 언급한 것과 같이 스피치와 프레젠테이션을 포함하여 총 13장으로 기술하였다. 제1부 스피치에서는 스피치, 커뮤니케이션 이론, 수사학, 동기부여이론, 설득적 의사소통, 발표 불안, 원고작성의 유형, 창의적 아이디어 발상기법을 다루었다. 특히 스피치에서 대다수 사람들이 경험하는 연설불안과 이를 극복하기 위한 호흡법이나 발성법을 중점적으로 다루었다.

더불어 통찰력과 인지력 등을 바탕으로 주어진 문제에 대해 유연하고 합리적으로 사고하여 독창적인 '새로움'과 가치 있는 '유용성'이란 해결 과정을 위한 '창의적 방법론' 대해 중점적으로 집필했다. 또한, 본 저서에서 강조한 '감성적 방법론'으로 스토리텔링을 초점에 두었는데, 이는 화자와 청자 사이에 공감과 감정의 교류가 이어진다면, 상대방의 마음을 움직일 수 있는 긍정적 토대가 형성되기 때문이다.

제1부 스피치가 이론적 부분을 강조했다면, 제2부 프레젠테이션은 정보화 시대에 발맞추어 실제 발표현장에서 적용될 수 있는 실용적인 이론이나 방법론에 기초한 내용이다. 제2부는 크게 프레젠테이션의 개념, 프레젠테이션 구성요소, 청중, 발표자, 프레젠테이션 디자인으로 구성되어 있다.

제2부는 효과적인 프레젠테이션을 위한 요인으로 3P 분석, 목적(purpose), 청중(people), 발표장소(place)란 세 가지 분석과 7P 원칙, 목적(purpose), 청중(people), 발표장소(place), 발표자(presenter), 메시지의 최종 결과물(product), 실행(performance), 시간엄수(punctuality)란 일곱 가지 원칙으로 구성했다. 특히, 프레젠테이션 구성 도구에서 리허설은 프레젠데이션에서 가장 중요한 요소로 연설불안을 없애기 위해서는 반드시 거쳐야 하는 과정이다.

본 저서는 면접을 앞둔 취업생과 특목고, 대학입시 준비생, 직장인들에게 꼭 필요한 지침서가 되기를 소원하며, 또한 강의하는 강사, 교사들에게 실제현장에서 필요한 스피치와 프레젠테이션의 길잡이가 되었으면 하는 바람이다.

마지막으로 스피치와 프레젠테이션을 실행하는 모든 사람들에게 유익한 책이 될 수 있도록 많은 도움을 주신 도서출판 박영사 이하 임직원 분들께 깊은 감사를 드리며, 특히 이 책의 원고 구성에 큰 도움을 준 제자 성하린 양에게 고마움을 전한다.

2023년 2월
김호준, 우은영, 김정호

차례

제1부 **스피치**

Speech & Presentation

제1장

스피치

SPEECH & PRESENTATION

1 　스피치 정의

　　스피치란 사전적 의미로는 말, 언어, 담화, 연설 등으로 정의되는데, 스피치는 연구자에 따라 다양하게 해석되고 있다. 연구자들의 주장과 전통적으로 이해되고 있는 관점들을 종합하면 한 사람의 화자가 중요한 문제에 대해 충분히 준비하여 다수의 청자를 상대로 이루어지는 의사소통의 행위로써 청자의 감정을 자극하고 설득함으로써 청자의 신념이나 행동을 새롭게 세우거나 강화 또는 변화시키기 위한 공식적 말하기(public speaking)를 의미한다. 최근에 와서 말하기 행위의 표현기법으로 화법, 화술, 연설, 웅변, 담화, 말하기, 대화, 소통, 커뮤니케이션, 프리젠테이션 등 의사소통 관련 용어들을 많이 쓰고 있는데, 정립되지 않는 관점으로 혼동하여 쓰는 것 보다는 용어상의 개념과 형식이 조금씩은 다르다 하더라도 말하기 행위의 궁극적 목적이 크게 다르지 않다면, "광의적 말하기의 행위" 또는 다양한 형식의 의사소통을 포괄하는 말하기의 총칭으로써 스피치로 통일하여 불러도 무방하다고 본다.

2 　스피치 용어의 개념

1) 수사학

　　수사학은 그리스·로마에서 정치연설이나 법정에서의 변론에 효과를 올리기 위한 화법연구에서 기원한 학문으로 담화를 통해 다른 사람을 설득하는 기술을 총칭하는 말로 정의되어 왔다. 수사학의 창시자는 코락스(corax)라고 알려졌는데, 수사학 연구의 단초를 제공한 사람은 플라톤이라고 할 수 있다. 플라톤은 소크라테스가 주인공으로 등장하는 그의 저서 "대화편"에서 수사학에 대한 입장을 언급하였는데, 그는 소크라테스 이전의 수사학자들은 진리를 가르친 것이 아니라 진리의 외형만을 가르쳤다고 비판한 바 있다. 플라톤은 초기에는 수사학이란 선을 악으로, 중요한 것을 그렇지 않은 것으로, 유죄를 무죄로, 만들 수 있는 속임수라고 간주하였다. 그리고 수사학자를 기술이 아닌 기교만을 가르친 사람들이라고 비판하였다. 이러한 생각은 후기 "대화편"에서 수사학

기술이 진리에 기초를 두고, 어떤 주장의 진위에 대해 주의 깊은 조사와 청중의 특성에 맞게 적용하고 고려하는 것이 선행된다면 수사학도 어느 정도 유용성이 있다고 인정하고 의미를 부여했다. 독일의 철학자 블루멘베르크는 진리 소유의 가능성에서 출발하여 진리의 전달을 미화하는 기능, 간단히 말해서 진리를 사안에 맞게 다루는 기능을 화술에 부여하는 키케로의 수사학을 가장 영향력이 강한 수사학이라고 말한다.

2) 설득

설득은 상대방에게 감정적인 수단과 합리적인 수단을 통해 믿음을 불러일으킨다는 의미로 설득의 궁극적 목표는 행동의 변화에 있고, 설득의 본질은 어떤 목적 달성을 위해서 메시지라는 언어적 자극을 통해 수용자로부터 의도된 반응을 유발하는 과정으로 볼 수 있다. 설득에 대한 관심은 수사학에서 출발하는데, 플라톤의 제자 아리스토텔레스는 삼단논법 등과 같은 연역적 추리 방법을 사용하는 문단법과 달리, 대중들이 쉽게 이해할 수 있는 약식 삼단논법이나 예시 등의 귀납적 추리 방법을 사용, 다른 사람의 마음에 영향을 미치고자 하는 논증법이라고 정의하였다. 그에 따르면 설득은 공신력에 대한 평판인 신뢰감(에토스)에 토대를 두며, 논리적인 논증 기술인 논리(로고스)와 청자의 감정을 이끌어 낼 수 있는 감정(파토스)을 사용한다고 주장하였다. 설득을 이루기 위해서 에토스, 로고스, 파토스의 3가지 요소가 잘 어우러져 결과적으로 청자로부터 설득을 이루어 낼 수 있다고 보았다.

3) 화법

화법은 화자와 청자 사이에 의사소통의 과정이고 방법이다. 말을 잘한다는 기교적인 측면이 강조되는 기능적 화술이 아니라 화자가 일정한 목적에 도달하기 위하여 일정한 상황에서 자신의 생각이나 느낌을 음성언어와 몸짓, 표정 등으로 청자에게 전달하는 총체적으로 표현하는 말하기 기법이다. 또한 화법은 말하기와 듣기를 포괄하는 것이다. 화법은 말하는 이와 듣는 이가 협력하여 의미를 창조하는 작용행위이며, 화법 능력은 음성언어로 자신의 사상과 감정을 표현하고, 다른 사람의 감정을 이해하는 의사소통의 중추적인 능력으로 정의하고 있다. 오늘날은 말하기 행위가 대단히 중요시되고 있다. 일상의 사소한 개인의 대화에서부터 사회적 공적 문제를 놓고 격론이 일어나는 토론에 이르기까지 말로 이루어지는 일들이 헤아릴 수 없이 많기 때문이다. 인간이 생각함으로써 존재한다고 할 때, 인간의 사고 형성과 존재가 언어에 바탕을 두고 있고 생각 자체가 언어이다. 그 언어는 반드시 표현을 전제로 한 것은 아니지만 말은 의미표현 외에도 인간과 인간의 관계를 이어주고 정립해 주는 도구이기 때문에 말하기의 방법론이 중요한 요소가 된다.

4) 화술

화술은 화자가 말로써 의사 표현을 함에 있어 전략적인 말하기의 방법론으로써 사전적 의미로는 자신에게 주어진 시간을 이용하여 효과적인 말하기를 통해 청자의 태도를 변화시키거나 더 나아가 행동의 변화까지 일으키게 하는 화자의 총체적 말하기의 기술이라고 할 수 있다. 그러나 우리 사회에서는 화술이란 용어에 상당한 거부감과 부정적인 이미지를 갖고 있다. 이는 우리의 정서 속에 말을 능수능란하게 잘하는 사람과 잘하는 행위를 꺼리는 경향이 남아 있기 때문에 자칫 잘못하면 화술이 좋은 사람의 말하기를 기술적인 말솜씨로만 이해될 수 있다. 이는 화술의 기교적인 측면을 강조한 탓이다.

5) 연설

연설은 한 사람의 화자가 다수의 청중을 상대로 설득을 목적으로 메시지를 전달하는 행위로써 언어적 또는 비언어적 메시지를 통해 청중의 신념, 태도, 가치, 행동을 강화시키기 위한 커뮤니케이션의 과정으로써 공적인 화법의 한 형태이고 또한 일방적인 화자의 말하기와 청중의 듣기로 이루어지는 전형적인 일대 다 체제의 말하기 유형이다. 연설은 개인적인 요소보다는 형식적으로나 내용적으로 공식적인 요소가 짙은 담화이며, 어떤 목적에 따라 일정한 형식이 존재하고 화자와 청자가 누구냐에 따라 다르게 해야 하는 고도의 언어적 지식이 요구되는 화법이다. 현대는 각종 집단적인 이해관계가 첨예하게 대립되는 경우가 많아 이를 해결하고 조정하기 위해서는 이해와 협조를 필요로 하는 설득이 가능한 연설에 의존성이 커지고 있기 때문에 자신의 생각이나 주장을 당당히 말할 수 있는 설득력이 있는 연설 능력을 갖추는 일은 대단히 중요하다. 연설은 크게 법정연설, 정치연설, 식장연설로 나눈다. 식사(인사말)는 공식적으로 인사를 하는 자리에서 격식을 갖춘 말로 인사말, 축사, 환영, 환송, 이·취임사, 사은, 격려, 추도 등 크고 작은 모임에서 하는 대표적인 말하기의 종류라고 할 수 있다.

6) 웅변

웅변과 웅변술은 수사학에 뿌리를 두고, BC 5～BC 4세기의 민주제 시대의 아테네에서 법정(法廷)과 민회(民會)에서 민중을 설득하고 대중을 선동할 목적으로 공적 생활을 영위하기 위한 필수적인 실용적 화법과 학문으로 발전하여 오늘날까지 왔다. 이는 학문적 연원으로 그렇다는 것이고, 웅변은 대중을 상대로 한 말하기 기법으로 논한다면 인류가 공동체 사회를 조직하고 태동시킬 때부터 웅변은 시작되었다고 보아야 한다. 웅변은 대중을 상대로 설득과 이해를 시키기 위한 세련된 말하기의 정수이고 기법이다.

대중을 설득하고 설복시키는 심금을 울리는 웅변이 되기 위해서는 표현하는 방법과 내용, 화자의 인격, 상황 등 여러 요소들이 고려 되어야 한다. 웅변을 대중 앞에서 큰소리로 외치는 말하기로 인식하는 사람들이 많은데, 이는 대중 또는 많은 청중이 있을 때 청자가 들을 수 있도록 해야 하기 때문에 큰소리로 하는 것이지 효과적인 전달수단이 있다면 굳이 큰소리로 할 필요가 없다.

웅변과 연설을 구분하여 생각하는 사람들이 있다. 웅변은 격정적이고 동적이며 웅장하고 박력있게 하는 것으로 생각하고, 연설은 잔잔한 파도와 같이 정적이며 차분하고 침착하게 이해와 설명하는 식으로 하는 것이라고 하는데, 이 또한 상황적인 설정이고 말하기 기법상의 문제이지 굳이 구별할 필요가 없다. 말이란 누구 앞에서 어떤 상황에서 누가 하느냐에 따라 달라지기 때문이다.

웅변에서는 말하기의 기법으로 고저, 장단, 강약, 완급을 중요하게 생각하는데, 이는 비단 웅변에서뿐만 아니라 모든 말하기의 상황에서 필요한 것이다. 대중 또는 많은 사람을 설득하기 위해서는 말하기의 많은 요소들이 조화롭게 뒷받침되어야 한다. 잘하는 말하기의 전제는 말하기 기술이 아니다. 화자의 인격이나 태도가 불량하거나 말속에 진실과 정의가 없다면 누가 설득당하겠는가? 제 아무리 말솜씨나 말하기 기술이 능하고 잘한다 하더라도 정의와 이치에 합당하지 않으면 이를 웅변이라 할 수 없다. 대중을 억압하고 통제하고 선동하는 말을 하는 독재자나 그 독재를 추종하는 사람들이 하는 말, 우매한 대중을 감언이설로 속이는 말은 설령 설득이 되고 설복이 되었다 하더라도 이를 웅변이라 할 수 없는 것이다.

7) 토의

토의는 두 사람 이상의 참여자들이 지식이나, 정보, 사실, 의견 등의 교환을 통하여 어떤 공동의 문제에 대해 해결방안을 찾기 위해 협의하는 화법의 한 형태이다. 토의는 참여자들이 다양한 의견을 자유롭게 교환함으로써 문제에 다각적으로 접근하면서 다양한 제안을 검토하여 최선의 해결방안을 찾아내는 데 목적이 있다. 토의는 안건에 대하여 주제와 목적에 맞는 내용을 조사 준비하여 다른 사람이 이해하기 쉽게 논리적으로 내용을 명료하게 전달하고 다른 사람의 의견 또한 정확하게 이해하면서 듣는 노력과 문제해결의 대안 능력이 중요하다. 토의에는 원탁토의, 포럼, 패널, 심포지엄과 같은 것이 포함되는데, 원탁 토의는 특수한 문제와 관련되는 정보를 교환하는데 알맞은 방식이고, 포럼은 공공의 문제에 관하여 공개적으로 이루어지는 것이며, 패널은 참가자와 청중이 공동으로 관심을 가지는 문제에 관하여 의논하는 방식이고, 심포지엄은 전문가가 토의 주제에 관하여 발표하고 참가자가 발표한 것에 관하여 의논하는 형태이다.

8) 토론

토론은 두 사람 이상이 모여 어떤 문제와 논제에 대하여 찬성자와 반대자가 되어 각기 논리적인 근거를 발표하고 상대방의 논거가 부당하다는 것을 명백하게 하는 화법의 한 형태이다. 하지만 토론의 궁극적 목적은 자신의 의견이나 주장을 관철시키는데 있는 것이 아니라 참석자들의 대립적인 주장을 통하여 의견의 일치를 구하고 바람직한 결론에 도달하는데 있다. 토론은 넓은 의미에서 보면 토의의 일종이지만 찬성과 반대 입장이 분명한 사람들이 모여 어떤 제안이나 의견에 대해 논리적으로 상대방을 설득하는 논의 형태로 각각의 논거를 밝히고 상대방이 내세우는 논거의 모순을 지적하며 자기 논거의 정당성과 합리성을 보임으로써 상대방으로부터 반론 제기나 논박의 여지를 가지지 못하게 하면서 자기주장의 정당성과 합리성이 인정되도록 하는 것이다.

9) 면담과 면접

면담은 두 사람 이상이 만나서 상의하는 담화의 한 형태로, 일상의 대화와 달리 공식적인 성격을 지닌다. 면담의 목적은 정보를 수집하거나 상담하는 데 있다. 반면에 면접은 특정한 목적을 위해 한쪽은 일방적으로 질문만 하고 다른 한쪽은 대답만 하는 공식적 대화의 한 형태로, 피면접자의 인품, 언행, 지식의 정도, 등을 알아보기 위하여 이루어지는 질의응답식 대화이다. 면담과 면접을 통틀어 인터뷰라고 일컫기도 한다.

10) 대화

대화란 1:1 또는 두 사람 이상이 모여 말로써 생각과 느낌을 표현하고 이해하는 소통의 활동이다. 대화의 기본은 상대방의 의견을 인정하고 이해하는 데 있다. 대화의 특징은 말하는 이는 언제나 듣는 이의 협력을 필요로 한다. 처음부터 상대방이 협력의 자세를 갖추지 않는 것을 알게 되면 대화를 이어갈 수 없다. 협력의 자세에서 벗어나면 말의 진정성과 긴장감이 떨어지고 궁극적으로 청자와 화자 사이에 기본 이해의 불일치를 빚게 되어 의사소통이 불가능하다. 따라서 습관적으로 타인을 대할 때 협력의 자세와 이해심이 부족한 사람은 원만한 인간관계를 유지 할 수 없게 된다. 대화는 단순히 자신이 전하고자 하는 내용을 말하는 것으로 끝날 수도 있지만 상대와의 관계 속에서 자신이 말하고자 하는 의도가 상대에게 잘 전달되어 상호작용과 공감이 일어날 수 있도록 하는 것이 중요하다.

11) 커뮤니케이션

우리가 일상생활에서 많이 사용하는 용어 중의 하나가 커뮤니케이션이다. 그런데 커뮤니케이션이라는 말은 사용하는 사람들에 따라 다른 의미로 사용한다. 영어의 커뮤니케이션이라는 말은 communis라는 명사에서 나와서 공동 공유라는 뜻을 갖는데, 여기서 파생한 communicate 동사는 "같이 이야기하다"라는 뜻이다. 결국 커뮤니케이션이라는 용어는 말이나 글 또는 그림, 제스처 등을 주고받아 다른 사람과의 공동의 의미를 형성하는 행위라 정의할 수 있다. 달리 말하면 커뮤니케이션이란 언어, 몸짓, 화상 등의 물질적 기호들을 포함한 매개 수단으로 하는 정신적·심리적인 전달 과정이다. 학자들마다 다양하게 정의를 내리고 있는데, 하나의 마음이 다른 마음에 영향을 미치는 과정, 자극을 전달하는 과정, 의미를 전달하는 과정, 메시지의 송신의 과정, 또는 자극에 대한 유기체의 분별적 반응 등으로 규정할 수 있다.

3 스피치 교육

1) 스피치 교육의 역사

스피치 교육은 고대 그리스시대 아리스토텔레스에 의해 수사학의 형태로 시작되었다. 이어 서구사회에서 중세를 거쳐 근대에 이르기까지 스피치 교육은 철학, 정치학, 윤리학, 문학과 밀접한 관계를 맺으며 중요한 학문 분야가 되었다. 우선, 스피치 교육의 근간이 된 수사학은 5세기 중반 고대 그리스 소피스트들의 사교육에 의해 말하는 사람(rhetor)에 관한 학문(rhetoric)인 수사학의 형태로 체계를 갖추게 되었다.

수사학은 소피스들에 의해 아테네 시민과 정치가를 꿈꾸는 청년들에게 소크라테스적인 절대적인 진리나 플라톤적인 순수한 지식이 아닌, 경쟁 상황에서 다른 사람을 설득하고 필요에 따라서는 다른 사람을 효과적으로 지배하기 위한 실천적, 실용적 기술, 즉 정치적 기술을 다루었다.

스피치 교육의 시초라고 할 수 있는 고대 그리스의 수사학은 화자보다는 내용을 받아들이게 되는 수용자나 대중의 마음을 움직이는 "설득"을 근간으로 삼고 있고, 이를 통해 "소통"이 목적임을 알 수 있다.

여기서 설득이란 수용자의 마음을 움직여 스스로 행동을 변화시키는 것으로써 화자는 수용자를 설득하기 위해서 자신의 개인적인 인격을 통한 수용자에 대한 감정 호소, 논리적인 말 등을 적절하게 활용할 수 있어야 한다. 특히 스피치의 중심은 화자 자신이 아닌 수용자를 대상으로 스피치를 수행해야 하는 것이다.

스피치 교육은 철학, 정치학, 인문학, 윤리학 등 다채로운 학문과 관계를 맺으며 중요 학문으로 발전하게 되는데 20세기가 되어 실용 교육이 강조됨에 따라 빛을 발하게 된다.

20세기에 들어와 사회정치학적 요구에 따라 실용 교육을 강조한 미국대학에서는 수사학이 스피치 커뮤니케이션학이라는 학문 영역으로 발전되었다. 그 후 스피치를 하나의 커뮤니케이션 현상으로 인식하여 이를 이론적으로 탐구하고 연구하려는 커뮤니케이션학으로 진화되었고, 수사학과 인간 커뮤니케이션 현상을 종합적으로 연구하는 커뮤니케이션학과가 보편적으로 설치되었다.

현대사회에서는 메시지 전달 수단의 변화와 사회, 정치, 문화적 조건의 변화로 인해 스피치 커뮤니케이션 능력에 대한 요구가 더욱 강조되고 있다. 이러한 상황에서 서구 특히 미국대학에서의 스피치 관련 교육은 대부분 커뮤니케이션학과에 의해 기본교양 필수 과목으로 운영되고 있다.

미국의 경우 수사학은 커뮤니케이션학으로 더욱 확대 발전하게 되고, 소통학과, 스피치학과, 스피치소통학과, 연극영화학과, 영문학과 등에서 기본교양 필수 과목으로 접목시켜 다루게 되었다. 이를 토대로 소통학의 성장과 함께 현재의 스피치 교육이 활성화되었다.

2) 우리나라 스피치 교육

우리나라의 스피치 교육은 서구의 스피치 교육보다는 늦게 발전해 왔다고 볼 수 있는데 이는 우리나라 특유의 역사적 상황, 유교적 가치에서 연유된 것이라고 할 수 있겠다.

우리나라는 유교적 가치가 내재적 사회정서의 영향으로 자기주장을 강하게 하거나 능숙하게 변론하는 것보다는 과묵하고 신중한 것이 바람직한 것으로 인식되어 왔다.

유교문화에서 "빈 수레가 요란하다.", "말보다 행동이 더 중요하다."라는 표현들은 언어적 의사소통에 관하여 부정적인 인식들이 존재함을 보여주며 이러한 환경에서 우리나라를 포함한 동양 사람들은 언어적 커뮤니케이션을 강조한 서구에 비해 상대적으로 그 중요성을 간과하고 있는 것이 사실이다.

우리나라의 스피치 교육은 웅변 교육으로 시작되었으며, 1899년 도산 안창호 선생이 고향인 평양강서에 세운 점진학원에서 민족정신계몽과 독립에 대한 의식 고취를 위해 처음으로 실시 하였다. 1950년대에는 6.25 전쟁을 겪으면서 웅변주제가 주로 냉전 시대의 이데올로기에 관한 것이었고, 1960년대 이후에는 다양한 영역에서 웅변 주제가 다루어졌다. 그 후 1997년 IMF를 겪으면서 다양한 상황에서 자기표현을 할 수 있어야 경쟁력을 가질 수 있다는 인식이 퍼지면서 웅변 위주의 교육은 쇠퇴하고 다양한 주제와 형식을 갖춘 스피치 교육이 등장하였다.

서구에서는 학교의 정규교과 과정을 중심으로 스피치 교육이 제공되었다면, 우리나라는 구한말 이후 최근에 이르기까지 학교의 정규교과 과정보다는 학원 등과 같은 사설 교육기관에 그 역할을 거의 수행하였다고 할 수 있다. 따라서 스피치가 학문적이고 체계적으로 접근하기보다는 단순히 개인이 갖추어야 할 기량이라는 기술적이고 기능주의적으로 접근을 해 왔다고 할 수 있다.

21세기에 이르러서 우리나라도 대학을 중심으로 스피치 교육의 중요성을 인식하고 관련 과목들을 개설하고 있는 실정이지만 여전히 양·질적으로 걸음마 단계에 머물러 있는 것이 사실이다. 그러나 여전히 교육명만 스피치 혹은 커뮤니케이션 등으로 바꾸고 교육의 틀은 여전히 웅변식 교육을 벗어나지 못한 경우가 많다.

우리나라에서 현재 다양한 형식으로 진행되고 있는 스피치 교육에 대해 살펴보면 수업 대상에 따라 크게 일반인들을 주요 대상으로 하는 사설 스피치 교육과 학생들을 대상으로 하는 정규교과과정으로 분류할 수 있다.

일반인 대상 스피치 교육은 스피치 관련 학원, 웅변학원, 프레젠테이션 전문기관 등에서 개설되어 있다. 중·고등학생 대상 스피치 교육은 국어 교과과정 속에 포함되어 있으며, 국어 교육계에서도 말하기 교육의 중요성을 인식하고 제6차와 제7차 교육과정에서 비중 있게 다루었으나 이 역시 무엇을, 어떻게 해야 하는가에 대한 개념이 명확하게 규정되어 있지는 않다. 대학교에서 운영하는 스피치 교육과정은 거의 모두 커뮤니케이션 관련학과나 교양학부 과정을 중심으로 진행되고 있으며, 그 과목 명칭이 다양하고 학교에 따라 교양과목 혹은 전공과목으로 개설되어 있다.

그러나 아직까지 이렇게 체계적으로 프로그램과 교과과정을 제공하고 있는 대학이 얼마 되지 않고 개설되어 있는 스피치 교육과정도 아직은 그 효과가 구체적으로 검증되었다고 할 수 없다.

이에 일부 대학과 학회에서 스피치 교육 활성화 및 효과를 구체적으로 검증하기 위한 논의가 이어지고 있으며, 일반인을 대상으로 하는 사설 스피치 교육은 더더욱 체계적으로 프로그램이 개설되어있지 않을 뿐만 아니라 그 효과에 대한 검증은 미비하다고 할 수 있겠다.

3) 스피치 교육의 목적

스피치란 청중을 대상으로 화자의 공적인 말하기이므로 스피치 교육에서의 소통능력은 공적인 자리에서 화자와 청자 간의 소통 행위인 화자의 스피치 능력을 뜻한다.

스피치 교육은 넓은 의미에서 말하기 교육에 해당하기 때문에 사회화에 공헌할 수 있는 언어교육이라 할 수 있다. 언어교육은 민주시민이자 사회구성원으로서 언어를 수단으로 사회에 참여하도록 하는데 중요한 역할을 한다. 미래 세대들이 사회의 문제를 발견하고 이를 말할 수 있을 때 사회적 문제가 공론화되어 문제해결을 위한 시도가 이루어지기 때문이다.

교양교육의 목표와 관련하여 2001년 대학교육협의회는 "성숙한 인격체가 지녀야 할 품성, 세계시민으로서의 소양, 정보화 사회에 요청되는 판단력과 도덕성을 지향하여야 하고, 나아가 교양교육은 제반 학문 분야에 대한 지적인 호기심을 일깨우고 자기 표현력과 의사소통 능력을 개발시킬 수 있어야 한다."라고 하였다.

스피치 교육이 고대 그리스의 민주정치를 형성하는 과정에서 발달한 것처럼 우리나라의 경우 민주정치가 전개되면서 사회 각 분야에서 스피치 능력이 요구되고 있다. 따라서 스피치에 대한 관심이 단순히 유창한 언어 구사나 전략적 기술에 머무르지 않도록 체계적인 교육을 통해 사회적으로 덕망 있고 소통에 유능한 교양인을 양성하는 것이 오늘날의 스피치 교육의 목적이다. 교육의 본질은 인간 형성과 사회개혁을 위한 과정에 있다.

4   스피치 구성 요소

다수의 학자들은 커뮤니케이션 과정을 연사와 청중이 함께 공통된 의미를 만들어 내는 상호과정이라고 보고 연사, 청중, 메시지, 채널, 잡음, 상황, 피드백의 7가지, 화법의 요소에 따라 화자, 청자, 메시지, 장면의 4가지, 화자, 청자, 내용의 3가지, 화자, 청자, 메시지, 채널, 잡음, 상황, 피드백의 7가지를 스피치 커뮤니케이션의 구성 요인으로 설명하고 있다.

1) 화자

화자는 말하는 주체로서 스피치 상황에서 청자에게 내용을 전달하는 대상을 말한다. 경우에 따라 스피커, 연사, 발화자, 발신자로 정의되기도 하며, 화자는 관심과 배경 지식, 태도는 물론 청자의 필요와 특성, 반응 등을 고려하여 스피치를 준비하고 실행하여야 한다.

좋은 연사의 조건으로 훌륭한 인격과 지식을 갖추어야 하고 적극적인 태도 취하며 스피치 기법을 터득해서 자신감을 가지고 상황을 장악할 수 있어야 한다. 화자의 요건으로 첫째, 여러 가지 화제에 대해 많은 지식을 소유해야 하며, 다양한 지식과 경험을 대화에서 활용할 줄 알아야 한다. 둘째, 말하기 상황과 청자에게 적합한 화제에 관한 이야기를 하고 화제의 줄기를 따르며, 다른 사람에게 말할 기회를 양보할 줄 알아야 한다. 셋째, 자신의 감정을 억제할 줄 알고 재치 있으며, 예의가 바른 다른 사람의 말을 가로막지 않으며 다른 사람과 이야기를 공정하게 나누고 상대방이 이야기를 잘 할 수 있도록 도와주어야 한다. 넷째, 대화나 대담 등의 목적과 중요성을 알고 그에 적극적으로 참여하되, 대립적인 논쟁을 피할 줄 알아야 한다. 다섯째, 듣기 좋은 음성으로 겸손하게 이야기하며, 상대방의 이야기를 귀담아듣고 이해하려고 한다. 여섯째, 자기중심적이지 않아야 하며, 끝으로 상대방의 이야기에 배우려고 노력하여야 한다.

2) 청자

청자는 듣는 주체로서 스피치 상황에서 화자가 전달하는 내용을 듣는 대상을 말한다. 대부분의 경우 다수의 청자를 대상으로 스피커가 이루어지기 때문에 청중으로 정의되기도 한다. 청자의 가장 큰 역할은 듣는 것이다. 듣기란 상대방의 말을 올바르게 알아듣고 이해하는 일로 스피치에서 청자가 듣는 것은 화자의 말을 정확하게 듣고 이해하며 비판적으로 수용한다는 의미로 정확하게 듣기 위해서는 화자의 스피치에 집중하고 경청해야 한다.

또한, 제대로 이해하기 위해서는 화자의 의도와 심리 상태 등 여러 가지 요소를 고려하여 표면적 의미뿐만 아니라 내면적 의미까지 파악할 수 있어야 한다. 그러나 이것이 화자의 말을 무조건적으로 수용한다는 의미는 아니다. 화자의 스피치에 귀를 기울여 제시된 주제나 주장, 자료, 증거, 논증 등이 타당한지 판단하면서 들을 수 있어야 한다.

바람직한 청중의 태도는 경청하는 자세를 갖고 중요하다고 생각되는 부분은 필기하며 발표자의 질문에 준비하여 응답하는 것이라 하였다. 또한 얼굴 표정이나 고갯짓으로 긍정적인 반응을 보여주고 발표자가 긴장하고 있더라도 넉넉하게 받아주며 밝고 웃음 띤 표정을 지어 주어야 한다. 따라서 바르게 듣기 위해서는 정확하게 듣고 이해하며 능동적인 자세를 객관적으로 평가하고 비판적으로 수용하며 들을 수 있어야 한다.

스피치 상황에서의 화자의 청자 간의 장애 요소는 화자가 표현을 잘하지 못해서가 아니라 청자가 본능적으로 상대의 말을 평가하고 인정하거나 부정하면서 듣기 때문에 생긴다고 한다(이창덕, 2000). 따라서 청자는 화자에 대해 편견이나 선입견을 갖지 않도록 하여야 하고 화자의 견해를 무시하지 않고 신중하게 경청하는 태도를 가져야 한다.

3) 내용

내용은 화자가 청자에게 전달하고자 하는 메시지로써 스피치 상황에서 화자에 의해 전달되는 정보나 견해 등 일체의 것을 말한다. 내용에는 단어와 같은 언어적 상징뿐만 아니라 목소리의 톤, 시선, 표정, 제스처, 자세, 용모 등 비언어적 상징들도 포함된다.

청자에게 좋은 내용이란 믿기 어려운 것보다는 친근한 것이 좋고 추상적인 것보다는 구체적인 것이 좋으며 돌려 말하는 것보다 단순한 것이 좋고 긴 문장보다는 짧은 문장이 좋다고 하였다. 따라서 화자가 좋은 내용을 준비하기 위해서는 청자의 가슴에 남겨질 것이 무엇인지를 잘 파악하고 배려하는 자세와 자신이 말한 내용이 진술하고 전문성을 가질 수 있도록 연구하는 자세가 필요하다(이한분, 2008).

화법에서 메시지는 크게 언어적 의사소통과 비언어적 의사소통을 매개로 이루어지는데, 이를 통해 관계적 의미, 자아적 의미, 문화적 의미를 공유하게 된다고 보고 메시지로 작용하는 요소를 언어적 메시지와 언어 행위적 메시지, 행위적 메시지, 의사소통 참여자들의 자아와 관련된 메시지가 그것이다(이창덕, 2000).

4) 상황

상황은 스피치가 일어나는 전반적인 배경으로써 화자와 청자의 관계, 스피치 주제, 수행전략 등 스피치 전반에 관여한다. 따라서 화자는 상황에 따라 스피치의 주제와 소재, 방법 등을 역동적으로 변화할 수 있어야 한다. 상황의 변수로 시간, 장소, 조명, 온도, 거리, 좌석배치, 모임의 성격 등을 제시하고 상황에 적절한 스피치를 위해서는 가능한 변수들을 충분히 고려하여야 한다.

벤더버그는 상황을 물리적 상황, 역사적 상황, 생리적 상황, 문화적 상황으로 구분하였고 물질적 상황은 스피치가 이루어지는 장소의 기온, 밝기, 시간, 위치, 청자와의 거리, 좌석배치 등을 말하며 스피치는 공식적인 말하기이므로 청자와의 거리는 3.6m 이상을 유지하는 것이 좋다고 하였다. 역사적 상황은 청자가 과거에 경험한 일과 사건 등을 말하며 생리적 상황은 스피치에서 갖추어야 할 예의이고 문화적 상황은 사람들 사이에 고유한 지식체계로써 공유된 신념과 가치, 상징, 행동 등을 의미한다.

5 스피치 유형

스피치의 유형은 상황에 따라 스피치를 발표, 진행, 참여, 대화로 분류하고 목적에 따라 설득스피치, 정보제공스피치, 격려스피치, 유흥스피치로 분류된다. 또한, 스피치 형태에 따라 담화, 연설, 토론, 토의, 회의, 방송 화법, 구두 낭독의 형태로 분류된다.

1) 스피치 상황에 따른 분류

(1) 발표스피치

발표란 한 사람의 화자가 다수의 청자를 상대로 스피치를 실행하는 상황으로 가장 화자 중심적인 스피치 상황이다. 정치인의 연설, 웅변가의 웅변, 성직자의 설교나 설법, 교사의 강의, 회사원의 프레젠테이션, 학생의 연구발표, 학자들의 학술 발표 등이 해당된다.

대부분의 경우 발표 내용은 화자에 의해 사전에 준비되기 때문에 청자는 직접적인 영향력을 거의 행사할 수 없다. 그러나 발표 내용에 대한 최종적인 평가의 권한이 청중에게 있으므로 화자에게 있어 발표는 매우 치밀한 사전 준비가 필요한 스피치 상황이라 할 수 있다.

(2) 진행스피치

진행이란 다수의 화자 혹은 청자가 참여하는 회의나 토론, 대담회, 쇼 등을 한 사람의 화자가 총괄하며 스피치를 실행하는 상황을 말한다. 따라서 회의의 주재자, 토론이나 대담의 진행자, 발표회의 사회자, 쇼의 MC 등이 진행이라는 스피치 상황의 화자가 된다. 진행의 청자는 참여자들과 방청객으로 나눌 수 있는데, 참여자들의 경우 스피치 내용에 따라 유연하게 적용되기 때문에 준비내용이 탄력적이어야 하고 적응 및 대응 방법이 자세하게 연구되어 있어야 한다.

(3) 참여스피치

참여란 회의, 토론, 대담회, 쇼 등에 화자로 참석하여 진행규칙에 따라 자신의 소견을 발표하는 스피치 상황을 말한다. 참여는 발표상황과는 달리 자신의 의견을 한꺼번에 발표하지 않고 진행자의 요청에 따라 또는 상황의 진전에 따라 부분적으로 발표하는 것이 일반적이다.

따라서 사전에 준비한 내용을 발표하지 못할 수도 있고 미처 준비하지 못한 사항도 즉흥적으로 발표해야 하는 상황이 발생할 수도 있다. 뿐만 아니라 상황 변화에 따라 자신의 기존 입장을 바꾸어야 할 경우도 있으므로 회의, 토론, 대담회, 쇼 등에 화자로 참여할 때에는 진전 가능한 모든 상황을 예견하고 대응 방안을 준비해야 하며 예측하지 못한 상황에서도 현명하게 대처할 수 있는 판단력과 순발력이 요구된다고 하겠다.

(4) 대화스피치

대화란 화자와 소수의 청자들이 서로 번갈아 가며 자신의 스피치를 실행하는 상황으로 가장 청자 중심적인 스피치 상황이다. 대화 중에서 가장 격식 있는 상황은 인터뷰 또는 면접이며 가장 격식이 없는 상황은 가족이나 친구들과 주고받는 이야기이다. 대화는 발표나 진행, 참여 상황과 달리 자료를 참고하지 않는 것이 일반적이다.

2) 스피치 목적에 따른 분류

(1) 정보제공스피치

정보제공스피치는 말 그대로 새로운 지식이나 정보를 전달하기 위한 목적으로 시행된다. 강의, 강연, 프레젠테이션, 각종 보고회 등이 정보제공스피치에 해당된다. 정보제공스피치와 설득스피치의 차이점에 있어서, 정보제공스피치는 주로 교육적인 목적으로 새로운 정보나 어려운 내용을 담고 있는 정보를 보다 쉽게 실명힘으로써 지식의 확충을 기하는 데 있다. 이와는 반대로, 설득적 스피치는 단순한 정보 제공을 넘어서 청중에게 영향력을 발휘하여 동의와 수용을 요구하기 위한 목적으로 사용된다. 따라서 설득스피치는 청중의 기존 신념이나 태도를 변화시키고 궁극적으로는 행동의 실천화를 꾀하기 위하여 시행된다.

(2) 설득스피치

설득스피치는 연설가의 의견이나 주장을 청중이 "따르게 하는 것"을 목적으로 행하여진다. 일반적으로 "스피치"라고 불리는 대부분의 연설은 설득적 요소를 포함하고 있다. 따라서 선거철에 후보자들이 선거구민들을 향해 자신의 선거공약을 강한 어조로 피력하거나 면접상황에서 피면접자가 자신의 능력이나 자격을 설명하는 연설들은 모두 설득스피치의 일종이라고 할 수 있다.

(3) 격려스피치

격려스피치는 청중에게 활력과 영감을 불어넣어 주거나 동기부여를 자극하기 위한 목적으로 실행된다. 결혼식에서 신랑 신부에게 들려주는 감동적인 주례사나 입학식이나 졸업식에서 젊은 학생들의 활기찬 미래를 지지하기 위해 진행하는 격려사를 격려스피치의 예로 들 수 있다.

(4) 유흥스피치

유흥스피치는 말 그대로 청중을 유쾌하고 즐겁게 만들기 위한 목적으로 시행된다. TV 예능프로그램이나 코미디 프로그램에서 출연자들이 하는 말이 유흥스피치에 해당한다. 연예인 뿐만 아니라 다양한 모임의 자리에서 분위기를 띄우기 위해 하는 스피치도 모두 유흥스피치에 속한다.

3) 스피치 실행방식에 따른 분류

(1) 즉흥스피치

아무런 준비 없이 즉석에서 실행하는 스피치를 말하는 것으로 대부분의 사람들이 이 방식을 선호하지는 않지만 뜻밖의 요청을 받는 등 경우에 따라 즉흥스피치를 실행하는 상황이 발생하기도 한다. 사전예고 없이 아무것도 준비되지 않는 상태에서 스피치를 이어 나간다는 것은 화자의 입장에서 무척 당황스럽고 부담되는 일이므로 이때는 짧은 시간에 핵심만을 이야기 하도록 한다. 준비되지 않는 상태에서 길게 말하다 보면 정리되지 않은 문장들이 여기저기 흩어져 중언부언하게 된다. 따라서 평소에 생각하고 느낀 바를 최대한 솔직하고 간결하게 이야기하는 것이 좋다. 오랜 시간 스피치 훈련을 한 사람이면 오히려 즉흥스피치에서 두각을 나타내기도 한다.

(2) 낭독스피치

미리 완성된 원고를 보며 읽어 내려가는 스피치로 상황에 대한 이해가 낮고 장애요인의 개입이 적어 준비한 내용을 오류 없이 가장 정확하게 전달할 수 있는 스피치 실행

방식이다. 대통령의 대국민 성명발표나 정치인의 정책발표, 군이나 경찰의 공식적인 브리핑, 기념사, 식사, 학술 연구의 발표, 연예의 기자회견 등은 잘못된 표현 하나에도 큰 책임이 따른다. 따라서 최대한 주관을 배제하고 객관적으로 이야기하고자 할 때 주요 내용의 정확한 전달이 목적인 스피치에서 실행된다. 그러나 낭독 스피치는 자칫 단조로운 톤의 구사와 생기 없는 얼굴 표정으로 지루한 느낌을 줄 수 있고 원고에만 시선을 주어 청중과의 커뮤니케이션이 단절될 수 있다.

따라서, 원고의 내용을 충분하게 파악한 뒤 정확한 발음과 변화 있는 음성표현으로 실감나게 낭독하고 특히 시선을 고루 분산하여 청중의 반응을 살피고 그에 적절하게 대응하여야 한다.

(3) 암기스피치

원고나 개요서 없이 암기력에 의존하여 실행하는 스피치로 수락연설, 웅변, 소개, 동화구연, 시낭송, 발표대회 등이 해당된다. 스피치 내용 전체를 암기해야 하기 때문에 많은 시간과 노력이 소모 되지만 내용이 풍부하고 정확한 의사를 일정한 시간에 전달할 수 있어 완성도가 높다. 하지만 완벽한 암기와 연습이 선행되지 않으면 가장 타격이 큰 실행방식이기도 하다. 스피치 도중 다음 내용을 잊어버려 처음과 전혀 다른 방향으로 내용을 전개하거나 심지어 스피치를 중단할 수도 있다. 또한 내용을 기억해 내는 데에만 온 신경을 집중하게 되어 청중과 커뮤니케이션에 소홀해질 수 있으므로 무조건 암기보다는 다음 내용을 연상해 가며 차분하게 실행해야 실수를 줄일 수 있다.

(4) 개요스피치

스피치 내용의 요점을 간추린 개요서를 작성한 후 이를 기초로 실행하는 스피치로 개요서는 내용의 줄거리를 간략하게 요약하거나 스피치 내용을 떠올릴 수 있는 중요한 단어나 문구, 어구, 숫자 통계, 결론 등을 작성한다. 암기스피치와 같이 표현 하나하나를 정확하게 준비할 필요는 없으나 짜임새 있는 개요 조직과 충분한 연습이 필요하다. 스피치 실행 도중 부연설명이나 적당한 표현이 생각나지 않아 당황할 수 있으므로 철저한 연습을 통한 준비가 필요하다. 무엇보다 청중의 반응과 상황의 변화에 따라 유연하게 대응할 수 있다는 점에서 가장 권장하는 방식이다.

제2장

커뮤니케이션 이론

SPEECH & PRESENTATION

1 커뮤니케이션 정의

1) 커뮤니케이션 정의

커뮤니케이션[1]은 송신자의 메시지 전달과 수신자의 이해를 바탕으로 의견이 확산되는 절차적 과정으로 정의 내려질 수 있다. 즉, 커뮤니케이션이란 "의미창조와 메시지 교환과 관계된 하나의 과정"이다. 커뮤니케이션은 단순히 사회적 합의를 위한 수단을 넘어서 근본적으로 사회를 구성하는 기초적 단위이며, 인간의 필수적인 사회적 활동이라고 할 수 있다.

인간은 대화를 통해서 감정, 규범, 가치를 공유하고 관계에 기반하여 사회를 형성해 나간다는 점에서 인간의 가장 보편적인 행위는 의사소통적 행위라고 할 수 있다. 이러한 맥락에서 하버마스(Habermas)는 인간을 대화적 존재로 이해하고 이러한 의사소통적 이성이야말로 보편적인 것으로 이해한다. 인간은 커뮤니케이션을 통해 하나의 주체적인 자아로 성장하며, 의사교환을 통해 사회적 관계를 형성하게 된다.

다시 말해, 사회학적 관점에서 사회는 인간과 커뮤니케이션에 의하여 유지되는 관계의 네트워크로 이해될 수 있으며, 인간 커뮤니케이션의 성장과 발전 역시 사회적인 관계 속에서 가능하게 되는 것이다. 특히 대인교류가 다양한 공간과 상황에서 활발하게 이루어지는 현대사회에서 커뮤니케이션의 중요성에 대한 인식은 점점 더 증대해지고 있다.

커뮤니케이션학은 이렇듯 인간의 가장 기본적이고 보편적인 활동이 의사소통 행위, 곧 커뮤니케이션 행위라는 점에 근거하여, 인간의 커뮤니케이션이 사회에서의 관계 형성에 영향을 미치는 양상에 대해 관심을 가지게 되면서 성장하였다. 커뮤니케이션학은 보편적인 커뮤니케이션 이론을 정립하고 이를 바탕으로 인간사회의 다양한 커뮤니케이션 현상을 검토·분석하는 학문이라고 할 수 있다.

---

[1] 커뮤니케이션은 이론 및 구체적인 대화상황에 따라 다양하게 정의되고 있으며, 통일적인 개념 정의가 존재한다고 볼 수는 없다. 커뮤니케이션학에 기초한 법정 커뮤니케이션을 논의하고자 하는 본 연구에서는 기본적으로 "커뮤니케이션(communication)" 개념을 사용하지만, 법철학, 법해석학, 법사회학 등 다른 학제에서 일반적으로 활용되는 개념을 사용하는 것이 바람직하다고 판단되는 경우, "의사소통"으로 표현하기로 한다. 양자의 개념을 날카롭게 구별하여 정의 내리기 어려우므로 혼용하여 사용한다는 점을 미리 밝혀둔다.

커뮤니케이션학의 역사는 고대 시대의 수사학으로까지 거슬러 올라갈 수 있으며, 신문, 잡지 등의 인쇄미디어와 텔레비전과 같은 영상미디어의 발전을 통해 매스커뮤니케이션학으로 발전하였다. 현대적인 의미의 독립된 학문분과로서, 인간의 커뮤니케이션 행위 전반을 독자적으로 다루는 커뮤니케이션학의 등장은 20세기 중반에 이르러 본격화되었다고 할 수 있다. 이 시기부터 커뮤니케이션 연구는 문화연구(인류학), 사회학, 심리학, 철학 등을 아우르는 방대한 연구영역을 갖는 종합적인 학제 간 연구로 자리매김하였다.

본래 언어학 및 언론학에서 성장한 커뮤니케이션학은 오늘날 정부(국가기관), 기업, 언론, 학교, 가정 등 현대사회의 다양한 커뮤니케이션 공간과 상황 그리고 인간관계에 적용되면서 학문적 발전을 거듭해 왔으며, 특히 정보통신기술의 발달 및 사회구조의 변화에 따른 새로운 커뮤니케이션 현상에 민감하게 대응하면서 응용학문으로서의 속성을 유지해 왔다.

커뮤니케이션 전문가와 상담사들이 양성되고 다양한 의사소통 문제해결의 방법으로 활용되면서, 커뮤니케이션학은 단순히 이론적 차원에 머무르지 않고 그 실천적 효용성 역시 경험주의적으로 검증되어왔다고 할 수 있다.

2) 커뮤니케이션 연구동향 및 종류

초기의 커뮤니케이션 연구는 선형적인 의미 전달 과정을 통해 메시지 의미가 전달자로부터 수용자에게 정확하게 전달되는 데 초점을 맞추어 왔다. 곧 이 시기 연구의 접근 방법은 송신자의 의도를 수신자에게 정확히 전달하고 이를 수신자가 정확히 해석하고 이해하는 방식에 주안점을 두어 왔다고 할 수 있다. 메시지의 정확한 전달 및 과정과 그 효과를 다루는 전달 모델(transmission model)과 과정학파(process school) 등으로 지칭되는 초기의 커뮤니케이션 연구들은 커뮤니케이션의 핵심적 요소로 의미의 공유와 합의를 제시하였다.

최초의 커뮤니케이션 이론을 제시하였다고 평가받는 섀넌(Shannon)과 위버(Weaver)의 전달모델은 대표적인 초기 커뮤니케이션 연구 성과라고 할 수 있다. 이들은 오탈자, 잘못된 연결, 혼선, 전달 실패 등 커뮤니케이션의 기술적인 실패 가능성을 고려하고, 전달의 효율성에 집중한 수학적 커뮤니케이션 이론(mathematical theory of communication)을 제시하면서 의미의 전달에 대한 논의를 촉발했다.

전달 모델은 한 방향으로 이루어지는 개별적인 메시지의 교환으로 커뮤니케이션을 이해하며 의도된 의미가 정확하게 전달되었는지에 따라 커뮤니케이션의 성공 및 실패가 결정된다고 한다. 이때 커뮤니케이션은 의도된 의미의 전달이라는 목적을 달성하기 위한 수단으로서의 의의를 가지며 이상적인 커뮤니케이션의 모습은 "왜곡 없는 정보, 지식, 의견, 정서, 감정의 공유"로 설명될 수 있다. 다시 말해, 커뮤니케이션이란 송신자의 정확한 메시지 작성·전달과 수신자의 정확한 재생·이해를 바탕으로 한 커뮤니케이터의 의견 확산이 이루어지는 절차적 과정으로 설명될 수 있다.

커뮤니케이션 이론은 인간의 언어적·비언어적 상호작용에 대한 다양한 접근 방식을 의미하는 것이라고 할 수 있다. 그만큼 인간사회의 수많은 의사소통 현상들에 대한 다양한 이론이 존재하며 커뮤니케이션의 상황 및 맥락에 따라 다양한 분류가 가능할 수 있다. 따라서 학자들마다 상이한 커뮤니케이션 이론의 분류 체계들을 제시하고 있다.

커뮤니케이션학의 대표적인 4개 분야에는 ① "대인 간 커뮤니케이션"(Interpersonal Communication), ② "집단 및 공공 커뮤니케이션" (Group and Public Communication), ③ (전자 및 인쇄미디어와 관련된) "매스 커뮤니케이션" (Mass Communication), ④ (광범위하게 공유된 의미의 체계와 관련된) "문화적 맥락" (Cultural Context)으로 구분할 수 있다.

본 장에서는 커뮤니케이션 이론 중 스피치와 직접적으로 관련되는 대인 간 커뮤니케이션에 대하여 집중적으로 논의하도록 하고 설득 커뮤니케이션(persuasion communication) 이론은 제5장에서 따로 논하도록 하겠다.

3) 대인 커뮤니케이션

(1) 대인 커뮤니케이션 정의

인간의 커뮤니케이션 행위(human communication)는 시간과 장소에 따라 여러 가지 모습으로 나타난다. 왜냐하면 우리는 상황에 따라 다양한 역할을 하게 되고 이에 맞추어 우리의 커뮤니케이션 행위도 달라지기 때문이다. 예를 들어 친구를 만나는 것, 회의에 참석하는 것, 수업을 받는 것들은 모두 커뮤니케이션 행위이지만, 각 상황에 따라 커뮤니케이션의 내용과 유형은 달라지는 것이다. 이와 같이 다양한 커뮤니케이션 행위 중에서 가장 기본적인 것은 대인(對人)커뮤니케이션(communication)이다. 대인 커뮤니케이션이란 쉽게 말하면 사람과 사람이 만났을 때 이루어지는 것으로 주로 두 사람 사이의 커뮤니케이션을 말한다. 따라서 사람이 직접 얼굴을 대면하여 이루어지는 모든 커뮤니케이션 현상은 대인 커뮤니케이션의 확장 또는 축적으로 이해될 수 있다.

사람은 대인 커뮤니케이션을 통해 끊임없이 자기를 나타내고 사회규범을 배우며 다른 사람과 유대를 맺으면서 자기 자신을 발견한다. 이는 대인 커뮤니케이션이 주로 두 사람 사이에 이루어지는 가장 직접적인 커뮤니케이션으로 말이나 표정, 행동 등 몸 전체를 통해 서로 영향을 주고받기 때문이다. 대인 커뮤니케이션은 일반적으로 두 사람 혹은 그 이상의 개인들 사이에서 일어나는 대면적(對面的) 상호작용(face to face interaction)으로 정의된다. 그러나 일부 학자에 따라서 약간씩 다르게 정의를 내리고 있기도 하다.

B. Berelson, G. Steiner는 "대인 커뮤니케이션이란 2명에서 약20명 정도의 사람들이 일상적인 상징체계(symbol)를 상호 교환적으로 사용하여 서로 영향을 주고받는 과정"이라고 하였고 Nan Lin은 "대인 커뮤니케이션은 2명 혹은 그 이상의 사람 사이에서 일어나는 상호작용으로 이것은 특정한 상황에 처해 있는 사람 수에 따라서 2명(dyadic), 3명(triadic) 혹은 소집단 커뮤니케이션이라고 부른다."라고 하였으며, R. Applbaum은 "대인 커뮤니케이션은 둘 또는 그 이상의 개인 사이에서 일어나는 상호작용이다."라고 하였다. 이상의 정의에서 알 수 있듯이 대인 커뮤니케이션은 개인(individual)을 단위로 하여 두 사람 혹은 그 이상의 사람 사이에서 일어나는 대면적 상호작용을 기본 특성으로 한다. 따라서 대인 커뮤니케이션에서는 말을 통한 언어적 상징체계뿐만 아니라 표정이나 행동 등의 비언어적 신호(signs)도 의미를 전달하는 중요한 표현 수단이 된다.

대인 커뮤니케이션에서 말을 하는 사람은 단순한 화자(話者: speaker)라기 보다는 언어적·비언어적 표현을 통하여 의미를 전달하려는 송신자(sender)이며 말을 잘 듣는 사람도 단순히 듣는 사람(listener)이 아니라 전달된 표현을 해석하고 이해하려는 의미의 수용자(receiver)가 된다.

(2) 대인 커뮤니케이션 주요 내용

대인 커뮤니케이션이 주요 내용 살펴보면 다섯 가지로 나눠볼 수 있다. 첫째, 대인 스피치 커뮤니케이션 연구이다. 이 분야는 B.C.300년 무렵 아리스토텔레스의 수사학에서부터 시작되어 현재는 커뮤니케이션학의 한 연구 분야로 남아 있다. 가장 오랜 역사를 지닌 이 연구 분야는 주로 대중연설에서 스피치를 통해 대중을 설득하는 방법에 중점을 두었는데 19세기 초에 G. Campbell, V.Blair, R.Whately 등에 의해 연구 방법이 체계화되었다. 특히 Campbell은 전통적인 수사학의 연구영역을 넓혀서 모든 인간 커뮤니케이션 현상을 포함시켜 현대적 대인스피치커뮤니케이션 이론의 토대를 세웠다. 따라서 19세기 이후에 성립된 현대적 의미의 스피치 커뮤니케이션은 사람이 서로 스피치라는 매체를 통해 어떻게 커뮤니케이션을 하는가? 하는 현상 자체를 주로 행동과 학문적 입장에서 연구하는 것이다.

둘째, 전파이론(diffusion thoery) 연구의 일환으로서의 대인 커뮤니케이션 연구를 들수 있다. 1940년대 초부터 커뮤니케이션에 대한 실증적 연구가 활발히 수행되었는데, 이러한 연구의 산물로서 콜럼비아 연구팀에 의해 제시된 2단계 전파가설(two- step flow of communication)은 대인 커뮤니케이션에 대한 중요성을 새롭게 인식시켰다. 여기서 도출된 의견지도자(opinion leader) 개념은 정보흐름에 있어서 대인 커뮤니케이션의 영향력을 부각시켰고 그 후 의견지도자에 대한 정의나 정보전파와 영향력 전파를 구분하려는 시도는 다단계 전파가설을 유도해 내기도 하였다.

셋째, 문화인류학적 차원에서 이루어진 대인 커뮤니케이션 연구를 들 수 있다. 여기서 문화인류학적 접근 방법이란 문화의 이질성과 동질성을 비교·분석하여 대인 커뮤니케이션 현상에 적용하는 방법이다. 문화·환경에 따라서, 혹은 같은 사회 안에서도 계층에 따라서 의미를 전달하는 상징체계(symbol system)가 조금씩 달라진다. 따라서 대인 커뮤니케이션 연구는 이러한 문화·환경의 차이점에 착안하여 대인 커뮤니케이션에 영향을 주는 문화적 요인을 살피는 것이다.

넷째, 사회·심리학적 입장에서 대인 커뮤니케이션을 연구하는 경향이다. 이것은 다른 사람과의 커뮤니케이션을 어린이가 성장하면서 배우는 사회화과정으로 보는 것이다. 또한 대인 커뮤니케이션에 있어서 개인적 공간(space), 시간(time), 상황(setting) 등이 커뮤니케이션과 어떤 관계를 맺는가를 사회·심리학적으로 알아보는 접근 방법이기도 하다.

다섯째, 대인 커뮤니케이션 연구 동향으로 비언어적 의사소통 연구를 들 수 있다. 대인 커뮤니케이션에서 비언어적 메시지는 언어적 메시지를 보조하는 수단일 뿐만 아니라 그 자체로도 의미를 전달한다. 비언어적 메시지는 말 대신에 쓰이는 몸짓과 같은 신호 언어(sign language), 걷고 뛰고 먹는 것과 같은 행위 언어(action language), 옷·장신구 등과 같은 사물 언어(object language) 등으로 분류된다.

(3) 대인 커뮤니케이션 구조

대인 커뮤니케이션의 구조는 송출(Source), 송신자(Sender), 메시지(Message), 기호(Code), 채널(Channel), 기호해독(Decode), 수신자(Recipient receiver) 또는 수신처(Destination), 효과(Effect)에 기초를 두고 다음과 같은 과정을 거쳐 왔다.

두 사람이 대면 상황에서 커뮤니케이션을 할 때 메시지의 흐름을 총괄적으로 살펴보면 다음과 같이 크게 3가지 유형으로 나타낼 수 있다.

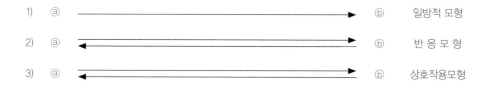

① 일방적(一方的) 모형 : 아리스토텔레스의 수사학 모형

B. C. 3000년경 아리스토텔레스의 수사학에서부터 시작된 가장 오래된 커뮤니케이션학으로 문헌학의 학적 체제는 이때부터 시작되었다.

② 반응(Feedback)모형

반응모형에서 송신자는 적극적으로 수용자에게 메시지를 전달하게 되며 수용자는 반응을 통해 자신의 의견이나 느낌 등을 비교적 소극적으로 나타나게 된다. 그리고 반응 수단으로는 언어 표현(verbal expression) 뿐만 아니라 얼굴 표정(facial experssion), 목소리, 눈빛 등과 같은 비언어적 표현도 사용한다. 그러나 수용자는 어디까지나 소극적으로 반응할 뿐 송신자와 대등한 위치에서 자신의 생각을 주고받지는 못한다. 이러한 예로는 교수와 학생 사이의 커뮤니케이션을 들 수 있다.

교수는 송신자의 입장에서 지식을 능동적으로 전달하며 동시에 학생들의 반응을 고려하여 자신의 강의를 보다 쉽게 바꾼다든지, 반복적으로 설명한다든지 한다. 반면에 학생은 수용자의 입장에서 교수로부터의 메시지를 이해하고 수용하려고 노력을 하면서 수시로 얼굴 표정이나 눈빛과 같은 비언어적 방법으로 어느 정도 이해했는지를 표현하게 되고 때로는 질문과 토론 등 언어적 방법을 통하여 반응을 보낸다. 그러나 여기서 학생은 어디까지나 수동적인 수용자의 역할을 하게 된다. 이러한 반응모형은 두 사람 사이의 사회적 위치가 어느 정도 차이가 있을 때 주로 나타나게 된다. 따라서 커뮤니케이션은 일방적 모형보다는 많아지지만 두 사람이 동등한 입장에서 커뮤니케이션을 하는 경우보다는 적다고 하겠다.

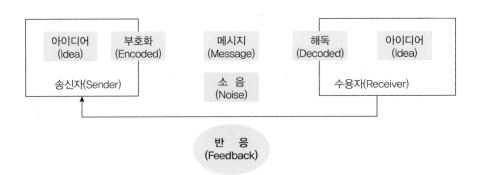

2 커뮤니케이션 모형

1) 커뮤니케이션 과정이론

커뮤니케이션에 대한 연구는 초기에 커뮤니케이션이 작용하는 방법, 커뮤니케이션에 영향을 미치는 요소들, 메시지를 보내는 자와 받는 자가 다양한 경로와 매체를 어떻게 선택하는지 그리고 메시지를 보내는 자는 어떻게 부호화(encoding)하며 받는 자는 어떻게 이를 풀어 해석(decoding)하는지 등 커뮤니케이션의 과정(process)에 초점이 맞추어져 있었다.

이러한 접근 방법에 있어 가장 중요한 문제는 커뮤니케이션의 "정확성(accuracy)"과 "효율성(efficiency)"이었다. 다시 말하면 이러한 초기 커뮤니케이션 과정이론은 커뮤니케이션의 결과가 초기에 의도한 대로 나타나지 않는다면 그 커뮤니케이션은 "실패(failure)"로 간주하며 커뮤니케이션 과정 중 어느 부분에서 문제가 발생하였는지를 찾으려 한다.

커뮤니케이션을 연구하는 목적은 잡음과 방해요소(noise)를 제거하여 보낸 메시지와 같은 메시지를 수신하도록(fidelity)하는 것이었다. 이러한 초기 커뮤니케이션 과정이론에서는 커뮤니케이션을 메시지의 단순하고 일방적인 전달(simple transmission of messages)로 보았으나 후기 커뮤니케이션 과정이론에서는 커뮤니케이션을 "나눔의 과정(process of sharing)"으로 변화되고 있다.

(1) 쉐넌-위버의 커뮤니케이션 모형(Shannon-Weaver Model of Communication)

"모든 모델의 어머니(mother of all models)"라고 불리는 쉐넌-위버 커뮤니케이션 모형(Shannon-Weaver model of communication)은 정보통신이론의 창시자로 불리는 쉐넌(Claude Elwood Shannon, 1916~2001)과 그의 동료인 위버(Warren Weaver, 1894~1978)가 1948년 최초로 소개한 모형이다. 쉐넌-위버 모형은 미국 벨 전화연구소에서 발행하는 벨 체제기술저널(Bell System Technical Journal)에 1948년 발표한 "커뮤니케이션의 수학적 이론(A mathematical theory of communication)"을 통해 최초로 알려졌다. 쉐넌은 1876년 세계 최초로 전화를 발명한 벨(Alexander Graham Bell, 1847~1922)의 이름을 딴 미국 벨 전화연구소에서 재직하다가 MIT(Massachusetts Institute of Technology) 교수로 전직한 인물이다.

쉐넌-위버의 초기 의사소통 모형은 전화통화에서 기술적 커뮤니케이션 과정을 설명하기 위한 일종의 수학적 모형이었다. 후에 쉐넌-위버는 자신들의 이론을 모든 종류의 커뮤니케이션으로 확장 시킴으로써 인간은 물론 기계적 커뮤니케이션을 망라하는 "모든 모델의 어머니"로 불리게 되었다.

쉐넌-위버의 초기 의사소통 모형은 정보원(송신기: information source, sender), 부호 변환기(transmitter, encoder), 채널(channel), 부호 해독기(decoder), 목적지(receiver, destination)의 5가지 구성 요소들로 이루어졌으나 후에 6번째의 요소인 잡음(noise)을 포함시켰다. 커뮤니케이션 모형에 잡음을 포함시킨 의도는 전화통화(telephonic communication)에서 발생하는 잡음을 최소화하여 통화능력을 극대화시키기 위한 목적이었다. 쉐넌-위버의 초기 의사소통 모형을 구성하는 5가지 구성 요소를 구체적으로 살펴보면 다음과 같다.

① **정보원, 또는 송신기**(Information source or Sender) : 메시지를 생성하고 채널을 선택하며 메시지를 보내는 사람이나 기계를 말한다.

② **부호 변환기**(Transmitter or Encoder) : 정보원으로부터 송출된 메시지를 해석이 용이한 부호로 변환하는 기계나 사람을 말한다. 원래의 모형에서 정의한 부호 변환기는 메시지를 신호(signal)나 이진 데이터(binary data)로 전환 시키는 기계 자체나 전환에 사용된 기계를 의미하였다.

③ **채널**(Channel) : 메시지를 보내기 위한 매체(medium used to send message)를 말한다.

④ **부호 해독기**(Decoder) : 송신자나 정보원이 송출한 신호나 이진 데이터를 메시지로 다시 전환하여 메시지를 해석하는 기계나 사람을 말한다.

⑤ **목적지**(Receiver or Destination) : 메시지가 최종적으로 도달하는 장소나 수신자를 말한다. 수신자는 메시지에 따라 귀환(feedback)을 제공하기도 한다.

⑥ **잡음**(Noise) : 원활한 커뮤니케이션을 방해하는 모든 요인들을 포괄한다. 즉, 잡음이란 커뮤니케이션 과정을 방해하는 물리적, 환경적 소음뿐만 아니라 커뮤니케이션을 주고받는 사람들의 신체적, 심리적, 인지적 방해요인까지도 포함한다. 의사소통 과정에 잡음이 발생하면 수신자는 송신자가 전달하는 커뮤니케이션 내용을 왜곡해서 해석하게 된다. 예를 들어, 송신자가 전화나 전보 등 기술적 채널을 통해 메시지를 전달할 경우, 전화기 상의 잡음이나 송신자의 목소리, 혹은 정보

기계 상의 문자 탈락 등에 의해 메시지가 잘못 해석됨으로 인해 커뮤니케이션의 문제가 발생하게 된다.

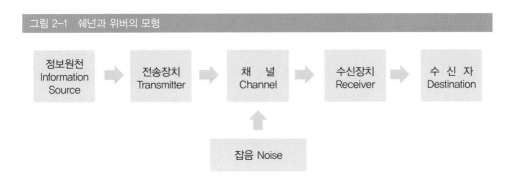

그림 2-1 쉐넌과 위버의 모형

이를 좀 더 개념화하기 위해 쉐넌과 위버는 커뮤니케이션 과정에서 일어날 수 있는 잡음의 문제를 3가지로 정리하였다. 여기에는 채널 상에서 일어날 수 있는 기계적인 문제(mechanical problem), 송신자가 전송한 메시지의 의미가 수신자에게 다르게 전달되는 의미의 문제(semantic problem), 메시지가 수신자에게 도달하여 발생시키는 효과성의 문제(effectiveness problem)가 포함된다.

쉐넌-위버의 커뮤니케이션 모형은 원래 기계적인 효율성을 높이기 위해 개발되었으나 점차 대인 커뮤니케이션에도 유효적절하게 적용시킬 수 있는 모형으로 받아들여졌다. 따라서 쉐넌-위버의 모형은 많은 사람들의 관심사가 되었으며 그런 만큼 이들의 모형이 갖는 문제점에 대한 지적도 높아졌다. 우선, 쉐넌-위버의 모형은 송신자를 가장 중요한 요인으로 강조한다. 이에 반해 수신자는 기득권을 쥔 송신자에 비해 수동적인 역할만을 하게 된다는 비판이 대두되었다. 송신자가 핵심 요인으로 강조되고 있는 모형에서는 피드백 또한 중요하게 다루어지지 않았다는 비판이 제기되었다. 이 중에서도 쉐넌-위버의 모형에 대한 가장 커다란 비판은 인간을 대상으로 하는 대인 의사소통이란 기계적 효율성을 높이기 위한 수학적 경로보다는 훨씬 더 복잡한 요소들로 이루어졌다는 사실을 간과했다는 지적이었다. 이러한 비판에도 불구하고 쉐넌-위버의 의사소통 모형은 쌍방향 의사소통 과정(two-way process)과 소음이라는 개념을 최초로 소개함으로써 커뮤니케이션 이론 개발의 기본적인 개념 틀을 제공하게 되었으며 그 후 의사소통 모형의 발전적 이론들의 출현을 자극하는 도화선이 되었다.

(2) 쉬람과 오스굿의 선형모델(Schramm-Osgood circular model)

쉐넌과 위버의 선형이론이 안고 있던 문제점들을 해결한 새로운 모델이 쉬람과 오스굿(Wilbur Schramm and C.E. Osgood)에 의해 개발되었다. 쉐넌과 위버가 메시지를 보내는 사람과 받는 사람을 연결하는 경로(channel)에 관심을 집중한 반면에 쉬람과 오스굿은 커뮤니케이션 과정에 참여하는 주요 주체들(main actors)의 행위에 초점을 맞추었다. 쉐넌과 위버의 선형이론이 커뮤니케이션 과정을 "한쪽 끝에서 출발해서 다른쪽 끝에서 끝나는 것으로 오해하고 있다"라고 비판한 쉬람은 커뮤니케이션이 "끊임없이 원을 그리며 흐르면서 우리들의 해석과 관습과 능력 및 수용력에 의해 끊임없이 변화하는 과정"이라고 주장했다.

그림 2-2 쉬람과 오스굿의 선형모형

이 모델에서는 커뮤니케이션 과정에 참여하는 당사자인 메시지 전송자(sender)와 수신자(receiver)가 각기 똑같은 기능(암호화: encoding, 해독: decoding, 해석: interpretation)을 수행하는 동등한 관계로 분석되고 있다. 쉬람은 커뮤니케이션 과정의 모든 요소들 중에서 "환류(feedback)"를 가장 중요한 요소로 가정하고 있는데, 그는 환류 기능이 커뮤니케이션 과정에서 발생하는 문제를 파악하여 이를 해결할 수 있게 해 준다고 주장히였다.

본 모델은 개인 간의 커뮤니케이션(inter-personal communication)을 설명하는 데는 매우 유용하지만 환류(feedback)의 여지가 별로 없는 mass communication 현상을 설명하는 데에는 그리 적합하지 않다는 평가를 받고 있다.

또한, 일반적으로 커뮤니케이션이 이루어지는 상황은 메시지 전송자와 수신자 간에 커뮤니케이션을 할 수 있는 정보 등의 자원 및 힘과 시간에 있어 상당한 불균형이 존재한다는 현실을 고려할 때, 전송자와 수신자를 동등하게 상정한 쉬람-오스굿 모델은 커뮤니케이션 현상을 왜곡하고 있다는 비판을 받고 있다. 하지만, 쉬람-오스굿 모델이 처음으로 제시한 "해석(interpretation)"이라는 개념은 모든 종류의 다양한 커뮤니케이션 현상을 이해하는 데 없어서는 안 될 핵심적인 기능으로 이후의 커뮤니케이션 이론 발전에 새로운 토대를 구축했다는 점은 높이 평가 되고 있다.

(3) 벌로의 SMCR 모형(Sender–Message–Channel–Receiver Model)

· Source: 메시지를 창출하는 대상(사람)
· Message: 내용을 전달하는 기호 체계(언어, 동작 등)
· Channel: 메시지를 전달하는 도구
· Receiver: 메시지를 전달받는 대상(사람)

그림 2-3 벌로의 SMCR 모형

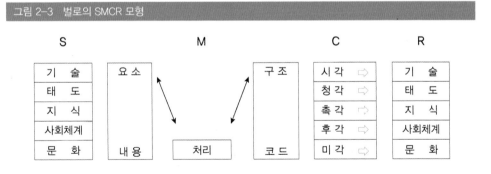

미국 일리노이 주립대학의 총장을 역임한 벌로(David Kenneth Berlo, 1929~1996)는 1960년 쉐넌-위버 모형을 기반으로 SMCR 모형을 개발하였다. SMCR 모형은 송신자

(sender), 메시지(message), 채널(channel), 수신자(receiver)의 첫 자를 딴 명칭이다. 벌로 모형에서는 부호화(encoding)와 부호해독(decoding)은 송신자가 메시지를 보내기 전이나 수신자가 메시지를 받기 전에 발생 된다고 강조하였다. 벌로의 SMCR 모형을 구성하는 4가지 요소는 각각 다시 커뮤니케이션 기술(communication skill), 태도(attitude), 지식(knowledge), 사회체제(social system), 문화적 배경(cultural background) 등의 하위요소들에 의해 영향을 받는다. 커뮤니케이션을 결정하는 4가지 요소를 소개하면 다음과 같다.

① S: 송신자(Sender)는 메시지의 원천 혹은 메시지를 만드는 사람을 일컫는다. 송신자는 자신이 고안한 메시지를 수신자에게 보낸다. 이때 송신자와 수신자 간의 의사소통은 다음과 같은 요인들에 의해 영향을 받게 된다.

   가. 커뮤니케이션 기술(Communication Skill): 다양한 종류의 정보를 주고 받을 때 사용하는 개인의 능력을 말한다(abilities you use when giving and receiving different kinds of information). 구체적으로 커뮤니케이션 기술에는 청취력(listening), 화술(speaking), 문장력(writing), 독해력(reading)은 물론 관찰력(observing)을 포함한다. 커뮤니케이션 기술은 커뮤니케이션 효과에 직접적인 영향을 미치는 요인이라고 할 수 있다. 따라서 송신자가 훌륭한 커뮤니케이션 기술을 가지고 있다면, 그렇지 않은 사람보다 메시지 전달이 보다 더 효과적으로 이루어질 수 있다. 이와 반대로 수신자가 의사소통 능력이 부족하여 메시지를 정확히 파악하지 못할 경우에는 송신자가 아무리 훌륭한 메시지가 전달하였다고 하더라도 메시지의 해석이 제대로 이루어지기 어려워진다.

   나. 태도(Attitude): 벌로는 의사소통에 있어 송신자와 수신자의 태도(attitude)는 메시지의 효과를 창출하는데 매우 중요한 역할을 한다고 강조하였다. 송신자와 수신자의 태도는 환경적 요소와 더불어 메시지의 의미와 효과를 변화시키는 요소라고 할 수 있다. 왜냐하면 태도란 행동을 결정짓는 "마음의 방아쇠"이며 속마음을 나타내는 "언어의 씨앗"이기 때문이다. 태도를 의미하는 "attitude"라는 단어는 라틴어의 "aptus"에서 온 말로 "적합성 또는 알맞음"을 의미한다. 즉, 태도란 겉으로 드러나는 외현저 행동의 원인이 되는 생각으로, 특정 대상에 대해 긍정적이거나 부정적인 평가를 내리기 위한 주관적 감정을 말한다.

태도는 행위의 동기가 되고 행동은 개인의 가치관을 표현하는 방법이 된다. 또한 태도는 타인에게 받아들여지고 싶은 기원과 집단 구성원으로서의 정체성을 획득하며, 사회적 일체감을 형성하기 위한 기능을 발휘한다. 이에 대해 카츠(Daniel Katz, 1960)는 태도란 자아 방어적 기능(ego defense), 가치 표현적 기능(value expression), 지식적 기능(knowledge), 적응적 기능(adjustment)의 4가지 기능을 갖는다고 설명하였다.

자아 방어적 기능이란 자신이나 외부 세계에 대한 유쾌하지 않은 자신을 보호하기 위해 특정한 태도를 취하게 되는 경향을 말하며, 가치 표현적 기능이란 자신에게 중요하다고 느끼는 가치나 자아 이미지를 반영하는 태도를 취함으로써 만족감을 주는 기능을 말한다. 지식적 기능이란 태도를 통해 외부 세계에 대한 정보나 사건들을 조직하고 이해하는 기능을 말하며, 적응적 기능이란 보상을 최대화하고 처벌을 최소화하기 위해 특정 태도를 취하려는 기능을 말한다. 이때 태도에 대한 4가지 기능은 다양한 동기 근거(motivational basis)에 따라 발현되거나 수정되는데, 자아 방어적 기능은 주로 위협이나 혐오감, 억압된 충동, 권위를 가지고 있는 사람에 의한 조언 등에 의해 변하며, 태도의 변화나 수정은 이러한 부정적 요소들을 제거하거나 자기 통찰력(self-insight)에 대한 느낌을 통해 이루어지게 된다고 하였다.

다. **지식**(Knowledge): 사전적 정의는 "지각, 발견, 학습에 의한 교육이나 경험을 통해 획득한 특정 사실, 정보, 서술, 기술에 대한 친숙함, 인식, 이해라고 한다. 의사소통에 있어서 송신자나 수신자의 지식수준은 메시지를 효과적으로 창출하고 해석하는 데 지대한 영향을 미치게 된다.

라. **사회체제**(Social System): 사회조직을 좀 더 안정된 집단으로 만들기 위한 공식적인 구조로, 개인, 집단, 조직 사이에 존재하는 응집력을 한 곳에 모으는 일종의 정형화된 관계망(patterned network)이라고 할 수 있다. 사람들은 일정한 사회체제 속에서 그들의 역할과 기능을 수행하게 된다. 사회체제는 또한 사회구성원이 가져야 할 사회적 가치, 신념은 물론 사회질서를 유지하기 위한 각종 규칙과 법률들로 구성되어있다. 의사소통에 있어 메시지가 전달되는 다양한 사회적 변인들과 상황은 송신자가 메시지를 소통하는 방법에 지대한 영향을 미치게 된다.

마. 문화(Culture): 문화(culture)란 동일 집단이나 사회 속에서 살고 있는 구성원들의 행동양식, 규범, 지식, 신념, 습관, 문화적 관습, 예술, 법률 등을 총망라하는 포괄적 용어(umbrella term)이다. 한 문화권 내에서 거주하는 구성원들은 사회화과정(socialization)을 통해 그들만의 독특한 행동양식과 문화적 규범을 학습한다. 문화적 규범이란 사회집단 내에서 수용 가능한 행위를 명문화한 것으로 행동, 언어, 처신, 심지어는 복장 등을 위한 가이드라인과 기대 수준에 대한 본보기를 제공한다.

의사소통에 있어 문화적 차이 또한 메시지의 창출과 해석에 지대한 영향을 미치게 된다. 문화적 다양성은 때로 해석상 혼란을 초래한다. 이러한 이유로 특정 문화에서는 지극히 정상적으로 수용되는 메시지도 다른 문화권에서는 매우 모욕적이며 불쾌하게 받아들여질 수 있다. 따라서 진정한 의사소통을 하기 위해서는 자신이 가지고 있는 선입견이나 고정관념을 버리고 상대방의 문화를 존중하고 흡수하려는 적극적인 태도가 필요하게 된다.

② M: 메시지(Message)는 송신자가 수신자에게 보낸 것으로 음성 목소리의 형태를 띠거나 문서화된 텍스트, 비디오, 시청각 자료가 될 수 있다. 메시지에 영향을 미치는 핵심 요소는 내용(content), 구성요소(element), 처리(treatment), 구조(structure), 부호(code)가 포함된다. 내용이란 하나의 메시지에 포함된 전체적인 아이디어(whole idea)를 말하며, 구성요소란 제스처, 상징(sign), 언어 등과 같이 내용에 부수적으로 따라오는 비구두적 요소들을 말한다. 처리란 송신자가 보낸 메시지를 수신자가 전달받는 방법이나 수신자가 송신자에게 보내는 피드백의 전달 방식을 말한다. 구조란 메시지의 구조를 지칭하는데 메시지가 배열되고 조직되는 방법을 말한다. 마지막으로 부호란 메시지가 보내지는 형태(form)로써 언어, 텍스트, 시각적 자료 등이 포함된다.

③ C: 채널(Channel)이란 메시지를 보내기 위해 사용되는 매체(medium used to send the message)를 말한다. 매스커뮤니케이션 형태의 의사소통에 있어서는 텔레비전이나 라디오 같은 매스컴이 주요 채널로 사용되며, 전화나 인터넷 등과 같은 정보

기술(information technology)을 활용한 기계들도 채널로 사용될 수 있다.

이에 반해 대인 커뮤니케이션에서 채널은 인간의 청각, 시각, 후각, 미각, 촉각의 5감각기관이 해당되며 자세한 설명은 다음과 같다.

가. **청각**(Hearing): 인간의 귀는 언어적 표현으로 전달된 상대방의 메시지를 받아들이는 유일한 감각기관이다. 사람들은 귀를 통해 들어온 메시지를 그대로 받아들이는 것이 아니라 자신의 다양한 욕구나 가치, 선행경험, 환경적 요인 등에 의해 다르게 지각하며 지각된 결과에 따라 자신의 행동을 조절하게 된다.

나. **시각**(Seeing): 의사소통에 있어서 상대방의 움직임에 대한 정보를 수집하게 된다. 많은 연구를 통해 말이나 음성언어는 의사소통을 위한 일차적인 수단이 되지만, 의사소통의 효과에 더 많은 영향을 끼치는 것은 비구두적 신체언어(nonverbal body language)라는 사실이 밝혀졌다. 연구에 따라 차이는 있지만, 일반적으로 비구두적 신체언어가 의사소통에 미치는 영향력은 60%에서 80%에 이른다. "7-38-55 법칙"을 주장한 메러비안(Albert Mehrabian, 1939~)에 의하면 송신자의 말(word)은 전체 의사소통에서 7%를 차지하고 목소리의 톤은 38%, 제스처, 안면 표정, 몸의 움직임 등 신체언어는 55%를 차지한다는 실험 결과를 발표하였다.

다. **후각**(Smelling): 인간은 후각(smelling)을 통해서도 냄새와 관련된 다양한 정보를 수집하여 상황 판단을 하게 된다. 냄새란 특정물질에서 분리되어 공기 중을 부유하는 냄새 분자로부터 생성된다. 인간의 후각 체계는 생존을 위한 원시적인 감각기관이라고 할 수 있다. 특정 장소에서 나는 냄새는 그곳이 안전한 곳인지 아니면 빠져나와야 할 위험한 곳인지를 판단하는 일차적인 정보가 된다.

라. **미각**(Tasting): 인간의 미각(tasting) 역시 메시지가 전달되는 과정에서의 많은 정보를 받아들인다. 미각을 자극하기 위해서는 타액에 녹을 수 있는 물질이어야 한다. 타액에 녹아야 미뢰(taste bud)에 분포한 미각 수용기를 자극할 수 있기 때문이다. 미뢰란 혀의 유두라고 불리는 돌출된 구조로 미각 수용기가 밀집되어 있는 곳을 말한다. 침에 용해된 음식이 미각 수용기와 접촉하게 되면 전기

적 신호가 발생한다. 전기신호로 전환된 미각 정보는 혀, 입천장, 후두, 인두 등에 분포된 약 1만여 개의 미각세포를 거쳐 미각 중추로 올라가게 된다. 한 개의 미뢰에는 약 20~30여 개의 미각수용체가 있으며 미각수용체는 30일마다 재생된다. 그러나 감기가 들면 입맛이 없어지는 것처럼 영양상태가 불량해지거나 나이가 들어 노령이 될수록 미각 수용기의 숫자가 감소된다.

마. **촉각**(Touching): 의사소통은 송신자와 수신자가 서로 악수를 하면서 인사하거나, 상대방의 등을 가볍게 치면서 친근함을 표시하는 비구두적 접촉(nonverbal touching)을 포함한다.

④ R: **수신자**(Receiver)는 송신자가 보낸 메시지를 받는 사람을 말한다. SMCR 모형에서는 수신자의 사고방식이나 의사소통 기술, 지식, 태도, 문화·사회적 요인 등이 송신자와 일치해야만 효과적인 의사소통이 이루어진다고 강조하였다. 송신자가 보낸 메시지는 수신자에게 동일한 내용으로 전달되어야 하는데, 이때 송신자와 수신자가 동일하거나 유사한 배경을 가지고 있지 않으면 송신자가 의도한 대로 메시지의 효과가 발생하기 어려워진다.

벌러의 SMCR 모형이 학계에 소개되자 이 모형이 갖는 취약점에 대한 비판이 대두되었다. 우선, 벌러의 SMCR 모형은 직선상의 모형으로 개발되었기 때문에 의사소통의 순환 원리나 쌍방향 과정이 간과되었다는 지적을 받았다. 이와 더불어 커뮤니케이션의 방해요인인 소음이나 피드백에 대한 언급이 불충분하여 의사소통에 관한 효과를 측정하는 데 어려움이 있다는 점도 지적되었다. 이 중에서 SMCR 모형의 가장 커다란 취약점으로는 송신자와 수신자 간의 차이점에 대한 언급이 전혀 없다는 점이었다. 일반적으로 대인 커뮤니케이션이나 공식적인 연설에 있어 연설가와 청중은 전혀 다른 입장에서 메시지를 주고받는다. 따라서 송신자가 창출한 메시지는 전적으로 수신자 자신이 원하는 방향으로 해독하고 받아들이기 때문에 송신자와 수신자가 가지고 있는 다양한 배경에 대한 효과성이 언급되어야 한다. 연설을 준비하는 사람들 중에는 자신이 생각해도 탁월할 정도로 주제 선정이 뛰어났으며, 충분한 시간을 두고 연습에 연습을 거듭한 결과, 매우 성공적으로 스피치를 끝냈다고 자화자찬을 하는 경우가 있다. 그러나 연설가가 설정한 주제가 청중의 관점이나 선호도에서 벗어난 것이라면 연설가가 의도한 방향과는 정반대의 역효과를 가져오게 된다. 청중 중에는 자신의 의사와는 관계없이 연설에 동원된 사람들도 있게 된다. 이러한 청중은 연설가가 아무리 열정적으로 스피치를 한다고 해도 이를 받아들일 자세가 되어있지 않으면 메시지는 연설가의 의도대로 전달되지 않는다. 또한 청중의 관심이나 태도, 가치관과 반하는 메시지를 전달하게 된다면 더 심각한 역효과도 일어날 수 있게 된다. 인간은 자신과 관련된 이야기가 아니면 흥미를 느끼지 못하는 경우가 많다. 이처럼 사람들은 자신의 욕구나 소망에 의해 판단을 하는 경향이 있다. 따라서 연설가의 스피치 욕구와 청중의 수용 욕구는 다를 수밖에 없으며, 청중의 욕구를 정확하게 공략하지 못한 메시지의 효과는 급감하게 된다. 이러한 측면에서 송신자와 수신자의 유사점만을 강조한 것은 SMCR 모형의 가장 커다란 취약점이라고 할 수 있다.

(4) 댄스의 나선형 모델(Dance's helical spiral model of communication)

댄스는 선형이론과 원형이론 모두 커뮤니케이션 현상을 제대로 설명해주지 못하고 있다고 비판하면서 복잡한 인간 커뮤니케이션을 보다 잘 설명해 주는 대안으로서 나선형(helix) 모델을 제시했다. 댄스가 본 인간 커뮤니케이션은 단순한 순환과정인 원형  이 아닌, 이전에 행해진 커뮤니케이션에 추가하여 진행되는 "활발하고 역동적인(active anddynamic) 과정"이다.

(5) 체리와 쉬람의 "나눔의 과정" 모델(Cherry & Schramm's communication model of shared experience)

체리와 쉬람은 커뮤니케이션을 단순히 "메시지의 전달(transmission of messages)"로 보는 커뮤니케이션 과정이론들의 문제점들을 극복하기 위한 노력의 일환으로 커뮤니케이션을 "나눔의 과정(process of sharing)"으로 인식하여야 한다고 주장하게 된다. 체리는 커뮤니케이션이 메시지를 일방적으로 "보내는 것(sending)"이 아니라 "서로 나누는 것(sharing)"이라고 논술하면서, 그렇기 때문에 커뮤니케이션은 서로 다른 인간들 사이에 "사회생활(social life)"을 가능하게 하는 "사회적 작용(social affair)"이며 "사회(society)"를 다른 말로 표현하면 "커뮤니케이션 상태에 있는 사람들(people in communication)"이라고 하였다. 체리에 따르면 우리가 "문화(culture)"와 "문법 등 언어사용의 규칙(sharing rules of language)", "관습(custom)" 및 "법(laws)" 등 사회통합성을 유지하는 기제들을 구축해 온 것도 커뮤니케이션을 통해서 이루어졌다고 볼 수 있다. 쉬람 역시 인간 커뮤니케이션에 있어 "나눔(sharing)"의 중요성을 강조했는데, 그에 따르면, 메시지를 보내는 사람과 받는 사람 사이에 공감대가 형성(in tune)되어 있지 않으면 성공적인 커뮤니케이션을 할 수 없다. 이 모델에 따르면, 커뮤니케이션이 가능하기 위해서는 커뮤니케이션에 참여하는 사람들 간에 어느 정도의 "경험의 공유(shared experience, 공감대)"가 있어야 하며 이러한 공감대가 클수록 커뮤니케이션이 용이해진다. 만약에 두 사람의 경험에 있어 상호 중첩(overlap)되는 부분이 전혀 없다면, 커뮤니케이션은 불가능하다.

커뮤니케이션 과정이론은 커뮤니케이션 과정 중에 어떻게 "의미(meaning)"가 생성되고 조성되어(generated and constructed)가는지에 대해서는 설명해 주지 못하는 단점을 가지고 있다.

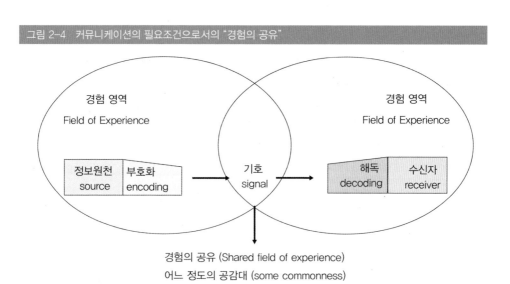

2) 매스커뮤니케이션 이론

전통적으로 매스미디어를 이해함에 있어서는 두 가지 극단적인 입장이 대립되어 왔는데, 하나는 "대중 조작론적 관점(Mass Manipulative Model)"이고 다른 하나는 "상업적 자유방임주의 관점(Commercial Laissez-Faire Model)"이다. "대중 조작론적 관점"은 일반대중을 수동적인 수신자로 보고 미디어가 쉽게 대중의 인식과 사고를 조작한다고 생각한다. 좌파적인 대중 조작론이 "막강한 영향력을 가진 미디어가 지배계층의 이익을 위해서 사람들의 인식을 조작한다"고 보는 반면에, 우파적인 대중 조작론은 "막강한 영향력을 가진 미디어가 대중의 문화적 수준을 낮추고 무엇이든 잘 받아들이도록 만드는 방향으로 그 영향력을 사용한다"라고 주장한다. 한편, "중도적인 대중 조작론(a centrist version)"은 미디어를 단순히 "다양화된 사회 내에서 일체성과 통합성(unity and cohesion)을 향상시키는 역할"로 인식한다. "상업적 자유방임주의 관점"은 다분히 "대중 조작론"에 대한 반발로 대두되었으며 대부분의 언론인에 의해 신봉되고 있는데, 정보의 방대함과 견해의 다양함이 조작의 가능성을 최소화시키고 있으며, 미디어에서 무엇을 전달할지를 선택하고 이를 어떻게 표현할지를 결정하는 것은 "대중이 원하는 것이 무엇이냐"에 대한 저널리스트들의 생각이지 "대중을 조작하려는 모종의 음모"가 아니라고 본다. 이러한 시각에서 바라볼 때 대중은 미디어 상품을 능동적으로 선택하며 그 내용을 자신의 시각에서 해석하여 받아들이는 소비자(consumer)이다. 이러한 관점에서 보는 미디어의 영향력은 단지 사람들이 이미 가지고 있는 견해를 확인하고 강화시켜(reinforce) 일정한 태도를 취하도록 하는 것에 불과하므로 생각이나 행동의 변화는 미디어의 영향력으로 발생하기보다는 직접적인 경험이나 대인접촉을 통해서 일어난다고 본다.

한편, 맥콰일 등 현대 매스커뮤니케이션 학자들은 미디어와 매스커뮤니케이션을 바라보는 다양한 시각과 접근 방법들을 두 가지 대칭되는 패러다임 "지배적 패러다임(dominant paradigm)"과 "대안적 패러다임(alternative paradigm)"으로 분류하고 있다.

"지배적 패러다임"은 "자유주의와 다원주의적 사회관(a liberal-pluralist ideal of society)"과 기능주의적 관점(a functionalist perspective)을 지향하며 미디어의 영향력에 대해서는 기본적으로 "선형적인 침투형 모형(a linear transmission model)"에 기반을 두고 있으나 대중의 사회관계를 중시하고 계량적 조사(설문, 사회심리학적 실험, 통계 분석 등) 결과를 바탕으로 수정을 가한 "개량된(modified)" "강력한 미디어론"을 수용한다.

이러한 지배적 패러다임은 "정상적으로 기능하는 좋은 사회(normally functioning good society)"가 있다고 가정하는데, 이러한 좋은 사회는 "민주적"이고, "자유주의적"이며, "다양성이 존중되면서도 질서 있는" 모습을 갖추고 있어야 한다. 지배적 패러다임에서는 미디어의 잠재적 또는 실재적 공헌이나 폐해를 이러한 "서구사회(Western Society)"의 시각으로 판단한다.

반면에, "대안적 패러다임"은 현대사회에서 보편화 되어 있는 "자유주의적이고 자본주의적인 질서(liberal-capitalist order)"가 정당하거나 불가피하거나 최선이라고 인정하지 않으며, 미디어에 숨겨진 다원주의 이데올로기와 보수주의적 기능주의를 배격하고, 미디어 기술과 콘텐츠가 결정적 힘을 가지고 있다고 보지 않으며, 문화론적 접근 방법이나 정치·경제학적 이론을 선호하고, 문화적이고 질적인(qualitative) 연구방법론을 선호하며, 사회적 불평등과 사회 내 저항 세력에 대해 폭넓은 관심을 나타낸다.[2]

미디어를 바라보는 이러한 양극단의 패러다임 간의 근본적 차이는 너무 뿌리 깊어서 하나의 통합된 "커뮤니케이션학"을 형성하는 것이 불가능해 보인다. 하지만, 오늘날의 정보화 시대에는 전반적으로 정치적 이념의 영향력이 약화되었으며 과거의 "비판 정신(critical spirit)"은 다양한 방향으로 해석되어 스며들었다. 이러한 시대적 특성은 "포스트모던"한 사고방식의 변화를 불러왔고 여러 곳에서 "자유시장론적 철학"이 다시 대두하게 하였다. 다시 말해, 현대 매스커뮤니케이션 관련 연구와 논평의 대부분이 매스커뮤니케이션의 과정과 영향력에 초점이 맞추어져 있는 것이 시대의 흐름이라는 것이다.

(1) 라스웰 모형(Lasswell Formula)

전통적인 매스커뮤니케이션 연구는 메시지 송신자(communicator)가 수신자(receiver)에게 보내는 메시지의 "전송(transmission)"과 하나의 "자극(a stimulus)"으로 작용하는 메시지

2　골딩과 머독에 따르면, 문화론적 접근법과 정치경제학은 모두 "네오 막시즘"적 사회관의 범주 내에 속하며, 권력의 형성과 그 행사에 주안점을 두고 있다. 하지만 양자 간에는 오랜 기간 형성되어온 차이점이 존재하는데, 비판적 정치경제학이 사회과학적 학문영역 내에서 형성되어 주로 경제학, 정치학 또는 사회학을 공부한 학자들에 의해 발전되어온 반면, 문화론 내의 학문분야와 연구 성과물들은 대부분 인문학의 범주 내에 머물고 있고 주로 어문학이나 역사학을 전공한 학자들에 의해 발전되어 왔다.

에 대해 수신자가 어떻게 "반응(response)"하느냐에 초점이 맞추어져 있었다. 특히, 미국의 정치학자 라스웰(Harold D. Lasswell)이 제시한 모델이 이러한 전통적 매스커뮤니케이션 과정이론을 이해하는 첫걸음이 될 수 있는데, 이 모델은 특히 정치적 커뮤니케이션과 선전(propaganda)을 이해하는 데 유용하다. 라스웰은 "커뮤니케이션 행위를 설명하는 편리한 방법은 "누가", "무엇을", "어떤 채널을 사용해서", "누구를 향해", "어떤 효과를 가지고" 이야기했느냐? 라는 질문에 답하는 것이다."라고 주장하면서 다음의 모형을 제시했다.

그림 2-5 커뮤니케이션 과정에 대한 라스웰 모형

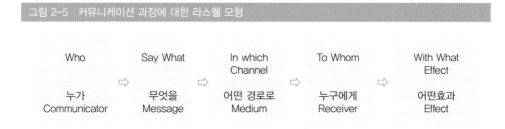

라스웰은 이 모형의 각 문항에 해당하는 분석유형을 포함시킴으로써 커뮤니케이션 연구의 세부분야를 제시했다

그림 2-6 커뮤니케이션 연구 분야가 포함된 라스웰 모형

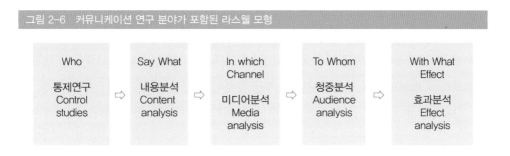

이러한 커뮤니케이션 연구 분야의 분류에 대해 브래독(Braddock) 같은 학자들은 상호연결되어 있어 반드시 함께 종합적으로 고찰되어야 하는 매스미디어 현상에 대해 세부적인 연구영역으로 나누어 구분하는 것은 옳지 않다고 비판했지만, 라스웰의 이러한

분류는 다양한 분야와 방법에 이르는 매스미디어 연구를 유발하는 계기가 되었다. 브래독은 후에 "메시지가 보내진 상황" 및 "그 목적"이라는 두 가지 항목을 추가시켜 라스웰 모형을 발전시켰다.

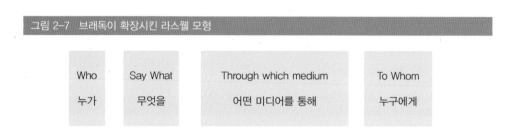

그림 2-7 브래독이 확장시킨 라스웰 모형

Who	Say What	Through which medium	To Whom
누가	무엇을	어떤 미디어를 통해	누구에게

어떤 상황에서(Under what circumstances)
어떤 목적으로(For what purpose)
어떤 효과를 가지고(With what effect) 이야기 했는가

브래독의 확장연구에도 불구하고, 라스웰 모형은 여전히 복잡한 매스커뮤니케이션 과정을 제대로 설명하기에는 지나치게 단순하다. 특히, 대중매체의 가장 중요한 문제 중의 하나가 제한된 환류기능임을 감안한다 하더라도, 라스웰 모형은 환류(feedback)를 아예 무시했다는 비판이 제기되었다. 하지만, 이러한 비판들에도 불구하고 라스웰 모형이 매스커뮤니케이션 과정을 이해하는 유용하고 편리하며 종합적인 기반을 제공해 주고 있다는 사실을 결코 간과해서는 안 될 것이다. 이러한 라스웰과 브래독의 선형적 매스미디어 과정이론이 매스미디어 구축과 운영의 상황과 여건, 목적, 내용, 방식, 대상, 기대효과 등에 대해 철저히 분석을 한 후에 시도하여야 한다는 것이다.

(2) 쉬람 모형(Schramm's Model of Mass Communication)

초기 매스커뮤니케이션 이론 모형들이 안고 있던 문제들 중의 일부를 해결한 것이 쉬람의 모형이다. 쉬람은 그의 매스커뮤니케이션 과정 모델에서 커뮤니케이션 조직 또는 그 조직 구성원이 비록 복잡한 기술과 다양한 채널을 통해 동시에 수많은 메시지를 부호화하여 전파할 수 있기 때문에 일반 개인에 비해 엄청나게 많은 메시지를 보내고 그에 비해 아주적은 양을 받고 있지만, 커뮤니케이션에 참여하는 일반 개인과 똑같은 작용 부호화(encode), 해석(interpret) 및 부호풀이(decode)를 하는 것으로 가정하고 있다.

이 모델의 유용한 특징은, 매스커뮤니케이션의 목적지인 청중(audience)들이 매스커뮤니케이션 과정에 의해 보내온 메시지를 자기 스스로의 방식으로 해석하고 부호화하여 다시 다른 사람들 또는 집단에 전파한다는 점을 강조하고 있다는 점이다. 청중은 분명히 개인들이지만 그 개인들은 가족, 친구, 직장 등 하나 이상의 집단에 연결되어 있다.

그렇기 때문에 쉬람은 매스커뮤니케이션의 효과가 가장 크게 나타나는 것은 직접 개인이 매스커뮤니케이션에 노출될 때가 아니라 매스커뮤니케이션에 의해 전달된 사상과 정보가 개인들에 의해 소집단내에서 전파될 때라고 주장한다. 개인에 대한 매스미디어의 영향력이라는 것은 실제로는 소집단 내의 커뮤니케이션 작용에 의해 침투되고 반사되는 일종의 "간접적 영향력"이라고 말할 수 있다.

또한 쉬람은 청중이 매스커뮤니케이션 조직에게 보내는 환류(feedback)작용의 성격은 일종의 "의사결정 표현(inferential expression)"이라고 주장하였다. 쉬람이 말하는 "의사결정적 환류(inferential feedback)"란 청중이 미디어 메시지에 대한 반응으로 "구독, 시청 또는 청취를 중단하든지 프로그램에 광고되는 상품을 구매하지 않든지" 등의 의사결정을 하여 이를 실행함으로써 자신의 평가를 반영하고자 하는 것이다.

그림 2-8 쉬람의 매스커뮤니케이션 과정 모델

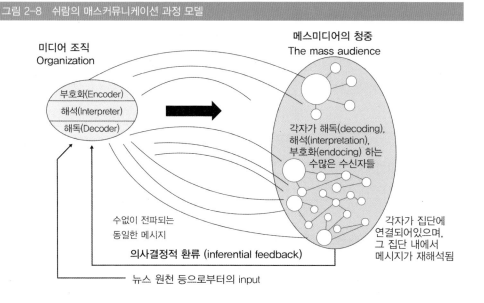

매스미디어에 대한 환류가 이러한 특성을 가지고 있기 때문에, 대표적인 환류 측정 방식인 "시청률(구독률) 조사(audience research)" 역시 일정 시간에 어떤 부류의, 얼마나 많은 사람이 보거나 듣거나 읽고 있는 지만을 파악할 수 있다는 한계를 드러낼 수밖에 없다. 즉, 미디어 조직 또는 회사는 오직 청중의 평균과 그 계층만을 보게 되고, 따라서 평균 이하에 해당하는 많은 청중을 잃지 않으려고 제작의 수준을 예상 청중의 평균보다 약간 낮은 정도에서 맞추게 된다.

이러한 한계가 미디어 조직으로 하여금 "실험"을 꺼리게 만든다. 그래서 한번 성공적인 틀이나 형식을 발견하게 되면, 지속적으로 그 방식을 유지해 나가고, 변화를 준다 해도 지엽적인 부분만을 바꿀 뿐이지 결코 근본적인 변화를 시도하지 못한다. 어떤 한 미디어 조직이 어떤 프로그램으로 큰 성공을 거두게 되면 곧 다른 미디어 조직들이 이를 모방하게 되는데, 이는 독창성이 부족해서라기보다는 청중들의 반응을 파악할 수 있는 거의 유일한 방법이기 때문이다.

최근에는 인터넷 등 쌍방향 커뮤니케이션 수단이 발달하고 그 사용자도 증가하여 매스미디어에 대한 대중의 환류가 "의사결정적 환류" 방식에만 머무르지 않고 매우 직접적이며 적극적인 환류의 형태로 변화해 나아가고 있어 매스미디어의 태도도 이에 따라 큰 변화를 보이고 있다.

(3) 카츠와 라자스펠트의 "매스미디어와 인적 영향력의 2단계 모델"

쉬람이 제시한, 집단에 연결되어 있고 매스미디어에 직접 영향을 받기보다는 소속 집단 내에서의 커뮤니케이션에 의해 더 영향받는 청중의 개념은 카츠와 라자스펠트에 의해 한층 더 깊이 논의되고 발전되었다.

일차집단(Primary Group) 개념을 재검토한 카츠와 라자스펠트는 "인간 네트워크 (interpersonal networks)"를 통한 정보의 흐름을 살펴볼 때, 미디어로부터 직접 대중에게 정보가 전달되기보다 미디어로부터 일차집단 내의 "여론 주도자들(opinion leaders)"에게로 전달되고 이들에 의해 다시 다른 사람들에게로 전파되는 것이라고 추정했다.[3] 다시

---

3 "일차집단(Primary Group)"은 초기 사회학자 중 한 사람인 쿨리(C.H. Cooley)에 의해 소개되고
    이름 붙여진 개념으로 가족이나 친구집단 처럼 "끈끈한 인간적 유대"를 가진 집단을 일컫는다.
    라자스펠트는 "1940년 대통령 선거에서의 유권자에 대한 연구"에서 "여론주도자(opinion leader)"들

말해, 청중들은 매스미디어에서 전파된 메시지를 해석하고 이해함에 있어 주위 사람들과의 관계와 접촉을 통해 영향을 받고, 그러한 해석과 이해의 결과를 바탕으로 어떻게 행동할지를 결정한다고 볼 수 있다.

이러한 추정은 "1940년 미국 대통령 선거 과정에서의 유권자 연구" 결과에 바탕을 두고 있는데, 이 연구에서 종래 매스미디어의 영향력을 직접적인 "자극-반응(stimulus response)" 형태로 이해했던 것은 지나치게 과장된 것이라는 게 입증되었다.[4]

카츠의 주장에 의하면, 일차집단 내에서의 인간관계는 커뮤니케이션 네트워크로서의 기능만 하는 것이 아니라 그 집단의 사고방식이나 행동양식을 따르라는 압력의 근원이 되며 이에 부합할 경우 사회적 지지의 원천 역할을 한다. 그렇기 때문에, 이러한 일차집단 내 인간관계는 청중들의 의사결정에 상당한 영향력을 행사하게 된다.

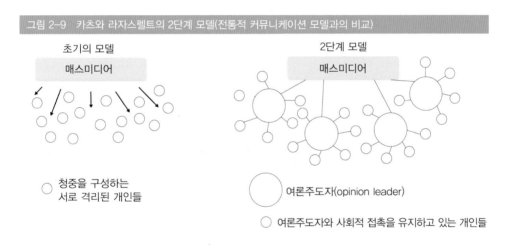

그림 2-9 카츠와 라자스펠트의 2단계 모델(전통적 커뮤니케이션 모델과의 비교)

을 "주위사람으로부터 정치적 견해에 대한 조언을 요청 받거나 자기의 정치적 소신을 주위 다른 사람에게 전파시키려 하는 사람"으로 볼 때, 이들이 결코 집단 내에서 더 교육수준이 높거나 높은 사회적 지위에 있는 사람일 필요는 없다는 결론을 도출했다. Larzarsfeld and Menzel, 1963, op. cit.

4 라자스펠트와 베렐슨 및 고우드에 의해 시행된 이 연구는 매스미디어의 영향력에 대한 연구경향에 있어 하나의 전환점이 되었다고 평가받고 있다.

(4) 라일리의 매스커뮤니케이션 과정의 사회학적 모델

라일리는 매스미디어와 인적영향력의 2단계 모델 개념을 한층 더 발전시켜 사회학·적인 모델을 제시하였다. 라일리는 카츠와 라자스펠트의 일차집단 개념에 "이차적 참고 집단(secondary reference groups)"이라는 개념을 추가하였다.[5] 라일리의 사회학적 모델에서는 매스커뮤니케이션 과정이 더 큰 사회적 과정과 상호 영향을 주고받는 하나의 사회적 과정으로 표현되고 있다.

이 모델에서는 메시지의 전달자(communicator)와 수신자(receiver)가 각자의 사회적 체계(social structure) 내에서 활동하는데, 이들 사회적 체계들은 모두 전체적인 사회적 시스템(over-all social system) 내에 둘러싸여 있고 그 안에서 서로 활발한 커뮤니케이션을 하고 있다.

이 모델은 분명히 매스커뮤니케이션 개념을 기존의 사회학 이론에 접목시키는 데 도움이 되었고 두 학문 분야에 큰 시사점을 던져주었다.

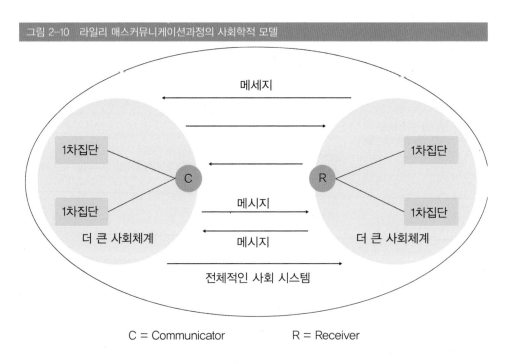

그림 2-10 라일리 매스커뮤니케이션과정의 사회학적 모델

C = Communicator   R = Receiver

---
5 리일리에 의하면 청중 개개인은 한 ᅡ이 집단에만 속하거나 한 집단에서만 해석과 의견을 구하는 것이 아니며, 일차집단에만 연결된 것이 아니라 그보다 더 큰 이차적 집단에 연결되어 있다.

(5) 뉴콤의 ABX 모델(Newcomb's ABX model)

1953년에 뉴콤이 제시한 ABX모델은 어떻게 커뮤니케이션을 통해 사회적 합의 (social consensus)가 형성되는지를 이해하는 데 실마리를 제공해 주고 있다. 이 모델은 두 사람 간 커뮤니케이션 관계의 역동성을 매우 단순화시켜서 보여주고 있지만 태도 변화, 여론 형성 및 선전(propaganda)에 대한 폭넓은 논의와 이론들을 함축적으로 담고 있다고 평가되고 있다. 〈그림 2-11〉에서 보는 바와 같이, 이 모델은 삼각형의 형태를 취하며 각 꼭지점은 각각 두 명의 개인 A 및 B와 그들의 환경 내에 있는 대상물인 X를 나타내고 있다.

그림 2-11 뉴콤의 ABX 모델

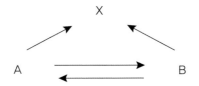

뉴콤은 "균형을 향한 긴장(strain to symmetry)"이라는 개념을 제시했는데, 커뮤니케이션 과정에 참여하게 되면 균형을 향한 긴장이 발생하고 그 결과로 의견을 같이하는 영역이 점점 넓어진다고 주장하였다. 다시 말하면, 커뮤니케이션이 둘 또는 그 이상의 개인들로 하여금 서로 외부 환경 내에 있는 대상물을 향해 동질적인 방향성(simultaneous orientations)을 유지할 수 있도록 하는 본질적인 기능을 수행한다는 것이다. 커뮤니케이션은 일종의 "긴장에 대한 학습된 반응(a learned response to strain)"이기 때문에 불확실(uncertainty)하거나 불안정(disequilibrium)한 상황에서 더욱 활발히 일어나게 된다.

(6) 웨슬리와 맥리안의 매스커뮤니케이션 개념 모델

웨슬리와 맥리안(Westley and MacLean)은 화이트의 게이트키핑 개념과 뉴콤의 아이디어인 태도 변화, 여론형성 및 선전(propaganda) 개념을 발전시키고 확장한 새 모델을 제시했다. 이들은 매스커뮤니케이션의 보다 복잡한 특성을 설명하기 위해 새로이 커뮤니케이션 "요청자(advocate)"라는 역할을 소개했는데, 이 advocate는 어떤 사안에 대하여 대중에게 어떤 이야기를 하고자 하는 개인이나 조직을 의미하며 "매스컴 기관(communicator)" 및 "청중(audience)"과 함께 매스커뮤니케이션 상황에서 특정한 목적을 가지고 활동하는 존재이다.

그림 2-12 웨슬리와 맥리안의 매스커뮤니케이션 개념 모델

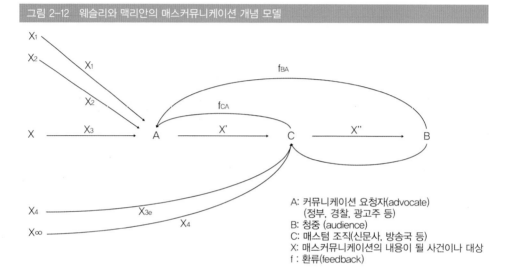

이 모델은 언론사(C)가 어떻게 커뮤니케이션 요청자(A)가 언론사에 보낸 메시지들(X')과 언론사 스스로 찾아낸 사건이나 대상들(X$_{3c}$, X$_4$...) 중에서 선별하여 청중(B)에게 전달하는 메시지(X")를 만들어 내는지를 잘 보여준다. 이 모델에서는 환류(feedback)는 청중(B)으로부터 요청자(A) 및 청중(B)으로부터 언론사(C)에게 뿐만 아니라 언론사(C)로부터 요청자(A)에게 행해지기도 한다(f$_{CA}$). 분명히, 실제 매스커뮤니케이션 상황에서는 수많은 언론사(Cs)들이 엄청나게 많은 요청자(As)들로부터 메시지를 받아 다수의 청중(Bs)들에게 전달해 주며, 청중들은 동시에 여러 언론사(Cs)들로부터 메시지를 받는다. 이러한 과정을 걸쳐 "취사선택(selection 다른 말로 하면, 게이트키핑)"이 이루어진다고 할 수 있다.

3 커뮤니케이션 기법

1) 바람직한 커뮤니케이션 기법

바람직한 커뮤니케이터(communicator)의 네 가지 유형은 1) "부드러운 감성을 지닌 커뮤니케이터", 2) "서로의 다름을 인정하는 커뮤니케이터", 3) "지피지기의 커뮤니케이터", 4) "자신을 당당히 표현하는 커뮤니케이터"로 정리될 수 있다고 한다. 나아가 이러한 트렌드에 따른 여덟 가지 정형화된 커뮤니케이션 기법은 상대의 "마음을 부드럽게 하는 기술—관심 갖기", "마음의 소리를 듣는 기술—경청하기", "마음을 움직이는 기술—공감하기", "말뜻을 알아듣는 기술—내용 확인", "느낌과 경험을 알아듣는 기술—지각 확인", "자신을 개방하도록 돕는 기술—자기 개방", "감정을 효과적으로 전달하는 기술—나-메시지", "행동을 변화시키는 기술—직면하기"로 제시될 수 있다고 한다.

표 2-1 바람직한 커뮤니케이터의 트렌드 및 기법

커뮤니케이터 유형	구체적인 커뮤니케이션 기법
부드러운 감성을 지닌 커뮤니케이터	마음을 부드럽게 하는 기술—관심 갖기
	마음의 소리를 듣는 기술—경청하기
서로의 다름을 인정하는 커뮤니케이터	마음을 움직이는 기술—공감하기
	말뜻을 알아듣는 기술—내용 확인
지피지기의 커뮤니케이터	느낌과 경험을 알아듣는 기술—지각 확인
	자신을 개방하도록 돕는 기술—자기 개시
자신을 당당히 표현하는 커뮤니케이터	감정을 효과적으로 전달하는 기술—나—메시지
	행동을 변화시키는 기술—직면하기

커뮤니케이션의 트렌드는 1) 감성 공감 능력, 2) 의견의 차이를 인정하는 능력, 3) 관점 교환, 4) 자신의 의견을 정확히 전달할 수 있는 능력으로 재해석될 수 있을 것이다. 커뮤니케이션 기법 및 전략은 커뮤니케이션 이론의 구체적인 실천이라고 할 수 있으며, 다양한 커뮤니케이션 기법들은 커뮤니케이션 상황에 따라 동시에 병렬적으로 활용될 수 있다.

(1) 상대방에 대한 관심 갖기

상대방에게 능동적인 관심을 갖는 것은 커뮤니케이션의 성공을 위한 출발점이 된다. 관심 갖기는 "잘 듣고, 주목하고, 분별하고, 질문하고, 탐구하는 것"을 의미한다. 무관심은 효과적인 커뮤니케이션을 가로막으며, 상대방의 수동적이거나 방어적인 반응을 초래한다.

관심 갖기는 실제로 상대방에 대한 관심을 갖는 것과 더불어 이를 상대방이 인지할 수 있도록 표현하는 것까지도 포함하는 기법이다. 이러한 관심 표출에 있어서 비언어적 의사소통은 중요한 의미를 갖는다. 예컨대 편안한 자세를 취하면서 이야기를 듣고, 적절한 얼굴 표정과 몸짓을 사용함으로써 관심을 표출하고 있음을 상대방이 지각할 수 있도록 하는 것이다.

표 2-2 관심 갖기의 단계적 과정

단 계	구체적 내용
1단계	시선 접촉 – 부드러운 눈 맞춤
2단계	얼굴 표정 – 온화한 미소
3단계	즉각적인 동적 반응 – 고개 끄덕임
4단계	즉각적인 언어적 반응 – 간단한 응대 말
5단계	편안한 자세 – 자연스러운 자세

(2) 경청

효과적인 커뮤니케이션을 위해서는 단순히 듣는 것이 아니라, 상대방에 대한 진지한 마음과 더불어 이루어지는 경청이 요청된다. 청자가 의식적·무의식적 의지를 가지고 화자의 말에 귀 기울여 듣기 위해 노력하는 것, 곧 경청(傾聽: listen)은 단순히 귀에 들려오는 소리를 듣는 것(聞; hear)과 구별될 수 있다. 경청은 소리를 그냥 듣는 것(hearing), 주의를 기울여 듣는 것을 넘어 들은 내용에 대한 올바른 이해(comprehension)의 차원을 포함한다. 잘 듣기, 곧 경청은 상대방의 주장을 파악하기 위해 말이나 표정, 몸짓 등을 집중해서 듣고 보고 느끼는 것이고, 이 과정을 통해 상대방의 입장과 처지 및 말하고자 하는 바를 공감하고 이해하기 위해 가장 중요한 커뮤니케이션 기법이라고 할 수 있다.

특히 적극적 경청은 상대방에 집중하는 시선 및 적극적인 태도와 같이 비언어적 의사소통을 포함하는 종합적인 개념이며 의지적 행동이다. 잘못된 듣기 유형으로는 1) 자신의 주장만 고집스럽게 관철하고자 하면서 상대방의 말을 실제로 듣지 않는 경우(절벽형), 2) 듣기는 하지만 말뜻을 제대로 이해하지 못하거나 일부러 무시하면서 상대방의 말을 이해하려는 노력이 부족한 경우(쇠귀형), 3) 주의를 기울이지 않고 상대방의 말을 대충 듣는 유형(건성형), 4) 상대방의 이야기를 이해하려는 입장이 아니라 방어적으로 듣다가 흠결을 발견하면 공격하는 유형(매복형) 등이 있다.

이와 반대되는 바람직한 경청의 태도로는 1) 상대방이 말하는 동안 집중해서 끝까지 귀담아듣기, 2) 상대방의 말을 도중에 차단하지 말기, 3) 상대방의 말에 대한 옳고 그름의 판단을 중단한 채 들어보기(판단 중지와 평가 유보의 자세), 4) 경청의 자세를 상대방이 인지할 수 있도록 언어적·비언어적 반응을 적극적으로 표출하기, 5) 편안한 대화 상황을 유지하기 등이 제시될 수 있다. 이러한 경청은 청자의 입장뿐만 아니라 화자의 입장에도 실질적인 영향을 미친다. 말하기와 듣기는 연쇄적인 과정이며, 상대방의 경청하는 자세는 말하는 이로 하여금 자신의 의사를 더 명확히 전달하도록 유도한다.

(3) 내용확인

상대방의 생각, 정보 혹은 제안한 것을 상대가 의도한 바 그대로 정확히 이해하고 있는가를 우리 자신의 말이나 개념으로 바꾸어 진술하여 확인하는 것을 말한다. 내용 확인은 상대방이 전달하고자 하는 의사를 정확하게 이해하고 있는지를 분명히 확인하여, 다음 단계의 대화 절차로 원만하게 이어지도록 한다는 실천적 의의를 갖는다. 곧, 내용 확인의 목적은 상대방의 메시지를 충실히 이해하기 위해 노력하고 있다는 사실을 전달하고, 상대방의 진술을 구체적이고 간결한 형태로 재진술함으로써 상대방의 의사를 구체화하며, 대화 참여자들이 서로의 의사를 충실히 이해하고 정리할 수 있도록 도움으로써, 명확한 의사소통을 가능하도록 하는 데 있다고 할 수 있다.

표 2-3 내용 확인 기법의 단계	
단 계	구체적 내용
1단계	핵심 내용의 파악
2단계	자신의 관점에서 파악한 내용에 대한 자문
3단계	자문한 내용을 재진술(paraphrase)하면서 구체적으로 말함
4단계	1인칭 사용
5단계	의문문 형식을 취함

먼저 1) 경청을 통해 들은 내용을 메시지의 목적, 핵심 내용, 세부적 내용으로 구분하고 구조화하여, 이 중 핵심 내용을 충실히 파악하고, 2) 상대방의 관점을 제대로 이해하기 위해 자신의 관점에서 파악한 내용을 되돌아보며, 3) 상대방의 생각을 자신의 표현으로 고쳐 재진술하는 형식[6]을 취하고, 4) "나"라는 주체성이 드러나도록 1인칭을 사용하여, 5) 상대방이 예·아니오 여부를 부담 없이 답할 수 있도록 질문하면서 정확한 내용을 확인한다.

(4) 지각확인

지각 확인은 상대방이 몸짓과 음성 등 비언어적 의사소통(non-verbal communication)을 통해 전달하려 하는 메시지를 확인하기 위해 "상대방의 느낌과 경험을 가치 판단에 사로잡히지 않고 있는 그대로 정확하게 확인"하는 것을 의미한다.

(5) 직면하기

상대방의 행동이 미치는 영향을 직접 말로 표현해주는 것을 말한다. 직면하기는 상대방의 앞뒤 말에 불일치하는 지점이 있거나, 대화 참여자들 사이의 이해가 불일치하거나, 관계 형성 및 유지에 비효과적인 행동 패턴이 발견된 상황에서 활용 가능하다. 적절한 시점과 상황에서 과도하지 않게 상대방을 배려하면서 행하는 직면하기의 적절한 사용은 대화의 모호성을 극복하고 대화진행과정의 문제를 정확하게 포착하여, 대화가

---

6 재진술(paraphrasing)은 간추려 다시 말하고 질문하는 것이라고 할 수 있다. 곧, 상대방의 진술을 자기 방식으로 요약·정리해 상대방에게 확인시키고, 추가적인 정보가 필요한 경우 상대방에게 다시 질문형태로 확인하는 것을 말한다.

바람직한 방향으로 진행되는 데 효과적이다.

직면하기를 통해 말과 행동에 있어서의 모순점을 상대방이 스스로 이해하고 개선하여 효과적인 의사소통이 이루어지도록 도울 수 있다. 직면하기를 시도할 때는 가급적 부정적 평가를 내리지 않는 범위 내에서 행하는 것이 바람직하다. 특히 적절한 직면하기의 형태로 질문형이 제안되는데, 의문문이지만 판단적인 성격이 덜한(less judgemental) 형태의 "(…)일까요?" 또는 "(…)라고 말씀하시는 것 같습니다. 제가 이해한 것이 맞습니까?"와 같은 표현이 가능하다.

2) 언어적 커뮤니케이션

언어를 통한 의미 전달의 문제는 언어가 담고 있는 의미는 사용하는 방법과 상황에 따라 달라진다.

(1) 언어의 추상성

대인 커뮤니케이션에서 지나치게 추상적이거나 압축된 언어를 사용하면 분명하게 의미를 전달하기 어렵다. 추상화된 언어가 정보를 보다 포괄적이고 신속하게 처리할 수는 있지만 여러 가지 의미로 해석될 수 있기 때문에 오해의 위험이 늘어난다. 추상 수준이 낮은 경우, 즉 외연적 의미가 지배적인 경우에는 대화가 원활히 이루어질 수 있다. 그러나 너무 구체적인 언어는 표현이 잡다해지고 상대방의 기분을 상하게 할 위험이 있다.

언어의 추상성 문제는 대인 커뮤니케이션에서 서로 의미를 분명히 하면서 원활한 대화를 위해 매우 중요하다. 따라서 적절한 추상 수준을 유지한다는 것은 성공적인 대인 커뮤니케이션을 위한 선행조건이라 하겠다.

(2) 언어의 추리성

대인 커뮤니케이션에서 사람들은 흔히 보고(報告), 추리, 판단의 차원에서 언어를 사용한다. S.Hayakawa는 인간의 사고와 언어의 추상성을 설명하기 위하여 "추상의 사다리(abstraction ladder)"라는 개념을 만들었다. 하나하나의 사물을 지칭하는 구체적 언어는 추상의 사다리의 아래 계단에 위치하며 구체적 사실을 종합하여 그 특성을 나타낸 개념은 윗 계단에 있게 된다.

보고(report)란 객관적이고 증명할 수 있는 사실을 언어로 표현한 것으로 모든 과학적인 표현이 여기에 속한다. 추상의 사다리에서 보면 보고는 아래 계단에 위치한다. 유추(inference)란 객관적인 사실을 바탕으로 공통된 특성을 유추한 언어로 대부분의 형용사가 추리의 차원에 속한다. 예를 들면 "저 나무는 10m이다."라는 표현이 객관적 보고라면 "저 나무는 꽤 높다."라는 말은 추리다. 한편 판단(judgement)은 사실에 관한 언어라기보다 그 사실을 표현하는 사람의 주관적 느낌을 언어로 나타낸 것이다. "저 나무는 정말 멋있구나!"라고 한다면 이것은 나무의 특성 보다는 자기의 느낌을 나타낸 것이다. 칭찬이나 욕 또는 예술적 표현이 여기에 속한다. 우리는 흔히 판단 차원의 언어를 마치 사실에 관한 보고인 것처럼 혼동하는 경우가 있는데 이러한 혼동은 대인 커뮤니케이션에서 의미 전달에 혼란을 일으킨다.

(3) 언어의 상황성

대인 커뮤니케이션에서 문맥 혹은 상황은 언어적 메시지나 비언어적 메시지에서 모두 중요한 요소로 간주된다. 문맥을 통해 그 뜻을 파악한다든지 시간이나 장소와 같은 물리적인 상황을 통해 언어의 의미를 배우는 것은 대인 커뮤니케이션에서 핵심적인 요소가 된다. 사람은 언어를 물리적인 혹은 사회적인 상황과 연관시켜 규정짓고 의미를 파악하며, 이를 바탕으로 서로 메시지를 교환한다. 뿐만 아니라 음성의 조절, 감정의 고조, 말하는 사람의 신뢰도와 같은 비언어적 요소도 의미 전달에 영향을 끼치게 된다. 따라서 대인 커뮤니케이션에서 상황적 언어의 적절한 사용은 정확한 의미 전달에 필수적이며 다른 사람과 오해를 줄이는 요소가 된다.

(4) 언어의 전상징성

짐승이 소리로 느낌을 나타내듯이 사람도 언어 이전에 단순한 소리로 자기감정을 표현하기도 한다. 이처럼 언어가 어떤 의미를 표현하기보다는 이렇게 단순한 느낌을 나타낼 때 우리는 그것을 언어의 전상징적 사용이라고 부른다. 즉 인간은 짐승의 소리를 언어로 대체한 것이다. 그러므로 전상징적(前象徵的) 언어는 말뜻의 전달보다는 감정 또는 기분을 전달하는 상징이다. 단순한 인사라든지 별 뜻이 없는 사교적 대화는 서로의 관계를 확인하려는 전상징적 언어의 특성이 강하다. 일반적으로 상징체계와 병행하여 사용되는 전상징적 언어는 다른 사람과의 관계나 상황의 불확실성에서 오는 불안감을 줄여나감으로써 서로의 이해를 돕는 데 기여 한다. 처음 만난 사람끼리 주고받는 이야기는 주로 뜻을 전하기 이전에 서로의 위치를 확인하고 접촉을 시도하려는 대화가 되는 것이 좋은 예가 되겠다. 대인관계를 원활하게 유지하고 커뮤니케이션 상태를 지속시킨다는 점에서 전상징적인 언어의 사용은 중요한 언어체계이다.

3) 언어의 종류

기호학(semiology)의 분류에 따르면, 언어란 크게 대상언어(object language)와 메타언어(meta-language)로 구분된다. 대상언어란 특정한 대상을 단순하게 서술하기 위한 일차원적인 언어를 말한다. 이에 반해, 메타언어란 대상언어의 진위여부를 서술하기 위한 한 단계 높은 고차언어를 말한다. 메타언어는 고대 그리스 시대부터 문제시 되어오던 명제의 진위여부를 판명하기 위한 시도에서 탄생되었다. 그 후 폴란드 철학자이자 논리학자인 타르스키(Alfred Tarski, 1901~1983)에 의해 공식적으로 소개되었다. 대상언어의 예로는 "태양은 동쪽에서 뜬다."는 말처럼 "태양"이라는 "대상"에 관한 1차원적인 단순한 서술을 들 수 있다. 이에 반해, 메타언어는 "태양이 동쪽에서 뜨는 것은 참이다."라는 말처럼 1차원적인 대상언어의 진위여부에 대해 언급하는 상위단계의 언어를 말한다. 메타언어의 속성 상 메타언어 속에는 항상 대상언어 전체를 포함한다. 따라서 메타언어는 대상언어보다 문장의 길이가 길고 상세하다. 대상언어와 메타언어는 위계적 계층을 이루고 있어서 한 단계의 메타언어는 더 높은 단계의 대상언어가 되며, 이러한 계층 고리는 무한대로 이어진다.

언어는 사용하는 매체에 의해 문자언어(written language), 음성언어(oral language, spoken language), 시각언어(visual language), 신체언어(body language)로 구성된다. 목소리로 전달되는 음성언어는 다시 주변언어, 혹은 준언어(paralanguage)에 의해 영향을 받는다. 준언어란 음성언어의 한 단계 높은 메타언어를 구성하는 구성 요소를 말한다. 즉,

준언어는 음성언어로 전달되는 목소리의 고저(pitch), 강도(volume), 억양(intonation), 속도, 크기 등의 테크닉에 따라 의미가 달라지며, 의식적, 무의식적으로 감정이 전달되면서 뉘앙스(nuance)가 달라진다. 여기서 뉘앙스란 음성언어의 소리나 의미, 혹은 감정상의 미묘한 차이를 말한다.

4) 비언어적 의사소통

비언어적 의사소통이란 "언어를 제외하고 음성과 비음성을 포함한 비언어적 단서들을 의도적 또는 비의도적으로 교환하는 것"이라고 할 수 있다. 말이 전달하는 정보나 내용을 언어적 메시지라고 한다면, 비언어적 메시지는 그것을 제외한 모든 것이라고 할 수 있다. 커뮤니케이션 과정에서 실질적인 의미의 전달은 상당 부분 비언어적 메시지를 통해 이루어진다.

메러비언(Albert Mehrabian, 1939~)은 대인 커뮤니케이션에 있어서 구두 언어(verbal language)와 비구두적 언어(nonverbal language)의 상대적 중요성을 간파한 인물로 유명하다. "7-38-55 법칙"이라고도 불리는 메라비언 법칙(Mehrabian's Law of Communication)을 통해 메러비언은 상대적으로 비구두적 언어의 의사소통 효과는 구두 언어를 훨씬 능가한다고 역설하였다. "7-38-55 법칙"을 등식으로 표현하면 다음과 같다:

$$100CP = 7W + 38V + 55B$$

여기서 "CP"란 "의사소통 파워(communication power)"의 약자이며, "W"는 "단어(word)"의 약자로, 입을 통해 표현되는 구두 언어나 입말을 의미한다. "V"는 "목소리(voice)"의 약자로 발표자 목소리의 음색이나 어조, 억양(tone of voice) 등을 나타내며, 마지막으로 "B"는 "신체언어(body language)"의 약자로 비구두적 언어를 말한다. 메라비언 법칙에 의하면, 전체 의사소통 파워는 7%의 단어와 38%의 목소리, 55%의 신체언어의 합으로 구성된다.

이와 유사하게 버드휘스텔(Birdwhistell)에 따르면 두 사람 간 커뮤니케이션에서 65% 이상이 비언어적 형태에 의해 사회적 의미가 전달된다고 한다. 곧, 양적으로는 언어 커뮤니케이션(verbal communication)이 상당한 비중을 차지하고 있지만, 질적 차원에서는 비언어적 의사소통의 역할이 중요하다고 정리할 수 있겠다.

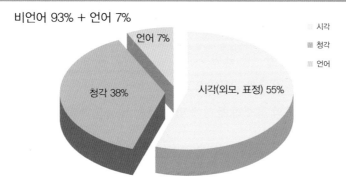

그림 2-13 메러비언 차트(감정의 의사소통)

비언어 93% + 언어 7%

언어 7%

청각 38%

시각(외모, 표정) 55%

시각
청각
언어

비언어적 의사소통이 수행하는 주요 기능으로는 1) 언어적 메시지의 내용을 반복해서 전달하는 "반복 기능", 2) 언어적 메시지를 대신하는 "대체 기능", 3) 언어적 메시지에 의미를 더하거나 강화하는 "보완 및 강조 기능", 4) 언어적 메시지를 규제하고 통제하는 "규제 기능"이 제시된다. 비언어적 의사소통에는 외모, 자세, 얼굴 표정, 목소리 톤, 어투, 복장, 색상[7], 시간, 공간(인테리어) 등 다양한 언어 외적 요소가 포함된다. 김우룡, 장소원은 냅(Knapp)과 달리(Daly)의 분석을 바탕으로 비언어적 의사소통을 일곱 가지 유형으로 분류하여 정리하고 있다.

(1) 음성언어

준언어라고도 하며 인어의 내용과 분리된 음성적 요소로 스피치 내용을 실제로 청자에게 전달하는 역할을 하는 목소리의 크기, 전달속도, 억양, 강세를 말한다.

---

7 커뮤니케이션학은 색채 자체를 커뮤니케이션으로 이해하며, 메시지 전달력이 색의 특성과 효과 중 하나라고 본다. 색에 대한 심리적·생리적 반응, 감정 변화 등과 같은, 색 고유의 기능이 원활한 커뮤니케이션을 위해 적절히 활용될 수 있다.

가. 목소리: 목소리의 크기는 그 목소리가 얼마나 멀리까지 울려 퍼지느냐를 말한다. 스피치는 일상적인 대화보다는 큰 목소리로 실행해야 하며 그 정도는 청자의 인원과 주변의 소음상황 등에 따라 달라지는데, 청자들이 청취할 수 있는 정도의 크기면 적당하다. 목소리의 크기는 스피치에 대한 화자의 자신감을 드러내며, 청자로 하여금 화자에 대한 믿음을 심어줄 수 있는 중요한 요소이다.

높은 소리는 강조와 흥분을, 낮은 소리는 신뢰와 엄숙, 큰소리는 강조와 충격음, 작은 소리는 주의 환기를 표현하는 데 적절하다. 화자는 자신의 목소리의 크기가 적당한가를 청자에게 질문함으로써, 목소리의 크기를 조절할 뿐만 아니라 청자로 하여금 화자의 목소리 특성에 맞게 듣는 태도를 취하게 된다.

나. 속도: 속도는 주어진 시간 안에 얼마나 많은 말을 하느냐를 의미한다. 말의 속도는 화자의 감정과 태도, 출신 지역을 반영한다. 스피치는 적절한 속도를 유지하는 것을 원칙으로 하지만 메시지 분량과 스피치 시간을 고려하여 속도를 조절해야 한다. 듣기 좋은 속도는 1분 동안에 250에서 350 정도이다.

다. 억양: 억양이란 속도의 높낮이가 이어짐에 따라 이루어지는 일정한 유형이라 할 수 있다. 억양에는 스피치의 의미와 태도가 드러나 있기 때문에 이를 잘 이해해야 정확한 의미를 전달 할 수 있다. 스피치에 있어서 자연스러운 억양을 통한 발화는 청자가 듣기 부담을 덜어 주기도 한다.

라. 강세: 강세란 특정 음절이나 단어 또는 어구를 다른 것들보다 더 힘주어 말하는 것을 의미한다. 스피치의 경우 자신이 강조하고 중요한 단어나 어구에 강세를 주어야 하는데 강세는 내용상 얼마나 중요 하느냐에 따라 결정된다. 화자는 스피치의 목적을 달성하기 위한 핵심 단어나 문장을 2~3개 정도 개발하여야 한다.

(2) 문자언어

문자언어는 책이나 신문, 각종 문서(document)나 텍스트에 사용되는 언어를 말한다. 텍스트(text)란 한글이나 영문으로 쓰인 인쇄물(printed material)을 말한다. 문자언어와 음성언어의 가장 커다란 차이점은 덧없음(evanescence)이라고 할 수 있다. 즉, 문자언어는 한 번 문서로 작성될 경우 영구히 보존되나, 음성언어는 말을 하는 순간 공기 중에 와해되어 사라져 버린다(voices dissolve into the air with evanescence). 영구히 보존되는 문자언어는 음성언어보다 문법이나 언어사용의 격식을 중시한다. 이에 반해 음성언어는 문법이나 격식체에 대한 영향을 덜 받는다.

(3) 시각언어

시각자료가 전달하는 언어적 기능을 말한다. 일차적으로 시각언어는 색(color)을 통해서 전달된다. 인간이 살아가는 모든 생활공간은 색으로 장식되어 있다. 색은 특정한 사물이나 사건, 현상에 대한 의미와 느낌을 전달해주는 언어적 역할을 한다. 즉, 인간은 하나의 특정한 색을 보면서 이와 연관된 사물이나 사건, 현상에 대한 시각적 인상을 떠올리게 된다. 이를 색의 연상 작용(association effect of color)이라고 한다. 색의 연상 작용을 통해 시각언어는 색과 관련된 의미를 전달하는 기능을 한다. 색의 연상 작용과 전달 기호로서 기능이 사회적 관습으로 정착되면 특정한 색만이 갖는 상징적 의미가 부여된다. 이를 색의 상징화(symbolization of color)라고 한다. 예를 들어, 교통신호등에 그려진 빨강, 노랑, 초록색은 각각 정지, 정지 준비, 주행이라는 언어적 기호를 전달해 주는 상징적 의미가 있다.

(4) 신체언어

신체언어를 적절하게 사용하고 이해하게 되면, 상대방과의 공감을 바탕으로 친밀한 관계를 형성하게 되어, 대화 상황에 쉽게 적응할 수 있게 된다.

① 몸짓

몸짓(제스처; gesture)은 "아이디어, 의도, 또는 느낌을 전달하는 데 사용되는 몸(또는 몸의 일부분)의 움직임"으로서 몸을 통해 나타나는 활동성 총체를 의미한다. 다양한 신체 부위별(머리/얼굴, 눈/눈썹, 귀, 코, 뺨, 입술/입, 턱, 팔, 손/손가락, 다리/발, 몸 전체) 몸짓은 실질적인 의사소통의 수단으로 활용되며, 특히 적절한 몸짓을 통해 효과적인 감정 표현이 가능해진다.

자신의 의사를 전달하기 위해 적절한 몸짓을 사용하는 것도 중요하지만, 상대방의 몸짓이 함축하는 의미를 정확하게 파악하는 것 역시 성공적인 커뮤니케이션을 위해 요청된다. 커뮤니케이션의 상황과 맥락을 이해하는 데 몸짓의 중요한 기능이 있기 때문이다. 특히 몸짓은 특정 심리 상태를 파악할 수 있는 근거가 되며, 이러한 연관성을 도표로 정리하면 다음과 같다.

표 2-4 대표적인 몸짓과 심리 상태와의 연관성	
심리적 상황	구체적인 몸짓의 예
상대방을 비난할 때	목 근육이 긴장하고 숨이 거칠어지며, 한쪽 팔을 펴고 손가락이 상대방을 향함
이성적 대화	몸짓 사용이 거의 없고 몸이 굳어져 있으며, 입을 거의 움직이지 않음
흥분하거나 강조할 때	주먹을 불끈 쥐거나 팔을 뻗음
자신이 없거나 감정이 가라앉을 때	고개를 떨구거나 물건을 만지작거림
긴장된 상태일 때	단추를 꼭 잠그거나 몸이 위축됨
방어적인 몸짓	팔짱을 끼거나 단추를 잠그고 있음
경쟁 상태일 때	발을 포개 놓는 폐쇄적인 몸짓

② 자세 및 태도

　　상대방의 이야기에 경청하고 있으며 충분한 관심을 가지고 있다는 인상을 적절한 자세로 표현할 수 있다. 예컨대 상대방을 향해 기울이는 자세는 상대방에 대한 관심을 표현하고 경청하고 있음을 인식시키는 데 효과적이다.

③ 응시

　　적절한 응시는 호의, 신뢰, 친근함, 성숙도, 자신감, 성실함 등을 갖춘 사람으로 평가받도록 한다. 구체적으로 상호 응시(mutual gaze)는 시선 교환을 통한 관심 표출의 기능을 수행하며, 시선 회피(gaze aversion)는 불안감이나 자신감 없음, 또는 적대성, 상대방 주장의 거부를 표출하는 것으로 해석될 수 있다.

④ 얼굴 표정

　　얼굴 표정은 화자의 감정 상태나 거짓 여부를 판단하는 데 중요한 고려 대상이 되어 왔다. 화자의 무표정한 얼굴보다는 상대적으로 풍부한 얼굴이 청자로 하여금 긍정적인 인상을 준다. 풍부한 얼굴 표정이란 의사소통 상황과 맥락에 맞게 얼굴 표정을 관리하는 것을 말한다. 화자가 어떤 표정을 짓는가는 청자에게 심리적으로 상당한 영향을 미친다.

표 2-5 비언어적 의사소통 유형

유형	구체적 내용
신체언어(kinesics)	몸짓(제스처; gesture), 손짓, 자세(동작), 태도(posture), 얼굴 표정(facial expression), 눈짓, 응시(gaze), 등 가시적인 몸의 움직임
의사언어 (vocalics/paralanguage)	말의 속도(rate of speech), 음조(pitch), 음량(volume), 음조(tone), 목소리(voice), 음색, 휴지
용모 (physical appearance)	옷, 헤어스타일, 차림새 등 외모 요소
접촉(haptics)	다양한 빈도, 강도, 방법에 따른 모든 접촉행위(taction)
공간언어(proxemics)	개인적 거리, 공간의 활용 등
시간언어(chronemics)	대기시간, 약속시간, 시간 소요 등 메시지 체계로서의 시간 이용
인공적 장식과 환경 (artifacts)	오브제와 환경적 특성

제3장

수사학

SPEECH & PRESENTATION

1 수사학 정의

고대 희랍의 철학자인 아리스토텔레스(Aristotle, 기원전 384~322)는 수사학(rhetoric)에 대한 학문적 기초를 최초로 체계화한 인물로서 수사학의 아버지(Father of Rhetoric)로 불린다. 설득화법의 정수라고 불리는 "rhetoric"이라는 단어는 "비유적 표현(figure of speech)", 혹은 "미사여구(euphuistic phrase)"이라는 말에서 유래된 것으로 "rhetor"라는 단어는 "대중연설가(public speaker)"를 뜻한다.

"인간은 사회적 동물이다"라고 강조한 아리스토텔레스는 총 3권으로 이루어진 그의 저서 "수사학(Rhetoric)"에서 "수사학이란 법률가나 의회 정치인, 혹은 저명한 연사들에게 주어진 연설현장에서 설득의 수단을 활용할 수 있는 능력(the faculty of observing in any given case the available means of persuasion)"으로 정의하면서 수사학이란 "논리학과 윤리학의 조합(a combination of the science of logic and of the ethical branch)"이라고 강조하였다.

캠브리지 사전에서는 수사학을 "효과적이며 설득력 있는 표현을 위한 언어 사용의 예술이자 과학(Art and study of using language effectively and persuasively)", 혹은 "언어를 효과적으로 사용하기 위한 방법을 연구하는 학문(Study of the way of using language effectively)"이라고 정의하였다. 이처럼 수사학이란 "청중에게 효과적으로 정보를 제공하고 설득하며 동기유발을 위한 목적으로 말이나 문장을 매력적이고 아름답게 표현하는 일, 또는 기술"이라고 할 수 있다. 수사법을 강조하는 단어 하나를 들자면 "설득(persuasion)"이라고 할 수 있다. 즉, 수사학이란 다른 사람을 설득하기 위해 생각에 언어의 옷을 입혀 이를 사용하는 언어의 기술이라고 축약할 수 있다.

2 수사학의 학적 지위

아리스토텔레스가 그의 수사학 첫머리에 도입하고 있는 작업은 수사학((rhetoric)이여러 과학자들 가운데 어떤 자리를 차지하고 있는가를 밝히는 것이다.

수사학이 다른 분과 과학자들과 유사하다는 점을 아리스토텔레스는 여러 가지 방식으로 표현한다. 우선 그는 수사학을 "수사학은 변증법의 상대항이다."라는 말로 시작한다. 조금 내려가서는 식물학의 용어를 차용하여 변증법의 "일종의 곁가지" 같은 것이라고도 하고, 인간의 성품을 다루는 정치학의 "곁가지" 같은 것이라고도 한다. 그런가 하면 "수사학은 분석적 과학과 정치학의 일부로서 성품을 다루는 분과의 산물이며, 변증법과 유사한 부분도 있고 소피스트적 논법과 유사한 부분도 있다."는 말도 나온다. 곁가지 비유는 변증법과 정치학의 발전의 정도가 수사학의 완결을 위한 필수 조건임을 시사한다. 두 학문에서 수사학은 영양을 공급 받는다는 뜻을 내포한다. 연설가가 변증법과 정치학에 대해 어느 정도 알고 있어야 함을 의미한다.

수사학의 비교학문은 변증법, 정치학 등으로 이러한 학문과의 관계를 통해 수사학이 규정되고 있는 것이다.

1) 수사학과 변증법

아리스토텔레스는 수사학이 변증법 혹은 논리학과 밀접한 관계가 있다고 주장하면서 수사학이 변증법의 일부이며 그것과 닮았다고 설명한다. 또한 가장 중요한 것은 아리스토텔레스가 첫머리에서 "수사학은 변증법의 상대항이다."라고 주장하는 데 있다. 여기서 수사학과 변증법의 공통점을 확인할 수 있다.

첫 번째로 공통점은 아리스토텔레스가 "수사학은 변증법의 상대항이다."라는 것의 근거를 보면 알 수 있다. 그는 "각각은 서로 구분된 어떤 학문에도 속하지 않고 양자가 대상으로 하는 것은 어느 정도까지는 모든 사람의 인식의 공유물을 다루는 것이다."라고 제시한다. 더 나아가 "수사학과 변증법 양자는 어떤 주제의 본성을 다루는 학문이 아니며 논거를 공급하는 단순한 능력일 뿐이다."라고 말한다. 이를 통해 수사학과 변증법 각각은 특정한 학문에 속하지 않는다는 공통점을 발견할 수 있다.

두 번째로 "모든 기술에서 수사학과 변증법만이 반대되는 것들을 증명할 수 있다."라는 사실과 문제의 양 쪽 모두의 견해에 대한 논거를 발견하도록 허락한다는 것이다. 그래서 일반적으로 변증법적 논증으로 묘사되는 특징이 수사적 주장 방식에 공유되는 것으로 나타난다.

세 번째로 양쪽의 기술이 논증의 상황에서 논쟁 논변과 궤변으로 이끌어 오용될 수 있다는 데 있다. 수사학에서는 심리적 요인 등으로 인해 비이성적인 방향으로 나아갈 수도 있으며, 변증술은 형식적인 측면과 전제 비판의 불균형으로 인해 궤변에 빠질 위험이 있다.

네 번째로 수사학과 변증법이 논증에 있어 그 자체로 가치가 있는 귀납법(epagoge)과 추론(syllogismos)이라는 증명수단을 제시한다는 것이다. 그렇다면 수사학은 변증법처럼 연역법과 귀납법을 쓰지 않는데 어떻게 공통점이 되냐는 물음이 제기될 수 있다. 그러나 아리스토텔레스는 실례(paradeigma)에 의한 증명을 "수사적 귀납법"으로, 엔튀메마에 의한 증명을 "수사적 추론"으로 부른다. 즉 수사학과 변증법의 공통점은 연역법과 귀납법의 형식을 똑같이 쓴다는 것이 아니라 수사학도 변증법과 마찬가지로 논증 자체로 증명되는 수단을 중요시 한다는 것이다. 그리고 또 다른 유사점을 살펴보면 수사학과 변증법 모두가 통념(endoxa)[1]에 의존하며 확실한 과학에 의존하지 않는다는 것과 토포스(topos)[2]를 사용한다는 것을 들 수 있다.

변증법과 수사학의 공통된 핵심은 두 분야 모두 동의된 전제로부터 논증을 다룬다는 것이다. 그러므로 논증이나 수사적 증거에 의해 설득하기 원하는 연설가는 변증법적인 기술을 적용시킬 수 있다. 그럼에도 공공의 장소에서 대중을 상대해야 하는 설득은 논증과 증거의 문제만은 아니고, 신뢰성과 감정적 상태의 문제이기도 하다. 이것이 두 영역 사이의 두드러진 차이점이라 할 수 있다.

수사학이 논증뿐 아니라 감성적 부분까지 사용하는 데는 변증법적 상황과 비교해서 네 가지 차이가 있기 때문이다. 첫째는 수사학이 계속되는 연설을 다루는 것임에 반해 변증법은 대화, 즉 질문과 대답을 다룬다는 점이다.

둘째, 변증법과 수사학적 실행에 참가한 사람들의 집단의 구성과 크기의 문제이다. 변증법의 실행에서 참가자는 질문자와 답하는 자 그리고 제한된 구경꾼으로 나뉜다.

---

1 특정한 인간집단에 관련해서, 가령 대부분의 사람들, 전문가 사회, 좋은 평판을 받고 있는 사람들에 의해서 받아들여질 때 임의의 "하나의 명제는 엔독소스(endoxos)하다"라고 말할 수 있다. 여기서 한 가지 기억해두어야 할 사항은 플라톤적인 의미에서의 에피스테메에 대응하는 "추측(무엇일 것이라는 생각)내지 판단(믿음, 의견)"을 의미하는 독사(doxa: 일반적인 의미로는 "평판"을 의미한다)의 의미로 해석해서는 안 된다는 사실이다.

2 토포스(topos)란 논의의 출발점이 되는 "공통의 기반(터)"을 의미하는데, 변증법적 탐구에서 공통적으로 따라야만 하는 규칙 내지는 방법을 일컫는 말이다. 우리말로 "말 터" 따위로 번역할 수 있지만 토포스의 광범위한 뜻에 맞지 않는 듯하다. 그래서 번역하지 않고 원어 그대로 사용하기로 하겠다.

토론자들의 무리가 일반적 대화 진행과 합리성에 동의할 수 있는 사람들로 제한될 때 참가자는 토론자의 무리에 속하게 된다. 일반적으로 무리의 구성원들은 그들 각각이 돌아가며 질문자 혹은 답변자가 될 수 있는 동등한 상황에 있다. 무리 밖의 구경꾼이 영향력을 행사할 때 대화는 논쟁으로 변한다. 그래서 구경꾼이 청중을 구성하면 수사적 상황이 된다. 그러나 수사학과 변증법의 이러한 차이점은 절대적인 것은 아니고 정도의 차이 정도로 생각될 수 있다.

셋째는 목표의 차이이다. 주로 질문과 관계된 변증법의 제1의 목적은 어떤 부류에서 진리에 이르는 것이고, 설득에 관계된 수사학의 목적은 공유된 의견에 도달하는 것임을 알 수 있다. 아리스토텔레스의 변증법에서 비록 각각의 참가자들이 똑같이 다른 사람이나 혹은 그의 관점을 가지고 있는 구경꾼들을 납득시키려 할지라도 변증법의 제1의 목표는 논쟁의 해결이 아니다. 그것은 단지 진리를 찾으려는 시도일 뿐이다. 목표의 차이는 왜 로고스 외에 설득의 수단인 파토스와 에토스가 「토피카」에서 다루어지지 않는지를 설명해 준다.

끝으로 수사학과 변증법의 각각의 상황에서 다루어지는 주제의 문제이다. 각각의 기술은 어떤 주제를 다룰 수 있는 광범위한 능력이 있긴 하지만 그럼에도 수사학은 보통 "내일 함대를 보내야만 하는가?", "이 사람은 죄가 있는가?"와 같은 실제적이고 특별한 경우에 사용된다. 그러나 변증법은 "덕을 가르치는 것이 가능한가?"와 같은 이론적이고 보편적 주제와 연관된다.

이렇듯 변증법과 수사학은 비슷하기도 하지만 근본적으로 다른 영역에서 사용되기 때문에 서로 다른 방법을 추구하게 된다. 변증법은 대중의 뜻과는 무관하게 진리 자체만 추구하면 된다. 반면 대중을 상대로 해야 하는 수사학은 많은 제약이 따른다. 특히 이와 같은 차이점 때문에 수사적 상황의 연설가에게는 해결해야 할 과제가 생긴다. 그 과제는 잘 훈련된 변증가에 대립하는 것으로, 공공 연설의 청중은 지적으로 불충분하다는 것이다. 특히 재판이나 의회의 구성원들은 추론의 긴 사슬을 따라가는 훈련이 되어 있지 않다. 공공연설에서 연설가가 계속적으로 엄밀한 변증 방식을 사용한다면 대중은 관심을 잃고 금세 산만해진다. 이러한 점에서 토론의 성격은 수사학적 상황과 일치하는 부분이 많이 있다.

2) 수사학과 정치학

　수사학이 변증법과 정치학의 곁가지라는 언급이 수사학이 연설하는 사람에게 제공할 수 있는 설득수단의 분석에서 나온다는 것이다. 수사학 연구의 목적에 대한 반성의 끝에 나오는 것이 아니라 설득의 목적이 너무나 자명한 사실이기 때문이다. 설득의 수단으로 가장 먼저 떠오르는 것은 사태의 존립을 설득하는 데 도움이 되는 것이 수사 추론이다. 그러나 그것만이 아니라 성품을 동원하는 방법과 감정을 자극하는 방법이 있다. 성품을 동원하여 영향력을 행사하는 방법이나 감정을 촉발하는 방법도 수사학의 기술적 수단으로 수사학은 성품이나 감정에 대한 적정수준의 지식을 갖추고 있어야 한다. 이런 지식을 수사학이 공급받는 데가 바로 정치학이다. 정치학의 확고한 기초가 없으면 수사학은 공허한 것이 된다.

　수사학 제1권 제4장에서 아리스토텔레스는 정치적 심의 공간에서 행하여지는 연설이 어떤 문제를 삼는가를 논하며 정치적 연설가가 알아야 할 문제를 재정, 전쟁과 평화, 국방, 수출입, 입법의 다섯 가지 영역으로 나누고 있다. 이 영역 가운데 어느 한 영역의 문제에 관하여 설득력 있게 연설을 하려면 그 분야에 대해 특수 지식이 있어야 하는데, 그 지식을 제공할 수 있는 것이 다름 아닌 정치학이다. 수사학이 이처럼 정치학에 의지하는 것은 정치적 연설의 특수성 때문이다.

　아리스토텔레스가 수사학을 정치학에 편입시키는 것을 보면 수사학은 정치학이 겨냥하는 목적을 실현하는 데 이바지 하는 것을 목표로 삼아야 하며 정치학의 목표는 행동하는 것으로 아리스토텔레스에 있어서 잘 행동하는 것이란 도덕적으로 좋고 행복을 누리게 하는 행동을 집약적으로 표현하는 개념으로 수사학의 목표 역시 최종적으로 도덕적 성격을 띤다고 하겠다. 물론 수사학은 설득의 기술을 통해 연설하는 사람에게, 이를테면 법정이나 의회 같은 데서 의사결정을 할 때 영향력을 행사할 수 있는 수단을 제공함으로써 그렇게 할 수 있다는 것이다.

3 수사학적 삼각형(Rhetorical Triangle)

아리스토텔레스 수사학 구조의 핵심은 설득의 세 가지 기술적 수단에 있다. 그리고 이 기술적(entechnoi) 수단 각각은 두 개의 독자성을 갖고 있어야만 한다. 먼저 기술적 수단은 체계적 방식에 의한 것이어야만 한다. 연설에서 왜 어떤 것은 설득적이고 또 다른 것은 설득적이지 않은지 그 이유를 알아야 하기 때문이다. 두 번째, 기술적 수단은 연설에서 설득하려고 하는 것을 완전히 분석할 수 있어야 한다. 아리스토텔레스는 맹세, 증인, 증언과 같은 것들을 비기술적(atechnoi)이라고 한다. 이것들이 비기술적인 이유는 연설자에 의해 준비될 수 없기 때문이다. 연설이 아닌 다른 수단에 의한 설득은 수사학에서 다룰 수 없고 다루어서도 안 된다.

아리스토텔레스에 의하면, 연설은 연설가, 연설에서 다루어지는 주제, 연설을 듣는 청중으로 구성된다(1358a37). 이것은 설득에서 기술적 수단은 주제, 청중, 연설가와 연관된다는 것을 의미한다. 부연하자면 설득의 기술적 수단들은 연설가의 성품, 청중의 감정적 상태, 논증 자체에 있다. 즉 에토스·파토스·로고스로 수행되는 것이다.

1) 에토스(ethos)

에토스(ethos)란 연설가의 성품을 말한다. 연설의 경우 연설가에 대한 신뢰가 매우 중요하다. 연설가가 신뢰할만한 사람으로 보이면 더 쉽게 설득에 도달할 수 있기 때문이다. 연설가가 신뢰할 만한 사람이라면 청중은 신뢰할 수 있는 연설가가 제안하는 진술을 진실하거나 받아들일 수 있는 것이라고 하는 제2의 판결을 만들어 낼 가능성이 크다. 이것은 의심은 되지만 정확한 지식이 없는 경우에 특히 중요하다. 그렇다면 어떻게 연설가는 신뢰할만한 사람처럼 보일 수 있는가? 연설가는 실천지(phronesis), 덕스러운 성품, 선한 의도를 나타내야만 한다. 만일 그가 이것들을 조금도 나타내지 못한다면, 청중은 그가 어떤 것에 있어서든 좋은 충고를 줄 사람이라는 것을 의심하게 된다. 다시 말해 그가 덕스러운 성품과 선한 의도 없이 실천지를 나타낸다면 청중은 연설가의 목적이 선한지 혹은 악한지를 의심할 수 있다. 이런 식으로 한 가지에 의심을 받기 시작하면 그의 연설 전체가 신뢰성을 잃게 된다. 하지만 연설가가 성품의 모든 요소를 나타낼 수 있다면 그의 제안이 신뢰할 만하다는 것은 합리적으로 인정된다.

연설이나 토론에서 최고의 에토스의 활용 방법은 말하는 자가 자신의 선한 의도를 드러내기 위해서는 청중이나 상대방에게 호의의 모습을 보여야 한다. 호의는 상대방에게 도움을 주는 것이므로 자신의 발언 자체를 일종의 호의로 보이도록 하여 자신의 주장이 상대방과 청중에게 도움을 주기 위한 것이라는 인상을 주어야 한다. 이러한 인상을 주기 위해서는 무엇보다 토론의 입론에서 이러한 점이 연설을 통해 상대방과 청중에게 전달되어야 한다. 입론의 서론에 들어가야 하는 요소는 도입(주의를 환기시킬 수 있는 말거리), 개념정의, 사회적 배경 등이다.

여기서 사회적 배경이라 함은 토론을 수행해야 하는 이유라고 할 수 있다. 흔히 배경에 대해 형식적으로 언급하는 데 그치는 토론자들이 많이 있는데 이 부분은 토론의 필요성에 대해 강하게 어필할 수 있는 중요한 부분이다. 사회적 배경을 먼저 말하는 이유는, 이 논제가 토론을 할 만큼 사회적으로 큰 문제가 되고 있기에 토론할 가치와 필요성이 충분히 있다는 점을 강조하기 위함이다. 토론할 만한 가치와 필요성이 있다는 말은 많은 사람들이 그 문제에 대해 관심이 있어서 토론자들이 어떤 해결책을 내세울지, 또는 어떤 주장을 펼칠지 기대할 수 있다는 뜻이다. 이 부분에 있어 토론자는 공동체가 심각한 문제에 봉착했음을 드러내어 위기의식을 고취하여야 한다. 그러한 위기의식이 있어야 토론자의 논의는 청자에게 의미를 줄 수 있으며, 토론자 자신의 사적인 이익과는 상관없이 공동의 선을 위해 그러한 논의를 하는 것임을 드러낼 수 있다. 이러한 성품을 통해 앞으로 진행될 논의에 대해 청중들은 토론자의 말을 들을 준비를 할 수 있는 것이다.

아리스토텔레스는 수사학적 삼각형 설득수단 중 가장 핵심적인 요소가 바로 에토스, 즉 연설가이며, 성공적인 설득은 에토스 60%, 파토스 30%, 로고스 10%에 의해 결정되므로 설득적 수사법은 에토스, 파토스, 로고스 순으로 접근해야 한다고 강조하였다.

2) 파토스(pathos)

연설가는 파토스(pathos)를 고려해야 한다. 가능한 청중들을 효과적으로 설득하기 위하여 연설가가 반드시 알아두어야 할 청중의 심리적 상태 및 성향들을 총칭하는 파토스는 감정이나 정서들로 구성되는 "성념"이다. 아리스토텔레스는 정념에 대해 "우리를 변화시킴으로써 우리의 판단에 차이를 만들어 내고 고통과 즐거움을 수반하는 것"으로 정의한다. 즉, 연설가는 청중의 심리 상태를 점검해야 하며 거기에 맞는 연설을 해야 한다. 이는 청중의 감정 상태에 맞는 "맞춤형 연설"을 해야 하는 것으로 이해할 수 있다.

설득의 성공은 청중의 감정적 경향에 어느 정도 의존할 수밖에 없다. 왜냐하면 모든 사람은 슬플 때나 즐거울 때 혹은 우호적일 때나 적대적일 때에 어떤 것에 대해 같은 방식으로 판단하지 않기 때문이다. 그러므로 연설가는 감정을 불러일으키는 데 신경을 써야 한다. 감정은 그만큼 사람의 판단에 작용할 만한 힘을 가지고 있다. 아리스토텔레스는 이 점을 잘 지적하고 있다. 그의 논지는 "좋은 감정 상태에 있는 재판관은 우호적인 감정 상태로 인해 자신이 판결하려고 하는 자에 대해 악을 행할 것으로 보이지 않을 가능성이 크며, 성난 감정 상태에 있는 재판관은 같은 사람이라도 악한 행위를 할 것으로 보인다."라는 것이다.

파토스의 활용은 토론의 상황에서도 그대로 적용된다. 예를 들어 성범죄자들에 대한 "화학적 거세를 실시해야 한다."라는 논제에 대해 토론한다고 할 때 찬성 측은 파토스를 활용하여 논의를 끌어갈 수 있다. 성범죄자는 다른 이의 행복을 방해한 당사자이며, 이러한 범죄 상황에 무관심한 그룹이나 피해자에게 책임을 전가하는 사람들은 분노를 야기 시키기에 충분하다. 찬성 측이 토론 상대방을 이러한 세 부류 중 하나의 틀을 덮어씌우는데 성공한다면 논의의 주도권을 가질 가능성은 높아질 것이다.

아리스토텔레스는 「수사학」 2권의 총 10장을 통해 강조하는 정념들은 분노와 평온, 우정과 증오, 불안과 신뢰, 수치심과 파렴치, 친절, 동정, 분개, 선망, 경쟁심과 경멸을 통해 수용자가 사랑의 감정을 지니게 하려면 기쁨과 수용의 메시지를 구성해야 하며, 공격적인 마음을 지니게 하려면 분노와 기대를 연결하는 메시지 전략을 구사해야 한다는 점을 알 수 있다.

3) 로고스(logos)

로고스는 언어나 담화 또는 논증의 언어적 구조를 의미하며 설득의 요소로 자리매김 되었다. 아리스토텔레스는 수사학을 기술(techne)로 인정하면서 로고스에 대한 이론을 체계화했다. 수사학은 모든 상황에서 설득의 요소를 발견하는 기술이다. 법정 연설에서는 이미 일어난 사건에 대한 것을 다루며, 의회 연설은 앞으로 일어날 일들에 대해, 그리고 식사 연설은 평가해야할 일들에 대해 다루고 있다면, 로고스는 이러한 사안들과 관련해서 유효한 설득의 요소라 할 수 있다.

연설의 세 장르에서 다루는 사안들이 이성적인 논쟁의 여지를 내재하고 있기 때문에 주어진 상황에서 논증의 언어적 구조인 로고스를 지향하는 것은 설득을 위해 필요한 것이다. 이런 관점에서 아리스토텔레스는 수사학을 로고스를 지향하는 학문으로 설정하고, 로고스를 설득의 세 가지 요소 중 하나로 자리매김한다.

그는 『수사학』 제1권에서 "어떤 증명은 말하는 사람의 인품에 의존하고, 어떤 증명은 청중을 어떤 방식으로 사로잡느냐에 달려 있으며, 또 어떤 증명은 무언가를 보여주거나 보여주는 척하는 논증 자체에 있다."고 말한다. 이것은 설득을 위한 세 가지 기술적 증명을 말한다. 첫째는 에토스, 둘째는 파토스 그리고 마지막은 로고스를 의미한다. 아리스토텔레스에게 로고스는 설득의 한 요소로 청중에게 영향을 미치는 기술적인 수단으로 "진리나 그럴듯한 진리[3]에 기초한 설득의 요소이다. 기술적 증명인 로고스를 강조함으로써 수사학이 정치학과 관련을 맺을 수 있는 단초에 놓이게 된다. 수사학은 정치학과 마찬가지로 법정이나 정치 집단에서 설득력을 지닌 증명의 수단으로 간주되었다. 아리스토텔레스는 더 나아가 수사학의 학문적인 위상을 정립하기 위한 정의를 내린다.

연설에서 로고스는 어떤 면에서는 화자의 인품에 관여하는 에토스나 청중들의 정서에 관여하는 파토스에 의해서 야기되는 설득보다도 논리적 증명에 관여하기 때문에 더 우월한 위치를 차지하는 설득의 요소로 인정받고 있다. 논리적 증명에 관여하는 로고스는 수사적 삼단논법을 만들어 낸다. 아리스토텔레스에게 논리적 증명은 귀납법(epagoge)과 연역법(syllogismos) 두 가지가 있다. 귀납법은 개별자에서 보편자로 진행하는 것을 말하며 연역법은 가정으로부터 다른 어떤 것이 그것들을 통해서 필연적으로 일어나는 논증이다. 수사학에서 귀납적인 논증은 예증(paradeigma)이고, 연역적인 논증은 생략 삼단 논법(enthumema)[4]이다. 아리스토텔레스에게 생략 삼단 논법은 공공 연설

---

3 아리스토텔레스는 부당한 것들보다 참된 것들에 대해 청중을 설득하는 것이 훨씬 쉽다고 말하지만 로고스는 확실하게 진실된 경우보다는 청중에게 진실된 것 또는 진실된 것으로 보이는 것을 의미한다. 확실성보다는 개연성을 보장한다.

4 "엔튀메마(enthymema)", 즉 enthymeme은 논리학에서는 "생략 삼단 논법"으로 불린다. 그러나 "생

의 영역에서 증명이나 논증의 기능을 갖는다. 그러므로 아리스토텔레스는 생략 삼단
논법을 논증에서 "가장 강력한 것"이라고 부른다.

4 수사법의 분류(Classification of Rhetoric)

　수사법(rhetoric)이란 원래 고대 그리스의 민주정치에서의 변론을 위한 웅변술을 뜻
하던 라틴어에서 기원한 용어였으나 현재는 문장을 아름답게 표현하기 위한 기교의 형
식, 혹은 작문상의 기법으로 발전하게 되었다.

　수사법은 크게 비유법(figure of speech), 강조법(emphasis), 변화법(rhetoric of change)으
로 구분된다. 비유법은 표현하려는 대상이나 현상을 그와 유사한 다른 사물에 빗대어
표현함으로써 대상에 대한 인상을 눈에 보이듯이 뚜렷하고 구체적이며 분명하게 나타
내기 위한 수사법을 말한다. 강조법은 표현하려는 대상을 보다 강력하고 인상 깊게 전
달하기 위해 암시와 상상을 증폭시키는 수사법을 말한다. 마지막으로 변화법이란 표현
하고자 하는 문장들을 서로 조화롭게 어울리도록 구성하여 문장과 문장 사이의 균형감
이나 안정감을 주기 위한 수사법을 말한다. 비유법, 강조법, 변화법은 다시 다양한 수사
학적 표현으로 세분화된다.

략 삼단 논법"이라는 용어는 오해의 소지가 다분하다. 왜냐하면 삼단논법은 완전한 것이고 거기
에 비해 엔튀메마는 뭔가 부족한 것이라는 인상을 주기 때문이다. 물론 현대 논리학은 아리스토
텔레스의 변증법과는 차이가 있기 때문에 단순하게 논의할 문제는 아니다. 여기서 밝히고자 하
는 것은 아리스토텔레스에게 있어서 엔튀메마는 "부실한 삼단논법"이 아닌 나름의 "독특한 추론"
이라는 것이다. 형태상으로 엄밀함을 추구하는 변증법적 추론과 다르지만 설득적 상황인 연설에
서는 엔튀메마만한 것이 없다. 아리스토텔레스는 엔튀메마에 대한 정확한 정의를 내리지 않는데
수사학 1권의 1546b5에 따라 "수사추론"으로 해석할 수 있다. 본 논문에서는 기본적으로 "수사추
론"으로 사용하며 "엔튀메마"로 음역하기로 하겠다. 그리고 여기서 "수사추론"은 "수사적 추론"
이라는 뜻을 함축함으로 동의어로 간주하겠다.

표 3-1 수사법의 분류			
구분	비유법	강조법	변화법
1	직유법	과장법	반어법
2	은유법	영탄법	역설법
3	활유법	반복법	대구법
4	의인법	열거법	설의법
5	의성법	점층법	도치법
6	의태법	점강법	인용법
7	대유법(제유법/환유법)	억양법	생략법
8	풍유법	대조법	비약법
9	중의법	미화법	돈강법
10	우화법	연쇄법	돈호법
11	상징법	현재법	문답법
12		명령법	

1) 비유법(Figure of Speech)

비유법(figure of speech)은 표현하고자 하는 관념, 대상, 내용을 참신하고 생동감 있게 표현하기 위해 청중이 알기 쉬운 대상이나 유사한 내용에 빗대어 표현하는 수사기법을 말한다. 표현하고자 하는 관념을 원관념이라고 하고 비유하기 위한 관념을 보조관념이라고 한다면, 비유법은 원관념을 표현하기 위해 보조관념을 차용하는 수사법을 말한다. 이때 비유법에서는 대부분 원관념을 겉으로 드러내는 것이 일반적이나, 때에 따라서는 보조관념만 겉으로 드러내기도 한다.

비유법의 원리는 유사성의 원리와 인접성의 원리로 구성된다. 유사성의 원리란 원관념과 보조 관념의 유사점을 활용하여 두 관념을 연결시키는 것을 말하며, 인접성의 원리란 역사, 문헌, 시사문제, 유행하는 문화 등에서 차용할 수 있는 보조관념을 원관념과 직접적으로 연결짓거나 넌지시 언급하여 참조하는 표현방식을 말한다.

예를 들어, "온실(greenhouse)로 들어가자 마치 에덴동산(Garden of Eden)에 들어온 것같은 착각을 일으켰다."거나 "그녀는 클레오파트라처럼 생겼다(She looks like Cleopatra)." 는 비유법은 현대에 살고 있는 한 여자의 아름다움이나 매력, 재치(beauty, charm, wit)를 클레오파트라라는 역사석인 인물에 비유한 표현이라고 할 수 있다. 비유법은 특히 논설문이나 기사문, 보고문처럼 사실을 기반으로 전개해야 하는 문서에 활용해서는 안 된다.

비유법은 다시 직유법, 은유법, 활유법, 의인법, 의성법, 의태법, 대유법, 풍유법, 중의법, 우화법, 상징법 등으로 세분화된다.

(1) 직유법(Simile)

직유법(simile)은 원관념을 원관념과 유사한 보조관념에 직접적이며 표면적으로 연결 짓는 표현방법을 말한다. 직유법은 수사적 표현 중에서 가장 기본적이며 초보적인 비유 방식이라고 할 수 있다. 직유법은 "~처럼", "~ 같이", "~인 양", "~듯"의 형식을 빌려 표현하며, 영어로는 "A is like B"나 "A is as~as B"처럼 동급의 비교 표현이 이에 해당한다.

직유법의 예로는 카네기(Dale Carnegie, 1988~1955)의 "효과적인 연설을 위한 빠르고 쉬운 방법"이라는 저서에서 인용된 딜러(N. Richard Diller)의 표현을 들 수 있다. 딜러는 "이야기의 유형, 분량, 분위기(talk, the type of talk, the moment of talk, and the atmosphere for such talk)는 커뮤니케이션 조직을 살아 움직이게 하는 혈액(the very life blood)과 같다."는 표현을 하였다. 딜러는 "오늘날의 연설(Today's Speech)"을 집필한 저자로, 이야기의 흐름을 혈액의 흐름으로 직유함으로써 이야기의 살아 움직이는 생동감을 강조하였다.

(2) 은유법(Metaphor)

은유법(metaphor)은 원관념과 보조관념 간의 유사성에 의한 대치(substitution)라고 할 수 있다. 은유법은 원관념과 보조관념을 직접 드러내어 비교하는 직유법보다 한 단계 더 세련된 표현방법이라고 할 수 있다. 직유법이 "~처럼"과 같은 연결어(connective word)를 사용하는 표현법이라고 한다면, 은유법은 연결이를 사용하시 않고 원관념과 보조관념을 주어와 술부로 직접 연결하는 표현법을 말한다. 즉, "A는 B이다(A is B).", 혹은 "A의 B(A of B)"라는 표현법을 말한다.

(3) 활유법(Oiling method)

활유법은 무생물을 생물처럼, 감정이 없는 비정물을 감정이 있는 유정물로 표현하는 방법을 말한다. 활유법은 의인법보다 더 넓은 의미를 가지며, 활유적 표현 대상에 사람의 "인격"이나 인간의 "자질(human quality)"을 부여한 경우를 의인법(personification, prosopopoeia)이라고 한다.

활유법의 예로는 "컴퓨터 바이러스"를 들 수 있다. "컴퓨터 바이러스"는 포코니에(Gilles Fauconnier, 1944~)와 터너(Mark Turner, 1954~)의 공저인 "인간의 사고방식: 개념적 혼성과 상상력의 수수께끼(The Way We Think: Conceptual Blending and the Mind"s Hidden Complexities)"라는 책에서 개념적 혼성 이론(conceptual blending theory)의 예가 된 수사법이다.

(4) 의인법(Prosopopoeia)

의인법은 인간이 아닌 생물이나 무생물을 "인간"처럼 표현하거나 인간의 "인격성"이나 "자질"을 부여하는 수사법이라고 하였다. 아리스토텔레스가 말한 "생각에 언어의 옷을 입혀라."는 표현은 생각을 옷을 입은 살아있는 사람처럼 표현한 생동적인 표현이며, "연기가 내 코를 잡았다(The smoke grabbed hold of my nose)."거나 "파란 신호등불이 나에게 건너가라고 소리쳤다(The green light shouted at me to go)."는 표현, 혹은 "유리로 지은 집에 꽃의 가족들이 웃으며 살고 있다.", "바람도 햇볕도 숨을 죽이네.", "연꽃을 만나고 가는 바람", "가을빛과 함께 길거리에 서서", "밝게 미소 짓는 해님", "소복을 입은 백화가 한결같이 슬프게 서 있다."라는 표현들은 모두 사람이 아닌 대상을 살아있는 사람처럼 의인화한 표현이다.

(5) 의성법(Onomatopoeia)

의성법(onomatopoeia)이란 성유법(聲諭法)이라고도 하며, 사물의 소리를 그대로 묘사해서 표현하는 수사법을 말한다. 의성법의 장점은 전달하고자 하는 내용을 소리로 표현함으로써 보다 실감나는 분위기를 창출할 수 있다는 점이다. 특히 인체에서 나는 소리는 매우 다양하게 표현할 수 있다. 예를 들어, "심장이 두근두근", "배에서 꾸룩꾸룩 소리가 났다.", "밥을 꾸역꾸역 먹으니 끄윽 하고 트림이 나왔다.", "밥을 오물오물 씹는다.", "사과를 아삭아삭 씹었다.", "아기가 쌕쌕 잠을 잔다.", "비행기를 타고 높이 올라가니 귀가 멍멍했다." 등이 있다.

(6) 의태법(Mimesis)

의태법(mimesis)은 사물의 "행동", "모양", "양태"를 흉내 내 상징적으로 표현하는 수사법을 말한다. 일반적으로 의성어와 의태법은 언어학적으로 동일한 구성과 기능을 가지고 있기 때문에 이 둘을 정확히 분류하는 것이 쉽지 않다. 문법적으로는 의성어와 의태법 모두 형태변화에는 영향을 주지 못하며 단지 용언을 수식하는 부사어의 기능을 갖는다.

의태법도 인체의 모양을 흉내 내는 것에 많이 사용하는데, 사람이 걷는 모습을 "어슬렁어슬렁, 어기적어기적, 뒤뚱뒤뚱, 뒤룩뒤룩, 비틀비틀, 엉금엉금, 휘청휘청 거리며 걷는다."는 표현으로 묘사할 수 있으며, "심장이 쫄깃쫄깃 죄어오며 머리가 어질어질, 지끈지끈 아프다.", "다리근육이 욱신욱신하고 온 몸에 이가 스멀스멀 기어 다니는 듯하다.", "이상한 감정이 부글부글 피어오른다.", "아기가 방긋방긋, 엄마는 헤롱헤롱 거리며 웃는다." 등을 들 수 있다.

(7) 대유법(Synecdoche)

대유법(synecdoche)이란 원관념에서 연상되는 일부분으로 전체를 표현하는 방법이며 제유법과 환유법으로 세분화된다.

① 제유법(synecdoche)
제유법은 사물의 일부분으로 사물 전체를 표현하거나, 사물의 집합을 이루는 한 가지 구성요소로 집합 전체를 표현하는 수사법을 말한다. "빼앗긴 들에도 봄은 오는가?"라는 표현에서 "들"은 국토를 구성하는 일부분이나 이 시에서는 국토 전부를 대표하는 것으로 쓰였다.

② 환유법
환유법은 원관념의 "속성"이나 "특징"을 가지고 있는 다른 낱말을 빌려서 원관념을 빗대어 표현하는 수사법을 말한다. 즉 은유법이 원관념과 보조관념 사이의 유사성에 의한 대치(substitution)라고 한다면 환유법은 두 관념 사이의 인접성에 의한 연결(contexture)이라고 할 수 있다. 따라서 제유법에서는 문장에 나타난 부분과 전체의 속성이 동일하나, 환유법에서는 부분과 전체의 속성이 다르다는 특성을 갖는다.

환유법의 예로는 "펜은 칼보다 강하다(The pen is mightier than the sword)."는 표현을 들수 있다. 여기서 "펜"이란 사고나 글, 언론, 저술, 문학, 정보의 속성을 말하며, "칼"은 무력이나 폭력을 상징한다. 따라서 이성적 생각과 폭력적 무력이라는 전혀 다른 두 가지 속성을 비교하면서 글의 강력한 영향력을 강조한 환유 표현이라고 할 수 있다.

(8) 풍유법(Allegory)

풍유법(allegory)이란 비꼬아 말하고자 하는 원관념을 숨긴 채 재치 있고 풍자적인 보조관념으로 원관념을 간접적으로 드러내는 수사법을 말한다. 풍유법은 주로 유명한 속담이나 격언, 혹은 풍자시나 풍자소설에 많이 쓰인다. 예를 들어, "망둥이가 뛰니까 꼴뚜기도 뛴다."는 속담은 자신의 처지나 분수는 생각하지 않고 잘난 사람을 무모하게 따라하려는 어리석음을 이르는 풍유 표현이다.

(9) 중의법

중의법은 자신의 숨은 뜻을 전달하거나 유머로 표현하기 위해 한 단어에 두 가지 이상의 뜻을 의도적으로 곁들여 표현(using words that have more than one meaning)함으로써, 언어의 단조로움을 피하고 중복된 의미를 은연중에 표현하고자 사용하는 수사법을 말한다.

중의법의 예로는 "청산리 벽계수야 수이감을 자랑마라. 일도 창해(滄海)하면 돌아오기 어려우니, 명월(明月)이 만공산(滿空山)하니 쉬어 간들 어떠리!"라는 시조를 들 수 있다.

(10) 우화법(Fable)

우화법(fable)도 의인법처럼 동식물을 "인간화"하는 수사법을 말한다. 그러나 의인법은 조롱이나 풍자의 의도로 사용되지 않는 반면 우화법이란 주로 조롱이나 풍자의 의도로 사용된다. 우화법은 이솝(Aesop, 기원전 6세기)이 쓴 이솝우화(Aesop's Fables)에서 주로 사용되는 표현법을 말한다.

(11) 상징법(Symbolization)

상징법(symbolization)이란 원관념의 뜻을 완전히 숨긴 채 보조관념만으로 사물이나 대상, 관념 등을 암시하는 표현법을 말한다. 상징법은 주로 치욕적이고 암울했던 일제 점령기에 살았던 수많은 문인들이 독립과 민족자존에 대한 열망과 민족 계몽을 일깨우기 위해 사용한 기법이기도 하다. 예를 들어, 이육사(1904~1944)의 "광야"라는 시에는 "지금 눈 내리고 매화향기 홀로 아득하니"라는 내용이 나온다. 이 시에서 일제치하의 암울하고 추운 시기를 "겨울의 눈"으로, 광복의 염원을 이른 봄에 꽃이 피는 "매화향기"로 상징하였다.

표 3-2	변화법의 종류	
구분	비유법	내용
1	직유법	두 가지 이상의 관념을 직접적으로 비유하는 방법. A is like B, … 같이, …처럼, … 양 원관념과 보조관념이 직접적으로 나타난다.
2	은유법	원관념과 보조관념을 동일시 A is like B, 직유보다 비논리적이고 비약적 요소를 내포하고 있다.
3	활유법	생명체가 아닌 것을 생명이 있는것처럼 표현, 의인법은 인격적인 요소
4	의인법	를 부여하는 것이다.
5	의성법	의성법은 어떤 사물의 소리를 흉내 내어 표현, 의태법은 사물의 자태
6	의태법	나 동작을 흉내 내는 수사법이다.
7	대유법(제유법/환유법)	제유법은 사물의 자체의 이름은 말하지 않고 다른말로 대칭, 사물의 일부분을 표출시켜 사물전체를, 전체를 통해 일부를 표현한다.
8	풍유법	원관념을 나타내지 않고 보조관념만을 나타낸다. 원관념은 암시와 유추로만 표출되며 다분히 교훈적인 요소 포함한다. 격언이나 속담 등을 활용한다.
9	숭의법	한 단어가 두 가지 이상의 의미를 시니고 있는 것으로 단어의 파생이나 유사성이 아닌 전혀 다른 의미를 지니는 것이어야 한다.
10	우화법	동식물을 인간화하는 것으로 조롱이나 풍자의 의도에 활용된다.
11	상징법	원관념의 뜻을 완전히 숨긴 채 보조관념만으로 사물이나 대상, 관념 등을 암시한다.

2) 강조법(Emphasis)

강조법(emphasis)은 표현하고자 하는 원관념의 뜻을 더욱 더 강력하고 절실하게 표현하기 위한 수사법을 말한다. 강조법의 종류에는 과장법, 영탄법, 반복법, 열거법, 점층법, 점강법, 억양법, 대조법, 미화법, 연쇄법, 현재법, 명령법 등이 포함된다.

(1) 과장법(Hyperbole)

과장법(hyperbole)이란 주로 유머 감각을 살려 특정 사건이나 현상을 실제보다 크게 부풀려 과장되게 표현하는 방법(big exaggeration with humor)을 말한다. 과장법은 다시 향대과장과 향소과장으로 구분된다. 향대과장이란 어떤 사물이나 사실을 실제보다 더 크게 표현하는 것을 말하며, 향소과장은 실제보다 작게 표현하는 방식을 말한다. 과장법을 사용하는 데 있어서 지나치게 과장을 할 경우에는 청중의 공감이나 신뢰성을 얻기 어려우므로 주의 깊게 사용해야 한다.

과장법이나 향대과장의 예로는 "나는 지금 너무 배가 고파서 소 한 마리라도 먹어치울 수 있다(I am so hungry, I could eat a cow)."거나 "그의 스트레스의 무게는 1톤이나 되었다(His stress weighed a ton).", "달콤하면서도 시큼털털한 사과 주스가 내 입안에 홍수처럼 밀려왔다(The sweet yet tart taste of the apple juice flooded my mouth).", "톡 쏘는 것과 같은 솔잎 향이 대기를 채웠다(The sharp aroma of pine needles filled the air)."는 표현을 예로 들을 수 있다.

(2) 영탄법(Exclamation)

영탄법(exclamation)이란 기쁨, 슬픔, 분노, 감동 등의 감정을 그대로 드러내어 표현하는 방법으로 느낌표와 같은 문장부호가 함께 사용되어 강조의 의미를 극대화한다. 예를 들어 "내 누님같이 생긴 꽃이여!", "오!, 유쾌한 새 손님이여!", "부르다가 내가 죽을 이름이여!" 등을 들 수 있다.

(3) 반복법(Repetition)

반복법(repetition)은 동일한 음절을 반복적으로 나열하기 위해 동일어나 유사어를 되풀이하여 강조하는 표현방식을 말한다. 다른 수사적 표현법과 마찬가지로 반복법의 사용에는 주의를 요한다. 지나친 반복은 청중에게 거부감을 주어 신뢰감을 잃어버리기 쉽기 때문이다. 고전적인 반복법의 예로는 조선 중엽 만들어진 "악장가사"에 나오는 청산별곡의 후렴구인 "얄리 얄리 얄라셩 얄라리 얄라"나 "살어리 살어리랏다. 멀위랑 다래랑 먹고 청산에 살어리랏다."라는 예를 들 수 있다.

(4) 열거법(Enumeration)

열거법(enumeration)이란 문장 성분상 유사한 성질이나 같은 계열, 비슷한 낱말, 어구 등을 늘어놓는 표현을 말한다. 예를 들어, "우리의 국토는 우리의 역사이며, 철학이며, 시이며, 정신입니다."라거나, "좋은 외과의사란 독수리의 눈, 사자의 심장, 숙녀의 손을 가진 사람이다(A good surgeon has an eagle's eye, a lion's heart, and a lady's hands)!", "설득적 연설이나 프레젠테이션을 하기 위해서는 알리기, 웃기기, 울리기를 적절히 활용해야 한다."는 표현은 열거법을 활용한 표현법이라고 할 수 있다.

(5) 점층법(Climax, Gradation)

점층법(climax, gradation)은 의미, 중요성, 정서적 긴장도에 있어 작고 약하며 좁은 것에서부터 크고 강하며 넓은 현상으로 점차적으로 확대하여 표현하는 방법(arrangement of the homogeneous parts of one sentence, which secures a gradual increase in significance, importance, or emotional tension in the utterance)을 말한다. 점층법은 독자나 청중의 감흥을 점차적으로 고조시키는 효과적인 설득적 수사법이라고 할 수 있다. 예를 들어 여기는 사랑스런 도시였으며, 아름다운 도시였으며, 공정한 도시였으며, 진정한 보석의 도시였다(It was a lovely city, a beautiful city, a fair city, a veritable gem of a city)."는 표현이나 "신록은 먼저 나의 머리를 씻고, 나의 마음의 모든 구석구석을 하나하나 씻어낸다."를 들을 수 있다.

(6) 점강법(Anticlimax)

점강법(anticlimax)은 점층법과 대조적인 표현법으로 크고 강하고 넓은 현상에서 작고 약하거나 좁은 현상으로 점차적으로 축소시켜 표현하는 방법을 말한다. "숲에서 나무로, 나무에서 풀잎으로"라는 표현이나 "기쁨의 속삭임이 하늘과 땅, 나무와 나무, 풀잎과 풀잎 사이에서 은밀히 수수되고"를 예로 들 수 있다.

(7) 억양법(Modulation)

억양법(modulation)이란 문장의 강도나 위력에 기복을 주는 표현으로 대상을 추켜세우는 표현을 먼저 한 후 낮추거나, 반대로 낮춘 표현으로 시작했다가 추켜올리는 표현을 말한다. 이때, 전달하고자 하는 본래의 원관념은 문장 말미에 두는 것이 일반적이다. 예를 들어 "네 아무리 기골이 장대하고 위풍이 있다 하나 언변이 없고 의사가 부족하니"라는 예에서 강조하고자 하는 내용은 스피치 능력의 부족이라고 할 수 있다.

(8) 대조법(Syncrisis)

대조법(syncrisis)은 상반되는 두 가지 사물의 차이점을 조명함으로써 각각의 의미를 강조하는 수사법을 말한다. 즉, 비교법이 유사한 사물이나 의미를 연관 지어 원관념의 의미를 강화시키기 위한 표현이라고 한다면, 대조법은 두 사물을 비교 목적으로만 나열하는 것을 말한다. 예를 들어, "고전주의가 객관적이고 정적이라고 한다면, 낭만주의는 동적이며 주관적인 표현양식이다."라는 표현이나 "통계학에서 타당도를 정확도라고 한다면, 신뢰도는 정밀도라고 할 수 있다."

(9) 미화법(Euphemism)

미화법(euphemism)은 완곡어법이라고도 하며, 추하거나 흉측스러운 사물이나 현상을 아름답게, 평범한 것을 뛰어나게, 불완전한 것을 완전하게, 혹은 상대방이 들어서 모욕적이거나 불쾌한 표현을 유화적이고 덜 모욕적인 내용으로 표현하는 방법을 말한다. 예를 들어, "천하의 위선자가 아니면 이만한 무장공자(無腸公子)도 없을 성싶다."는 표현에서 "무장공자"란 원래 "창자가 없는 동물인 게(crab)"를 의미하는 정상적인 사자성어이지만, 이 문장에서는 기개나 담력이 없는 사람을 놀리기 위한 표현으로 쓰였다.

(10) 연쇄법

연쇄법은 일종의 끝말잇기(word chain)처럼 말꼬리를 계속 이어가면서 나열하는 표현방식을 말한다. 즉, 연쇄법은 앞 어구의 끝과 같은 말로 뒤의 어구가 시작된다. 연쇄법으로 가장 잘 알려진 예로는 "원숭이 똥구멍은 빨개, 빨간 것은 사과, 사과는 맛있어, 맛있는 건 바나나, 바나나는 길어, 길으면 기차, 기차는 빨라, 빠른 것은 비행기, 비행기는 높아, 높은 것은 백두산"으로 연결되며 마지막에는 백두산 노래가 연결되는 노래를 들 수 있다.

(11) 현재법

현재법은 시제를 변형시키는 수사법으로 과거나 미래의 일을 현재에 일어나는 일처럼 표현하면서 생동감을 주는 표현방식을 말한다. 예를 들어 "보살들이 영겁의 명상에 잠긴 석가여래를 둘러선다. 아무도 말하지 않는다. 그때마다 뻐꾹새가 운다."는 것을 예로 들 수 있다. 또한 이순신이 임종을 하면서 했던 "나의 죽음을 아무에게도 알리지 말라."는 표현도 역사적 시공간을 초월한 현재적 표현이라고 할 수 있다.

(12) 명령법

명령법이란 일반적인 평서문을 명령형으로 바꾸어서 표현하는 수사법을 말한다. 명령법은 주로 선전광고문이나 격문(檄文)에 사용된다. 격문이란 특정사건이나 광고, 혹은 군장병을 모집하기 위해 많은 사람들에게 알리기 위한 글을 말한다. 예를 들어, "싸워라, 이겨라, 건아들이여!"라는 글이나, "당신의 간장, 이 한일의 약으로 지키시오.", "숲속에 자라는 풀들을 보라!", "보게나, 저 외로운 하일랜드 아가씨를!"이라는 표현을 예로 들을 수 있다.

표 3-3 강조법의 종류

구분	강조법	내용
1	과장법	표현하려는 사물을 실제보다 과장하여 크게 또는 작게 나타내어 강조한다.
2	영탄법	간절하고도 격렬한 사상이나 감정을 감탄사나 감탄어로 대신 표현한다.
3	반복법	동일한 단어나 어구, 문장을 반복시켜 그 뜻을 강하게 하고 흥취를 돋구어 운율적인 리듬감을 주는 수사적방법이다.
4	열거법	유사한 어구의 중첩. 열거되는 어구는 그대로 독립적인 의미를 가지면서 그것이 통합되어 전체의 의미를 나타냄. 제품의 다양한 기능 등을 나열할 경우에 사용한다.
5	점층법	점층법은 사상이나 감정을 점차로 강하고 깊고 크게 높여 절정에 끌어올리는 수사법이다.
6	점강법	점강법은 내용이나 규모를 점차로 작고 약하게 표현하는 수사법이다.
7	억양법	문장의 강도나 위력에 기복을 주는 표현으로 대상을 추켜세우는 표현을 먼저 한 후 낮추거나, 반대로 낮춘 표현으로 시작했다가 추켜올리는 표현법이다.
8	대조법	대조법은 서로 상반되는 사물이나 의미를 대립시키거나 정도가 상응되는 사물을 맞세워 묘사하는 방법이고 비교법은 성질이 다른 두 가지 이상의 대상이나 의미를 서로 맞세워 비교하여 그 차이를 드러나게 하는 방법. 대조는 정반대의 사물을 맞세우고 비교는 그 정도의 차를 상호평가 하는 방법이다.
9	미화법	추하거나 흉측스러운 사물이나 현상을 아름답게, 평범한 것을 뛰어나게, 불완전한 것을 완전하게, 혹은 상대방이 들어서 모욕적이거나 불쾌한 표현을 유화적이고 덜 모욕적인 내용으로 표현하는 방법
10	연쇄법	말잇기(word chain)처럼 말꼬리를 계속 이어가면서 나열하는 표현방식
11	현재법	시제를 변형시키는 수사법으로 과거나 미래의 일을 현재에 일어나는 일처럼 표현하면서 생동감을 주는 표현방식
12	명령법	일반적인 평서문을 명령형으로 바꾸어서 표현하는 수사법

3) 변화법

변화법이란 표현의 단조로움이나 지루함을 없애고 극적인 효과를 주기 위해 새롭고 매력적인 표현으로 대치시키는 표현방식을 말한다. 변화법은 다시 반어법, 역설법, 대구법, 설의법, 도치법, 인용법, 생략법, 비약법, 돈강법, 돈호법, 문답법 등으로 세분화된다.

(1) 반어법(Irony)

반어법(irony)을 의미하는 "irony"란 원래 "은폐하다"라는 뜻을 가진 고대 희랍어인 "eironeia"에서 온 말로, "표면적 진술과 실제의 발화 의도가 다르다."라는 뜻을 의미한다. 반어법은 소크라테스 시대부터 인식의 한 방법으로 활용되어 오다가 수사학의 표현방식으로 발전하게 되었다.

반어법은 표현하고자 하는 의도와 정반대의 표현을 통해 극적인 효과를 거두기 위한 표현 방법으로 가치의 반전을 주도한다. 이를 다른 말로 표현하자면, 수사적 표현에 나타나는 의미와 숨은 의미를 서로 상반되게 표현함으로써 원관념의 가치나 의미를 강조하는 방식을 말한다.

비유법이 유사성의 원칙에 의해 표현되는 것이라고 한다면, 반어법은 유사성을 부정하는 표현이라고 할 수 있다. 다음에 나오는 역설법은 반어법의 하위범주에 속하는 변화법이라고 할 수 있다.

문학적 개념에서의 반어법은 언어적 반어법(verbal irony), 극적 반어법(dramatic irony), 상황적 반어법(situational irony)으로 구분된다. 극적 반어법이란 등장인물은 깨닫지 못하지만 관객은 아는 경우를 말하며, 상황적 반어법이란 예상했던 상황과 반대의 결과가 만들어지는 것으로 특정한 결과를 의도하였지만 생각했던 것과는 다른 방식으로 나타나는 일이 종종 벌어지는 일상생활에서 가장 많이 사용되는 방식이다. 이중 연설에 있어서 사용되는 언어적 반어법은 외형적으로 드러나는 말과 의도된 뜻이 다르게 표현되는 것으로 누군가가 잘못한 경우, "자알 한다!"라고 비꼬는 표현이 이에 해당한다.

(2) 역설법(Paradox)

역설법(paradox)은 겉으로 일핏 보기에는 불합리한 듯 보이나 면밀히 고찰해 보면 진실임을 깨닫게 되는 진술을 사용한 수사적 기법을 말한다. 즉, 역설법이란 겉으로 보기에는 모순된 말이지만, 그 속에 진리를 담고 있는 표현을 말한다. 표면적으로는 불합리한 표현처럼 보이나 면밀하게 성찰해보면 그 속에 진리를 내포하고 있는 단어들을 조합한다고 해서 모순형용 혹은 모순어법(oxymoron)이라고도 한다. 모순어법이나 역설법은 양립할 수 없는 두 단어를 의도적으로 연관시켜서 그 뜻을 강조한다. 예를 들어, "소리 없는 아우성"이라는 표현에서, "아우성"은 소리를 내지 않고는 불가능하다.

(3) 대구법(Antithesis)

대구법(antithesis, 對句法)은 주로 표어(slogan)에 많이 쓰이는 수사법으로 앞 문장과 뒤 문장의 비슷한 구절을 나란히 늘어놓은 겹문장을 사용하여 병행의 미와 대립의 미를 함께 전달하는 변화법을 말한다. 대구법은 특히 음절과 가락이 비슷한 라임(rhyme)을 맞춰서 표현함으로써 문장의 리듬감(rhythm)을 강조한다.

대구법은 강조법의 하나인 반복법과 차이를 갖는다. 반복법은 고대 그리스의 유명한 웅변가였던 데모스테네스(Demosthenes, 기원전 384~기원전 322)가 "스피치의 3가지 핵심은 전달, 전달, 전달"이라고 강조한 것처럼 똑같은 음절이나 어구를 반복적으로 사용하는 수사법을 말하나, 대구법은 비슷한 가락을 라임에 맞춰 반복적으로 사용하는 변화법을 말한다.

대구법은 또한 대조법과도 차이점을 나타낸다. 대조법은 내용상 서로 상대적이고 상반되는 내용으로 짝을 지어 "각각의 차이"를 부각하는 강조법이라고 한다면, 대구법은 형태나 구조상 비슷한 내용의 문장을 상응시켜 쉽게 전달하기 위한 변화법의 일종이라고 할 수 있다.

대구법의 예를 들자면, "호랑이는 죽어서 가죽을 남기고, 사람은 죽어서 이름을 남긴다.", "예술은 짧고, 인생은 길다.", "흥정은 붙이고, 싸움은 말려라.", "이성은 투명하되 얼음과 같으며, 지혜는 날카로우나 갑 속에 든 칼과 같다.", "남자는 배, 여자는 항구", "산은 푸르고 물은 맑다." 등을 들 수 있다.

(4) 설의법(Questioning)

설의법(questioning)은 문답법이라고도 불리며, 권유나 변론, 혹은 상대방을 공격하기 위해 평서문을 질문형식으로 바꾸어 표현하는 수사법을 말한다. 설의법에 사용되는 질문은 청중이 익히 알고 있는 사실을 묻는 형식을 취하나 청중의 대답을 필요로 하지는 않는다. 즉, 설의법이란 대다수의 청중이 이미 알고 있는 분명하고 일상적인 사실을 되짚어서 물어보는 표현법으로 주로 감탄을 강조하기 위해 사용된다. 예를 들어, "이 또한 얼마나 아름다운 일입니까?"라는 표현은 "예, 아름답습니다."라거나 "아니요. 아름답지 않습니다."는 대답을 요하는 표현이 아니라 "너무나 아름답다!"는 감탄의 표현이다.

(5) 도치법(Inversion)

도치법(inversion)이란 표현상의 단조로움을 피하고 재미를 더하기 위해 일반적인 문장의 어순을 바꾸어서 표현하는 수사법을 말한다. 일반적으로 문장은 주어 뒤에 술어가 오지만 도치법에서는 술어가 먼저 나오는 것이 특징이다. 도치법을 사용하여 술어를 앞에 표현하면 청중은 뒤에 올 내용에 대한 궁금증을 더하게 되며, 따라서 청중의 긴장감을 고조시키는 효과를 갖는다. 도치법의 예로는 "열렸다, 너를 향한 문이", "기다리다 지쳤다, 나를 바라보지 않는 너에게", "마시자, 술을." "불태우자, 금요일에" 등을 들 수 있다.

(6) 인용법(Citation)

인용법(citation)은 자신의 주장에 대한 신뢰도를 높이고 내용의 충실도를 기하기 위해 저명인사의 말이나 주장, 의견 등을 빌려 쓰거나 격언이나 고사성어, 속담 등을 인용하는 방법을 말한다. 인용법은 타인의 말을 원문 그대로 인용하는 직접인용법과 내용만을 간접적으로 차용해서 인용하는 간접인용법으로 구성된다. 직접인용법은 병인법이라고도 하며 간접인용법은 암인법이라고도 불린다. 인용법의 예로는 쇼펜하우어(1788~1860)의 말을 인용한 "육체적으로 위대한 사람은 거리가 멀수록 작아 보이고, 정신적으로 위대한 사람은 거리가 멀수록 커 보인다."라는 표현이나 "도스토예프스키는 "카라마조프가의 형제들"에서 다음과 같이 말했다. "이 지상의 모든 생물들은 무엇보다도 먼저 그 삶을 사랑하지 않으면 안 된다."고 말이다."라는 표현을 들 수 있다.

(7) 생략법(Ellipsis)

생략법(ellipsis)이란 함축성 있는 표현과 문장의 압축미, 혹은 여운을 주기 위해 불필요한 부분을 생략하거나 특징만을 간결하게 뽑아내어 독자의 상상력이나 추리력을 자극하는 표현방식을 말한다. 예를 들어, 소설가 이효석(李孝石, 1907~1942)의 시 "돈(豚)"에서 "캄캄하던 눈앞이 차차 밝아지며 거물거물 움직이는 것이 보이고, 귀가 뚫리며 요란한 음향이 전신을 쓸어 없앨 듯이 우렁차게 들렸다."라는 표현 뒤에 "우레소리, 바다소리가, 바퀴소리가."라는 표현이 나온다. 여기서 우레소리, 바다소리, 바퀴소리 뒤에는 "들렸다"라는 표현이 모두 생략되었다.

(8) 비약법

비약법은 평탄한 순서로 서술되던 내용이 갑자기 시공간적인 순서나 방향을 무시하며 급격한 변화나 반전을 꾀하는 표현기법을 말한다. 소설에 있어서는 급반전을 꾀하거나, 시의 이미지 변화를 유도할 때, 혹은 사람들의 잠재의식의 변화 등을 표현하는 데 효과적으로 사용될 수 있다. 예를 들어, "흐느적거리는 금붕어의 유영은 나른한 졸음을 가져온다. 아, 종군하고 싶다."라는 표현이나 "전주, 밤안개가 짙은 동짓달, 자욱한 안개 속, 그리고 이슬비, 늘어선 간판들 주위만이 희미하게 밝다. 한 사람이 길을 걷다 포도 위에 쓰러진다." 등이 있다.

(9) 돈강법(Bathos)

돈강법(bathos)이란 숭고하거나 엄숙하고 심각한 내용을 먼저 제시하여 청중의 심리를 긴장시켜 나가다가 갑자기 예상 밖의 평범하거나 비속한 결론을 제시함으로써 긴장감을 깨뜨리고 엉뚱한 결말에 도달하기 위한 수사학적 기법을 말한다. 주로 감정의 절정에서 전혀 다른 어조로 내용이나 결말이 바뀌면서 내용의 의미를 급감시키는 특성을 갖는다. 예를 들어, "일개 사단의 병력이 투입되었다. 비행기의 편대가 하늘을 뒤덮었다." 등이 있다.

(10) 돈호법(Apostrophe)

돈호법(apostrophe)란 사람이나 사물의 이름을 불러 청중의 주의를 환기시키는 수사법으로 이때 부를 수 있는 이름에는 실제로 존재하지 않는 것도 활용할 수 있다. 예를 들어, "신이시여!", "님이시여!", 혹은 "청산아!" 등의 표현이나 "어머니, 당신은 그 먼 나라를 아십니까?", "애야, 촛불을 끄렴, 이제 우리 먼 나라로 다시 긴 여행을 떠나야 하지 않겠니?"라는 표현을 들 수 있다.

(11) 문답법

문답법은 연설가 스스로가 묻고 대답하는 수사학적 표현을 말한다. 예를 들어, "이 강이 어느 강인가? 압록이라 불리는 강인가?"라는 표현이나, 키르케고르가 스스로에게 문답을 한 "시인이란 무엇이냐? 그 가슴속에 생각한 고뇌를 간직하고, 그러면서도 눈물과 탄식을 마치 아름다운 음악인 양 말하는 입술을 가진 불행한 인간인 것이다."를 들 수 있다.

표 3-4	변화법의 종류	
구분	강조법	내용
1	반어법	반어법은 표출하고자 하는 내용이나 의도와는 정반대로 표현하는 수사법이고 역설법은 언뜻 보아서는 논리에 맞지 않지만 깊은 진실을 담고 있거나 평범한 것 속에 다른 뜻을 담게 하는 표현방법이다.
2	역설법	
3	대구법	서로 톤이 비슷하거나 관계있는 사물을 짝지어 형식의 묘미나 운율적인 조화를 맛보게 하는 기법이다.
4	설의법	문답법이라고도 불리며, 권유나 변론, 혹은 상대방을 공격하기 위해 평서문을 질문형식으로 바꾸어 표현하는 수사법
5	도치법	정상적인 언어의 배열 순서를 전도시켜 강조하는 방법으로 광고에서는 중심메시지를 강조하기 위해 사용한다.
6	인용법	다른 사람의 주장이나 속담, 격언 등을 인용하여 논리를 좀 더 합리화시키고 타당성을 높이는 수사법. 서술 중 인용법 간에 인용하는 경우를 은인법, 하나의 기발하고 예리한 문장을 인용하는 경우를 경구법이라고 한다.
7	생략법	암시적인 것만으로 압축시켜 간결하게 표현. 여운과 압축미를 느끼게 한다. 카피를 최소화하거나 전부 생략한다.
8	비약법	평탄한 순서로 서술되던 내용이 갑자기 시공간적인 순서나 방향을 무시하며 급격한 변화나 반전을 꾀하는 표현기법이다.
9	돈강법	숭고하거나 엄숙하고 심각한 내용을 먼저 제시하여 청중의 심리를 긴장시켜 나가다가 갑자기 예상 밖의 평범하거나 비속한 결론을 제시함으로써 긴장감을 깨뜨리고 엉뚱한 결말에 도달하기 위한 수사법이다.
10	돈호법	사람이나 사물의 이름을 불러 청중의 주의를 환기시키는 수사법이다.
11	문답법	일반 서술형의 문장을 의문형으로 제시함으로써 독자들에게 긴장감을 갖게 하는 수사법. 강조를 위해서나 강한 호기심을 유도하기 위해 사용한다.

이상과 같이 수사법적 표현기법을 비유법, 강조법, 변화법으로 구분하여 살펴보았다. 수사법이란 평범할 수 있는 연설문을 보다 미적이고 아름답게 수식할 수 있는 기교의 형식이라고 하였다. 스피치나 프레젠테이션을 준비하는 사람들도 생각에 언어라는 아름다운 옷을 입히는 과정을 통해 자신의 연설문을 보다 아름답게 표현하려는 노력을 기울여야 할 것이다.

제4장

동기부여 이론

1 동기부여 정의

1) 동기부여의 정의

심리학에서의 동기부여(motivation)란 개인이 어떤 목표달성을 위한 행위를 일으키고, 방향 짓고, 유지하는 것으로 파악된다. 이때의 동기부여는 특정한 방식으로 행위를 만드는 충동적 힘이며 강력한 목표지향성을 지닌다는 의미가 들어 있다. 그러나 경영학적 관점에서 의미가 있는 것은 행위의 자연적인 충동과정이 아니라 조직목표와 개인 목표달성을 위한 행위와 그러한 행위를 유발 및 확보하기 위한 경영자의 의식적 노력이 중요한 문제이다.

동기부여에 대한 개념은 너무 다양하다. "인간의 행동을 계발하고 그 계발된 행동을 유지하며 나아가 그들을 일정한 방향으로 유도해가는 과정의 총칭", "개인이 어떤 욕구를 충족시킨다는 조건하에서 조직목표를 달성하려는 높은 수준의 노력을 다하려는 의지", "목표달성을 위해 인간의 행동을 자극하고 지시하고 유지하는 일련의 과정이다" 등이 있다.

동기부여 이론의 역사를 살펴보면 1920년부터 쓰이기 시작한 개념은 처음에는 소비자들로 하여금 어떤 상품을 사도록 하게하는 심리적 자극제(motive), 즉 어떤 행동을 불러일으키는 요인으로 이해되었다. 그리고 기업 외부적으로 광고 체계에서 애용되던 용어로 조직 내 인적 자원을 효율적으로 관리하는 데 필요한 연구의 대상이 되었고, 80년대부터 국제경쟁과 저성장기에 어려운 기업을 희생시키기 위한 중요한 요소로 부각되면서, 어떻게 하면 조직구성원들이 적극적으로 열심히 일해서 치열한 국제경쟁에서 기업을 살릴 낼 수 있을까에 관한 동기부여 연구들이 활발히 이루어지게 되었다.

2) 동기부여의 중요성

동기부여 연구의 중요성은 여러 측면에서 찾아볼 수 있지만 그 주된 요인을 4가지로 요약 할 수 있다. 첫째, 인류사회 역사발전의 조류에 부합한다. 서구에는 산업혁명을 기점으로 경제가 급격히 발전하면서 다양한 사회적 문제가 발생하였다. 계층적 갈등, 사회분화 등의 대규모의 파업과 사회적 혼란, 전쟁 등을 발생시킨 요인으로 작용하였다. 특히 그동안 공산주의 운동은 지속적으로 이어졌기 때문에 자본주의 경제 발전에 장애요인으로서 작용하였다. 자본경제 사회를 계속 유지 및 발전시키기 위해서는 기업의 경영방식을 전환하는 것이 요구되어진다. 이러한 배경하에서 태동하게 된 동기부여 이론은 신속하게 기업에 확산되었다. 기업 활동에 동기부여를 광범위하게 도입함으로서 사회모순을 완화시킬 뿐만 아니라 사회발전에 전 방위로 공헌해 준다.

둘째, 인적 사회성에 부합한다. 사람은 단순히 노동력을 제공하는 기계로서 취급되는 것이 아니라 인간성을 존중해야 한다. 동기부여 이론은 이러한 관점을 중심으로 활용되는 것이다. 현대 산업사회에서 조직 내 민주주의가 강하게 요구됨에 따라 조직과 조직구성원 간의 관계도 수직적 관계에서 수평적 관계로 이해해야 하며, 조직구성원 개개인의 자발적 노력이 중요시된다. 따라서 조직구성원의 자발적 노력을 촉진시키기 위해 동기에 대한 연구의 필요성이 증가되었다.

셋째, 인적 경제성의 원칙에 부합한다. 이것은 인간적 활동의 경제적 속성이다. 동기부여를 기업경영에 도입한 동기는 경영자들이 더 큰 이익을 창출하고자 하는 것이다.

넷째, 인적 사회성이 경제성과 결합하여 양자가 대립하는 모순을 해소하게 한다. 조직행동은 복잡한 시스템으로서 조직행동에 관한 것을 반드시 종합적으로 고려해야 한다.

3) 동기부여의 순환과정

동기부여의 핵심 내용은 욕구(needs)·충동(drive)·목표(goal)로 이해될 수 있다. 이들의 관계는 순환과정에 따르며, 이것이 동기부여의 순환과정이 되며, 욕구는 한 마디로 "필요한 것"으로 정의될 수 있다. 항상성의 의미에서 욕구는 생리적·심리적 상태의 불균형이 일어났을 때 발생한다. 예를 들어 몸의 세포에 수분이 부족하면 갈증이 생긴다. 심리적 부족을 느낄 때도 생리적 욕구와 마찬가지로 심리적 욕구를 가진다. 욕구는 정태적 상태에 있는 것으로 동태적 성격을 갖는 충동과는 다르다. 충동이란 필요한 것을 얻도록 촉진시키는 힘으로 동기를 주로 내면적 충동이라 하며, 충동과 동기 두 용어는 상호 교차적으로 사용되기도 한다. 그러나 충동은 방향성이 부족하다는 측면에서 목표와는 다르다. 충동은 행동 지향적이며 목표달성을 위한 추진력을 제공한다. 이 추진력은 동기부여의 순환과정 중 핵심이 된다. 동기부여의 순환과정 중 마지막 단계가 목표로 욕구를 감소시키고 충동을 완화시키는 단계가 된다. 목표성취는 생리적·심리적 형평성을 회복시키고 충동을 중지시킨다로 의미될 수 있다.

결과적으로 결핍·필요에 의해 욕구 충동이 일어나 목표성취로 충족되며, 그 후 다시 결핍으로 욕구가 발생하는 순환을 거친다. 그러나 실제 동기부여의 순환과정을 관찰하기는 어렵고 식욕·성욕·성취욕 등과 같은 동기는 보이지 않으며, 이 동기가 행동으로 나타날 때만 관찰될 수 있다. 즉, 식욕·성욕·성취욕 등 동기의 행동적 결과만이 나타난다는 사실을 알 필요가 있다. 이것이 동기에 의한 행태연구를 어렵게 할 수 있다.

2 자기결정성 동기이론

스피치에서 가장 주목받고 있는 대표적인 동기이론의 하나로서 자기결정성 이론 (self determination theory)이 있다. 자기결정성은 한 개인이 누군가의 통제를 받지 않고 스스로 주어진 상황에 대처하고 자신의 행동을 선택할 수 있다고 느끼는 정도로서 통제된 의도와 구분하여 Deci와 Ryan(1985)이 처음으로 사용하였다. 자기결정성은 보상이나 외부 압력 등에 의해서 강요된 것이 아니라, 스스로 선택할 수 있는 능력이고, 자신의 행동을 스스로 결정하는 것을 가리킨다. 개인의 자율적 의도 즉, 자기결정성이 가장 높은 것은 스스로의 즐거움이나 만족감에 의해서 동기가 유발된 행동이며, 자기결정성이 가장 낮은 것은 강압이나 강요에 의해 행동을 들 수 있을 것이다.

자기결정성 이론의 창시자라 할 수 있는 Ryan and Deci(2000, 61)는 어떤 활동을 유발한 동기는 상, 벌, 강요와 같은 외적 수단에 의한 것과 그 자체가 좋아서 하는 내적 요인으로 양분하기 보다는 개인의 자율성 혹은 결정권이 어느 정도 반영되었는지에 무게를 두어 〈그림 4-1〉과 같이 세분화할 수 있다는 것이다. 인간은 누가 요청하거나 압력을 행사하지 않아도 그들의 환경을 탐색, 이해, 동화하려는 욕구를 가지고 태어난다는 전제에 기초하고 있다. 이 관점에서는 자기결정성의 정도에 따라 외재적 동기가 여러 유형으로 나누어질 수 있다고 제안하였다.

자기결정성의 연속선상의 한쪽 극단에는 행동하려는 아무런 의지가 없는 무동기 (amotivation) 상태가 있으며, 다른 한쪽 극단에는 내재적 동기를 두고 그 사이에 자기결정성의 수준에 따라 외재적 동기유형을 외적 조절(external regulation), 주입된(introjected) 조절, 동일시된(identified) 조절, 통합된(integrated) 조절의 네 유형으로 구분하여 차례로 위치시키고 있다.

그림 4-1 자기결정에 따른 동기 유형

무동기에서 내재적 동기에 이르기까지 자기결정성 동기이론에 의한 6개 범주의 동기유형에 대한 자율성의 정도와 특징을 살펴보면 다음과 같다. 첫째, 행동하려는 아무런 의지가 없는 무동기 상태이다. 행동할 의도가 결핍된 상태로 행동을 하지 않거나 의도 없이 행동을 하는 무동기 수준이다. 무동기 상태에 있는 학습자들은 과제 수행에 가치를 두지 않으며 자신이 그 과제를 성공적으로 수행할 수 있을 것이라고 기대하지도 않는다.

둘째, 외재적 동기 중 자기결정성이 가장 낮은 외적 조절 수준이다. 외적보상이나 압력 혹은 제약에 순응하기 위해 행동을 한다. 이러한 행동에는 자기결정이 전혀 포함되어 있지 않은 타율적 행동이다. 외재적 조정에 의해 동기화된 학습자는 부모나 교사가 제공하는 외적보상을 얻거나 벌을 피하기 위해 과제를 수행한다.

셋째, 자신이나 타인의 인정을 추구하며 죄책감이나 불안 혹은 자기 비난을 피하기 위하여 행동하는 주입된 조절이다. 주입된 조절에 의해 동기화된 학습자는 교사가 자신을 좋은 학생으로 생각하기를 원하기 때문이라든지, 과제를 하지 않는 것을 스스로 용납하지 못하기 때문이라든지, 하지 않으면 수치스럽기 때문이라든지 등의 이유로 과제를 수행한다.

넷째, 외적으로 조정되었던 가치나 목표를 자신의 것으로 수용·선택하여 자신의 가치나 목표와 동일시하여 행동하는 동일시된 조절이다. 동일시 조절에 의해 동기화된 학습자는 그 과목에 대해 이해하기를 원해서, 대학 진학에 중요하다고 생각하기 때문에, 새로운 것을 배우기를 원해서와 같이 개인적 중요성이나 자신이 설정한 목표를 추구하기 위해 과제를 수행한다.

다섯째, 특정 행동이 갖는 바람직한 측면을 받아들여 자신의 가치체계에 통합하여 발현되는 행동인 통합된 조절이다. 동일시된 가치와 조정이 자아에 완전히 동화되었을 때 발생하며 외적 동기 중 가장 자기 결정적인 형태이다. 통합된 조절은 환경에 의해 강요되거나 방해되는 것이 아니라 내면화의 자연스러운 결과이다. 통합은 자기조절이 매우 성숙된 단계이기 때문에 자기 반성적 사고가 가능한 청소년기 이후에나 획득할 가능성이 있다.

끝으로 자기결정성이 가장 높은 내재적 동기이다. 내재적으로 동기화된 학습자는 학습활동에 참여하는 과정에서 갖게 되는 만족이나 즐거움, 재미 등을 얻기 위해 과제를 수행한다. 따라서 이들은 도전적인 과제를 선호하고 호기심 때문에 과세를 수행하기도 하고 과제 수행의 결과를 자신의 내부적 기준에 의해 판단하는 경향이 있다. 자기결정성 동기이론은 외재적 동기는 부정적인 것으로 간주 되던 종전의 이분법적 구분의 한계를 극복하고, 자율성 정도에 따라 동기의 유형을 세분함으로써 외재적 동기를 점차 내재적 동기로 내면화하는 과정을 강조함으로써 교육적 맥락에서 중요한 의미와 가치를 담고 있다.

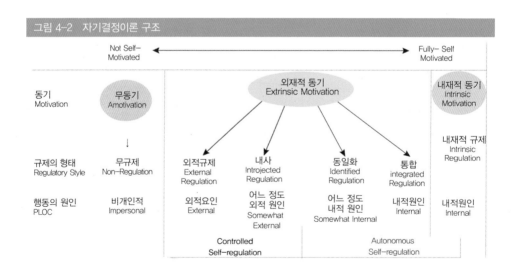

그림 4-2 자기결정이론 구조

3 동기부여 기조이론

동기 분류의 기준은 다양하지만 가장 보편적 동기부여 이론은 내용이론(content theories)과 과정이론(process theories)으로 분류된다. 동기부여의 실체가 무엇인가를 밝히는 데 중점을 두는 측면과 동기부여의 과정에 초점을 두는 측면에 따라 두 입장이 달라진다고 할 수 있다.

1) 내용이론

내용이론은 인간의 동기가 어떻게 부여되는지에 관심을 갖고 욕구와 욕구에서 비롯되는 충동, 욕구의 배열, 유인 또는 달성하려는 목표 등을 설명한다. 내용이론이 동기부여의 실체를 밝히려는 이론이라는 면에서 이를 실체이론이라 부르기도 한다.

개인 행태에 영향을 주는 요인이 무엇인지를 파악하는 데 초점을 두며, 어느 특정한 시간의 관점에서 개인을 파악하려고 하기 때문에 정적(static)인 성격을 갖는다. 내용이론의 핵심이 되는 내용은 대개 인간의 욕구이다. 즉 인간이 경험하는 욕구의 유형에 관련하여 동기의 성격을 규명하려는 이론들이 내용이론의 주를 이룬다. 따라서 내용이론을 욕구이론(need theories)으로 보아도 무방하다.

고전적 욕구이론인 합리적·경제적 인간모형, 인간관계론적 욕구이론인 사회적 인간모형, 성장이론(growth theory)의 인간모형, 그리고 E. Schein 등의 복잡한 인간모형 등이 내용이론의 범주에 속한다. 성장이론의 대표적인 예로는 Maslow의 욕구단계이론, McGregor의 X·Y이론, Herzberg의 욕구충족요인 이원론, Alderfer의 ERG 이론, 맥클래랜드의 성취동기이론 등을 들 수 있다.

내용이론에서는 욕구충족은 곧 동기부여라는 1:1 인과모형을 통해 욕구의 내용을 중시한다. 업무와 관련된 요인이나 조직 내의 작업환경과 같은 요인들을 고려하지 않는 것은 아니지만, 그보다는 개인이 갖는 여러 가지 개인적 요인에 중점을 둔다. 특히, 개인적 요인들 중에서 개인이 지니고 있는 욕구강도의 역할에 대해서 체계화된 주장을 제시한다.

(1) Maslow의 욕구단계론

A. Maslow는 임상경험에서 얻은 자료와 여러 학계의 심리학적 연구를 종합하여 "동태적 통합이론"(holistic-dynamic theory)이라 일컬어지는 욕구단계이론을 발전시켰다. Maslow에 의하면 인간 행동은 욕구에 의해 동기가 유발되는 것이며, 이러한 인간 욕구는 일련의 단계 내지 계층별로 배열될 수 있다고 한다. 즉, 인간의 욕구는 최하위단계의 생리적 욕구로부터 안전의 욕구, 소속과 애정의 욕구, 존경의 욕구 및 최상위단계인 자아실현의 욕구에 이르기까지 그 중요성에 따라 계층을 이루고 있다는 것이다. 하위단계의 욕구가 어느 정도 충족되면 다음 단계의 욕구를 추구하게 되는 것이며, 이미 충족된 욕구는 인간 행동을 유발하는 요인으로서의 기능을 상실한다는 것이다. Maslow에 의하면 인간의 욕구는 가장 기본적인 생리적 욕구로부터 최고 수준인 자기실현욕구까지 계층으로 배열되어 있으며, 각 계층의 범주에는 많은 종류의 욕구가 포함된다.

① 생리적 욕구(physiological needs)

생리적 욕구는 모든 욕구에 대해 가장 우선하는 비 학습된 인간 본래의 욕구이다. 의·식·주에 관련된 원초적 욕구가 이에 해당한다. 생리적 욕구는 자기보존을 위한 욕구이다. 직무상황에서 보면 의·식·주 해결을 가능하게 하는 기본임금, 안락한 사무실과 작업장, 좋은 식당과 휴게실, 좋은 직장 주위환경 등에 대한 욕구가 해당된다. Maslow에 따르면 생리적 욕구가 충족되고 나면 그 다음 단계의 욕구가 동기화 된다.

② 안전욕구(safety needs)

안전욕구는 생리적 욕구가 충족된 후 인간행태를 지배하는 욕구로서 위험과 사고로부터 자신을 보호하여 안정을 얻으려는 욕구이며, 육체적인 것과 경제적인 것의 두 가지 유형이 있다. 직무상황에서 보면 안전한 작업장시설, 부가급부, 신분보장, 선임순위의 인정 등에 대한 욕구가 이에 해당된다.

③ 애정적 욕구(belongingness and love needs)

애정적 욕구는 사회적 교제를 통하여 소속감을 느끼고 우정을 나누고 싶어 하는 욕구를 말한다. 인간은 소속감과 사랑의 욕구를 위협받을 때 정신 건강에 영향을 받으며 빈번한 결근, 낮은 생산성, 낮은 직무만족, 정서장애, 높은 스트레스를 초래하게 되어 조직목적을 좌절시키는 방향으로 처신하게 되며, 결국 저항자·반대자·비협조자가 된다. 애정적 욕구는 성적 욕구와는 구별되며 사회적 욕구라고 불리기도 한다.

④ 존경욕구(esteem needs)

인간은 긍지를 가지고 다른 사람들로부터 존경을 받으려 하는 욕구를 가지고 있다. 스스로 자긍심을 가지려 하는 욕구와 다른 사람들이 자기를 존경해 주기 바라는 욕구가 긍지와 존경욕구에 포함된다. 긍지와 존경에 대한 욕구의 충족은 사람에게 자신감을 주고, 이 세상이 자기를 필요로 하며, 자기가 강하고 유능한 사람이라는 느낌을 갖게 한다. 한편 이 욕구의 충족은 실력을 바탕으로 한 확실한 기초 위에서 이루어져야 더욱 건강한 것이 될 수 있다.

⑤ 자기실현욕구(self-actualization needs)

자기실현욕구는 자아발전을 위해 자신의 잠재력과 재능을 극대화하려는 욕구로서 각자의 역할에 관련되어 있다. 자기실현욕구에 충만한 자는 문제해결능력과 자발성이 증가되며, 창의적이고 개혁적인 방법을 이용할 수 있고, 사생활에 대한 욕구도 증가된다.

계층	명칭	내용	기업에서의 충족가능분야
표 4-1 메슬로우의 욕구계층			
1단계	생리적, 기본적욕구 (Basic needs)	생존을 위한 의식주 욕구와 성욕, 호흡 등의 신체적 욕구	통풍, 난방 장치, 최저임금
2단계	안전, 인정의 욕구 (Security needs)	물질적 안정과 타인의 위협이나 재해로부터의 안전욕구	고용보장, 생계보장수단 부여, 안전한 작업조건
3단계	애정적, 소속욕구 (Love/Belongingness)	사랑, 우정, 인간 모임에의 소속 욕구	인간적 리더, 화해와 친목분위기, 우호적 작업팀
4단계	존경욕구 (Esteem needs)	타인으로부터의 존경, 자아존중, 타인 지배욕구	포상, 상급직 승진, 타인의 안정, 책임감 부여, 중요업무 부여
5단계	자아실현욕구 (Self actualization needs)	자아발전과 이상적 자아를 실현하고픈 욕구	도전적, 과업, 창의성 개발, 잠재능력 발휘

욕구충족이론은 기존에는 하위동기부여요인(보수, 승진, 근무시간)만을 중시했으나 Maslow에 의해 상위동기부여요인(자율성, 책임, 도전)의 중요성이 인식되었다. 관리자들이 부하를 관리할 때 동기부여를 제대로 하려면 사람마다 격차가 있다는 것을 염두에 두어야 한다는 공헌도가 있다. 그러나, 실제 욕구의 단계나 그 순서가 Maslow의 주장처럼 확연하지 못하다. 하위욕구가 충족되었을 때 상 욕구가 시작될 것이라는 점을 지적했지만, 상위 욕구가 충족되지 않을 때 하위욕구가 시작되는 욕구의 퇴행 현상이 간과되었고 한 단계의 욕구충족이 자동적으로 다음 단계의 욕구를 동기부여요인으로 만드는 것이 아니다. 또한, 충족되지 않은 욕구가 반드시 중요한 동기부여요인이 되지는 않았으며, 인간의 욕구 계층이 항상 고정되어 있는 것은 아니며, 우선순위가 개인별로 바뀔 수 있다는 점이 비판의 대상이 되고 있다.

그림 4-3 Maslow의 욕구계층이론

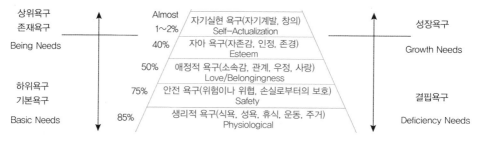

인간의 욕구는 5단계가 있다.
아래 단계의 욕구충족이 되어 있지 않으면 그 윗 단계의 욕구는 촉발되지 않는다.

(2) McGregor의 X이론과 Y이론

① X이론 – 통제중심의 전통적 이론

McGregor는 전통적 관리체제를 정당화시켜 주는 인간관을 X이론(Theory X)으로 규정짓고 X이론에서는 i) 인간은 본래 일하기를 싫어하며 가능하면 일을 하지 않는다, ii) 대개 인간은 야망이 없고 책임을 회피하며, 행동할 바를 다른 사람이 지시해주기를 바란다, iii) 인간은 안전을 원하고 변화에는 저항적이다, iv) 인간은 자기중심적으로 타고났으며 조식의 요구에는 무관심하다, v) 인간은 속기 쉽고 영리하지 못하며 사기꾼에게 잘 넘어 간다 등의 가정을 한다.

McGregor는 인간본질에 관한 X이론은 그릇된 것이라고 비판하면서 X이론에 입각하여 지시·통제위주의 관리전략을 펴는 경우, 상위욕구의 충족을 원하는 현대인에게 동기부여를 제공하지 못 할 것이라고 주장하였다.

② Y이론 – 조직목표와 개인목표의 조화

McGregor는 인간의 성장 측면에 착안한 새로운 관리체제를 뒷받침해 주는 인간관을 Y이론(Theory Y)이라 부른다. X이론이 Maslow가 말한 욕구단계 중 하위욕구에 치중되어 있는 반면, 이를 대체하는 새로운 Y이론은 비교적 상위욕구를 중요시하며 Y이론에서는 i) 인간은 본성적으로 일을 즐기며, 정신적·육체적 노력을 일에 바치는 것은 놀이나 휴식처럼 자연스러운 것이다, ii) 인간은 조직 목표의 달성을 위해 자기규제를 할 수 있으며, 조건만 갖추어지면 창의적으로 일에 임할 수 있다, iii) 자기실현욕구나 존경욕구의 충족에 의하여 일할 동기를 얻게 되며, 이러한 욕구의 충족이 가장 중요한 보상이다, iv) 인간은 여건만 적절하면 책임을 받아들일 뿐만 아니라 책임지기를 바란다, v) 인간의 지적 잠재력은 일부만이 활용되고 있을 뿐이다 등의 가정을 한다.

Y이론에서 요구되는 관리전략은 인간의 잠재력이 적극 발휘될 수 있는 여건을 조성하는 것이다. 즉, 조직 구성원을 면밀히 감시하고 통제하는 것이 아니라 조직 구성원이 스스로의 노력을 조직의 성공에 지향시킴으로써 그들 자신의 목적을 가장 잘 달성할 수 있는 조건을 형성하는 것이다. 개인의 목표와 조직의 목표를 통합시키는 방법이 이용된다.

McGregor는 X이론을 비판하면서 Y이론을 처방전으로 제시하고 있다. 그러나 Y이론에 대한 비판도 제기 된다. 이 이론은 욕구·관리체계 모두를 양극화시키는 우를 범했다고 비판받고 있으며, 욕구의 복합적 발로와 상대적 충족, 관리지향의 복잡성을 간과하고 무리하게 단순화·양극화했다는 지적을 받는다. Y이론은 조직사회의 실제에서 적용되기 어려운 이상적·비현실적 내용을 담고 있다는 비판을 받기도 한다.

표 4-2 맥그리거의 X,Y이론 모형		
인 간 관	X이론	Y이론
특성	· 원래사람은 일을 싫어하기 때문에 가능한 일을 조금만(회사에 붙어있고 승진하고 비난받지 않을 정도만) 하려고 한다. · 인간이란 책임지기를 싫어하기 때문에 가능한 회피하고 야망이 없기 때문에 그저 시키는 일만 하려고 한다.	· 노동이란 극히 자연스러운 것이며, 적절한 조건만 갖춰지면 적극적으로 책임을 완수하려고 한다. · 사람들은 자기에게 주어진 목표달성을 위해서 스스로를 통제하고 관리한다. · 조직의 문제를 해결하고 업무를 달성하는 데 필요한 창의력, 상상력, 지도력 등은 인간누구에게나 있다.
동기부여 방식	· 통제와 지시로 관리, 감독철저 · 물질적 보상, 조직은 수직적이다.	· 자율에 맡긴다, 자긍심과 위신을 세워준다 · 정신적 보상, 조직은 수평적이다.

(3) Herzberg의 욕구충족요인 이원론

① 개념

Herzberg의 욕구충족요인 이원론(two-factor theory)에 따르면 인간은 한편으로 동물적·본능적 측면을 가지고 있어서 환경에서 오는 고통으로부터 회피하려는 성향이 있으며, 다른 한편으로는 고급의 정신적 측면을 가지고 있어서 성장을 추구하려는 성향을 가지고 있다고 한다. Herzberg는 i) 불만과 만족은 별개의 차원에 있으며 불만을 야기하는 요인과 만족을 주는 요인은 서로 다르다는 것, ii) 불만요인의 제거는 소극적이며 단기적인 효과를 갖는 데 비하여, 만족요인의 충족은 적극적·장기적인 효과를 가진다는 점을 강조하였다.

동기요인 또는 만족요인(motivator or satisfier)은 i) 직무상의 성취, ii) 직무성취에 대한 인정, iii) 보람 있는 직무내용, iv) 책임, v) 성장 또는 발전 등이다. 이러한 요인들은 직무행태에 지속적인 영향을 미친다. 동기요인은 직무와 사람 사이의 관계에 관한 것으로서 보다 나은 직무수행을 위한 동기부여의 요인이 된다고 하였다.

위생요인 또는 불만요인(hygiene or dissatisfier)은 i) 조직의 정책과 행정, ii) 감독, iii) 보수, iv) 동료 및 상사와의 대인관계, v) 작업조건 등이다. 이러한 요인들은 직무수행 상황, 환경과 사람 사이의 관계에 관한 것으로 이를 개선하면 불만을 줄이는 데 도움이 된다. 그러나 이것이 직무행태에 미치는 영향은 동기요인의 경우보다 단기적이다.

Maslow의 욕구계층 가운데 생리적 욕구·안전 욕구·애정적 욕구 등이 이른바 위생요인의 범주에 해당된다고 할 수 있으며, 긍지와 존경욕구, 자기실현욕구는 동기요인의 범주에 속한다고 할 수 있다. Herzberg는 동기요인에 관계되는 인간적 욕구를 충족시키기 위해서는 조직 속에서 수평적 및 수직적으로 능력 발휘의 기회를 더 많이 주고 일에 대한 책임과 자유를 더 확대시켜 자기통제를 할 수 있게 함으로써 이른바 직무충실화(job enrichment)가 이루어져야 한다고 주장하고 있다.

② 위생요인과 동기요인

Herzberg의 이론은 동기요인과 위생요인으로 이원화되어 있으며, 조직생활에서 만족을 주는 요소와 불만을 주는 요소는 서로 다르다고 하였고 위생요인(불만요인)은 물리적 요인, 환경적 여건(직무 외재적 성격, 동기부여의 필요조건), 회사의 정책·관리, 감독, 작업조건, 개인상호 간의 관계, 임금, 보수, 승진, 지위 등이며, 동기요인(만족요인)은 정신적·심리적 요인(직무 내재적 성격, 동기부여의 충분조건), 책임감, 성장과 발전, 자아실현, 성취감, 인정감, 도전감 등이 포함 된다고 하였다.

욕구충족요인 이원론의 주요 내용을 다섯 가지로 요약해 보면 첫째, 직무에 대한 만족감을 주는 요인과 직무에 대한 불만감을 주는 요인은 서로 명백히 구별되는 별개의 것이다. 둘째, 불만요인의 제거는 단순히 불만을 없애는 소극적이고 단기적인 효과만 있으며, 동기를 유발시켜 사기를 높이기 위해서는 만족요인의 개선이 필요하다고 본다. 셋째, 직원들은 자기실현을 할 수 있는 심리적 성장기회가 주어질 때 직무에 대해 만족한다. 반면에 위생요인은 그것이 충족되지 않을 경우 조직구성원에게 불만족을 주지만 그것이 충족되더라도 조직구성원의 직무수행 동기를 유발시키지는 않는다. 넷째, 만족의 반대는 불만족이 아니라 만족이 없는 상태이며, 불만족의 반대는 만족이 아니라 불만족이 없는 상태로 규정한다. 끝으로, 수평적인 식부확장은 불만요인을 제거해 주지만 수직적 확장·권한·위임·책임성과 자율성 보장을 의미하는 직무충실은 만족요인을 제고시켜 조직의 생산성에 기여하는 것이라고 하였다.

그림 4-4 Herzberg 위생요인과 동기요인

위생요인
Hygiene Factors

Extrinsic and
Related to
Dissatisfaction

정 책 Company Policy	정 책 Company Policy
급 여 Salary	급 여 Salary
정 책 Company Policy	정 책 Company Policy
급 여 Salary	급 여 Salary
작업조건 Work Conditions	작업조건 Work Conditions

동기요인
Motivators

성 취 Achievement	책임감 Responsiblity
인 정 Recognition	승 진 Advancement
일자체 Work itself	성 장 Growth

Intrinsic and
Related to
Satisfaction

만족과 불만족은 불연속 개념으로 영향요인도 다르다고 할 수 있는데. 위생요인 (hygiene factors)은 불만족요인(dissatisfiers)인 Job context와 관련 일에 대한 만족을 제고 하지 못하고 있다고 할 수 있으며, 동기요인(motivators)은 만족요인(satisfiers)인 Intrinsic job conditions /job content와 관련하여 만족감을 제고 하였다고 볼 수 있다.

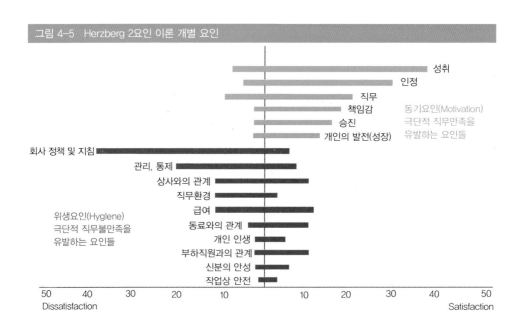

그림 4-5 Herzberg 2요인 이론 개별 요인

(4) C. P. Alderfer의 ERG이론

Alderfer의 ERG 이론은 Herzberg의 이론과 마찬가지로 Maslow의 욕구계층의 이념을 근거로 발전된 것이며, 개인욕구를 실증연구에 부합되게 수정한 것으로 생존(existance needs), 대인관계 유지 욕구(relatedness needs), 성장 욕구(growth needs)의 3단계 욕구가 있으며, 세 가지 욕구를 상위욕구와 하위욕구로 구분하였으나 욕구의 단계를 내세우지는 않았다. 상위욕구와 하위욕구 모두가 다 동기부여 요인으로 작용할 수 있다고 보았다.

① 생존(existance needs)

생존욕구는 배고픔·목마름·주거 등과 같은 생리적이고 물질적인 욕구들이며, 조직에서는 보수, 부가급부, 안전한 직무수행을 위한 물리적 환경 등에 대한 욕구가 이 범주에 속한다. 즉 Maslow 이론의 생리적 욕구와 안전욕구의 일부가 이에 해당한다.

② 대인관계 유지 욕구(relatedness needs)

관계욕구는 타인과의 인간관계에 관련된 욕구이며, 이런 욕구를 가진 사람들은 사회 환경이 자기에게 어떻게 관련되어 있는가에 주된 관심을 둔다. Maslow 이론의 안전욕구 일부, 애정적 욕구, 그리고 긍지와 존경욕구의 일부가 이에 해당한다.

③ 성장 욕구(growth needs)

성장욕구는 창조적 업무 노력이나 개인적 성장 노력과 관련된 욕구이며, 욕구의 충족은 개인능력을 충분히 활용하도록 요구하는 업무와 새로운 능력개발을 요구하는 업무에서 발생된다. Maslow 이론의 자기실현욕구와 존경욕구의 일부가 이에 해당한다.

Alderfer 이론은 Maslow 이론처럼 생존욕구에서 관계욕구·성장욕구로 계층적으로 향상된다고 제안하지만, 두 가지 점에서 첫째, 욕구단계이론에서는 한 단계의 욕구충족이 다음 단계의 욕구갈망을 진행시키는 데 비하여(만족, 진행 접근방법), ERG 이론에서는 한 단계의 욕구충족이 다음 단계의 욕구갈망을 진행시킬 뿐만 아니라 욕구가 충족되지 못하고 좌절될 경우에도 후퇴하여 이전단계욕구의 갈망을 진행시킨다(좌절, 후퇴 접근방법). 둘째, ERG 이론은 욕구단계이론과 달리 하나 이상의 욕구가 같은 시점에서 동시에 충돌될 수 있다는 점에서 현실적이고 실효성이 있으나, 개인차를 고려하지 못한 점이 아쉬움으로 남아있다.

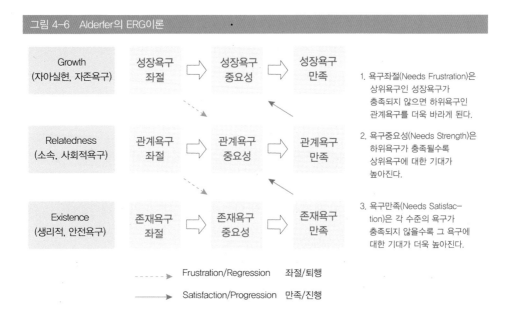

그림 4-6　Alderfer의 ERG이론

(5) 맥클래랜드의 성취동기이론(McClelland achievement motiation theory)

매슬로우의 다섯 욕구 중 상위욕구만을 대상으로 세 가지 범주의 욕구를 제시하였다. 첫째, 성취욕구로 무언가를 잘하려는 갈망, 이전보다 더 능률적으로 하려는 욕구이며 이런 사람들의 특징으로 목표설정을 중시, 도전적 목표설정(달성 가능한 수준), 경과진행 상황과 성과 결과에 대한 빠른 환류 선호, 자신을 점검 동료에 대한 관심, 특히 생산적(성과 지향적) 동료와 근무선호, 개인 향상에 적극적인 사람들이라고 하겠다. 둘째, 친화욕구로 남들과 사이좋게 잘 지내고 싶은 욕구, 인간관계가 빈번한 일자리, 집단적 과업, 커뮤니케이션의 기회의 욕구가 포함되며, 끝으로, 권력욕구로 다른 사람에게 영향력을 행사, 리더의 위치에 있고 싶어 하고, 남을 설득시킨다든지, 남 앞에 나서기를 원하고, 직접 책임지고 도맡아 하려고 하며, 자신의 지위향상에 관심을 갖고 동기를 부여하는 욕구라고 하겠나.

맥클리랜드는 성취동기이론에서 친화욕구, 권력욕구, 성취욕구 중 성취욕구가 동기부여와 직결된다는 연구 결과를 제시하였으며, 세 가지 욕구의 상대적인 강도는 사람마다 다른데, 대체적으로 리더들은 친화욕구보다는 성취욕구가 강한 편이며, 성취욕구는 국가의 경제적 성장과 성공에 미치는 가장 결정적인 요인으로 보고 있다. 성취욕구가 강한 사람들이 갖는 공통적인 세 가지 특징으로 개인 책임의 선호, 중간 정도 난이도의 목표를 설정, 구체적이고 빠른 피드백을 원하고 있는 것으로 나타났다.

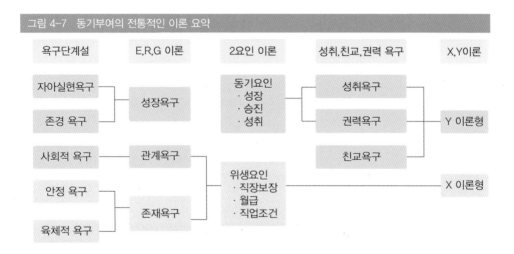

그림 4-7 동기부여의 전통적인 이론 요약

2) 과정이론

어떤 과정을 통해 어떻게 동기가 부여되는가를 설명하는 이론들을 과정이론이라 한다. 과정이론은 동기부여 요인들이 상호작용하여 행동을 야기하는 과정을 설명한다. 내용이론들은 조직 구성원의 동기부여를 가능하게 하는 직무관계요인들의 이해를 용이하게 하지만, 조직 목표를 성취함에 있어서 왜 특별한 유형의 행태를 선택하는가에 대해 설명하지 못한다. 이러한 선택의 측면을 이해하기 위해서는 과정이론을 살펴보아야 한다. 과정이론은 인간의 욕구와 그에 대한 자극 유인 등 동기부여의 기초 요인의 내용보다는 동기부여의 과정에 중점을 둔다는 점에서 내용이론과는 다르다.

그러나 양자는 밀접한 관련성을 가지며, 내용이론이 과정이론에 기초를 제공하고 있는 점은 간과할 수 없다. Vroom의 기대이론, Adams의 형평성 이론, Locke의 목표설정이론, 자기결정이론 등이 대표적인 과정이론의 범주에 속한다.

(1) Vroom의 기대이론(Vroom expectancy theory)

Vroom의 기대이론(expectancy theory)은 동기부여이론 중에서 가장 널리 수용되는 이론 중 하나로 Lewin과 Tolman에 의해 처음 제시되었고, 1964년 Vroom에 의해 발전된 이론이다.

Vroom은 "동기의 정도는 행위의 결과에 대한 매력의 정도(유의성)와 결과의 가능성(기대) 그리고 성과에 대한 보상 가능성(수단성)의 함수에 의해 결정된다."고 주장한다. 즉 인간은 자신의 행동과정에서 여러 대안 중 자신이 원하는 결과를 가져올 행동을 선택한다는 것이다.

물론 기대이론은 이렇게 간단히 설명할 수 있는 이론이 아니라 고려해야 할 점이 많은 동태적인 이론으로 다음의 내용을 믿는 신념이 있을 때 동기부여가 잘 될 것이라고 설명한다. 첫째, 노력하면 좋은 성과를 낼 수 있을 것이다. 둘째, 좋은 성과는 조직에서의 보상(보너스, 임금인상 또는 승진)을 가져올 것이다. 셋째, 보상은 종업원들의 개인목표를 충족시킬 것이다.

그림 4-8 기대이론 추진과정

개인노력
(Individual effort) ➡ 개인성과(1차 결과)
(Individual performance) ➡ 조직보상(2차 결과)
(Organizational rewards) ➡ 개인목표
(Personal goal)

① 노력–성과 관계 기대
(Expectancy)   ② 성과–보상 관계 수단성
(Instrumenttality)   ③ 성과–개인목표 관계 유의성
(Valence)

① 노력-성과 관계(기대, E)에서 기대감은 일정수준의 노력을 하면 성과향상이 되리라고 생각하는 개인의 주관적 확률을 의미한다. 이는 목표달성을 위해 자신이 가지고 있는 능력과 가능성에 대해 인식하는 정도를 말한다. ② 성과-보상 관계(수단성, I)에서 수단성은 일정수준의 성과가 원하는 보상을 가져오리라고 생각하는 개인의 믿음 정도를 의미한다. ③ 보상-개인목표 관계(유의성, V)에서 유의성은 조직의 보상이 개인목표나 욕구를 충족시키는 징도 그리고 잠재적 매력 정도를 나타낸다.

기대이론의 특징은 첫째, 개인의 목표와 욕구가 어떻게 행동으로 연결되는가를 설명하고 있으며, 둘째, 인간의 인지를 중요시한다. 개인의 직무에 대한 동기력은 노력-성과 관계, 성과-보상 관계, 보상-개인목표 관계에 대한인지에 의해 결정된다고 주장하고 있으며, 셋째, 동기력은 기대, 수단성, 유의성을 곱하여 결정되는 데 세 가지 요소 중 한 가지 요소라도 0이면 전체가 0이 된다는 것이다. 넷째, 개인은 동기력의 값이 가장 큰 대안을 선택한다고 설명하고 있다.

그러나 기대이론은 몇 가지 비판을 받고 있다. 첫째, 과연 인간이 행동할 때 그렇게 복잡한 과정을 거치는가의 문제이다. 누구나 합리성에 근거하여 결과와 과정에 대한 확률 적용을 하며 행동하는 것에는 한계가 있다. 인간은 완전한 합리성이 아닌 제한된 합리성(bounded rationality)에 따라 의사결정을 한다는 점을 고려해야 한다는 것이고, 둘째, 변수에 대한 정의가 모호하며 연구자들 간에 일치성이 적으며, 셋째로는 유의성과 기대감의 곱셈공식으로 효과가 과장될 수 있다. 넷째, 가장 만족이 큰 쪽으로 동기 부여된다는 쾌락주의 가정의 문제이다. 가치 부여는 매우 주관적이라 사람마다 다르기 때문이다.

(2) J. S. Adams의 형평성이론(Adams equity theory)

Adams의 형평성이론은 개인은 준거인(능력이 같은 동료, 비교대상)과 비교하며 자신의 노력과 그에 따른 보상 간의 불일치(보상의 불공평성)를 지각하며 그것을 제거하려는 방향으로 동기부여가 된다고 주장한다. Festinger의 "인지부조화이론"에서 출발한다. 인지일관성의 정향(무엇이 공평하냐에 대한 축적된 신념)이 있는 개인은 호혜주의 규범(공평한 교환을 하려는 생각)에 따라서 자신과 동종의 직무에 종사하는 친구의 급료·승진 등과 비교하게 된다. 사회심리학에서 차용된 것으로, 사회적 상호작용에 관련된 집단 내에서 정당하고 공평한 교환(exchange)의 개념을 강조한다.

형평성이론에 의하면 직무만족은 개인이 투입요인(inputs)과 결과(outcomes)간의 균형을 어떻게 지각하는가에 따라 결정된다고 본다. 개인이 받는 보상이 다른 사람과 비교해서 형평의 원칙에 부합하는지에 대한 지각이 만족을 결정짓는 중요 요인이 된다는 것이다.

형평성이론에 대한 평가는 첫째, 비교결과에 관한 것으로 ⅰ) 노력과 보상 간의 산출/투입비가 일치하면 만족하게 된다, ⅱ) 자신의 것이 작으면(과소보상) 편익증대(임금인상)를 요구하거나 자신의 노력을 줄여 투입을 감소시키거나 조직에서 이탈하게 되고, ⅲ) 반대로 자신의 것이 큰 경우(과다현상)에는 편익감소를 요청하거나 더욱 노력하게 된다. 둘째, 형평성이론은 만족이나 불만족의 발생 원인에 대해 개인의 투입요인 및 결과에 대한 추정방법을 명확히 제안함으로써 만족의 결정과정을 실증적으로 다룰 수 있게 하는 데 큰 공헌을 하였다. 뿐만 아니라 불공평에 대한 사람들의 반응은 매우 다양한 형태를 취할 수 있다는 점을 보여 주고 있기도 하다.

형평성이론에 대한 문제점으로 첫째, 투입이나 결과에 대한 지각과정이 어떤 경우에 어떤 과정을 거쳐서 이루어지는지를 선명하게 밝히지 못하고 있다. 둘째, 준거인을 보편성 있게 선정·분류하기가 어렵다. 끝으로, 대부분의 연구는 낮은 수준의 보상에 대해서는 그로부터 기인하는 행동유형에 대해 대체로 일치된 결과를 보이고 있지만, 과다한 보상의 경우에 대한 연구는 많지 않을 뿐만 아니라 일치점을 찾지도 못하고 있는 실정이다.

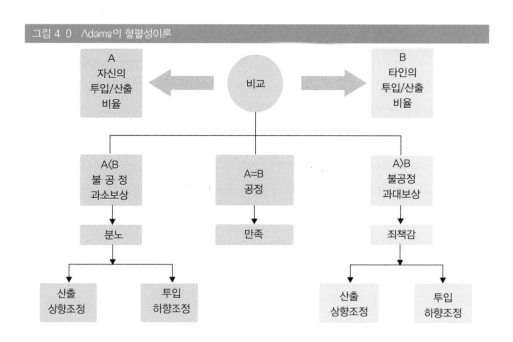

그림 4.0 Adams의 형평성이론

(3) 로크의 목표설정이론(E.A. Locke Goal Setting Theory)

목표설정이론은 1968년에 로크에 의하여 개념화된 인지과정 이론의 일종으로 목표가 실제행위와 성과를 결정하는 요인으로 보는 이론을 말한다. 이는 "조직이 구체적이고 어려운 목표를 수립하더라도 목표의 성취에 영향을 미치는 요소들이 매우 많고 목표가 쉽사리 수용되지 않는 상황에서는 성취 수준이 높아질 수 있을까?"라는 질문에 초점이 맞추어져 있다. 이와 관련하여 다양한 연구 결과 목표를 수립하는 데 구성원의 참여는 과업의 성취 정도와 긍정적인 관계가 있음이 증명되었다.

목표란 획득하기를 바라는 상태에서 개인이나 조직이 장래의 어떤 시점에서 도달하고자 하는 상태를 말하며 로크와 랜담(1990년)이 주장한 목표의 중요기능은 목표는 동기의 기초이며 특정한 방향으로 행동을 이끌며, 목표는 개인의 일이 얼마나 많은 노력을 기울여야 하는지를 결정하기 위한 지침을 제공한다. 목표는 의도적인 행동이 과업수행에 영향을 미치며 평가 기준을 제시한다. 목표로 인한 attention의 증가, 목표에 대한 노력 증가, 지속성 유지, 목표달성을 위한 전략·계획이 개발된다고 하겠다.

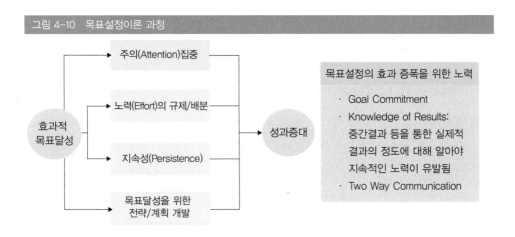

그림 4-10 목표설정이론 과정

표 4-3 목표설정의 SMARTS

	구분	개념	의의
S	Specific	목표는 구체적이어야 한다.	목표설정의 이해도를 높이기 위해 필요함
M	Measurable	목표는 계수화가 가능한 것이어야 한다.	기대된 결과를 명확히 정의할 수 있음
A	Alignment	목표는 사명 및 비전과 관련되어야 한다.	회사-사업부-팀-개인의 목표 상호간 일관성을 유지해야 함
R	Result-Controlled	목표는 수행자의 노력과 상관관계가 있어야 한다.	수행능력이나 자기 수용성이 범위 내에서 설정함
T	Timely	목표는 달성기간을 정해야 한다.	목표달성의 기간을 정해야 과정관리를 효과적으로 할 수 있음
S	Stretch	목표는 도전적이어야 한다.	도전적인 목표는 업무의욕을 유발함

　　목표설정 이론의 한계점으로는 목표수용과 헌신을 결정하는 요소가 무엇인가를 증명하지 못하고 있는데 즉 목표의 수용과정에 대한 설명이 부족하다고 하겠다. 목표설정이론은 목표의 난이도(목표가 도전적이어서 노력을 요구하는 정도), 목표의 구체성(목표가 명확하게 규정되는 정도), 목표의 종류(지시된 목표, 참여적 목표, 자기설정 목표) 등에 의해서 결정되며 그 영향의 정도는 여러 상황을 고려해서 달라진다고 할 수 있다. 이러한 여러 상황들을 고려해서 목표를 설정하지만, 목표가 수용되지 않으면 아무리 훌륭한 목표라도 기대이상의 결과를 얻지 못하는 단점이 있다. 객관적으로 평가해서 목표 이상의 성과를 기대하기 어려운 경우에도 그 이상의 결과를 얻는 경우가 있는데, 이는 개인의 목표가 상황요인에 의하여 더 많은 수용의 효과를 얻었기 때문이다.

　　기대이론과 목표 설정이론을 비교해 보면 공통점은 개인의 행동을 인지적 과정으로 보는 것이며, 차이점은 첫째, 기대이론은 가치에 대한 내적평가와 여러 가지 보상에 대한 기대를 강조한 반면, 목표설정이론은 목표를 추구하기 위하여 여러 가지 가치에 기초한 의도적인 결정을 강조한다. 둘째, 기대이론은 가치행동에 영향을 미치고 행동에 의하여 결과가 야기 된다고 보고 사고 과정을 단순화 하였으나 목표설정이론은 가치와 행동사이에서 정서적 반응과 목표라는 과정을 포함시켜 기대이론보다 복잡한 과정을 제시하고 있다.

(4) 자기결정이론(self-determination theory)

1970년대에 자기결정이론은 내재적 및 외재적 동기를 비교한 연구 그리고 개인의 행동에서 지배적인 역할을 하는 주체적 동기 부여에 대한 이해증진으로부터 발전하였고 1985년 Rochester 대학 심리학과 사제지간인 Edward Deci와 Richad Ryan이 자기결정성이론이란 이름으로 공식 발표하였다. 자기결정성은 사람들의 타고난 성장경향과 심리적 욕구에 대한 이론으로 사람들이 외부의 영향과 간섭 없이 스스로 선택하고자 하는 내적 동기를 가지고 있다는 것에 초점을 두었다. 2000년대 이후에는 사회 심리학의 다른 영역에 적용하는 경우도 상당히 많아지고 있으며, 자기결정성 이론은 6개의 소이론으로 구성되어 있는 매크로 이론으로 발전하였고, 현재 산업 현장, 교육 현장, 스포츠 분야, 심리치료(클리닉)은 물론 개인의 삶의 질(Well-being)에 이르기까지 많은 실험과 연구가 진행되어왔고 활용되고 있다.

자기결정이론의 7가지 주요 원리는 첫째, 사람은 성장 지향적이고 자아일체감을 구축하며 사회 구조에 통합되고자 하는 경향으로 자극을 받기도 하고 방해를 받기도 한다. 둘째, 3가지 타고난 심리적 욕구(자기 효능감, 자율성, 관계성)가 성장 지속성을 결정하며, 셋째로는 개인의 동기가 어느 상태인지에 따라 다른 사람과 친밀감을 통하게 되고 행동도 달라진다(무동기, 외재적 동기, 내재적 동기). 넷째, 외적 행동 조절은 내적 행동 조절로 귀결될 수도 있고, 다섯째는 3가지 심리적 욕구가 지속적으로 충족되어야 안정적인 내적 동기가 유지된다. 여섯째, 높은 내재적 동기와 자율적인 자기통제는 높은 수준의 학습, 이해, 업적 및 개인의 삶의 질과 관련이 있으며, 끝으로 외적 행동 통제는 다양한 행태로 나타나게 된다고 하겠다.

공식적으로 자기결정이론은 인지평가이론(CET), 유기체 통합이론(OIT), 인과관계 오리엔테이션 이론(COT), 기본적인 심리적 욕구이론(BPNT), 목표내용이론(GOT), 관계동기부여이론(RMT)의 6가지 미니이론으로 구성되는데 각각의 이론은 실험실 및 현장 조사에서 나온 일련의 동기 부여 기반현상을 설명하기 위해 개발되었다고 하겠다. 따라서 각 개별의 미니이론은 동기부여 또는 성격 기능의 측면을 다루고 있다.

또한, 동기는 내재적 동기와 외재적 동기로 나눌 수 있는데 내재적 동기(Intrinsic Motivation)는 자연적으로 타고난 동기로 도전과 가능성을 추구하는 심리적 동기로 인지적 평가이론(CET)으로 발전했으며, 외재적 동기(Extrinsic motivation)는 외적 통제를 의미하는 것으로 유기체적 통합 이론(OIT)으로 발전하였는데, OIT는 외적규제, 내사된 규제, 식별된 규제, 통합된 규제의 4개의 단계적 특성을 보이고 있다.

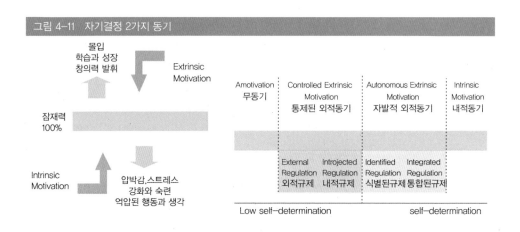

그림 4-11 자기결정 2가지 동기

① 인지 평가 이론(Cognitive Evaluation Theory)

내재적 동기 및 다양성 관련 요소를 설명하는 것으로 내적 동기를 촉진·저하 시키는 사회 환경적 요소들에 대한 이론으로 유능감과 자율성 욕구와 관련되어 있는데 직장에서의 피드백이나 보상과 같은 사회적 사건이 내적 동기를 촉진·저하 시키기도 하는 것(Autonomy)이며, 사회적 안전과 인간관계와도 연결되었을 때 내적 동기가 충만하게 된다(Relatedness).

그림 4-12 인지 평가 이론 모형

② 유기적 통합 이론(Organismic Integration Theory)

외재적 동기와 관련된 하위 이론으로 가치, 목표, 신념 체계의 내면화 정도에 따라
① 외적 규제(external regulation): 저항, ② 내사(introjected regulation): 부분적으로 받아들
임, ③ 식별(identified regulation): 상당 부분 받아들임, ④ 통합(integrated regulation): 완전
내면화의 다른 형태를 보이고 있다. 내면화가 진행될수록 자율성 높아지며, 단계적으
로 외적 규제→내사→식별→통합의 과정을 거치며, 자율성이 낮을수록 외적 동기에 의
해 행동 통제가 용이하며 자율성(autonomy), 관계성(relatedness)을 중요시하는 이론이다.

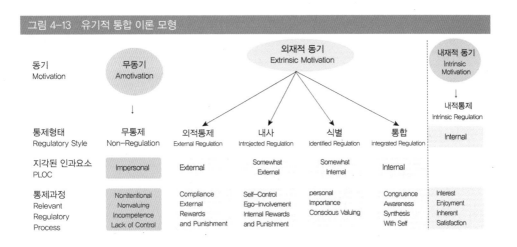

그림 4-13 유기적 통합 이론 모형

③ 기본적 심리욕구 이론

웰빙(well-being)과 건강(health)을 촉진하기 위해서는 기본적인 심리욕구가 충족되어야
하며, 욕구는 보편적으로 적용할 수 있으나 경우에 따라 한 가지가 다른 욕구보다 더 두드
러지게 나타날 수 있고, 때에 따라 혹은 문화나 경험에 따라 다르게 표현되기도 한다.

그림 4-14 기본적 심리욕구 이론

자신의 삶의 인과관계자가 되고
자신의 통합된 자아와 조화를 이루려는
보편적인 욕구

자율성
Autonomy

유능감
Competency

관계성
Relatedness

결과를 자기마음대로 통제
할 수 있고 어떤 일이나 통달
하고자 하는 마음

다른 사람들과 상호작용하고 싶고,
친해지고 싶고, 돌보고 싶어 하는
인간의 보편적인 욕구

④ 인과 지향성 이론(Causality Orientation Theory)

환경에 대해 적응하는 방식과 행동 조절 방식에 관한 이론으로 3가지 지향성에 대하여 살펴보면, 첫째로 자율 지향성(The Autonomous Orientation)은 기본 욕구들 모두 충족된 상태를 의미한다. 둘째, 통제 지향성(The Control Orientation)은 역량과 관계성 욕구 충족되었으나 자율성 욕구 미충족 상태와 내적·외적 임기응변으로 불완전한 기능화와 개인의 삶의 질의 저하이며, 셋째로 비인격 지향성(The Impersonal Orientation)은 세 가지 기본 욕구가 모두 미충족 상태로 기능 결핍과 건강 악화와 관련이 된다. 지향성(Orientation)의 양을 측정하면 개인의 정신 건강과 행동 결과 예측 가능하다고 하겠다.

⑤ 목표 내용이론(Goal Contents Theory)

목표 내용이론은 장기적인 삶의 목표가 있으면 그 목표와 일치하도록 활동을 통제하고자 하는 것으로 내적 목표인지 외적 목표인지에 따라 동기수준과 건강에 차이를 초래한다는 이론이다. 본 이론은 두 가지 범주로 구분되는데 첫째, 내적 목표(Intrinsic Aspiration)로 공동체, 긴밀한 관계, 관대함 및 개인 성장과 개인의 삶의 질(Well-being)은 높고 나쁜 상태(Ill-being)는 낮은 경향을 보인다. 둘째, 외적 목표(Extrinsic Aspiration)는 재정적 성공, 외모, 인기, 명성과 개인의 삶의 질(Well-being)이 낮고 나쁜 상태(Ill-being)는 높은 경향을 보이고 있다.

⑥ 관계성 동기부여 이론(Relationships Motivation Theory)

　친한 친구, 낭만적인 파트너, 소속감과 같은 개인적인 관계를 발전시키고 유지하려
는 인간의 세 가지 기본적 심리욕구 중 하나인 관계성(relatedness)에 관한 이론으로 RMT
는 인간관계에 관한 이론으로 다른 사람들과 일정 수준의 상호작용을 한다는 것은 바
람직할 뿐만 아니라 실제로 개인의 삶의 질에 필수적인 요소라고 주장한다. 높은 수준
의 인간관계는 관계성 욕구를 충족시켜 줄 뿐만 아니라 자율성 욕구충족에도 필수적이
며 상대적으로 적은 수준이지만 유능감 욕구충족에도 관계가 있으며, 최고 수준의 인
간관계는 상대방의 자율성, 유능감 및 관계성 욕구를 지지해 주는 것이어야 한다.

제5장

SPEECH & PRESENTATION

설득적 의사소통

1   설득적 의사소통의 정의

설득이란 커뮤니케이션의 기본적인 형태 중 하나로 "타인이 제공하는 정보에 노출됨으로써 발생하는 태도 변화"라고 할 수 있다. 우리 주변에서는 항시 설득행위가 일어나고 있다. 따라서 설득은 오래전부터 지속적으로 학문의 관심을 받아왔다. 가스와 사이터에 따르면 설득은 한명 이상의 사람들이 주어진 커뮤니케이션 상황 속에서 기존 신념과 태도, 의도, 동기, 행동 등의 반응을 유발, 보강, 조정, 제거하는데 참여하는 활동이며 과정이라고 보았다. 이러한 설득에 대한 정의는 설득에 대한 결과물이 아니라 과정으로 이해하는 것이며, 설득을 단지 기존 신념이나 태도를 변화 시키는 것으로 이해하는 시각에는 반대하는 것이다. 설득의 개념은 초기에서 오늘날에 이르기까지 상당히 변모해 왔다.

전통적 의미에서 설득은 고대 그리스 시대부터 연구대상이었다. 당시에 설득은 권력을 쟁취하고 법정에서 승리할 수 있는 주요 수단이었고, 설득력은 사회적 명성을 의미했다. 호메르스는 네스토르와 오디세우스의 수사적 기술을 천부적 재능으로 생각했다. 아리스토텔레스는 설득을 "학습을 통한 기술"로 정의하였다. 설득의 학문인 레토릭은 그리스인들의 교육에서 중심을 차지하고 있었고 그리스인들은 설득에 대한 특별한 기술을 습득해야 했다. 아리스토텔레스는 레트릭을 "주어진 상황에서 가능한 설득 수단을 인지할 줄 아는 능력"이라고 하였다. 또한 그는 설득에 관한 최초의 문헌은 수사학을 발간하여 설득의 기술에 관한 기초를 만들었으며, 본 저서에서 설득을 공신력에 대한 평판인 에토스(ethos, 인격)에 토대를 두고, 논리적인 논증기술인 로고스(logos, 논리)와 청자의 감정을 이끌어낼 수 있는 파토스(pathos, 감정)를 사용하고 있다. 설득에 대한 이러한 초기의 입장은 메시지를 전달하는 정보원과 연설을 행하는 기술에 초점을 두었다.

로마의 전통학자인 키게로는 수사학을 "기술의 규범 원칙에 기초한 능변을 다루는 정치학의 한 분야"로 정의하고 설득 화법을 증거와 주장발견·발견, 배열, 미적으로 멋냄 즉 연기, 암기, 전달의 다섯 가지를 설득 능력의 조건으로 제시하고 있다.

이후 매스미디어의 시대가 도래 하면서 설득의 개념이 변화하기 시작하였으며, 브렘백과 호웰은 설득을 사전에 계획된 목적을 향해 사람들의 동기를 조직함으로써 사람들의 생각과 행동을 바꾸려는 의식적인 시도라고 정의했다. 이러한 정의에서 설득은 논리의 사용에 치중하기 보다는 수용자의 내적동기를 강조함으로써 이전과는 다른 시각을 보였다. 이후 설득을 "선택에 영향을 주기 위해 의도한 커뮤니케이션"이라고 정의하였다.

특히, 커뮤니케이션 학자들은 설득을 효과의 측면에서 정의하는데 호블랜드는 설득을 "언어적 자극을 통해 설득원이 바라는 어떤 목표를 달성하고자 수용자의 의도된 행동을 유발하는 역동적 과정"으로 정의하였다. 베팅하우스·코디(Bettinghaus & Cody, 1994)는 "어떤 메시지를 전달하여 다른 개인이나 집단의 태도, 신념, 행동을 변화시키려는 지속적인 시도"로 보았다.

이상과 같은 전통적 의미의 설득에서는 설득과정을 선형적 커뮤니케이션 과정을 이해하고 있다는 점에서 설득의 범위를 의도적이고 효과 중심적인 의미로 제한하는 경향이 많았다. 이후 설득의 개념을 전통적 의미에서뿐만 아니라 비의도적이고 과정 중심적인 현상까지 포괄해야 한다는 주장들이 대두되기 시작했다.

1960년대 중반 포더링햄은 설득을 설득자 메시지에 의해 "수용자에게 발생한 것"이라고 정의하였다. 여기서 설득이 발생할지 아닐지를 결정하는 대상은 수용자라는 사실이다.

가스와 사이터는 전통적 의미의 설득과 주변적 의미의 설득을 구분하면서, 지금까지 설득연구 및 주 관심 대상이 "순수의미의 설득"영역에 제한되어 있고 설득의 범위가 순수한 의미의 설득으로 제한되었던 이유로 의도성이나 효과, 자유의지, 상징적 행동, 대인 지향성 등과 같은 요인이 설득을 정의하는 기준으로 사용된 점을 지적하였다. 설득은 고대 그리스 시대부터 오늘날에 이르기까지 포괄적인 개념으로 변모해 왔다고 볼 수 있다.

2 설득적 의사소통의 주요 속성

설득적 의사소통은 소통의 기본속성을 지니는 동시에 여타의 소통과 구별되는 상대적 속성을 지닌다. 커뮤니케이션의 기본적 속성으로는 기호 등으로 구성된 메시지라는 수단을 통해 타인의 태도나 행동을 변화시키고자 하는 것과 수용자의 자유로운 의사를 전제로 그들을 설득 시키고자 하는 자의적 선택을 들 수 있다. 특히, 자의적 선택의 경우, 설득을 당하는 상대방의 자발적인 동의에 바탕을 둔 자유의지에 의해서 그 메시지가 받아들여지는 것을 말하기 때문에 설득은 강압적인 방법에 의한 태도나 행동의 변화와 구분되도록 해주는 중요한 속성으로 의도성, 도구성, 설득대상의 특정성으로 구분된다.

1) 의도성(Conscious intent)

의도성은 어떤 목적을 달성하기 위한 의식적인 의도를 말하는 것으로 다른 형태의 의사소통 유형들도 어느 정도 나름대로의 의도성을 지니고 있으나, 설득적 의사소통은 수용자의 태도나 의견 또는 행동을 변화시키려는 것을 궁극적인 목표로 하기 때문에 가장 강한 속성이라고 하겠다. 예를 들어 광고의 경우 메시지를 전달받는 사람과 광고하는 상품이나 서비스에 대해 호의적인 이미지를 갖게 하고 이를 사도록 하는 분명한 의도가 있다고 할 수 있다.

2) 도구성(Instrumentality)

도구성은 문자 그대로 의사소통이 어떤 목적을 달성하기 위한 도구로 사용된다는 뜻이다. 예를 들어 광고는 상품이나 서비스의 판매 촉진을 위한 미래 도구로 사용되고 있다. 이처럼 설득의사소통의 도구성이라는 속성으로 인하여 불의한 목적 달성을 위한 수단으로 사용되기도 하여, 사회적으로 비난 받은 일도 있으나, 좋은 목적이나 의도를 뒷받침하기 위한 수단으로 활용된다면 진정한 의미의 설득의사소통으로 인정받을 수 있다.

3) 설득대상의 특정성

설득대상의 특정성이란 설득 의사소통은 불특정 다수를 대상으로 하는 매스미디어와 달리 설득대상이 보다 분명하다는 것을 말한다. 다시 말해 광고나 PR 또는 선전 등 대표적인 설득 의사소통의 유형들은 분명한 대상, 즉 목표 수용자를 설정하고 그에 맞춰 메시지, 소구(메시지를 전달하여 원하는 반응)방법, 매체 등을 각기 달리 사용하고 있다.

따라서 수용자의 나이, 성, 교육정도, 지리적 여건, 소득 정도, 학력, 생활방식 등에 따라 의사소통 내용이 달라진다.

설득 의사소통의 속성에 대하여 설명하였으나, 전통적 기준에 대하여 다른 입장을 취하는 경우가 있다. 우리의 행동이 부지불식간이나 무의식적인 자극에 의해 영향을 받고 태도나 행동이 변화하는 것을 목격할 수 있기 때문에 직접적인 의도가 없는 글이나 행위들도 다른 사람의 태도나 행동에 영향을 줄 수도 있다.

또한 도구성이라는 속성에 대해서도 지금까지의 관점은 설득 의사소통가가 의도한 특정한 결과를 얻어 냈을 때 설득이 성공한 것으로 간주해 왔고, 이러한 효과 중심적인 설득 개념은 설득을 과정보다는 성과 측면에서 고려한 경향이 강하다고 하겠다. 그러나 설득을 성과에 국한하여 이해할 경우 과정이 무시되고 결과만 중요시한다는 문제를 지닌다. 이러한 점을 비추어 볼 때 설득은 전통적인 효과 중심적 개념에서 벗어나 보다 과정 중심적인 개념으로 이해한다는 주장이 설득력을 얻어가고 있다.

3 설득적 의사소통의 분류

설득적 의사소통은 크게 개인적(intrapersonal), 대인적(interpersonal), 집단적(group), 대중적 설득의사소통(public persuasion)으로 구분된다.

1) 개인적 설득(Intrapersonal Persuasion)

개인적 설득(intrapersonal persuasion)이란 스스로에게 하는 내부적 독백(internal vocalization, self-talk)이나 성찰적 사고(reflective thinking)를 말한다. 즉, 개인적 설득과정이란 특정현상이나 사건에 대해 자신에게 확신(conviction)을 주기 위한 의사소통을 말한다. 예를 들어, 생전 처음 다이빙대에 섰을 때 "난 할 수 있어(I can do it)."라는 독백은 점프를 할 수 있다는 확신을 스스로에게 주기 위한 설득적 의사소통이라고 할 수 있으며, 스트레스나 공포를 경험한 상황에서 자신을 안정시키기 위한 독백도 개인적 설득과정이라고 할 수 있다.

2) 대인적 설득(Interpersonal Persuasion)

대인적 설득이란 설득하는 사람과 설득을 당하는 사람 간의 의사소통을 말한다. 이 때 성공적인 설득을 위해서는 두 사람 간의 라포(rapport)가 충분히 형성되어야 한다. 대학생 자녀가 용돈을 올려 받기 위한 다양한 이유를 제시하면서 부모를 설득하는 경우에 있어서도 그 동안의 용돈 씀씀이에 대한 부모의 평가에 따라 부모를 설득하기 위한 전략의 성패가 달라진다.

3) 집단적 설득(Group Persuasion)

집단적 설득(group persuasion)이란 설득을 하는 사람이 자신과 밀접한 관계나 유대감을 가지고 있지 않은 불특정 다수를 대상으로 하는 의사소통을 말한다. 집단을 대상으로 하는 설득적 의사소통은 일반적으로 두 명 이상의 사람들이 모인 상황에서 일어난다. 집단적 설득과정은 대학생들이 과제발표를 위해 팀원들과 토론을 하는 과정이나 신입생 수련회에서 새로 입사한 사람들이 모여서 하는 논의 활동 등을 예로 들 수 있다. 이때 한 명이나 두 명의 설득자는 전체 집단을 향해 자신의 의견을 확신시키기 위해 다양한 전략을 사용한다.

대인 설득의사소통과 집단 설득의사소통의 차이점은 의사소통에 포함된 집단 구성원의 숫자라고 할 수 있다. 이때 사용하는 설득자료는 대화기법, 독해자료, 프레젠테이션 기술 등 대인 설득의사소통과 동일한 자료들이 사용될 수 있다.

4) 대중매체를 통한 설득(Public Persuasion)

마지막으로 대중매체를 통한 설득(public persuasion)이란 불특정 다수의 청중을 대상으로 다양한 매체를 통해 설득적 메시지를 전달하기 위한 대중 의사소통을 의미한다. 대중매체를 통한 설득적 의사소통에서는 메시지를 전달하는 메신저(person delivering the message)에게 초점이 주어지는 것이 특징이다. 이때에는 다양한 배경을 가진 불특정 다수를 대상으로 이들에게 설득적 영향력을 발휘하기 위해 각종 문서, 광고, 뉴스, 라디오 프로그램 등 다양한 매체가 사용된다.

4 설득적 의사소통의 기조이론(Basic Theory for Persuasion)

설득적 의사소통의 기조이론은 두 가지 분류로 나누어 볼 수 있는데, 첫째, 설득의 심리학적 관점에서 설득심리학의 가장 대표적인 이론으로 미국 심리학자인 치알디니(Robert Beno Cialdini, 1945~)가 주장한 상호성의 원칙, 일관성의 원칙, 사회 증거의 원칙, 호감의 원칙, 유사성 원칙, 권위의 원칙, 희귀성의 원칙인 "6가지 영향력을 가진 설득 원칙(6 principles of influence)"을 들 수 있으며, 둘째, 설득과 매스미디어 효과이론으로 탄환이론(피하주사이론), 이용과 충족이론이 포함된다.

1) 심리학이론

치알디니는 과거 60년 동안 진행되어온 설득에 관한 인지심리학의 연구 결과들을 분석하여 설득의 6가지 법칙을 추출하였다. 따라서 치알디니가 종합한 법칙들은 엄격하게 통제된 실증적 연구 결과 밝혀낸 과학적 산물이라고 할 수 있다. 치알디니 스스로 이를 두고 설득의 지름길로 가는 경험의 법칙(rule of thumb)이라고 강조하였다. 치알디니의 6가지 설득법칙에는 상호성(reciprocity), 희귀성(scarcity), 권위(authority), 일관성(consistency), 호감도(liking), 사회적 증거나 동의(social proof or social consensus)가 포함된다. 치알디니는 2016년 발간한 "설득(Persuasion)"에서 6개의 법칙에 통합성(unity)이라는 법칙을 추가하여 모두 7가지 법칙으로 정리하였다. 통합성의 법칙이란 사람들은 타인과 자신을 동일시할수록 타인에 의해 설득을 당한다는 것이다. 치알디니가 주장한 6가지 설득법칙을 구체적으로 살펴보면 다음과 같다.

(1) 상호성의 법칙(Principle of Reciprocity)

우리나라 속담에 "가는 말이 고와야 오는 말도 곱다."는 말이 있다. 외국 속담에는 "당신이 내 등을 긁어주면 나도 당신의 등을 긁어줄 것이다(If you scratch my back, I will scratch yours)."라는 말도 있다. 이는 모두 상호성의 법칙(principle of reciprocity)을 나타내는 표현이다. 상호성의 법칙이란 우리가 만약 다른 사람에게 호의를 받는다면 받은 호의를 그들에게 그대로 갚아야 한다는 강박관념에 시달리게 된다는 것이다. 상호성의 법칙의 한 가지 예를 들자면 그것은 바로 시식 코너이다. 우리는 마트에 가면 시식코너를 많이 볼 수 있다. 시식코너에 가면 우리는 공짜로 그 음식을 소량으로 맛 볼 수 있게 된다. 하지만 우리가 음식을 맛본 순간 우리는 상호성의 법칙의 덫에 걸려 들어가고 만다. 우리는 그 음식을 먹음으로서 이미 빚진 상태가 되어 대다수가 받은 호의를 갚기 위해서 그 음식을 사게 된다는 것이다. 그렇다면 과연 우리가 호의를 받았을 때에만 그들에게 호의를 베풀까? 그건 아니다. 우리는 양보를 받았을 때에도 양보해야 한다는 의무감을 가진다. 치알디니는 상호성 법칙의 적용을 받고 있고 대조효과에 호소하는 일보 후퇴, 이보 전진 전략을 사용하라고 한다.

【일보 후퇴, 이보 전진 전략: ① 먼저 무리하게 요구하라. ② 책임감과 만족감을 불러 일으켜라.】 본 전략의 이해를 돕기 위하여 치알디니의 책에 있는 예문의 인용을 통해 설명해 보면 미국에서 최소한 2년 동안 일주일에 2시간씩 자원봉사를 해달라고 처음에 무리한 요청을 한 후, 두 번째에 작은 요청으로 양보한다면 상황이 처음부터 작은 요청을 한 상황보다 훨씬 높은 구두 약속을 이끌어 내었고, 실제로 정신병원에 나타난 사람의 빈도수도 일보 후퇴, 이보 전진 전략을 사용한 상황이 그렇지 않은 경우와 비교하여 월등하게 높았다는 것이다. 왜냐하면 부탁을 받은 쪽에서는 상대방을 성공적으로 설득하여 무리한 요구를 포기하게 끔 만들었다고 생각하기 때문에 책임감과 만족감이 높은 것이다. 이렇게 우리는 우리가 인식하지 못하는 사이에 이러한 법칙에 지배당하고 있다.

이 저서에서는 상호성의 법칙에 대항하는 자기방어 전략으로 첫째, 호의와 술책을 구분하여야 한다. 둘째, 상황을 재조명해야 한다고 하였다. 치알디니는 그냥 심리 법칙만 가르쳐 주는 것이 아니라 우리에게 상황을 똑바로 볼 수 있는 법을 쉽게 이해할 수 있도록 기술되었다.

상호성의 법칙과 유사한 심리적 기전으로 욕구 상보성(need complementarity)이라는 개념이 있다. 욕구 상보성이란 자신이 가지고 있지 못하는 것을 보완해 줄 수 있는 사람을 선호한다는 개념으로 타인에 의해 자신의 욕구를 충족하려는 기전을 말한다. 예를 들어, 말하기 좋아하는 사람은 자신의 말을 잘 들어주는 사람을 선호하거나, 권위적이고 지배적인 남자는 수동적이고 복종적인 여자를 아내로 삼고 싶어 하는 것 등을 들 수 있다.

연설이나 프레젠테이션에 있어서도 청중에게 영향력을 발휘하기 위해서는 설득의 제1원칙인 상호성의 법칙을 유효적절하게 활용할 수 있어야 한다. 즉, 연설가나 발표자는 청중이 받고 싶어 하는 것을 호의로 제공해야 한다. 이에 대해 남북전쟁의 치열한 전투가 벌어졌던 게티즈버그 연설(Gettysburg address)로 유명한 미국의 16대 대통령인 링컨(Abraham Lincoln, 1809~1865)은 "연설 내용의 3분의 2는 청중이 듣고 싶어 하는 내용으로 구성해야 하며, 연사가 말하고 싶은 내용은 1/3로 배당해야 한다."고 강조하였다. 이처럼 철저한 청중분석을 통해 청중이 알고 싶어 하는 관심사나 주제로 프레젠테이션의 윤곽을 결정한다면, 청중은 연설가에게 호의를 베푸는 의미에서 설득을 당하게 되며 프레젠테이션 또한 성공적으로 이루어질 수 있다.

(2) 일관성의 법칙(Principle of Consistency)

일관성의 법칙(principle of consistency)이란 인지조화이론(cognitive consonance theory)에 기반을 둔 원칙으로, 사람들은 자신의 인지적 일관성과 조화를 위해 동기유발이 되며 이로 인해 태도, 신념, 지각, 행동이 변한다는 법칙을 말한다. 즉, 대부분의 사람들은 자신들이 과거에 말했거나 행동을 취했던 일들과 일관성을 유지하기를 원한다는 것이다.

사람들의 인지적 일관성을 유지시키기 위한 설득은 성취 가능한 아주 작은 약속(commitment)들을 수락하게 만들면서 효과적으로 진행될 수 있다. 이에 대한 대표적인 연구가 바로 1966년 프리드만(Jonathan L. Freedman, 1954~)과 프레이져(Scott C. Fraser, 1943~)가 시행한 "문간에 발 들여놓기 기법(foot-in-the-door: FITD)"과 "면전에서 문 닫기 기법(door-in-the-face: DIFT)"에 대한 설득 효과라고 할 수 있다. 프리드만과 프레이저는 "문간에 발 들여놓기 기법(FITD)"에 대한 첫 연구에서, 캘리포니아 주에 거주하는 주부들에게 전화를 걸어 가정에서 사용하고 있는 물품(household product)에 대해 몇 가지 질문에 응할 수 있는지를 물었다. 이를 수락한 주부들에게는 가정에서의 비누 사용에 대한 아주 간단한 8가지 질문을 하였다. 3일 후 다시 전화를 건 실험자들은 이번에는 부엌 선반이나 음식 저장고 등 가정용품에 대한 일람표를 작성하기 위한 조사에 응해줄 수 있는지를 물었다. 두 번째 조사를 위해서는 5~6명의 남자들이 가정을 방문하여 약 2시간에 걸친 조사가 이루어질 예정이라고 설명하였다. 실험결과, 대여섯 명의 장정들이 들이닥쳐 장장 2시간에 걸친 작업을 한다는 커다란 요청만을 들은 주부들이 이를 수락한 비율은 22.2%에 불과했으나, 여덟 가지 항목에 대한 간단한 설문을 수락한 주부들의 두 번째 요청에 대한 응종율은 52.8%로 무려 두 배가 넘었다. 이처럼 작은 요청으로 문간에 발을 들여놓게 되면 차기에 오는 커다란 요청도 쉽게 설득 할 수 있게 되는 것이다.

두 번째, "면전에서 문 닫기 기법(DIFT)"에 대한 연구를 위해, 연구자들은 각 가정을 방문하여 캘리포니아 주에서 시행하고 있는 안전한 운전 캠페인(Drive Safely campaign)을 위해 "주의 깊은 운전(Drive carefully)"이라고 쓰인 크고 흉측한 팻말을 집 앞 잔디밭에 세울 수 있는지를 물었다. 10일 후 다시 방문한 연구자들은 이번에는 엽서 크기만 한 종이에 쓰인 안전 캠페인 표지를 집 앞 창문에 부착할 수 있는지를 물었다. 연구 결과, 흉측한 팻말을 수락한 비율은 겨우 17%였으나, 흉측한 팻말은 거절했지만 두 번째의 작은 요청을 수락한 가정의 승낙율은 76%로 나타났다. 즉, 크고 부담스런 요청을 거부한 뒤 작은 요청을 받아들인 수락률은 대형표지판만을 수락한 집단보다 4배, 즉 400%나 증가한 것이었다. 이를 "면전에서 문 닫기 기법(door-in-the-face: DIFT)"이라고 한다. 면전에서 문 닫기란 수용하기 어려운 요청을 하게 되면 사람들은 요청자의 면전에서 문을 닫아 버린다는 은유적 표현에서 나온 기법을 말한다.

"면전에서 문 닫기 기법"이 활성화되는 기전에 대해 심리학자들은 상호성의 법칙과 대비효과, 그리고 죄의식이라는 심리적 기전으로 설명한다. 상호성의 법칙은 앞에서 언급한 바와 같이, 부담스러운 첫 요구를 거절했기 때문에 자신도 한 발 양보하여 작은 요청은 받아들여야 한다는 심리적 기제가 발동되는 것을 말하며, 대비효과란 부담스러운 첫 요구와 작은 요구를 비교하여 부담을 주지 않는 작은 요청은 받아들이게 되는 심리기제를 말한다. 마지막으로 사람들은 남의 요구를 거절할 경우, 미안함과 죄책감을 느끼게 되며, 미안함을 느끼고 있는 와중에 작은 요청이 제시되면 이를 쉽게 수긍하게 되는 것이다.

많은 연구를 통해 "문간에 발 들여놓기 기법"과 "면전에서 문 닫기 기법" 모두 설득에 효과적인 것으로 나타났다. 특히 이 두 가지 기법은 안전한 운전 캠페인의 경우처럼 친 사회적 운동에 참여를 독려하는 요청(pro-social request)에 매우 효과적이라는 것이 사실로 나타났다. 또한 "문간에 발 들여놓기 기법"과 "면전에서 문 닫기 기법" 모두 면대면 요청은 물론 이메일을 통한 설득에도 효과성을 발휘하는 것으로 나타났다. 이처럼 일관성의 법칙을 유효적절하게 활용한다면 청중의 개별적인 활동은 물론 공공의 이익이 되는 활동에도 적극적인 참여를 독려할 수 있게 될 것이다.

(3) 사회적 동의의 법칙(Principle of Social Consensus)

사회적 동의의 법칙은 어떤 주어진 상황에서 우리 행동의 옳고 그름은 얼마나 많은 다른 사람들이 우리와 행동을 같이 하느냐에 의해 결정된다고 주장하고 있다. 즉, 다른 사람들이 하는 대로 행동하는 것이 바람직할 것이라고 믿는 경향이 있다는 말이다.

예를 들면 제노베스 사건이다. 제노베스 사건은 제노베스라는 20대 후반의 처녀가 밤늦게 퇴근을 하고 집에 돌아가다가 괴한에게 칼을 3번이나 찔려 죽은 사건이다. 하지만 이 사건에서 물론 제노베스가 살해당한 것도 눈여겨봐야겠지만 제노베스가 칼에 찔리는 모습을 본 목격자가 38명이나 됨에도 불구하고 그 어느 누구도 경찰에 연락하지 않았다는 것이다. 왜 한 사람도 경찰에 연락하지 않았을까? 그 이유는 첫째, 개인의 책임감이 분산되었기 때문이며 둘째, 사회적 동의의 법칙과 관련이 있는데 우리는 불확실한 상황에서 어떻게 행동하는 것이 적절한 것인지 결정하기 위해 다른 사람의 행동을 살핀다는 것이다. 다른 사람의 행동을 관찰한 이후에야 우리 앞에 놓여진 상황이 진정한 위기 상황인지 아닌지를 알 수도 있다는 말이다. 그렇기 때문에 35분, 제노베스가 고통당할 동안 단 한명도 경찰에게 신고하지 않은 것이다. 만약에 우리가 이러한 위기 상황에 직면했을 때 벗어나는 방법은 한 사람을 선택하여 위기 상황에 대한 불확실성과 책임의 소재에 대한 불확실성을 감소시켜 주어야 한다.

그리고 우리는 사람들 중에서도 우리와 유사한 사람의 행동을 관찰할 때 그 효과가 가장 크다 라고 말하고 있는데 이것이 바로 텔레비전 광고에서 예쁜 연예인이 아닌 우리와 비슷한 평범한 사람들의 증언이 사용되는 이유이다.

(4) 호감의 법칙(Principle of Liking)

호감의 법칙은 매력적인 용모의 사람에게 우리는 더 끌린다는 것이다. 심지어 재판 과정에서도 피의자의 외모나 체격이 판결에 매우 중요한 역할을 하는데 단정하고 예쁜 외모를 가진 피의자를 만나면 과연 저 사람이 죄를 범했으리라고 생각하지 않는 오류를 가끔 저지르곤 한다는 것이다. 실제로 실험을 해보니 매력적인 피의자들의 무죄 선고율이 그렇지 않은 피의자들보다 2배나 높았다고 한다.

물론 어떤 잘생긴 사람이 나에게 필기한 노트를 빌려달라고 요청한다면 나는 흔쾌히 공책을 빌려주겠지만 못생긴 사람이 공책을 빌려달라고 하면 떨떠름하게 빌려주거나 아니면 아예 빌려주지 않을 것이다. 이 법칙 때문에도 사람들이 다이어트를 하거나 성형을 하는 경우가 많을 것이다. 그렇다면 우리는 어떤 사람에게 호감을 느낄까? 물론 첫인상으로 우리는 신체적 매력에 끌릴 것이다. 한 예로 1974년 캐나다의 선거 결과에서 신체적으로 매력적인 후보가 그렇지 못한 후보보다 무려 2.5배나 많은 유권자의 표를 받았다고 한다.

그렇다면 우리는 신체적 매력에만 호감을 느낄까? 그것은 아니다. 사람들은 사소한 공통점에도 호감을 갖는다고 한다. 실제로 예를 들자면, 좋아하던 남자 아이가 있었는데 그 아이와 얘기를 하다가 나는 축구를 좋아하지 않는데 그 남자아이가 축구를 좋아한다고 해서 그 아이와의 공통점을 하나라도 만들고 싶은 마음에 나도 축구를 좋아한다고 거짓말을 했던 기억이 있다. 그래서 우리는 같이 축구 경기장에 축구를 보러가는 등 다양한 활동을 하면서 많이 만나게 되었고 결국 좋은 관계로 발전하게 되었다. 이렇듯 우리는 의견, 성격, 가정환경, 생활양식 등 다양한 영역에서 우리와 닮은 사람을 좋아한다. 따라서 자신을 좋아하게 만들어서 우리에게 영향력을 발휘하려는 사람들은 다양한 방법을 사용하여 우리와 비슷하게 보이도록 노력한다는 것이다. 그래서 우리는 상황 판단을 정확하게 하여서 그 상대방의 의도를 정확하게 판단하여야 할 것이다.

또 하나의 호감 원천이 더 있다. 그것은 바로 칭찬이다. 『칭찬은 고래도 춤추게 한다』라는 책도 있지 않은가? 우리는 칭찬에 너무도 굶주려 있기 때문에 누가 예뻐요, 잘했어요, 당신을 좋아해요 라는 말을 들으면 우리는 기분이 좋아지고 힘도 불끈 나서 그들이 하는 설득에 금방 넘어갈 수 있다. 그렇기에 여기서도 역시 상황판단이 중요하다.

(5) 권위의 법칙(Principle of Authority)

권위의 법칙이란 전문가 혹은 높은 직책을 가진 사람, 우아한 옷차림을 한 사람에게 쉽게 설득 당한다는 법칙이다. 병원에서의 사례를 보면, 흰 주치의가 귀 염증을 앓고 있는 환자의 오른쪽 귀에 약을 투약할 것을 지시하였다. 그러나 투약을 위한 처방전에 "Place in Right ear" 라고 쓰는 대신에 의사는 약식으로 "Place in R ear" 이라고 적었다. 의사의 처방전을 받아든 간호사는 "Place in Rear(항문에 투약하시오)"라고 오해하여서 귀에 넣어야 할 약을 환자의 항문에 집어넣고 말았다.

위의 사례에서 봐서 알 수 있듯이 간호사와 환자는 지금 권위의 법칙에 맹목적으로 따르고 있다. 귀 염증 약을 항문에 넣는 경우가 없다라는 것을 간호사, 환자 모두 알고 있을 것이다. 하지만 의사라는 권위 있는 사람이 그렇게 지시하였다는 이유만으로 아무런 이의를 제기하지 않고 행동하고 있다. 우리가 이러는 이유를 책에서는 우리들 마음속 깊이 자리 잡고 있는, 합법적인 권위에 복종하려는 의무감 때문이라고 설명하고 있다. 또 하나의 예로는 사회적으로 존경을 받는 직함들은 그것을 갖고 있는 사람들의 키가 더 크게 보이도록 만든다는 사실이다.

실험을 했을 때 어떤 사람을 일반 대학생이라고 소개했을 때의 키 보다 대학 정교수로 소개했을 때의 키를 5cm나 더 크게 보았다는 사실이다. 본 사례로 보면 키가 작은 사람이 키가 커 보였으면 하는 데 높은 직함을 가진다면 사람들은 작은 키를 크게 볼 수 있겠지? 라는 생각을 가질 수 있다.

그렇다면 우리가 권위의 법칙에 넘어가지 않을 방법은 첫 번째 전문가가 맞는지 살펴보아야 한다. 우리가 권위자의 전문성에 대한 증거를 주위 깊게 살피게 될 때, 권위자의 권위에 자동적으로 복종하게 되는 폐단을 어느 정도 고칠 수 있기 때문이다. 또 전문가라 할지라도 그 지식을 공정하게 사용하지 않을 수도 있기에 우리는 믿음성에 대한 검증을 해야 한다.

(6) 희귀성의 법칙(Principle of Scarcity)

마지막으로 희귀성의 법칙은 기회가 다시는 없을지도 모른다는 심리를 부추겨 설득하는 법칙을 말한다. 우리는 주로 한정판매, 즉 "얼마 없습니다!"와 시간제한, "이제 곧 끝납니다!"에 혹하는 경우가 많다. 주로 이러한 법칙은 홈쇼핑에서 많이 쓰이는 것 같다. 제품이 얼마 남지 않았고 이러한 파격 세일은 다신 있을 수가 없다. 시간이 얼마 남지 않았다. 고객님들의 빠른 구매가 필요하다는 식으로 우리를 부추긴다.

그러므로 선택의 자유를 침해당하게 된 우리는 이전보다 더 강렬하게 소유하려는 심리적 저항을 한다는 것이다. 그리고 우리는 희귀한 물건을 선호할 뿐만 아니라, 그 희귀한 물건이 경쟁 상태에 있을 때 가장 선호한다고 한다. 예를 들자면 부동산 업자들은 집을 살까 말까 고민하고 있는 사람들에게 그가 구입하려는 집을 어떤 돈 많은 사람이 갑자기 이사 오게 되어서 이 집을 사고 싶어 한다고 말한다. 이것을 부동산 업자들 사이에서는 막다른 궁지로 몰아넣기 작전이라고 하는데 자신이 마음에 두고 있는 집을 경쟁자에게 빼앗길지도 모른다는 생각에 망설임의 감정이 열망의 감정으로 바뀐다는 것이다. 이러한 방법으로 많은 상황이 우리를 설득하고 결정 내리게 한다. 그렇다면 이런 희귀의 법칙에서도 우리가 살아남을 방법은 무엇일까? 첫째, "흥분하지 말라!"이다. 희귀성의 법칙은 우리의 본능을 자극하기 때문에 이성적 지식으로 대항할 수 없게 만든다. 그럴수록 우리는 흥분하지 말아야 할 것이다. 둘째, 득실을 냉정히 따져 보라 라는 것이다. 사람들은 희귀하다고 하면 그것이 좋은 것이라고 생각하는 경우가 있는데 희귀하다고 해서 뛰어난 것이 아니라는 사실을 항상 기억하고 득실을 냉정히 따져보아야 할 것이다.

결론적으로 설득적 프레젠테이션은 설명적 연설과는 달리 청중을 장악하여 영향력을 행사하는 활동이라고 할 수 있다. 이를 위해서는 청중의 관심, 의견, 태도, 행동을 흔들어 동요시키며 심장에 불을 지를 수 있는 스피치 능력과 이를 뒷받침해 주는 강력한 메시지가 필요하다. 치알디니는 설득적 의사소통을 위한 법칙으로 상호성의 원칙, 희귀성의 법칙, 권위에 대한 이해, 일관성의 유지, 호감도의 법칙, 청중의 사회적 동의를 이끌어 낼 수 있는 전략, 그리고 통합성의 법칙 등 7가지를 권고하였다. 이러한 과학적 원칙에 의거하여 설득을 위한 메시지를 창조적으로 조직하고 청중에게 쉽게 전달할 수 있는 발표기술을 제공한다면 스피치의 설득적 효과를 극대화시킬 수 있을 것이다.

2) 설득과 매스미디어 효과이론

초기 매스 커뮤니케이션 효과연구는 대량생산, 대량소비로 특징 지워지는 상품경제의 발전, 거대 도시화의 진전에 따른 전통적인 공동체 사회의 약화 및 대중 산업 사회적 특성의 강화, 그리고 전 사회구성원을 상대로 일방적으로 메시지를 내보내는 대중매체의 등장을 그 배경으로 한다. 이런 상황에서 커뮤니케이션 수용자란 대중매체의 반대 편에 위치한 나약한 먹잇감(prey)으로 개념화되었다.

과정에서 수용자는 무력하고 나약한 존재로 전락한데 반해 미디어의 힘은 알라딘의 램프처럼 강력하고 막강했다. 이러한 미디어의 막강한 영향력을 상정한 이론이 바로 탄환이론(Bullet Theory) 또는 피하주사이론(Hypodermic Needle Effects)이다.

한편 이용과 충족이론(Uses & Gratification Theory)은 커뮤니케이션 효과연구 전통에서 수용자의 존재를 중요하게 부각시킨 이론이다. 이 이론은 커뮤니케이션 연구 전통에서 비 인간주의적 미디어 효과 연구에서 인간중심적 접근으로 패러다임의 전환을 이끈 최 초의 시도라고 할 수 있다.

(1) 탄환이론(Bullet Theory)

탄환이론은 언론매체가 여론에 미치는 영향력을 설명하기 위해 제시된 언론매체 효 과이론 중 초기 개념의 하나로 매스미디어가 사람들의 태도나 의견을 쉽게 변화시킬 수 있는 막강한 힘을 지닌다는 "언론매체의 강 효과이론"이다. 대중매체가 마치 주사바 늘처럼 수용자에게 메시지를 주입시킴으로써 그 효과가 직접적이고 즉각적이며 또한 강력하고 획일적인 효과 또는 영향력을 나타낸다는 점에서 "피하주사모형(피하주사식이 론)"으로, 매스미디어의 메시지라는 외부의 자극에 기계적인 반응을 보인다는 의미에서 "기계적 자극-반응 이론"으로, 매스미디어의 메시지가 수용자를 변화시키는 신통력을 갖춘 탄환에 비유된다는 뜻에서 "마법의 탄환이론"이라고도 불린다. 즉 이 이론의 요체 는 매스미디어의 메시지는 수용자 개인들의 마음에 직접적인 영향을 미치며, 그 심리 적 영향은 다시 필연적으로 행동까지를 유발하게 되는데, 이러한 효과는 개인들의 사 회적 및 심리적 속성의 차이와 관계없이 획일적으로 일어나게 된다는 것이다.

이러한 탄환이론에 의하면 각 개인들이란 매스미디어로부터의 비슷한 자극(stimuli) 에 대하여 서로 비슷한 반응을 나타내는 수용자 대중의 동질적 특성에 지나지 않으며, 또한 어떤 설득적 커뮤니케이션에 의하여 공동행동을 하도록 움직여질 수 있는 "군중" 과 다를 바가 없다는 것이다. 따라서 매스 커뮤니케이션의 흐름은 미디어로부터 수용 자 각 개인에게 직접적이며, 심리적 영향 또한 즉각적인 것으로서 개인의 마음속에 "주입"된 메시지는 바로 그들의 감정과 태도를 변화시키며, 그러한 감정과 태도의 변화는 결과적으로 메시지원, 즉 커뮤니케이터가 의도한 대로의 행동을 유발하게 된다는 것이 이 이론을 주장하는 이론가들의 견해였다.

탄환이론의 예로 1898년 발발한 미국과 스페인 간의 전쟁은 신문이 대중 미디어로 발전된 후, 그 강력한 힘을 가장 극명하게 보여 준 커다란 사건의 하나였다.

당시 쿠바는 스페인의 통치를 받고 있었는데, 스페인의 횡포에 대한 쿠바인들의 분노가 1895년 독립전쟁으로 폭발, 이때 미국 Cleveland 대통령은 사태를 주사하면서 중립을 지켰으나 2, 3년 뒤 Mckinley라는 미국 전함 메인호가 아바나 항구에 정박 중 피습을 당해 260명이 살해되자, 미국의 분노가 폭발, 스페인과 전쟁을 선언하게 된다.

그런데 이 전쟁이 일어나게 된 것은 Pulitzer의 신문 New York World와 Hearst의 New York Journald가 서로 경쟁적으로 집요하고도 강력하게 주전론을 펴며 대중들의 여론을 자극, Mckinley 대통령으로 하여금 선전포고를 하지 않을 수 없도록 만들었기 때문이다.

사실 이들 양 신문이 스페인과의 주전론을 들고 나온 것은 애국심보다는 서로 판매부수를 늘리기 위한 경쟁의 관점이 더 크다. 이들 두 신문은 연일 대서특필로써 미국 국민들에게 전쟁의식을 조장하고, 또한 대통령과 의회에 대해서도 지체없이 스페인에 선전포고할 것을 요구하였다. 결국 미국은 점차 반 스페인 감정을 갖게 되어 1898년 전쟁이 일어나게 되었다.

이러한 탄환이론은 3가지 요인으로 비판을 받고 있는데, 첫째, 탄환이론의 이론적 바탕이 되었던 "대중사회이론" 자체, 그 중에서도 특히 "매스"의 개념 자체가 비판의 대상이 되었기 때문이다.

둘째, 학문의 발달에 따라 인간이나 사회의 본질 자체에 관한 보다 과학적이고 새로운 개념들이 나타나게 됨으로써 탄환이론의 피상적 기본가정들이 흔들렸기 때문이다. 예컨데 1920~ 1940년대의 매스커뮤니케이션 효과에 관한 연구들에서는 수용자들의 행동패턴을 S-R(자극-반응)이라는 단순한 도식으로 설명하려 했지만 1940년대에 와서는 S와 R사이에 존재하는 중개적 변인들을 넣어 연구하면서 매스커뮤니케이션 수용자들은 모두가 획일화된 양태로 반응을 한다는 탄환이론의 기본과정이 잘못되었음을 발견하세 되었기 때문이다.

셋째, 탄환이론의 입증자료로 제시되었던 각종 사례와 연구결과들에서 여러 가지 문제점 또는 해석상의 오류가 발견되었기 때문이다. 즉 선전에 관한 연구, 영화의 효과에 관한 연구, 라디오의 효과에 관한 연구 등이 여러 가지 연구 방법상의 제한점을 내포하고 있어 그 연구 결과들을 그대로 믿기 어렵다는 비판이 나왔기 때문이다.

탄환이론이 매스커뮤니케이션 효과에 관한 최초의 이론으로서 매스 커뮤니케이션 효과에 관한 관심과 연구를 자극함으로써 오늘날과 같은 커뮤니케이션 이론의 발전에 커다란 역할을 했다는 점은 누구나 긍정적으로 평가하고 있다.

그러나 수용자를 고정된 과녁으로 생각, 커뮤니케이터가 그것을 향해 탄환을 발사하면 맞힐 수 있다고 "즉 수용자들의 태도를 변화, 전환 또는 통제할 수 있다고" 본 탄환이론의 기본적 주장, 즉 수용자들을 원자화된 존재, 피동적 존재로 본다는 것은 타당성이 없다고 볼 수 있겠다. 또한 동일한 매스미디어의 메시지에 대하여 모든 수용자들이 즉각적이고 획일화된 반응을 나타낸다든지 하는 가정은 실증적 타당성을 상실했다고 할 수 있겠다.

하지만 매스미디어가 강력한 영향력, 즉 효과를 지니고 있다는 탄환이론의 가정에 대해서는 충분한 가치가 있다고 볼 수 있겠다. 지금도 여전히 매스미디어의 영향력 및 효과에 대한 연구는 계속되고 있기 때문이다.

(2) 이용과 충족이론(Uses & Gratification Theory)

이용과 충족연구의 출발은 1940년대 허조그(Herzog, 1944)에 의해 조사된 주간 연속 방송극에 대한 주부들의 시청연구나 퀴즈 프로그램에 대한 시청연구가 그 시초라고 할 수 있다. 이러한 실증적인 연구를 토대로 카츠(Katz, 1962)는 이용과 충족이론을 체계화시키기에 이른다.

이용과 충족연구는 세 개의 연구 목표를 갖는다. 첫째, 개인의 사회적, 심리적 변인들을 포함하여 매체 이용 동기를 밝히는 것이고, 둘째는 이러한 욕구를 충족하기 위해 매체를 어떻게 이용하는가를 분석하고, 셋째로는 이용의 결과로서 매체의 영향과 기능을 평가하고 이해하는 것이다.

이렇게 이용과 충족 연구자들은 수용자의 매체 선택 및 이용이 개인의 사회적, 심리적 동기를 만족시키기 위한 목적지향적인 행위라는 전제로부터 출발하여 주로 개별 매체를 이용하는 동기나 욕구의 목록을 밝혀내고, 그 충족 패턴을 확인하는 연구를 수행해왔다.

커뮤니케이션 연구에서 이용과 충족연구는 이용자들이 어떠한 욕구와 동기를 가지고 매체를 이용하고 있으며 그로부터 어떠한 만족을 얻는지에 대해 많은 경험적 분석을 시도하였다. 이러한 이용과 충족연구는 초기 효과연구에 비해 미디어와 수용자 간의 관계에서 수용자의 능동성을 강조함으로써 수용자의 존재를 부각시켰다는 점에서 학문적인 기여가 크다고 할 수 있다. 또 "이용과 충족" 연구의 등장으로 수용자는 자기의 주관에 따라 생각하고 행동하고 선택하는 능동적인 존재로 변모하게 되었으며, 매체와 수용자의 관계에서 지나치게 매체에만 주어졌던 막강한 힘이 수용자에게 어느 정도 이양되면서 시청행위가 단순히 매체가 존재하기 때문에 발생하는 것이 아니라 보다 구체적인 목적을 띤 행위로 인식되기 시작했다. 이때부터 수용자 개념은 수용자가 과연 자율적이고 이성적인 능력을 가지고 있느냐 없느냐 하는 이분법적인 인식 틀 속에서 논의되어 왔다.

그러나 방송 기술의 발달로 매체 수가 증가하고, 새로운 매체는 기존의 매체에 비해 다양한 특성을 보여주고 있음에도 불구하고 이용과 충족연구는 이러한 변화를 수용하는 데는 둔감하다는 비판도 제기되고 있다. 무엇보다도 많은 매체 환경하에서 이용과 충족연구는 주로 개별 매체의 이용 동기 연구에 집중함으로써, 새로운 매체의 이용행위를 설명하는 데는 한계가 있다.

제6장

SPEECH & PRESENTATION

발표 불안

1   발표 불안의 개요

발표 불안은 특성 불안(trait anxiety)과 상태 불안(state anxiety)이라는 두 축에 의해 결정되는 정서적·감정적 반응이다. 특성 불안은 스트레스를 경험하는 상황을 위험하거나 위협이 된다고 지각하는 상황에서 자신의 상태 불안 반응들의 강도를 높여서 반응하는 경향에서의 개인차를 의미하고, 상태 불안은 특정한 순간에 일정한 수준의 강도로 경험되는 정서 상태를 의미한다.

다시 말해 특성 불안은 기질적·내면적으로 형성되는 비교적 지속적인 반응이고, 상태 불안은 상황적·외재적으로 형성되는 순간적 반응이다. 특성 불안은 기질적이고 개인적인 문제이기 때문에 교육적으로 단기간에 처치하기 어렵다는 한계가 있다. 그러므로 특성 불안이 높은 학생들도 효과적인 발표 전략을 사용하면, 상태 불안을 상당 부분 해소하며 수준 높은 발표를 할 수 있음을 입증하여야 한다.

이를 입증하기 위해 먼저 두 가지 사실을 확인할 필요가 있다. 첫째, 특성 불안이 높은 학습자는 특성 불안이 낮은 학습자보다 발표 수행에서 낮은 수준을 보인다는 것이며, 둘째는 그러한 차이가 발표 준비 및 수행의 전략의 유무에 의해 나타난다는 것이다. 첫 번째 문제, 즉 특성적 발표 불안이 높은 학습자의 발표 수행 수준이 낮다는 사실은 선행 연구를 통해 그 단서를 찾을 수 있다. 맥크로스키와 비티, 에이어스와 레프티스는 발표 불안이 높은 사람의 발표는 발표 불안이 낮은 사람의 발표보다 내용적·표현적으로 수준이 낮음을 양적 연구를 통해 실증하였다.

두 번째 문제, 즉 발표 수준의 차이가 발표 준비 및 수행 전략의 유무에 의해 나타난다는 점에 대해서는 특성적 발표 불안이 발표 수행에 직접적으로 부정적인 영향을 줄 뿐만 아니라 준비 과정에 매개되어 발표 수행에 영향을 준다는 점을 확인하여야 한다. 이와 관련하여 선행 연구에서는 발표 불안이 높은 사람은 발표 준비과정에 전념하지 못하고 발표 상황을 걱정하며 비생산적으로 시간을 허비하고, 결정을 내리지 못하여 발표 주제를 늦게 선정하고, 자신이 생성한 발표 내용에 대한 확신이 부족하여 전체 수정과 부분 수정을 갖게 하며, 발표 연습을 피하는 경향이 있다는 사실을 기술하였다. 이는 발표 불안이 높은 사람이 불안함으로 인해 발표 준비에서부터 비생산적으로 활동한다는 증거가 된다. 그러나 최근 들어 연구 방법과 연구 대상과 관련하여 새로운 연구의 필요성이 제기되었다.

먼저 캐시댄과 허버트는 연구 방법의 차원에서 발표 불안 치료의 효과를 양적 데이터로서 보여주는 실험 연구에서 나아가 학교나 가정 등 자연적 환경에서의 실제 관찰을 통해 질적으로 면밀히 보여줄 필요가 있다고 주장하였다. 다음으로 앨리영은 연구 대상의 측면에서 새로운 연구의 필요성을 제기하였는데, 발표 불안증 환자로 분류되지는 않았으나 심한 발표 불안을 느끼는 일반인이나 학생들의 실제 생활에 대한 연구가 필요하다고 주장하였다.

2 발표 불안의 개념

말하기 불안은 20세기 중반부터 주목을 받기 시작한 개념으로 심리학, 정신의학, 커뮤니케이션학 분야에서 서로 다른 용어들이 활발히 사용되고 있다. 지난 반세기 동안 심리학, 정신의학, 커뮤니케이션학 분야에서는 말하기 불안 현상의 본질을 규명하고 개념을 정립하기 위한 시도가 활발하게 이루어져 왔으며, 각각의 용어가 지칭하는 현상과 그 관계를 명확하게 하기 위한 시도가 이루어져 왔다.

먼저, 커뮤니케이션 학계에서는 사람들이 사회적 상호작용을 기꺼이 하고자 하거나, 기꺼이 하고자 하지 않는 마음에 주목해왔다. 커뮤니케이션 학계에서 이러한 기질이나 성향을 다양한 명칭 아래 논의하였는데, 그러한 예로는 의사소통 불안(communication apprehension), 과묵함(reticence), 의사소통에 대한 비자발성(unwillingness to communicate), 사회적 의사소통 불안(social-communicative anxiety) 등이 있다.

그 이후 다양하게 논의되고 있는 용어들은 그 용어가 강조하고자 하는 면에서 다소간의 차이가 있지만 개념의 일반적 핵심은 의사소통에 참여하거나 의사소통을 즐기거나 피하고자 하거나 두려워하는 성향이라는 점에서 공통점이 있다. 커뮤니케이션 학계에서는 의사소통에 대한 자발성 또는 비자발성에 대한 논의, 의사소통 불안에 대한 논의가 활발하게 진행되고 있지만 발표 불안을 독립적인 의사소통 불안 유형으로 설명하지 않는다.

이와 달리 심리학과 정신의학계에서 발표 불안은 사회 불안(또는 사회 공포증)¹의 독립적인 하위 유형으로 설명된다. 심리학과 정신의학계에서 말은 다른 사람에게 보내는 메시지이며, 말하기 불안은 사회적 상호작용에 관련된 심리 처리가 기저에 있다고 설명된다.

따라서 말하기 불안은 기본적으로 사회 불안의 하위 유형으로 분류되며, 말하기 상황의 본질적 특성에 따라 불안 유형을 분류한다. 정신 장애의 진단 및 통계 편람 제4판(APA, 1994/1997)에서는 사회 공포증의 하위 유형으로 일반화된 하위 유형(generalized subtype)과 특정 하위 유형(specific/nongeneralized subtype)을 구분하였다. 일반화된 하위 유형과 특정 하위 유형은 두려움을 느끼는 상황의 범주에 따라 구분된다. 일반화된 하위 유형(generalized subtype)은 대화를 시작하거나 유지하는 것, 모임에 참여하는 것, 데이트하는 것, 권위적 인물과 대화하는 것, 행사에 참석하는 것 등 전반적 사회적 상황에서 불안을 느끼지만 특정 하위 유형은 특정한 수행 위주의 상황(예를 들어, 발표와 회의 등)에서 두려움을 느낀다. 대중 앞 발표 불안(public speaking anxiety)은 모든 하위 유형에서 가장 흔한 불안이며, 상호작용 불안(interaction anxiety)는 특수 유형보다 일반 유형에서 더 흔하게 나타난다.

이와 유사하게 리리와 코왈스키는 타인과의 쌍방향적인 의사소통의 상황에서 불안을 느끼는 유형과, 타인이 자신의 수행을 관찰하고 평가하는 일방적 의사소통의 상황에서 불안을 느끼는 유형으로 상호작용 불안 유형과 수행 불안 유형을 구분하였다. 상호작용 불안 유형은 쌍방향적인 대인 관계에서 불안을 겪는다.

대표적인 불안 유발 상황은 다른 사람과 만나거나 대화를 나누는 상황이다. 수행 불안 유형은 일방적이며 비유관적인 대인관계에서 불안을 겪는다. 이들을 불안하게 하는 대표적인 상황은 발표 상황이다. 이처럼 심리학과 정신의학계에서는 수행 불안을 사회 불안의 하위 유형으로 규정하고, 일방적이고 비유관적으로 이루어지는 사회적 상황에

---

1 "불안"은 미래의 위협에 대한 지속적인 걱정 상태인 반면에 "공포"는 즉각적인 위험에 대한 감정 반응이다(Antony & Swinson, 1996/2005: 5). 불안은 미래에 일어날 사건들을 통제하거나 예측하지 못할 것이라는 지속적인 두려움이나 걱정의 감정이다. 불안을 느끼는 사람은 위험 가능성을 강조하고 반복해서 생각하는 즉, 걱정하는 경향이 있다. 불안은 각성과 긴장, 통증과 같은 불편한 신체 감각을 동반한다. 이와 비교적으로 공포는 급박한 실제 위험이나 예상치 못한 위험에 직면할 때 발생하는 감정 반응이다. 공포는 급작스럽고 극심한 생리적 경보 반응을 유발한다. 사회 불안이 심해지면 사회 공포증으로 발전할 수 있다(Antony & Swinson, 1996/2005: 13).

서 타인이 자신을 관찰하는 것을 느낄 때 유발되는 불안으로 정의하고 있으며, 수행 불안의 대표적 상황으로 공식적 발표 상황을 들고 있다.

발표는 공적 담화·대중 화법·대중 의사소통·스피치·프레젠테이션 등의 용어와 함께 언급되었으며, 개념적으로 발표자가 다수의 청중 앞에서 행하는 공식적인 말하기 유형이라는 점에 대해서는 대체로 동의하고 있다. 발표는 본질적으로 상호주관적 성격을 갖는 화자와 청중 간의 사회적·공식적 활동이며, 이는 로시랜디가 말하기 활동에 대해, 어떤 과제를 매개로 여러 행위자들의 조율을 요구하는 일종의 노동 형태라고 설명한 것과 같다고 하였다.

공적 말하기를 하는 자신을 다수의 청중이 바라보고 관찰하는 상황에서 느끼는 말하기 불안은 대화와 같이 쌍방향적이고 즉흥적으로 이루어지는 말하기 불안과 성격이 다르다. 즉, 여러 말하기 상황에 대한 불안 중에서도 대화 장르의 경우 상호작용 불안의 특성이 강하며, 발표 장르는 다수의 청중 앞에서 수행하는 공식적인 말하기라는 점에서 수행 불안의 특성이 강하다. 또한 발표 불안은 의사소통 불안보다 더 흔하게 나타나고, 발표 불안을 겪는 사람들은 의사소통 불안을 겪는 사람들보다 기능적 손상도가 낮다.

그림 6-1 말하기 불안의 하위 유형으로서 발표 불안

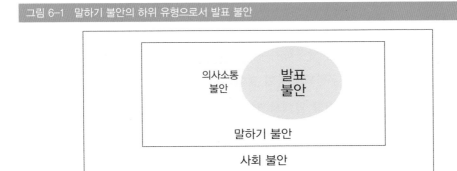

말하기 불안의 정의에 대하여 맥크로스키는 2인 이상 참여한 말하기 상황에서 실제로 혹은 예감으로 생기는 두려움 또는 불안의 수준으로, 프리모우와 브라이튼슈타인은 개인이 다수의 타인에게 관심의 초점이 되는 공식적·비공식적 상황에서 타인의 평가가 예상되거나 실제로 평가가 이루어질 때 나타나는 인지적, 생리적, 행동적 불안 반응

으로, 말하기 상황을 예측하거나, 말하기 상황에 직면하거나, 말하기 수행 중에 느끼는 심리적인 불안감으로, 원활한 의사소통에 방해를 일으키는 인지적, 생리적 및 행동적 상태로 정의하였다. 이처럼 발표 불안은 시점에 따라 발표 전·중·후에 나타날 수 있으며, 인지적 차원과 감정적·생리적 차원, 행동적·기능적 차원으로 원인과 불안 반응 및 상태가 설명될 수 있다.

선행 연구의 정의에서 발표의 상황적 특성이 배제된 점을 보완하여 발표 불안을 자신의 행동을 평가하거나 관찰할 것이라고 예상되는 다수가 참여하는 공식적인 말하기 상황의 전·중·후에 인식되거나 느껴지거나 행동적으로 나타나는 심리적 불안 반응으로 정의된다.

3 발표 불안의 원인과 기전(Etiology & Mechanism of Speech Anxiety)

발표 불안을 극복하기 위해서는 우선 발표 불안이 무엇인지에 대한 이해가 정확히 선행되어야 한다. 미국 오마하 주(Omaha State) 대중연설 핵심 프로그램의 책임자로 16년간 종사한 드와이어(Karen Kangas Dwyer, 1998) 교수도 연설불안을 정복하기를 원하는 학생들에게 무엇보다도 중요한 것은 연설불안의 원인과 특징을 이해하는 것이라고 강조하였다. 이처럼 발표 불안을 극복하기 위한 계획을 세우기 위해서는 연설불안의 다양한 증상을 이해하는 것이 우선되어야 할 것이다.

대중발표 불안은 많은 사람들 앞에서 연설을 하는 것에 대한 쑥스러움이나 난처함에 대한 공포(fear of embarrassment)를 말한다. 주로 대중 앞에서 실수를 할지 모른다는 공포(fear of making mistakes)나 연설을 망쳐버릴지도 모른다는 공포(fear or messing up), 혹은 단순히 청중에 의해 판단이나 평가를 받는다는 점을 공포로 받아들인다는 데서 유래된다. 이러한 불안이나 공포 증상은 주로 과거에 스피치 현장에서 실수를 한 경험이 있거나 부정적인 청중의 평가를 받았던 나쁜 경험에 의해 악화되는 것이 일반적이다. 맥크로스키 또한 의사소통불안증은 주로 청중으로부터의 평가나 자아상(self-image)에 의해 발생한다고 강조하였다. 발표 불안의 원인은 크게 기질적, 발달적, 상황적, 심리적, 사회·문화적 기전에 의해 발생한다. 이를 구체적으로 살펴보면 다음과 같다.

1) 기질적 요인

커뮤니케이션 학계와 심리학계 및 정신의학계에서는 말하기 불안이 후천적으로 학습된다는 주장과 유전적으로 결정된다는 주장 사이의 오랜 논쟁이 있었다. 최근에는 말하기 불안에 대한 학습과 유전의 영향이 모두 인정되지만, 많은 부분이 유전적으로 타고난 특성으로서 나타나게 된다고 의견이 모아지고 있다.

후천적 학습을 강조하는 주장은 1970~80년대에 유행했는데, 당시 행동과학계에 주류를 이루고 있던 사회적 학습 이론(social learning theory)의 영향을 강하게 받았다. 후천적 학습을 강조하는 사람들은 타고난 기질보다는 아동의 초기 행동 발달 시기(formative years, early childhood)의 후천적으로 학습된 행동이 의사소통 불안을 유발한다고 주장하였으며, 후천적인 불안 학습은 강화(reinforcement)나 사회적 기술 습득(skill acquisition), 모델링(modeling)을 통해 이루어진다고 보았다.

하지만 1990년대 후반 정신생물학(psychobiology), 신경과학(neuroscience), 행동 유전학(behavioral genetics) 분야의 연구 업적들이 축적되면서 커뮤니케이션 학계에는 의사소통 생물학적 패러다임(communibiological paradigm)이 대두하고, 타고난 기질의 영향력을 강조하는 입장이 우세해지기 시작하였다. 이와 관련하여 비티와 맥크로스키, 하이젤은 유전 요인이 의사소통 불안 기질과 행동을 최대 80%까지 설명한다고 주장하였다.

비티와 맥크로스키는 다음의 세 가지 근거를 들어 의사소통 불안이 선천적으로 타고난 반응이라고 주장했다. 첫 번째 근거는 정신생물학계의 성격 이론과 관련된다.[2] 아이젱크와 아이젱크는 내향성(introversion)과 신경성이 의사소통 불안과 직접적으로 관련된다고 보고하였다. 내향성은 나서기보다는 뒤에 빠져 있거나 기존에 자신이 있던 무리를 선호하는 것을 의미하며, 신경성은 부적절함을 느끼거나 걱정하거나, 정서적인 동요를 일으키기 쉬운 것을 의미한다. 성격 이론의 발달을 기반으로 하여 비티와 맥크로스키, 하이젤은 의사소통 불안은 내향성과 신경성의 조합으로 나타난다는 것을 주장하였다. 의사소통 불안이 선천적으로 타고난 것이라는 두 번째 근거는 의사소통 불

---

2 성격 이론(personality theory)은 개인들이 상호작용하는 방식을 유형화하여 설명하고자 하는 이론이다. 인간의 성격을 분류하는 다양한 이론들 중에서 아이젱크(Eysenck, 1986)의 성격 3분류법은 신경생물학적 구조에 대응하는 성격 이론이다(Gray, 1991). 아이젱크(Eysenck, 1986)의 3분류법에서는 개인들이 상호작용하는 방식을 외향성(extraversion), 신경성(neuroticism), 정신질환성(psychoticism)으로 분류한다.

안과 연결된 신경생물학적 구조다. 이 근거는 신경과학계의 연구들이 축적되면서 발견되었다. 비티와 맥크로스키, 하이젤은 의사소통 불안이 높은 사람들은 예민한 행동 억제 체계(BIS: behavioral inhibition system)와 둔감한 행동 접근 체계(BAS: behavioral approach system)를 가지고 있다고 주장하였다. 예민한 행동 억제 체계는 의사소통 상황에서의 새롭거나 위협적이라고 인식되는 자극에 비교적 쉽게 흥분한다는 것을 의미하며, 둔감한 행동 접근 체계는 의사소통이 가져다줄 수 있는 사회적 이득이라는 보상에 비교적 둔하게 반응한다는 것을 의미한다.

의사소통 불안이 선천적으로 타고난 것이라는 마지막 근거는 행동 유전학 연구로부터 도출되었다. 이러한 주된 연구들은 일란성 쌍둥이와 이란성 쌍둥이의 의사소통 스타일의 상관 비교 연구를 통해 이루어졌다. 일란성 쌍둥이는 동일한 유전 형질을 공유하고, 이란성 쌍둥이는 그렇지 않기 때문에 일란성 쌍둥이와 이란성 쌍둥이의 의사소통 특성을 상관 분석하여 유전의 영향력을 추정할 수 있다. 비티와 하이젤, 홀, 라프랑스는 이와 관련된 선행 연구를 종합하여(총 표본 수 1804명) 유전 계수(heritability coefficient)를 분석한 결과 유전은 사회(의사소통) 불안의 65%를 설명한다고 하였다.

맥크로스키는 발표 불안의 유전적, 환경적 원인을 크게 4가지로 세분화하였다. 유전적 요인으로는 성격적 특질불안(trait anxiety)을 들었으며, 환경적 요인은 다시 맥락불안(context anxiety), 청중불안(audience anxiety), 상황불안(situation anxiety)으로 구분하였다. 성격적 기질로 인한 특질불안은 대중연설이 이루어지는 상황이나 청중 혹은 사회적·문화적 맥락과는 무관한 불안증을 말한다. 특히 의사소통 불안증에 높은 취약성을 가진 사람들은 일상적 행위인 의사소통의 상황에 노출되는 것을 극도로 꺼리는 경향을 보이기도 한다.

환경적 요인 중 맥락불안은 대중연설불안증의 가장 중요한 원인으로, 연설을 해야 하는 구체적, 상황적 맥락이 도화선(trigger)이 되어 의사소통불안증이 유발되는 것을 말한다. 즉, 친한 친구와의 대화에서는 아무런 불안증을 보이지 않던 사람도 급우들 앞에서나 소집단 토의, 회의 등에서는 심한 불안 증세를 보이는 경우를 말한다.

청중불안이란 청중이 불안의 원인이 되는 경우를 말한다. 청중불안을 가지고 있는 사람들 중에는 자신과 친분이 많은 사람들 앞에서는 자신만만하나, 이방인들 앞에만 서면 불안 증세를 보이거나, 역으로 낯선 이들 앞에서는 당당하나 친분이 있는 사람들 앞에서는 불안증상을 보이는 경우로 나뉜다. 예를 들어, 평소에는 학우들 앞이나 교사 앞에서 발표를 잘 하다가도 부모님들을 모시고 하는 학부형 참관수업에는 매우 긴장하는 경우를 들 수 있다. 연설초기에 낯선 청중으로 인해 불안 증세를 보이는 사람들에게는 점차 이들에 대해 친숙함을 느끼도록 하는 훈련을 통해 연설불안 증세를 감소시킬 수 있다. 학부형 참관수업에서 불안을 느끼는 학생의 경우, 학급발표 전 집에서 부모를 청중으로 충분한 연습을 거친다면 불안증을 해소할 수 있게 된다.

마지막으로 상황불안이란 청중불안과 맥락불안이 특수하게 조합된 상황에서 오는 불안증을 말한다. 맞선 장소에서 처음 보는 상대방과 첫 데이트를 하는 경우, 높은 수준의 의사소통 불안 증세를 보이는 것을 예로 들 수 있다. 이때 데이트 상대, 즉 상대방에 대한 강한 정서적 반응과 더불어 평소와는 다른 데이트 장소가 특수하게 조합되어 스트레스 수준이 높아지고 그 결과, 의사소통 장애가 일어나게 되는 것이다.

기질적 요인은 기질과 특성으로서 발표 불안에 주목하고자 한다. 물론, 불안에는 상태 불안과 특성 불안이라는 축이 있으며, 특성 불안이 낮은 사람이라도 상황에 따라 극심한 상태 불안을 느낄 수 있다.[3]

발표 불안이 높은 학습자들은 발표 상황에 대한 민감성이 높기 때문에 동일한 환경에서도 쉽게 불안해지는 경향성이 있다. 즉, 특성적으로 불안에 민감한 사람은 불안 자극에 대해 상대적으로 취약하기 때문에 극심한 불안을 느끼기 쉽다. 특성적 발표 불안이 더욱이 문제가 되는 것은, 특성적 발표 불안이 높은 사람은 발표 및 말하기 상황을 회피하기 때문에 발표 및 말하기 상황에 필요한 기술을 습득하는 데 실패할 가능성이 높다는 데에 있다.

2) 발달적 요인

청소년기는 사회적 존재로서의 자신을 다른 사람의 눈으로 바라볼 수 있는 능력이 길러지는 시기이다. 청소년들은 사회적 상황에서 자신의 성공 가능성을 낮게 평가하는 경향이 있으며, 자기의식(self-consciousness)은 청소년기에 정점에 도달한다.[4]

---

3 이와 관련하여 서영진·전은주(2010)는 화자의 말하기 기술, 청자의 특성, 메시지의 내용, 시공간이나 분위기 등 말하기 제반 요소가 말하기 불안과 유의미한 상관관계에 있음을 검증하였다.

4 사회 공포증은 타인과의 접촉을 전제로 하는 사회적 상황이나 수행 상황에 대한 반응이라는 점에

타인의 눈으로 보는 자기에 대한 의식이 발달하면서 사회적인 불안 증상도 시작된다. 마크스와 헬데르는 특정 공포증은 유년기 후반에 나타나고, 광장 공포증은 청년기에 시작되며, 사회 공포증은 청소년기에 나타나기 시작한다고 보고하였다.

이와 유사하게 외만은 특정 공포증은 아동 초기 또는 중기에 시작되며, 광장 공포증은 10대 중·후반기에 시작되고, 사회 공포증은 10대 중반에 나타난다고 보고하였다.

사회 불안과 마찬가지로 발표 불안도 청소년기에 두드러지는 현상이다. 서영진·전은주는 고등학교 1학년과 2학년을 대상으로 조사한 결과 약 80%의 학생의 말하기 불안이 있으며, 이 중 56%가 높은 불안을 겪고 있다고 응답하였다고 보고하였다. 김유나는 중학교 1학년을 대상으로 조사한 결과 약 75.76%의 학생의 보통 이상의 발표 불안을 느끼는 것으로 나타났다고 기술하였다.

청소년기 타인에 대한 의식은 특히 또래 사이에서 두드러진다. 청소년은 또래의 평가에 민감하며, 또래로부터의 사회적 지지를 받지 못할 때 자아효능감이 크게 저하된다. 김유나는 중학생의 발표 불안 감소에 또래 청중들의 지지가 효과적이었음을 보고하였다. 이처럼 청소년은 고유한 성장 단계적 특성으로 인해 다른 사람들에 의해 평가되는 자신에 주목하는 경향성이 높다. 이로 인해 아동 또는 성인에 비해 청소년은 발표에 대한 불안을 크게 느낀다. 하지만 청소년기에 갖추어야 할 사회적 기술을 습득하지 못하면, 평생 동안 낮은 사회적 능력으로 인한 불안 상승과 그로 인한 사회적 능력 습득의 실패라는 악순환의 고리에서 벗어나기 어렵다. 이 때문에 청소년기 학습자의 발표 불안 현상에 주목할 필요가 있다.

3) 상황적 요인

불안은 불안 자극에 대한 반응의 경향성이며, 상황에 따라 달라지는 감정적 반응이다. 심리학에서는 전자를 특성 불안, 후자를 상태 불안이라고 한다. 다시 말해서 특성 불안은 스트레스를 경험하는 상황을 위험하거나 위협이 된다고 지각하는 상황에서 자신의 상태 불안 반응의 강도를 높여서 반응하는 경향에서의 개인차를 의미하고, 상태

서 특정 대상이나 상황(예를 들어 뱀, 높은 곳)에 대한 공포를 느끼는 "특정 공포증(specific phobia)"이나 급히 빠져나갈 수 없는 장소(예를 들어 공공장소나 엘리베이터)에서 공황을 경험하는 "광장공포증(agora phobia)"과 구분된다(Capps, 1999/2015: 26).

불안은 특정한 순간에 일정한 수준의 강도로 경험되는 정서 상태다. 특성 불안의 수준이 낮은 사람도 불안 자극이 높은 상황에서는 충분히 높은 불안을 경험할 수 있고, 특성 불안 수준이 높은 사람도 불안 자극이 낮은 상황에서는 불안을 경험하지 않을 수 있다.

불안은 특성 불안과 상태 불안의 서로 다른 두 축에 의해 결정되는 정서적 특성 및 감정적 반응으로 정의될 수 있다. 예를 들어, 일반적 상황에서 쉽게 걱정과 피로감을 느끼거나, 지나친 괴로움을 느끼거나, 낙심을 못 떨구는 등의 지속적 경향성은 불안 자극에 반응하는 정서적 특성이며, 특정 상황에서 심하게 긴장하거나 초조한 느낌을 받는 것은 상황에 따라 달라지는 감정적 반응이다.

말하기 불안은 단순히 화자의 심리적 요소에 의해서만 발생되는 것이 아니라, 화자의 말하기 기술, 말하기 상황에 참여하는 청자의 특성, 전달하는 메시지의 내용, 말하기가 일어나는 시공간이나 분위기 등 음성 언어 의사소통을 구성하는 제반 요소들이 복합적으로 상호작용하여 발생하는 것이라고 주장하였다. 즉, 청자가 화자보다 더 높은 지식과 권위를 갖고 있으며 화자에게 비우호적이거나 무관심할수록, 말하기 상황이 경직되어 있으며 낯설고 제약이 많을수록, 메시지 전달에 인지적 부담이 높을수록, 전달 내용에 대한 확신이나 흥미, 배경지식이 적을수록 불안이 높아진다는 것이다.

개인의 지속적 경향성으로서의 특성 불안은 교육적으로 처치하기 어렵지만, 상황에 따라 달라지는 상황 불안은 말하기 환경과 조건을 바꾸거나 화자의 능력이나 인식을 변화시킴으로 조절될 수 있다. 특히 화법 구성 요소 중 화자가 조절할 수 있는 변인에서 화자의 발표 기술과 메시지에 대한 이해도, 즉 발표 준비 수준은 상태 불안을 조절하는 데 큰 영향을 줄 수 있다.

4) 심리적 요인

발표 불안을 일으키는 심리적 요인의 가장 기본적인 핵심은 타인에 의한 비호의적 평가에 대한 불안증(The bottom line is fear of unfavorable evaluation by others)이라고 할 수 있다. 발표 중 실수를 할 경우 청중에게 멍청한 사람으로 인식되어 창피를 당하거나 굴욕감을 느낄 것 같다는 느낌이나 아무도 자신의 발표에 대해 관심을 보이지 않을 것 같다는 심리적 요인이 가중되면 남들의 주목을 받는 중심에 서야 하는 발표 상황을 점차 회피하게 된다. 테네시대학교 연구팀에 의하면, 발표 불안의 심리적 요인은 주로 초등학교나 중고등학교 시절에 겪었던 굴욕적인 경험을 가진 사람들에게서 많이 나타난다고 하였다.

. 다른 한편으로 발표 불안은 자신이 하는 모든 일은 완벽해야 한다는 생각을 가진 사람들에게서 많이 나타난다. 완벽주의(perfectionism)란 놀랍게도 자존감(self-esteem)이 낮은 사람들에게서 발견되는 심리적 성향이라고 알려져 있다. 오스트리아의 저명한 심리학자인 아들러(Alfred Adler, 1870~1937)에 의하면 우월감(superiority complex)은 열등감(inferiority complex)의 동전의 양면과 같은 것이라고 하였다. 즉, 우월감이란 열등감을 극복하기 위한 무의식적 보상과정으로, 우월감을 통해 열등감을 보상받기 위한 시도가 과도해질 경우 다양한 심리적 문제가 유발된다고 강조하였다.

태티크(Jason Teteak)는 2019년 "대중연설의 10가지 핵심공포(Top 10 Fears of Public Speaking)"라는 온라인 보고서에서 성공적인 삶을 원하는 현대인이 갖는 가장 핵심적인 공포로 실패에 대한 공포와 성공에 대한 공포를 들었다. 태티크에 의하면, 성공지향주의 사회 속에서 살고 있는 사람들이 실패에 대한 경험을 하게 되면 그야말로 아무 일도 못할 정도의 심리적 마비증상을 보이게 되며, 심하면 공황장애를 겪게 된다고 하였다. 심리적 마비증상이 심해지면 장래에도 실패를 거듭할 것이라는 공포감에 도전을 하기보다는 회피하려는 방어기제를 강화시키게 된다고도 하였다.

성공과 실패에 대한 공포 이외에 태티크가 언급한 10가지 핵심공포를 소개하자면, 대인공포(fear of people), 부적절함(inadequacy), 리더십(leadership), 경쟁(competition), 창피함(humiliation), 판매(selling), 허무함(futility), 자신(self)에 대한 공포를 포함한다. 태티크는 10가지 핵심공포의 근본적인 원인으로 낮은 자존감(self-esteem)과 비현실적으로 높은 자기기대감, 비합리적인 완벽주의(perfectionism)를 들었다. 결론적으로 태티크는 이러한 다양한 심리적 공포심에 사로잡혀 자기 앞에 펼쳐진 거대한 가능성의 기회(big open door)를 간과해서는 안 된다고 조언하였다. 10가지 심각한 공포들도 긍정적인 태도와 마인드 컨트롤, 적절한 훈련, 충분한 연습을 통해서 대부분 극복할 수 있다는 긍정적인 조언도 아끼지 않았다. 이처럼 불필요한 공포로 인해 연설이라는 퍼포먼스를 방해받지 않는 것이 진정한 연설가의 자질이 된다고 할 수 있다.

결론적으로 스피치 능력이란 현대를 살아가는 모든 사람들에게 요구되는 필수적인 의사소통 역량이라고 할 수 있다. 연설 기회는 실패경험과 더불어 부담으로 작용하지만, 실패라는 부정적이고 비현실적이며 자기 비난적 생각의 함정에 빠지기보다는 삶의 재적응 기회로 삼아 건강한 자아인식과 최적의 정신 상태를 유지하는 것이 무엇보다도 중요하다. 이를 위해서는 경직된 사고나 완벽주의로 지나치게 비현실적인 기대감을 갖거나 한마디의 부정적 평가를 과도하게 받아들여 자기 비난적 생각의 오류에 빠지지 않는 것이 중요하다. 무엇보다도 연설불안이란 대부분의 사람들이 죽음보다도 더 공포로 받아들인다는 사실을 상기한다면 자기만의 연설불안에서 해방될 수 있을 것이다.

5) 사회·문화적 요인

문화란 한 집단 또는 한 범주를 구성하는 사람들을 다른 집단 또는 범주의 성원들과 달라지게 만드는 집합적 정신 프로그램이다. 문화는 말하기에 대한 인식과 행동, 기대되는 말하기 양식을 형성하기 때문에 말하기 불안과 밀접한 관련이 있다.[5]

홀은 의사소통 방식에 따라 고맥락과 저맥락의 차원에서 문화를 구분하는데, 한국은 고맥락 의사소통 문화에 속하는 국가로 분류하였다. 고맥락 의사소통은 대부분의 정보가 물리적 환경 속에 또는 그 사람 안에 이미 들어있는 의사소통을 말하며, 집단주의 문화와 관련이 깊다. 이와 대조적으로 저맥락 의사소통은 대부분의 정보를 겉으로 드러내어 표현하는 의사소통을 말하는데 개인주의 문화의 전형적인 의사소통 방법이다. 집단주의 문화에서 생략되는 많은 것들을 개인주의 문화에서는 명시적으로 이야기해야 한다. 저맥락 사회에서는 자신의 성취에 대한 직접적인 말하기가 자신감의 표현으로 이해되지만 고맥락 사회에서는 자신의 성취에 대해 침묵하는 것이 진중함의 표현으로 이해된다. 그렇기 때문에 아시아의 고맥락 의사소통 문화에 적응한 사람은 서양에서 수동적이고, 조용하고, 능력이 낮다고 평가될 수 있다.

스필버거(Spielberger)는 불안 검사를 사용하여 한국인과 미국인의 말하기 불안 수준을 측정하였다. 연구 결과 성별, 학력, 연령에 관계없이 한국인이 미국인보다 상태 불안과 특성 불안이 모두 높음을 확인하였다. 연구 결과를 한국 사회의 전통적 문화와 최근

---

5 서영진·전은주(2010: 212)는 말하기 불안을 해소할 수 있는 적절한 방법을 구안하기 위해서는 한국의 문화적 특성, 말하기 상황에서 나타나는 한국인의 특성, 말하기 불안에 영향을 미치는 문화적 요인이 충분히 반영될 필요가 있다고 주장하였다.

수십 년에 거친 극심한 사회·경제적 변화의 경험과 관련이 있을 것이라고 추정하였다. 한국의 큰 집단주의 문화, 고맥락 의사소통 문화를 고려했을 때, 많은 학생들은 동료 집단으로부터 높은 부담을 느끼며 다른 사람들 앞에 나서는 발표를 억제할 가능성이 높다는 것을 알 수 있다.

이와 대조적으로 클로프와 캠브라(Klopf & Cambra는 한국 학생의 말하기 불안이 미국 학생보다 낮다는 연구 결과를 발표하였으며, 마티니와 벤케, 킹(Martini, Behnke, & King))에 따르면 미국인들은 자신들보다 아시아인이 말하기 불안이 더 높다고 인식하지만, 실제 자가 측정 결과를 보면 오히려 미국인의 불안 지수가 더 높은 것으로 나타난다고 하였다.

이러한 상반된 연구 결과들에 대하여 앨리영(Alley-Young)은 사회·문화적 요소를 고려하지 않으면 특정 사회적 집단을 왜곡 해석할 위험이 있다고 경고하였다. 예를 들어, 일본인에게는 조용하고 겸손한 태도가 강조되기 때문에 미국인의 시각에서 불안해 보이는 모습이 오히려 유창한 사회적 방언이거나 효과적인 말하기 전략일 수 있다는 것이다. 이는 한국도 마찬가지이다. 집단주의 또는 이와 밀접한 관련이 있는 고맥락 의사소통 문화권에 속하는 사람에게는 자기 자신을 다른 사람 앞에 과시하거나 나서지 않는 것이 덕목으로 여겨지기 때문에 불안하지 않더라도 어느 정도의 수줍음과 과묵함을 보일 수 있다. 빌표 불안 수준을 조사하기 위해서는 문화권별 의사소통 방식에 대한 이해가 선행되어야 한다.

4 연설불안의 증상(Symptoms of Speech Anxiety)

불안 증상의 근원은 주로 심인성으로 발생하지만, 이러한 심리적 원인은 인체의 생리적 기전을 자극하여 매우 다양한 신체반응을 일으킨다. 즉, 사람이 불안을 느끼게 되면 심박동수가 증가(rapid heartbeat)하고, 호흡이 가빠지며(increased breathing), 얼굴이 빨개지고(flushing), 입이 말라온다(dry mouth). 연설을 하는 내내 목소리가 떨리면서 요동치거나(shaky voice and fluctuation), 손이 차고 축축해진다(cold clammy hands). 심하게 땀이 나기도 한다(excessive perspiration). 불안을 조절하지 못하면 점차 두통(headache)과 어지러움증(dizziness)이 동반되고, 목소리뿐만이 아니라 온몸이 떨리고 흔들리며(trembling and shaking), 속이 메스꺼워 울렁거리게 된다. 특히 극도의 긴장을 할 경우, 마치 "위 속에 나비들이 날아다니는 것 같다(stomach butterflies)"는 위장장애(upset stomach)를 경험하기도 한다. 이는 작은 위 속 공간에서 수많은 나비들이 휘젓고 날아다니는 것처럼 메스꺼움과 구역질이 나는 현상을 표현한 것이다.

이러한 극심한 증상들은 "연설"이라는 현상을 하나의 "스트레스 원(stressor)"으로 받아들여 일어나는 자율신경계의 활성화 과정이라고 할 수 있다. "스트레스 원"이란 인체의 항상성을 위협하는 모든 환경적, 심리적 자극을 포함한다. 예를 들어, 질병은 물론, 혹한이나 폭염처럼 정상체온을 유지할 수 없는 기온변화, 부모의 이혼이나 사망, 상사의 꾸지람, 해고 등은 모두 스트레스를 유발하는 환경적 스트레스 원에 해당한다. 남들 앞에서 발표를 해야 한다는 스피치나 프레젠테이션은 극심한 스트레스 반응을 유도하는 스트레스 원이라고 할 수 있다. 스트레스 원이 신경에너지를 자극하면 인체는 스트레스 반응(stress response)이라고 하는 일련의 생리적 과정을 거치게 된다. 이를 좀 더 구체적으로 살펴보면 다음과 같다.

인간의 신경조직은 크게 중추신경(central nervous system)과 말초신경(peripheral nervous system)으로 나뉜다. 말초신경은 다시 체신경계(somatic nervous system)와 자율신경계(autonomic nervous system)로 구분된다. 체신경계란 사람들이 의식적으로 통제할 수 있는 팔이나 다리근육처럼 수의적 근육(voluntary muscle)을 조절하는 신경계를 말한다. 이와는 반대로 자율신경계는 심장이나 소화기계, 혹은 폐나 기관지 운동처럼 인간이 조절할 수 없는 불수의근(involuntary muscle)으로 이루어진 장기들을 조절하는 말초 신경계를 말한다. 예를 들어, 심장은 사람들의 의지와는 달리 성인의 경우 1분에 약 72회를 움직이는 불수의근으로 구성되어있다.

자율신경계는 다시 교감신경계(sympathetic nerve system)와 부교감신경계(parasympathetic nerve system)로 나뉜다. 하나의 내장 기관에는 교감신경과 부교감신경 한 쌍이 분포되어 있으며 이 두 신경은 서로 길항작용(antagonism)을 한다. 즉, 교감신경계는 질병이나 스트레스와 같이 위기상황이 초래되었을 때 활성화되어 투쟁-얼어붙기-도피 반응(fight-freeze-flight response)을 유도하나 부교감신경계는 투쟁-도피 반응이 끝난 후 에너지를 재충전하기 위한 휴식과 안정반응(rest and relaxation)을 유도한다. 또한 부교감신경은 중추신경계로부터 나온 한 개의 뉴런(neuron)이 내장기관에 분포하므로 표적기관에만 영향을 미치는 반면, 자율신경계는 중추 신경계로부터 2개의 뉴런이 나와 여러 개의 뉴런과 시냅스를 이룬 후 각 내장기관에 분포하기 때문에 교감신경이 자극을 받으면 여러 기관이 동시에 반응을 나타내게 되는 것이다.

교감신경은 긴장, 흥분, 놀람 등 갑작스런 환경변화나 실제적, 혹은 상상적 위협에 대응하기 위한 신경으로, 교감신경이 흥분하면 앞에서 기술한 모든 증상, 즉 심장박동과 혈압, 호흡수와 속도의 증가, 동공확장, 발한 등의 신체적 변화가 일어나게 된다. 각성과민증(hyperarousal)이라고 불리는 이러한 반응을 미국 하버드대학교의 의사인 캐넌(Walter Bradford Cannon, 1871~1945)은 투쟁-도피 반응(fight-or-flight response)이라고 불렀으며, 헝가리 출신의 캐나다 내분비학자이며 스트레스라는 용어를 의학계에 처음으로 소개한 바 있는 셀리에(János Hugo Bruno Hans Selye, 1907~1982)는 일반적응증후군(GAS: general adaptation syndrome)이라고 불렀다. 일반적응증후군이란 스트레스 사건을 경험한 모든 사람들에게서 공통적으로 나타나는 자동적이고 본능적인 생리신경계의 적응과정을 말한다. 셀리에는 이를 투쟁-얼어붙기-도피 반응(fight-freeze-flight response)이라는 신체 대처반응으로 확장하였다.

캐넌은 동물실험을 통해서, 위협을 받은 동물들은 자율신경계 중 교감신경계가 활성화되어 투쟁이나 도피(fighting or fleeing) 반응이 일어난다고 설명하였다. 이를 좀 더 구체적으로 설명하자면, 교감신경계가 활성화되면 교감신경세는 심장과 근육에 직접적인 작용을 개시하는 동시에 부신피질(adrenal cortex)을 자극하여 코르티솔(cortisol)이라고 하는 호르몬을 분비시킨다. 이러한 이유로 코르티솔을 스트레스 호르몬이라고 부른다. 교감신경계는 또한 부신수질(adrenal medulla)을 자극하여 에피네프린(epinephrine)과 노르에피네프린(norepinephrine)을 분비시킨다. 에피네프린과 노르에피네프린은 시상하부(hypothalamus)와 뇌하수체(pituitary gland)의 피드백 기전에 의해 분비된다. 에피네프린은 아드레날린(adrenalin)과 동일한 뜻을 갖는 의학용어이다. 부신은 신장의 위쪽에 위치한 내분비 장기이다. "Adrenaline"이란 "부신(adrenal gland)"에서 분비되는 호르몬이라는 뜻이다. "Epinephrine"이란 "위에"라는 뜻의 접두사인 "epi-"와 "신장(kidney)"이라는 뜻의 "-nephrine"의 합성어로 "신장 위에 위치한 부신에서 분비되는 호르몬"이라는 뜻이다.

혈류로 방출된 에피네프린과 노르에피네프린은 교감신경섬유가 심장에 효과적으로 작용하는 것을 돕기 위해 심장에 분포되어 있는 베타 수용체를 자극한다. 그 결과, 증강된 혈류는 보다 많은 혈액이 뇌와 근육으로 보내지도록 하기 위해 심박동수와 혈압을 높이고 호흡수를 증가시키는 것이다. 스트레스를 받으면 많은 사람들이 과도한 각성상태(hyperarousal)가 되는데, 이 또한 에피네프린과 노르에피네프린의 작용으로 일어나는 반응이다.

투쟁-도피 반응이 일어나는 동안 발생하는 생리적 변화는 투쟁과정에서 필요로 되는 내구력(strength)과 도피를 위한 속도(speed)를 활성화시키기 위한 신체방어기전이라고 할 수 있다. 예를 들어, 혈압과 맥박, 심박동수와 호흡수가 상승하는 이유는 신체가 위기에 대응하는데 필요한 혈액순환을 원활히 하기 위한 즉각적이면서도 본능적인 생리적 반응이라고 할 수 있다. 또한 자율신경계는 근육 이외에 장기에 분포된 혈관들을 수축시킴으로써 더욱 많은 혈류가 근육으로 집중되도록 하는데, 이는 만일의 경우 도망가는데 필요한 근육의 강도와 속도를 높이기 위한 본능적인 반응이라고 할 수 있다. 이와 더불어, 도피나 달리기에 불필요한 소화기관으로 가는 혈류는 차단된다. 따라서 공포 시에는 식욕이 떨어지고 음식을 먹어도 소화불량 증세가 나타나게 되는 것이다.

우리의 뇌는 포도당(glucose)만을 에너지원으로 사용하는 기관이다. 위기상황에 직면하여 투쟁할 것인지 도피할 것인지를 판단하기 위해서는 무엇보다도 뇌가 원활하게 돌아가야 한다. 따라서 인체는 일반적인 신체 에너지는 물론 사고와 판단의 중추기관인 뇌에 보다 많은 에너지를 조달하기 위해 포도당 재합성 작업을 활발하게 진행한다. 이를 해당작용(glycogenolysis)이라고 한다. 이때 관여하는 호르몬이 부신피질에서 분비되는 코르티솔이다. 코르티솔은 간에 저장되어 있던 다당류인 당원(glycogen)을 위기상황의 에너지로 쓰이는 단당류인 포도당(glucose)으로 전환시키기 위한 해당작용을 가속화시킨다. 이와 더불어 근육에 저장되어있던 단백질과 지방도 포도당으로 충당하기 위해 에너지원으로 동원한다. 간에서 포도당 합성이 활발하게 이루어지면서 혈액 속 포도당 성분, 즉 혈당(blood sugar)도 함께 증가한다. 따라서 스트레스가 오랜 기간 만성적으로 지속될 경우, 지속적인 포도당합성으로 인해 혈당치가 높아져 당뇨병(diabetes mellitus)이 발생한다.

또한 교통사고와 같이 출혈이 동반된 상황에 대비하여 혈액응고과정(blood coagulation process)이 촉진된다. 이는 상해로 인한 출혈방지와 출혈로 인해 중요부위로

가는 혈류감소를 방지하기 위한 자율신경계 반응이다. 긴장을 할 경우에는 근육 긴장도가 증가함으로써 온몸이 떨리거나 심하게 수축되는 증상을 경험하는데, 이 또한 근육의 내구력을 갖추기 위한 자율신경계의 준비 자세라고 할 수 있다.

이와 더불어 위기상황을 좀 더 정확히 파악하고 사건에 집중하기 위해 동공이 확장되나 위기상황에 부적절한 눈물샘은 위축된다. 외분비샘의 활성화로 인해 땀 분비가 증가되는 반면에, 타액과 점액의 분비는 감소되어 입이 바싹바싹 마르게 된다. 또한 피부조직의 진피(dermis)에 분포되어 있는 모낭 샘을 자극하여 피부의 털이 서고 소름이 끼치는 정서반응을 유발시킨다.

불안을 조절하지 못하고 자율신경계가 지속적으로 자극을 받으면 두뇌로 가는 혈류가 감소되어 두통(headache)과 어지러움증(dizziness)을 동반하게 되고 심하면 졸도(faint)를 하게 된다. 졸도(syncope)란 뇌로 가는 혈류와 산소 공급이 차단되어 일어나는 현상을 말한다. 연설불안이라고 하는 정서적 공포로 인해 과다호흡증상(hyperventilation)이 일어나거나 연설불안 증세가 있는 상태에서 직립 상태로 서있을 경우에도 뇌로 가는 혈류가 감소되어 졸도가 일어날 수 있다. 뇌로 가는 혈류가 감소되면 기억력에도 영향을 미치게 되어, 연설내용을 잊어버리게 된다. 이러한 경우, 청중이 자신의 연설에 대해 준비부족이라는 혹평을 내릴 것이 두려워져 허둥지둥 마무리 짓는 경우가 발생하기도 하는데, 이를 도피반응이라고 한다.

투쟁-얼어붙기-도피 반응이 성공적으로 마무리되어 교감신경계의 각성상태가 끝나면 에너지 회복을 위해 부교감 신경계가 활성화된다. 부교감 신경계가 활성화되면 소화기관으로 가는 혈액량이 증가되어 소화 작용이 정상으로 돌아온다. 이를 휴식과 안정 반응(calm-and-connect response)이라고 한다. 이때 충분한 식사와 신체적 안정을 하게 되면 스트레스에서 회복될 수 있다. 이와는 반대로 스트레스를 적절히 대처하지 못할 경우에는 소진현상(burn-out)이 유발된다. 소진현상이란 스트레스에 대처하기 위해 인체의 모든 에너지를 고갈될 때까지 사용하여 정상적인 기능을 할 수 없는 상태를 말한다. 소진상태가 되면 모든 생리적 반응이 정상범주 이하로 떨어지고 면역력이 감퇴된다. 그 결과, 감기와 같은 가벼운 상기도질환에 자주 걸리게 되며 체중감소가 나타난다. 소진상태가 장기간 지속되어 인체 에너지가 모두 고갈되면 알로스타 부하(allostatic load)라고 하는 심각한 상대에 이르게 된다. 알로스타 부하현상이 일어나면 지속적인 혈관수축현상으로 인해 고혈압과 같은 각종 허혈성 심장질환(ischemia)이나 협심증 (angina pectoris), 심근경색(myocardial infarction)과 같은 관상동맥질환(CHD: coronary heart disease)이 발생하게 된다. 또한 장기간에 걸친 포도당 재합성으로 당뇨병이 발생하게 되고, 장기적인 스트레스로 인해 신경성 위궤양(peptic ulcer) 등 다양한 합병증이 생기게 된다.

결론적으로 발표 불안으로 오는 신체적 증상들은 모든 사람들이 경험하는 일종의 정상적 생리반응이므로 이러한 증상들이 순식간에 사라지거나 완전히 없어질 수 있다고 기대하지 않는 것이 중요하다. 그러나 한편으로는 발표 불안 증세란 시간이 지남에 따라 점차적으로 약해진다는 인식을 통해 물 흐르듯 자신의 정서 상태를 조절해나간다면 연설불안을 통제할 수 있을 것이다.

보다 중요한 점은 발표 불안(speech anxiety)은 연설흥분(speech excitement)으로 전환이 가능하다는 점이다. 앞에서 불안이란 자율신경계가 활성화된 심리적 각성상태라고 설명하였다. 사람이 흥분(excitement)을 하게 되면 불안할 때와 동일한 자율신경계 반응이 일어난다. 즉, 즐겁고 흥분되는 상황에서도 교감신경계의 활성화로 아드레날린이 솟구쳐 뿜어져 나오게 되며 이로 인해 심장이 뛰고 호흡수가 증가한다. 이처럼 불안과 흥분이 동일한 신경계의 각성상태라는 말은 발표 불안을 연설흥분으로 전환이 가능하다는 말과 일맥상통한다.

제7장

원고작성의 유형

SPEECH & PRESENTATION

1 원고작성의 개요

평소에 글쓰기를 생활화하지 않았던 사람에게 스피치나 프레젠테이션의 원고를 작성하는 일은 매우 어렵고 난감한 일로 받아들여진다. 그러나 원고작성에도 일련의 절차와 방법이 있다는 사실을 인식한다면 원고작성에 대한 부담이 조금은 덜어질 것이다. 일반적으로 원고작성은 구상단계(conception stage), 표현단계(expression stage), 수정단계(revision stage)의 세 가지 단계를 거치게 된다.

구상단계란 아이디어나 생각의 결과를 체계적으로 조직하는 단계를 말한다. 스피치나 프레젠테이션에 대한 아이디어나 생각이 정리되었으면 가장 좋은 주제를 결정한 후 이를 체계적으로 조직한다. 이때 자신의 생각을 기록해두는 것이 좋으며, 메모를 한 내용을 기반으로 마인드 맵핑(mind mapping) 기법을 사용하면 원고의 전체적인 윤곽과 뼈대를 구성하는 데 많은 도움이 된다.

표현단계는 자료와 생각을 문자로 구체화하는 단계를 말한다. 이때 자기의 생각을 자신의 언어로 표현하는 것이 무엇보다도 중요하게 된다. 이렇게 작성된 원고도 끊임없이 수정단계를 거치지 않으면 훌륭한 원고를 완성시킬 수 없다. 수정단계란 문제점을 발견하고 개선하는 단계를 말한다.

새로운 주제의 스피치나 프레젠테이션을 위해서는 아이디어를 조직하기 위한 방법이 필요하게 된다. 이 중에서 마인드맵(mind map)은 효과적인 아이디어 조직방법이라고 할 수 있다.

1) 핵심메시지

핵심메시지 구성은 세 가지로 구분하여 설명할 수 있는데. 첫째, 주제를 흥미롭게 개발하라, 둘째는 참신한 메시지 개발을 위한 5단계를 활용하라. 끝으로, 다양한 방법으로 주제를 개발하라로 구분할 수 있다.

(1) 주제를 흥미롭게 하라

새로운 발상은 「창조」가 아니라 「창의」이며, 무에서 유를 창조하는 것이 아니라 이전의 것을 새로운 관점으로 재구성하는 것으로 비틀어보기, 낯설게 엮어보기, 새롭게 빗대기, 단순하게 좁히기의 4가지로 나누어 볼 수 있다. 주제를 흥미롭게 하기 위해서는 첫째, 비틀어보기로 기존 해결방안들을 비판 없이 수용하기보다는 다른 측면을 부각시키거나 다른 방향에서 살펴보는 것을 의미한다. 둘째, 낯설게 엮어보기는 해결방안의 요소들을 재배치하거나 재조직하는 것이며, 셋째, 새롭게 빗대기는 해결방안을 새로운 상황에 빗대어 보는 것이며, 넷째 단순하게 좁히기는 해결방안이 가지는 영역을 기본적 범주로 줄여보는 것을 의미한다.

(2) 참신한 메시지 개발을 위한 5단계를 활용하라

[1단계] 발상하는 단계(주제선언-중심생각)

[2단계] 본론 구상단계(메시지와 증거자료)

[3단계] 본론의 세부 내용을 작성하고, 결론 및 서론의 초고를 작성하는 단계

[4단계] 전체 조직을 청중과 상황에 맞게 재구성을 하는 단계

[5단계] 최종적으로 연습을 통하여 교정하는 과정을 거쳐 완성하는 단계

(3) 다양한 방법으로 주제를 개발하라

[1단계] 개괄적 목적을 정하기

[2단계] 목적을 구체화하기 위한 세부 목적을 만들기

[3단계] 주제문을 개발하기

2) 소주제 생성 및 범주화

소주제 생성 및 범주화는 세 가지로 구분하여 설명할 수 있는데, 첫째, 소재를 논리적으로 구성한다. 둘째, 범주화를 하며, 끝으로 항목 간 위계 설정을 하는 것으로 구분할 수 있다.

(1) 소재를 논리적으로 구성하라

소재를 논리적으로 구성하기 위해서는 첫째, 순서가 있어야 한다. 세부 순서로 대소 (大所)에서 국소(局所)로 단계적으로 설명하고 어디서부터 설명하는 것이 좋은지 순서를 정하는 것이 좋다. 둘째, 객관성이 있어야 하는데 청중이 듣고 납득할 수 있는 객관성이 필요하고, 분명한 근거 자료를 사용하거나 출처를 밝히는 것이 중요하다.

(2) 범주화를 하라

범주화는 화제와 주제와 연상되는 개념 및 소주제를 기록하여 분석목록을 만들고, 일정한 의미를 갖춘 사고의 유형을 찾아내어 유사한 개념들끼리 묶어 범주화 내지 다 발 짓기를 하여야 한다. 그 범주화의 조건은 첫째, 적정성 판단(주제에 맞게 취사선택하여 적합한 것을 선정하여 삭제, 추가하여 통합 및 정리를 하여야 함), 둘째, 비슷한 것끼리 내용을 분 류하는 것이 좋다.

(3) 항목 간의 위계 설정을 하라

항목 간의 위계 설정을 위해 대부분 대항목, 중항목, 소항목으로 위계를 구성하고 묶음으로 묶어 「위계」를 만들면서 개요를 짜는 것이 좋다.

② 마인드맵(Mind Map)

마인드맵(mind mapping) 기법은 영국 출신의 교육 컨설턴트(consultant)인 부잔(Tony Buzan, 1942~2019)이 1974년부터 영국 BBC TV의 "당신의 뇌를 사용하라(Use Your Head)" 는 시리즈에 출연하면서 최초로 소개한 도해 방법이다. 부잔에 의하면, 마인드맵은 인간 의 신경세포인 뉴런(neuron)처럼 중심체를 가지고 있는 일종의 이차원적 노트필기 기술 (two-dimensional note-taking technique)이라고 하였다. 마인드맵은 중앙의 특정주제를 중심 으로 이와 관련된 모든 지식을 한눈에 볼 수 있는 지도이기 때문에 이와 유사한 다른 모 든 방법들 중에서 가장 효과적이라고 강조하였다. 참고로 마인드맵과 유사한 개념으로는 거미줄 도해(spider diagram), 스프레이 도표(spray diagrams), 개념지도(concept map), 햇살 도표(sunburst chart 또는 ring chart) 등이 있다. 개념지도(concept map)는 주요개념을 위쪽 방향에서 아래쪽 방향으로 나열하는 도표를 말하며, 햇살도표는 태양빛이 반사되어 나오는 것처럼 중앙의 태양으로부터 방사형으로 개념들을 소개하는 도표를 말한다. 부잔에 의하면, 개념지도를 만들다 보면 단어의 과부하(overloaded with words)가 종종 발생하여 결국은 다루기 힘들 정도로 거추장스러운 도표가 될 수 있다고 비판 하였다.

1) 마인드맵 개념

마인드맵은 1971년 영국의 토니 부잔(Tony Buzan)에 의해 창시된 이래로 지금까지 세계적인 두뇌 관련 석학들로부터 수많은 경외와 찬사를 받아온 학습이론이다.

엄청난 정보량을 기계적으로 암기해왔던 기존의 학습 방법에서 어떤 지역의 약도를 종이에 그리는 것처럼 정보를 종이에 지도를 그리듯 정리해나가는 방법이라고 하겠다.

좀 더 자세히 표현하자면 마인드맵은 이미지와 키워드(keyword), 색과 부호 등을 사용하여 좌·우뇌의 기능을 유기적으로 연결한다.

이를 바탕으로 두뇌의 기능을 최대한 발휘하도록 해주는 "사고력 중심의 두뇌계발 프로그램"으로 21세기 지식정보화 사회에 가장 적합한 생각의 정리법이다.

인간의 두뇌는 크게 우뇌와 좌뇌로 구분되어 있으며, 우뇌는 창의력, 상상력, 리듬, 색깔, 공간감각을 담당하고 있고, 좌뇌는 논리, 어휘, 숫자, 분석기능을 맡고 있다.

그림 7-1 좌·우뇌 기능

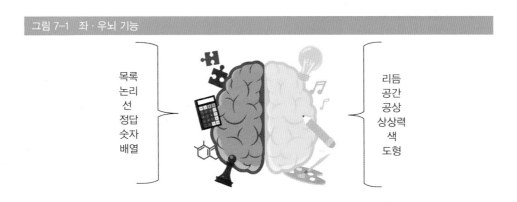

목록
논리
선
정답
숫자
배열

리듬
공간
공상
상상력
색
도형

---

1 참고문헌 : http://contents.kocw.net/document/2_4

좌·우뇌의 기능을 통합적으로 사용할 수 있어야 우리의 타고난 능력을 효과적으로 충분히 발휘할 수 있다. 그러나 우리가 받은 학교 교육은 직선적인 방법만을 강조한 좌뇌 편중의 교육이었다.

우리가 보고서나 기획서를 쓸 때의 예를 보면, 제일 먼저 하는 행동은 로마숫자 1을 쓴다. 그런 다음 1), 2) … 이런 식의 직선적인 정리 방법은 세계적으로 널리 사용하는 방법이다.

이러한 직선적인 정리방법은 자신의 아이디어를 충분히 반영하기 어렵고, 부분과 부분 간의 관계를 유연하게 연결하기 힘든 단점이 있다. 2의 3) 부분을 쓰고 있을 때 1의 2) 부분에서 빠트린 내용이 생각나면 어떻게 해야 할까? 지금 쓰고 있는 2의 3)부분의 내용이 1의 2)의 내용과 연결될 때 어떻게 해야 하나?

정작 자신의 참신한 아이디어를 전개하는 데 주력하기보다는 우왕좌왕하며 헤매는 시간이 더욱 많아진다. 이런 현상은 우리 주변에서 쉽게 찾아볼 수 있는 시간＋지적 능력 낭비의 전형적 예이다.

사실상의 지적 문맹 상태에서 벗어나고 좌·우뇌의 통합적인 사용을 위해 새로운 학습방법의 모색이 필요할 때이다. 여기에 소개하는 마인드맵이 우리 모두가 열망하고 있는 바로 21세기에 필요한 새로운 생각의 정리법이다.

2) 마인드맵 필요성

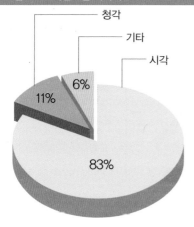

그림 7-2 마인드맵 이미지

· 시각이 83%로 정보를 이해하고 기억하는 데 가장 효과적인 감각기관으로 밝혀짐. (2007 드니르보, 생각정리의 기술 131p)
· 마인드맵은 생각을 이미지화, 시각화하는 도구

3) 마인드맵 구성요소

마인드맵은 손으로 그리기도 하고 프로그램으로 사용되기도 하는데 과연 마인드맵의 필수 구성요소는 무엇일까?

(1) 중심주제(중심 이미지)

모든 마인드맵은 오직 하나의 중심 주제를 가지고 있다. 하나의 주제를 가지는 것은 우리의 두뇌가 한 가지 영역에 집중하는 것을 가능하게 한다. 또한, 모든 마인드맵은 바로 중심 이미지를 그리는 것에서부터 시작한다. 중심 이미지는 우리의 두뇌를 자극하여 상상하도록 하고 연관된 모든 정보들을 끄집어내는 데 도움을 준다.

(2) 키워드(핵심어)

마인드맵의 가지(주가지/부가지/세부가지…)에는 문장 대신에 키워드가 들어가는데 키워드는 단어로 쓰여 질 수도 있지만 그림으로 표현하는 것이 효과적이며, 바로 자유롭고 융통성 있게 가지들을 연결시켜주는 역할을 한다.

그림 7-3 부잔 마인드맵 구조

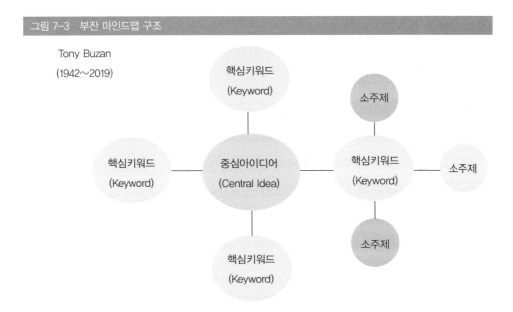

4) 마인드맵 절차

(1) 중심이미지

먼저 중심 생각(달리 말한다면 "주제"라고도 표현할 수도 있다.)을 찾는다. 중심 생각은 그림으로 나타내며 가능하면 여러 가지 색깔을 사용한다. 이렇게 하면 중심 생각에 항상 두뇌가 집중할 수가 있다.

중심 이미지를 표현할 때는 적어도 세 가지 이상의 색깔을 사용하라. 색상은 두뇌의 상상력을 돋우고 시각적인 주의를 이끈다. 그래서 중심 이미지는 종이의 중앙에 이미지로 3~4색을 사용하여 입체적으로 표현한다. 주제를 강조하여 한눈에 알아볼 수 있도록 하는 것이 목적이다.[2]

(2) 주가지

중심 이미지와 관련된 주된 내용들을 중심 이미지에서 뻗어 나온 가지 위에 핵심어나 이미지를 사용해서 표현한다. 여기서 주된 내용들은 중심 이미지를 설명하는 내용들을 묶어낼 수 있는 작은 주제들이다. 이미지의 중심에서 뻗어나가는 이 가지들은 주제를 확실하고 두드러지게 보이기 위해 선명하고 굵은 선을 사용하고, 각자 다른 색을 사용한다. 음악이라는 주제로부터 악기, 음악가(가수), 대중음악, 노래와 같은 주가지가 뻗어 나왔다. 아마 여행을 떠난다고 하면 목적지, 함께 동행하는 사람, 교통편, 준비물과 같은 것들이 주가지로 나올 것이다.

(3) 부가지

부가지들은 주가지 끝에서 부드러운 곡선으로 연결시켜 주는데, 이미지가 아니라 핵심으로 표현할 때는 글씨는 정체로 쓰되 주가지에 썼던 글씨보다 조금씩 작은 글씨로 표현한다.

주가지에서 부드럽게 바깥쪽으로 가지를 펼쳐나간다. 이 부주제들은 주가지의 내용

---

2 쉽게 이해할 수 있는 간단한 예를 들어 보기로 하자. 음악이라는 내용을 마인드맵으로 만들기 위해서는 음악을 대표할 수 있는 이미지를 중심에 그리면 된다. 어떤 글이 아니라 생각을 표현하는 것이기 때문에 "음악"을 상징할 수 있는 그림을 그리는 것이다.

을 보충 설명해 주는 내용이다. 주가지에 대한 내용 설명이 바로 연결될 수도 있고, "악기"라는 주가지에서 금관악기, 목관악기, 타악기로 분류한 것처럼 다시 한 번 분류할 수도 있다.

(4) 세부가지

부가지 내용을 더 자세히 보충할 수 있는 내용이 세부가지에 자리 잡게 되는데, 이 세부가지들은 필요하면 얼마든지 덧붙일 수 있다. 더 자세한 세부사항을 첨가하는데, 주제, 부주제 혹은 다른 사항들을 얼마든지 더할 수 있다.

그림 7-4   마인드맵 예시[13]

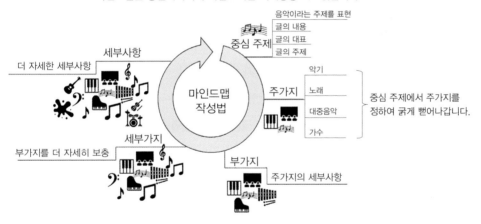

마인드맵 작성 방법에 대한 소개.
마인드맵은 중심이미지의 화살표처럼 시계방향으로 읽습니다.

음악이라는 주제를 표현
글의 내용
글의 대표
글의 주제
중심 주제

세부사항
더 자세한 세부사항

마인드맵
작성법

주가지

악기
노래
대중음악
가수
중심 주제에서 주가지를 정하여 굵게 뻗어나갑니다.

세부가지
부가지를 더 자세히 보충

부가지
주가지의 세부사항

3   참고문헌: http://contents.kocw.net/document/2_4

3 원고작성의 단계

원고작성은 자신이 발표하고자 하는 주제를 논리적으로 전개하기 위한 방향으로 준비되어야 하며, 원고작성을 위한 방법 중 가장 일반적인 구성법이 연설내용을 단계적으로 구성하는 것이다. 단계식 구성법이란 글 전체를 세부적인 하부내용으로 구분하여 조직하기 위한 기본적인 틀을 말한다. 단계식 구성법에는 크게 2단계, 3단계, 4단계, 5단계 구성법이 포함된다.

1) 2단계 구성법(Two-Stage Composition)

2단계 구성법(two-stage composition)이란 주로 짧은 글에 활용되는 기법으로 전체적인 원고를 문제제기와 해결책, 본질적 특성과 구체적 속성 등으로 이분화하여 제시하는 형태를 말한다. 이를 좀 더 구체화하면 2단계 구성법에는 인과적 구성법(cause-and-effect composition), 연역적 구성법(deductive composition), 귀납적 구성법(inductive composition) 등을 포함한다.

인과적 구성법이란 전체 원고를 원인과 결과로 이분하는 형태를 말하며, 연역적 구성이란 보편적 진리나 대명제로부터 필연적으로 일어날 구체적 사례들을 소개하는 방법을 말한다. 연역적 구성법과는 반대로 귀납적 구성법은 개연적으로 일어난 많은 사실들을 종합하여 하나의 보편적이며 종합적인 일반화(generalization)로 귀결하는 방식을 말한다. 2단계 구성법도 이를 소개하기 위한 서론을 포함시키게 되면 3단계 구성법이 된다.

2) 3단계 구성법(Three-Stage Composition)

3단계 구성법(three-stage composition)은 원고작성을 위한 가장 보편적인 구성법으로 서론, 본론, 결론의 형식을 갖는다. 역사적으로 3단계 구성법은 고대 철학의 정수이자 논증법의 근간을 이루어 온 3단 논법, 즉 대전제, 소전제, 결론에서 유래하였다. 그 후 르네상스를 거쳐 17세기에 들어 과학혁명의 시대를 맞게 되면서 모든 과학적 사고의 방법론은 가설, 조사, 검증의 3단계 구성법으로 표현되기도 하였다.

(1) 서론

많은 사람들이 개요·작성 과정을 어려워하는 이유 가운데 하나는, "서론"에 너무 힘을 낭비하기 때문이다. 독자를 사로잡아야 한다는 부담감에 유명인의 명언을 찾거나 특이한 사례를 검색하는 데 시간을 쏟는다. 그러다 보니 서론이 본론과 동떨어진 내용을 갖추게 되는 경우가 많이 생긴다. 서론의 가장 핵심적인 기능은 글 전체를 관통하는 주제와 형식을 가리키는 것이다. 좋은 글은 서론만 읽어보아도 무엇을 왜, 어떻게 이야기해야 할지를 알 수 있도록 설계되어 있다. 즉 "무엇"과 "왜"는 각각 어떤 내용을 어떠한 주제로 전개할 것인지에 해당 된다면, "어떻게"는 글의 주제를 어떠한 구성과 형식으로 제시할 것인지에 해당되는 내용이다.

따라서 서론의 개요는 글 전체의 조직과 질서를 대략적으로 담고 있어야 한다는 결론에 이르게 될 것이다. 이는 곧 서론에서부터 개요의 핵심적인 세 가지 요소(조직하기, 질서 부여하기, 제목 붙이기)를 가리킨다. 동시에 서론의 개요는 본론의 개요를 완성하고 점검하면서 바뀔 수 있다는 점도 염두에 두면 좋다. 즉 실제로 본론의 구성과 내용은 개요를 작성하면서 얼마든지 새롭게 변경될 수 있다.

개요는 자신의 생각을 시각적으로 점검하는 단계이기 때문이다. 개요 자체가 완성된 원고가 아니라 글을 완성 단계로 나아가도록 돕는다는 의의가 있기 때문에, 당연히 "조직하기", "질서 부여하기", "제목 붙이기"의 세 핵심 요소는 얼마든지 조정 가능하다.

본론의 의미 단락의 순서가 바뀔 수도 있고, 각 단락의 주제문이 변경될 수도 있는 것이다. 하지만 본론의 구조가 다소 변경되고 내용이 보완, 조정되었다고 해서 서론이 완전히 뒤바뀌는 것은 아니다. 본론의 개요 부분이 변경 가능한 이유는 서론이 어느 정도 틀을 잡아주기 때문이다. 또한 본론의 개요가 완성되면 이를 얼마나 더 효과적으로 전달할 수 있을지에 대해서도 고민할 수밖에 없다.

본론 개요의 수정 역시, 최초에 설정한 서론을 고려하면서 이루어질 것이기 때문이다. 그러면 수정되는 서론의 내용에는 본론의 구성과 내용을 반영하면서도, 이를 효과적으로 전달하기 위한 여러 수단이 포함된다. 적절한 인용문이나 사례는 바로 이 때 고민하는 것이다. 이처럼 서론과 본론의 개요는 서로 유기적이면서도 순환적인 관계에 놓인다.

이를 종합하면, 서론의 본질적인 기능을 충실하고도 효율적으로 이행하려고 할 때 가장 먼저 해야 할 일은 앞서 살펴본 "주제 찾기"의 과정이 개요 작성의 모든 과정을 이해할 수 있도록 네다섯 구(句) 또는 문장 정도로 이루어진 단락을 우선 구성해보는 것이다. 이 과정이 바로 "서론" 쓰기의 실질적인 내용을 이룬다.

따라서 원고의 서론 개요에는 다음과 같은 사항이 포함되는 것이 바람직하다. 첫째, 저자가 제기하는 문제의식 또는 그가 논리적으로 도전하려는 개념이나 대상은 무엇인가? 둘째, 저자는 자신이 제기한 문제를 어떤 관점에서 어떻게 다루고 있는가? 셋째, 저자의 관점과 분석 방석이 지닌 가치나 의의, 차별성은 무엇인가? 넷째, 저자의 관점과 분석 방향을 확대 적용할 여지는 없는가? 아니면 그의 관점과 분석 방향이 단편적이거나 편파적인 것으로 결론 내릴 수 있다면 그 이유는 무엇인가?

위의 네 가지 사항은 어떤 공통성을 지니고 있다. 즉 앞으로 전개되거나 전개해야 할 내용이 무엇이고 그 내용은 어떻게 서로 관련성을 맺고 있어야 하는가를 보여준다는 것이다. 개요의 필수적인 요소인 "조직"과 "질서"가 분명히 드러나야 함을 말한다. 글 전체의 흐름을 지배하도록 짜임새 있게 작성된 주제 문단은, 실제 본론 부분의 개요가 완성된 뒤 약간의 조정을 거쳐 그 자체만으로도 훌륭한 서론의 기능을 담당할 수 있다.

서론을 시작하는 방법에는 최근에 일어난 핫이슈나 사회 현인에 의문을 제시하거나 역사적 사실을 환기시키며 시작할 수 있다. 또한 자신의 경험담이나 일화를 스토리텔링으로 소개하면서 시작할 수도 있는데, 이때에는 실패담으로 마무리를 짓기보다는 실패를 통해 성공에 도달한 긍정적인 일화를 소개하는 것이 더 효과적이다. 또한, 청중에게도 잘 알려진 문구나 속담, 고사 성어를 소개하면서 시작하거나 통계자료를 인용하면서, 혹은 주요 개념을 정의하거나 보편적인 개념을 재정의하면서 도입부를 소개할 수 있다.

① 화제, 주제, 문제, 과제

프레젠테이션에서 가장 많이 이용되는 서론 유형은 논의하고자 하는 주제를 직접 언급하면서 시작하는 방법이다. 프레젠테이션의 원고를 쓰기 위해서는 우선 화제(話題; subject), 주제(主題; topic), 문제(問題; problem), 과제(課題; task) 등과 같은 용어의 정의가 선행되어야 한다. 화제, 주제, 문세, 과제는 시로 혼용 되어 사용되고 있으나 이러한 개념들은 미묘한 차이점들을 가지고 있다.

우선, 화제(話題; subject)란 말 그대로 "이야기의 제목"이라는 뜻이다. 즉, 의사소통을 할 만한 재료나 소재, 혹은 이야깃거리, 또는 그동안 논의되어왔던 사항들을 말한다. 통상적으로 화제는 뜨거운 쟁점을 불러일으켰던 시사 문제나 사회적 이슈들을 지칭한다.

주제(主題; topic)란 "주요한 제목"이라는 뜻으로 스피치나 프레젠테이션, 혹은 학술적 연구 등에서 발표자가 논의하거나 연구하고자 하는 기본적인 중심사상을 말한다. 발표 당시 뜨거운 감자로 떠오른 화제가 있다면, 이러한 화제에 대해 질문을 던지고 답하는 과정에서 주제를 구체화시킬 수 있다. 주제와 유사한 용어로는 테마(theme)를 들 수 있다. 테마란 창작이나 논의의 중심 과제나 주된 내용으로, 일상적인 대화나 연구, 혹은 스피치와 프레젠테이션 등의 중심이 되는 문제를 말한다.

문제(問題; problem)란 "해결하기 어려운 물음"이라는 뜻으로, 주목을 끌거나 말썽을 일으킨 난처한 논쟁거리, 혹은 해답을 요구하는 상황, 사물, 대상을 말한다. 따라서 문제는 토론이나 논쟁의 목적물이 된다.

과제(課題; task)란 "부과된 제목"이라는 뜻으로, 문제를 해결하기 위해 수행해야 하는 일에 포함된 하나하나의 작업을 말한다. 따라서 과제란 정기적으로 처리하거나 해결해야 하는 작업을 말하며, 이때 어려움이 동반되는 상황적 조건이 강조되기도 한다. 이와 더불어 과제란 대학교 등의 교육기관에서 학생들의 학습 능력을 평가하고 향상시키기 위해 내주는 과제물을 의미하기도 한다.

② 개념의 정의

캠브리지 영어사전에 의하면, 정의란 "단어나 구의 의미나 유의미성을 설명하기 위한 진술문", 혹은 "특정 사물이나 현상에 대한 특성과 한계점에 대한 서술"이라고 정의하고 있다.

정의는 크게 이론적 정의(theoretical definition)와 조작적 정의(operational definition)로 구분되는데 이론적 정의란 조작적 정의보다 훨씬 더 광범위하고 포괄적이며 높은 수준의 추상성을 가진 정의를 말한다. 이론적 정의는 이중적 의미를 가지고 있지 않는 용어들에 의해 특정 개념이 갖고 있는 본래의 뜻이나 의미를 명확히 진술하는 것을 말한다. 이에 반해, 조작적 정의는 주로 과학적이고 실증적인 연구를 위한 정의로, 이론적 정의를 객관적인 수준으로 진술한 것을 말한다. 인간 행동이나 사회문제를 설명하기 위한 목적으로 시행되는 사회과학 분야의 연구는 자연과학보다 훨씬 더 복잡하고 추상적인 변수들을 다루게 된다. 인간행동은 다양한 요인들이 복잡하게 얽혀 있기 때문에 순수과학처럼 직접적으로 측정하는 것이 불가능하다. 이러한 문제를 해결해주는 방법이 조작적 정의라고 할 수 있다. 따라서 조작적 정의에서는 측정 수단의 과학적 기준을 반드시 제시해야 한다.

③ 질문기법

설득적 연설 서두에 청중에게 던지는 질문(question)은 연설을 이끌어 나가기 위한 가장 강력한 수단의 하나가 된다. 질문의 사전적 정의는 "정보를 찾아내기 위해 사용되는 문장이나 구, 혹은 "특정 정보나 진리에 대한 해답을 발견하기 위한 문장이나 구, 또는 사람들의 지식이나 능력을 시험하기 위한 문장이나 구"라고 정의된다. 이처럼 질문이란 지식을 발견하기 위한 적극적인 도구의 기능을 한다. 질문은 청중의 사고 범위를 확장 시키고 주의집중과 몰입도를 높여줄 수 있으며 연설가가 제시한 질문에 대해 해답을 찾은 후에는 이에 대한 기억이 장기적으로 파지된다. 따라서 질문으로 시작하는 서두 전개 방식은 청중의 사고력과 이해력, 나아가서는 창의력을 유도할 수 있는 효과적인 방법이라고 할 수 있다.

질문의 유형을 대조적인 특성으로 짝을 지어 구분하면, 개방형 질문과 폐쇄형 질문, 수렴적 질문과 발산적 질문, 확대형 질문과 특정형 질문, 사실적 질문과 평가적 질문, 미래형 질문과 과거형 질문의 다섯 가지 형태로 구분할 수 있다. 그리고 각각의 질문 형태의 속성을 모두 포함한 질문을 혼합형 질문이라고 한다.

개방형 질문은 정답이 정해져 있지 않은 질문으로 상대방의 생각이나 의견을 다양하게 수렴할 수 있다는 장점을 가지고 있다. 수렴적 질문과 발산적 질문은 1967년 지적 조작, 지적내용, 지적 산물로 구성된 지능의 3구조 이론을 발표한 미국의 심리학자인 길포드(Joy Paul Guilford, 1897~1987)가 수렴적 사고와 확산적 혹은 발산적 사고를 최초로 분류하면서 파생된 개념이다.

수렴적 질문이란 비교적 짧은 시간 내에 자신의 지식구조나 보편적인 법칙에 의거하여 하나의 정답을 찾아낼 수 있는 질문을 말하며, 발산적 질문이란 다양한 반응이나 대안적인 시나리오 등을 이용하여 창의적인 답변이 나오도록 유도하는 질문을 말한다. 확대형 질문은 정답이 하나가 아닐 경우에 활용하는 질문 형태로 상대방에 따라 백인 백색의 다양한 반응이 나오는 질문을 말한다. 사실적 질문은 기본적인 사실이나 인식을 묻는 질문을 말하며, 평가적 질문은 답을 하는 사람의 상당히 높은 지적 능력과 판단 수준을 모두 평가할 수 있는 질문을 말한다.

미래형 질문은 "내년의 전망은 어떻습니까?"라는 질문처럼 장래에 올 기대치나 희망, 목표 등을 중점적으로 물어보는 질문이다. 이에 반해 과거형 질문은 "과거에는 어떠셨습니까?"라는 형태의 질문을 말한다.

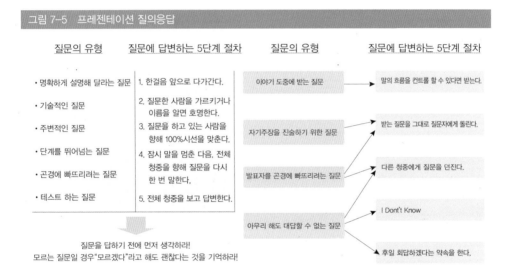

그림 7-5 프레젠테이션 질의응답

④ 첫인상 형성의 중요성

스피치나 프레젠테이션의 서론은 연설가의 첫인상을 형성하는 데 결정적인 시간이라고 할 수 있다. 서두 부분에서 청중이 연설가에 대해 갖는 첫인상은 연설 전부를 결정짓는 매우 중요한 요인이 된다. 다양한 연구 결과, 스피치나 프레젠테이션의 성공과 실패는 연설자가 무대로 걸어 올라와 서론을 시작하는 첫 4분 안에 결정된다고 알려져 있다. 연구 상황이나 연구 설계에 따라 첫인상 형성에 걸리는 시간에 대한 이견은 매우 다양하다.

연설을 성공적으로 마무리 짓기 위해서는 4분이라는 짧은 시간 안에 청중을 장악하여 그들로부터 호감을 이끌어 내야 한다. 청중과의 만남의 첫 4분 안에 형성된 인상이 50분간의 연설을 결정짓는 것이라면 4분이라는 시간은 모든 것을 투자해 볼 만한 가치가 충분한 시간이라고 할 수 있다. 이러한 이유로 연설의 서론이 중요하게 되는 것이다. 그렇기 때문에 연설자는 최초 4분 안에 청중을 장악하기 위해 연설의 서두를 준비해야 하며 우호적인 인상을 주기 위해 철저한 준비를 해야 할 것이다. 연설자에 대한 첫인상을 결정하는 요소에는 연설가가 무대 위로 당당하게 걸어 나오는 외적 이미지, 연설을 시작하는 목소리, 연설 내용에 대한 개요 설명, 스피치를 이끌어 나가는 발표 기술 등이 포함된다.

표 7-1 프레젠테이션 첫인상[4]

좋은 인상		나쁜 인상
느린/깊은/여유 있는	호 흡	빠른/얕은/초조한
낮은/따뜻한/부드러운	목 소 리	높은/떨리는/탁한
자신감	무 의 식	불안감
난 할 수 있다! 난 대단해!	자 부 심	난 안돼 난 바보야
편안한/안정된/필요할 때	바디 랭귀지	급하게/의식하며/산만하게 많이
전문가	전체적 인상	비 전문가

(2) 본론

본론 부분의 개요 작성 과정을 이해하는 핵심 원리는 서론에서 제기한 문제의식을 얼마나 충실하게 전개했는가의 문제이다. 이는 단지 원고작성의 서론에 포함되어야 할 네 가지 요소를 반영하고 있느냐를 점검하는 데서만 그쳐서는 안 된다. 동시에 앞서 설명한 대로 본론과 서론의 관계는 상호 보완적이며 유연하다. 최초에 작성한 서론에 너무 얽매일 필요는 없다는 것이다. 중요한 것은 서론에서 제기한 여러 문제들을 얼마나 풍부한 내용으로 뒷받침하고, 그 내용들을 잘 조직하여 순서를 부여하느냐에 달려 있다는 점이다. 본론의 충실성은 서론에서 제기한 문제의식 및 글 전체의 구성과 흐름을 이어 받되, 이를 정확하고 논리적인 "연결성"으로 드러내는 데서 확인된다.

---

4 참고문헌: 파워 프리젠테이션

무엇보다도, 서론의 개요를 구체적으로 작성하면서 확실해졌던 (1)~(3)의 요구 사항을 분명히 인식하고, 이에 입각하여 정리된 자료를 "조직"하였다는 점을 들 수 있다. 의미 단락1)~4)에 전개한 주제문과 (1)~(3)에서 설정하였던 방향 및 구성을 서로 비교해 보면 이는 더욱 분명해진다. 특히 각 의미 단락의 주제문은 (1)~(3)에서 다소 추상적으로 제기되었던 내용을 구체화했다는 점이 중요하다.

다음으로, 원고작성 요령에서 굵게 표시한 표현은 모두 개요 작성의 또 다른 핵심 요소인 "질서 부여하기"를 제대로 실천한 부분이라 할 수 있다. 이는 곧 1)~4)의 의미 단락이 왜 군이 이런 순서로 제시되었는가에 대하여 스스로에게 되묻고 고민한 결과를 정리한다. 또한, "그러나" 등의 접속사로 알 수 있는 바는, 저자가 의미 단락 1)에서 제기된 일반적인 문제에 대하여 새로운 관점에서 접근하였음을 저자가 분명히 인식했다는 점이다. 더 나아가 이 접속사는 의미 단락 2)가 1)에서 제기된 내용을 이어받는 부분이 있다는 사실도 알려준다. 도전적인 문제의식의 "기준"과 토대가 어디 있는지를 알려주는 것이다. 더 나아가 3)에서 굵게 표시한 어구는 이제 원문의 저자가 이 토대를 어떤 방식으로 접근하고 분석하였는지를 드러내 준다.

또한, 각각의 의미 단락의 주제문은 이를 뒷받침할 또 다른 작은 의미 단락으로 분류된다는 점도 강조할 수 있다. 즉 전체 글의 구성이 주제문과 이를 뒷받침하는 의미 단락들의 소주제문으로 구성되듯이 각각의 의미 단락 역시 나름대로 독립성을 가지고 그를 지지하는 또 다른 작은 의미 단락으로 구성하면 된다. 3-1)과 3-2)에서 굵게 표시한 표현들은 3)에서 표현된 주제 문장들과 가장 직접적으로 연결된다. 이는 여러분이 원고의 개요를 작성할 때 수집, 정리한 자료들을 큰 항목에서 작은 항목으로 점차 세분화하되, 그 안에 일정한 논리를 부여해야 한다는 것을 뜻한다. 특히 3-2)의 예시로 "OOO 여건과 OOO기술 사이의 관계"는 다루어야 할 내용의 중요성이나 분량으로 인하여 다시 두 가지로 나누어 서술할 수 있다. 또한 이렇게 나누어진 단락마나 또다시 이를 뒷받침할 근거들을 배치하면 된다.

동시에, 글 전체의 흐름을 고려하면서 각각의 문장들이 어떤 관계를 맺어야 하는가도 고려 대상이 된다. 인용문 작성은 매우 전형적이고 대표적인 방식 즉 주제문을 먼저 쓴 뒤 이를 뒷받침하는 형태의 두괄식(頭括式) 구성으로 각각의 의미 단락을 서술하면 된다. 이는 다시 저자가 사용하고 있는 접속사라든지 주제 문장의 형식으로 짐작할 수 있다.

4)에 그 대표적인 예를 서술하고 의미 단락 4)의 주제문은, 3)의 내용을 종합하면서 자신이 발견한 새로운 예에 이를 적용하려 한다는 의미를 지닌다. 위에서 이어받은 내용의 종합이 먼저 전제되어야 이를 바탕으로 사례를 분석할 수 있기 때문이다. 이는 다른 의미 단락에서도 똑같이 적용되는 구성 방식이다.

마지막으로, 개요의 각 부분에 배치될 내용은 가능한 한 "구"나 "문장"의 형태를 취해야 한다. 특히 각 의미 단락의 주제문은, 의미 단락이 조직되고 질서가 부여되는 동시에 그 이유를 명확히 드러내야 한다. 이것은 앞서 강조한 개요 작성의 세 가지 핵심 요소 가운데 하나인 "제목 붙이기"(labelling)가 지닌 중요성이다. 그리고 개요 작성에서의 "제목"은 해당 의미 단락이 다루어야 할 내용과 구성을 담고 있어야 한다. 이 개요를 쓰기 위하여 작성해 두었던 주제 단락이 글의 내용과 흐름을 지시해야 하는 원리와 같다. 암호와 같은 몇 개 단어나 어구 정도로만 주제문을 작성하면 실제 집필 과정에서는 단어와 단어들을 왜, 어떻게 연결해야 하는지 쓰는 사람도 이해하기가 어렵다. 이런 점에서 보면 개요는 글의 논리적 배열과 순서를 시각적으로 나타내어 그 논리적인 객관적으로 검증하는 과정이라는 앞의 설명에 수긍할 수 있을 것이다. 개요는 그 자체로 "집필 직전"의 상태가 될 때까지 계속하여 점검·보완하도록 한다.

본론은 청중에게 짜임새 있는 구성이라는 인상을 줄 수 있도록 일정한 패턴에 의해 일목요연하고 논리적으로 구성되어야 한다. 왜냐하면 사람들은 일정한 패턴에 의해 정보를 제공받을 때 내용에 대한 이해력이나 기억률이 높아지기 때문이다. 본문을 일정한 패턴으로 작성하는 방법에는 열거식 전개방식, 문제해결식 전개방식, 논증식 전개방식이 포함된다.

① 열거식 전개방식

열거식 전개방식(enumeration method)이란 점층적 구성방식(sequential structure)이라고도 하는데, 특정주제의 내용을 소주제로 분류한 후 이를 체계적으로 나열하는 방식을 말한다. 점층법은 원래 1920년대에서 1950년대 중반까지 미국의 심리학계와 교육계를 지배하던 행동주의 학습이론(behaviorism)에서 강조하는 제시 방법을 말한다. 행동주의 학습이론과 인지주의 발달 이론은 본 저서에서 제11장 청중에서 다루어짐에 따라 생략히고자 한다.

스피치나 프레젠테이션에 있어서도 제시하고자 하는 정보나 내용은 가장 중요한 내용에서부터 가장 덜 중요한 내용으로, 혹은 가장 덜 중요한 내용에서부터 중요한 내용으로 점층적으로 주제를 제공해 줌으로써 청중의 학습효과를 높일 수 있을 것이다. 이처럼 열거식 전개방식은 핵심주제를 체계적으로 설명하거나 점진적으로 전개할 때 사용할 수 있는 효과적인 방법이라고 할 수 있다.

② 문제해결식 전개방식

문제해결식 유형(problem-solving method)은 특정한 문제 상황에 대한 해결방안을 제시하는 것을 말한다. 해결방안이 도출되기 위해서는 우선적으로 문제 상황에 대한 분석과 문제 상황을 유발시킨 원인에 대한 분석이 뒤따라야 한다. 따라서 문제해결식 원고를 작성하는 순서는 먼저 문제 상황과 문제에 대한 배경 제시, 문제의 원인에 대한 서술, 해결방안의 순으로 작성해야 한다. 해결방안은 처음부터 연설가의 독창적 해결방안을 제시하기보다는 원인과 문제 상황 자체로부터 도출되는 일반적인 해결방안을 먼저 제시한 후 연설가 자신의 창의적인 해결방안을 제시하는 것이 바람직하다. 이때 여러 가지 창의적인 대안을 단순하게 나열하는 것보다는 해결방안 사이의 논리적 연관성을 고려하여 제시하는 것이 중요하다.

③ 논증적 전개방식

본론에서 연설가의 주장을 논증하기 위한 방법으로는 크게 유비논증(analogy argument), 예증법(illustrative exposition), 연역적 논리(deductive logic), 귀납적 논리(inductive logic) 등이 포함된다.

유비논증이란 사물이나 사건의 유사성(similarity)을 근거로 결론을 이끌어내는 논증법을 말하며, 잘 알려진 예(examples)들을 근거로 자신의 주장을 강조하는 논증법을 말한다.

연역법은 아리스토텔레스가 주장한 삼단논법(syllogism)에서 출발한 논리전개방식을 말한다. 삼단논법의 예로는 "모든 사람은 죽는다."와 같이 대전제나 대명제가 소개된 후 "소크라테스는 사람이다. 고로 소크라테스는 죽는다."처럼 소전제와 결론을 제시하는 방법을 들 수 있으며, 생략 삼단논법, 연쇄 삼단논법 등으로 세분화 되는데, 생략 삼단논법이란 삼단논법 가운데 전제의 일부나 결론을 생략하여 주장을 더욱 더 자연스럽고 강하게 표현하는 논증 방법을 말하고, 연쇄 삼단논법이란 둘 이상의 삼단논법을 하나의 문장으로 연결하여 주장하는 논증 방식으로 전제를 하나씩 더 첨가하면서 4단 논법, 5단 논법 등으로 확장될 수 있다. 이러한 연쇄적인 논증의 확장을 고클레니우스 연쇄식(Rudolph Goclenius, 1547~1628)이라고도 부른다.

귀납법이란 베이컨이 주장한 논증법으로, 베이컨은 귀납법을 인간의 감각이 경험하는 바를 관찰하고 점진적으로 상향시켜 가장 일반적인 정리(theorem)에 도달하기 위한 실증적 방법론이라고 규정하였다. 즉, 연역법이 필연적으로 발생할 사실을 증명하는 방식이라고 한다면, 귀납법은 개연적으로 일어날 사실을 알려주는 방식이라고 할 수 있다. 베이컨은 귀납법의 가장 중요한 핵심은 반복성(recurrence)이라고 강조하였다. 즉, 구체적인 사물들에 관한 관찰과 실험을 통해 반복적으로 나타나는 형태(recurring pattern)를 발견할 수 있어야만 보편적이고 일반적인 근본원리로 정리될 수 있다는 것이다.

(3) 결론

이상의 과정을 모두 거친 뒤 작성하는 결론은, 많은 학생들이 자주 문의하듯 그렇게 크게 어려워 할 필요가 없다. 단 하나 명심할 것은 결론에 새로운 문제의식이나 의미단락이 드러나지 않도록 주의해야 한다는 점이다.

텍스트에 대한 정확한 이해를 바탕으로, 자신의 해석이 지닌 타당성이나 참신성을 본론에 분명하고도 질서 있게 제시하였다면 이를 종합해 주는 것만으로도 충분히 훌륭한 결론이 된다. 본론의 전체적인 흐름을 다시 한 번 점검한 뒤에, 다음과 같은 점을 고려하면서 그 내용을 종합, 정리하여 결론에 배치한다.

첫째, 자신이 이해한 텍스트의 큰 흐름과 자신만의 해석이 무엇인지 밝힌다. 둘째, 자신의 해석이 지닌 가치와 의의가 무엇인지 제시한다. 이 두 가지 사항으로 드러난 결론은, 다시 두 가지 방향에서 의미를 가진다. 즉 원고 자체의 완결성이 갖추어지는 동시에, 이 원고를 통하여 여러분 자신이 새롭게 얻은 정보와 해석력이 무엇인지 확인할 수 있고 자신의 한계와 부족한 점에 대해서도 되돌아 볼 수 있다는 점이다. 따라서 개요의 본질이 집필자의 이해력과 해석력을 시각적으로 전개하여 이를 점검하는 과정이라는 서론의 설명은, 원고의 개요 작성에서 분명하게 확인가능하다. 원고를 통하여 한층 성장한 자신의 모습을 직접 들여다 볼 수 있는 기회이기 때문이다.

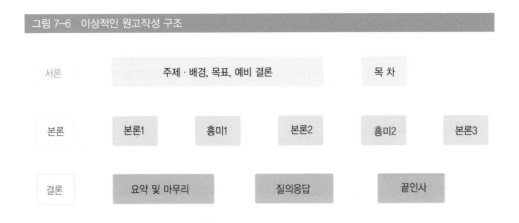

그림 7-6 이상적인 원고작성 구조

서론	주제 · 배경, 목표, 예비 결론		목 차
본론	본론1	흥미1	본론2	흥미2	본론3
결론	요약 및 마무리	질의응답	끝인사

3) 4단계 구성법

4단계나 5단계 구성법은 3단계 구성법을 토대로 이를 응용하거나 확대시킨 구성법을 말한다. 즉, 4단계 구성법은 3단계 구성법을 다시 세분화하여 기, 승, 전, 결이나 발단, 전개, 절정, 결말의 단계로 분류하는 것을 말한다. 발단, 전개, 절정, 결말의 4단계 구성법은 글의 내용을 일관성있게 전개해나가다가 예기치 않은 반전의 고비를 제공함으로써 변화의 효과를 극대화시키는 기법을 말한다.

4단계 구성법의 시조는 고대 희랍의 철학자인 아리스토텔레스라고 할 수 있다. 아리스토텔레스는 그의 저서 "수사학(Rhetoric)"에서 머리말, 진술부, 논증부, 맺음말로 4단계 배열법을 소개하였다. 이 중 머리말에서는 청중을 유혹하기 위한 일화나 감동을 주기 위한 소개문이 포함되어야 하며, 진술부에서는 토론을 위한 논제가 제기되어야 한다고 강조하였다. 논증부에서는 자신이 주장하고자 하는 논점과 논점을 증명하기 위한 증거(evidence)들을 논리적으로 제시하는 것은 물론, 청중의 의견에 반론을 제기하기 위한 주장이 포함되어 있어야 한다고 강조하였다. 마지막으로 맺음말에는 연사가 주장한 주제를 다시 한 번 강조하면서 결론을 맺어야 한다고 설명하였다.

독일 심리학자이며 기억에 대한 개척자적 실험연구로 "망각곡선(forgetting curve)"과

"에빙하우스 착시효과(Ebbinghaus optical illusion)"를 소개한 인물로 유명한 에빙하우스 (Hermann Ebbinghaus, 1850~1909)는 1885년 망각곡선을 소개한 "기억: 실험심리학에의 기 여(Memory: A Contribution to Experimental Psychology)"라는 연구보고서에서 연구 결과를 제시하는 방법을 놀라울 정도로 조직적이며 명확한 4단 배열법으로 소개하였다. 즉, 개 요(introduction), 연구방법(methods), 연구결과(results), 토의(discussion section)로 구성한 그의 4단 배열법은 그 후 모든 학술연구보고서나 논문을 쓰는 표준틀이 되었다.

4) 5단계 구성법

5단계 구성법은 주로 소설이나 희곡, 신문의 논설문 등에서 사용되는 구성법으로 발단, 전개, 위기, 절정, 대단원의 다섯 단계로 구성된다. 소설의 경우, 4단계 구성법의 절정단계 바로 직전에 위기단계를 삽입한다. 희곡의 경우, 절정단계와 결말단계 사이 에 하강단계를 삽입하기도 한다. 신문의 논설문에서 쓰이는 5단 구성법에서는 화제에 주의를 집중시키는 단계, 흥미를 느낀 독자가 제시된 문제에 이끌리는 단계, 대두된 문 제의 해결법을 제시하는 단계, 해결법을 구체화하고 효율성을 실증하는 단계, 독자의 결심을 촉구하여 행동으로 유도하는 단계로 구성된다.

(1) 키케로의 설득적 연설을 위한 5단계 구성법

아리스토텔레스의 수사학을 위한 4단 배열법은 로마 시대로 들어오면서 5단 배열 법으로 확장되었다. 로마의 대 문장가이자 철학자인 키케로(Marcus Tullius Cicero, 기원전 106~기원전 43)는 그의 젊은 시절 저술한 "착상에 관하여(De Invention)"라는 책에서 설득 적 수사학을 위한 5가지의 일반적 기준(5 cannons of rhetoric in designing persuasive speech) 에 대한 기본 틀을 제공하였다. 수사학을 위한 일반적 기준에는 독창성(invention), 배 열(arrangement), 문체(style), 기억(memory), 전달(delivery)이 포함된다. 5가지 수사적 기준은 원래 대중연설을 위해 고안된 것이지만 모든 작문의 초안 작성이나 재작문 (prewriting, drafting, rewriting) 등에도 적용할 수 있는 기준이기도 하다.

① 독창성(Invention)

독창성의 발견단계(invention phase)는 기발하고 독창적인 아이디어를 개발해내는 과정을 말한다. 미국 MIT에서 뇌와 인지과학을 공부하고 현재는 뉴욕대학의 심리학과 교수로 재직하고 있는 마커스(Gary Marcus, 1970~)는 2008년 발간된 "클루지: 인간 정신의 무계획적인 구축(Kluge: The haphazard construction of the human mind)"이라는 책에서 창의성을 생각의 재조합이라고 정의하였다. 창의(ingenuity)와 창조(creation)는 동일한 의미로 혼용되고 있지만, 미묘한 차이점을 가지고 있는 개념들이다. 이 두 개의 개념적 차이점을 간략히 소개하자면, 창조(creation)란 일반적으로 무에서 유를 만들어내는 것을 의미하나, 창의(ingenuity)란 기존에 가지고 있던 지식구조를 재조직, 재조합, 재구성하여 새롭고 기발한 "발상"이나 "독창적인 표현"을 만들어내는 것을 말한다. 따라서 창의적 생각이란 아무것도 없는 무에서 유를 창조하는 것이 아니라, 개인이 이미 가지고 있던 기존 지식체계를 바탕으로 이를 새로운 관점에서 바라보는 것이다. 따라서 창의성의 재료는 기존의 사고체계에 저장되어 있던 기억의 산물이 된다. 이에 대해 마커스는 "클루지(kluge, kludge)"라는 개념을 소개하면서 인간 정신의 특성을 진화과정의 산물로 설명하였다. 클루지란 독일어로 "영리한"이라는 뜻의 "클루그(klug)"에서 유래된 말로, "임시로 급히 짜 맞추기", "임시방편으로 사용하기(jury rig)"의 동의어이기도 하다. 원래 클루지란 용어는 공학자들이 주로 쓰던 용어로, "결코 완벽하지 않은 엉성한 해결책"을 가리키는 통속적 표현이었다. 그 후 인지과정에 있어 어떤 문제에 대해 서툴거나 세련되지 않지만, 놀라울 만큼 효과적인 해결책(unsophisticated but fairly effective solution to a problem)을 뜻하는 용어로 전환되었다.

창의성 단계에서 아이디어를 수집하는 방법으로는 주로 브레인스토밍(brainstorming)이나 프리라이팅(prewriting)을 들 수 있다. 브레인스토밍은 자신의 머릿속에서 가감 없이 자연발생적으로 떠오르는 생각(popping up ideas)을 모두 적어보는 기법을 말한다. 프리라이팅도 문법이나 스펠링의 실수는 고려하지 않은 상태에서 아무 주제나 자유롭게 써보는 것을 의미한다. 이러한 과정을 통해 연설가는 스피치의 목적에 맞는 개념이나 어휘, 논증방법, 배경이론 선택에 대한 가장 최적의 아이디어를 창의적으로 발견할 수 있게 되는 것이다.

딜러(N. Richard Diller)는 그의 저서 "오늘날의 연설(Today"s Speech)"에서 "이야기, 이

야기의 유형, 이야기하는 순간, 이야기를 하는 분위기는 산업체의 의사전달 조직을 살아 움직이게 하는 혈액(blood)과도 같다"고 강조하였다. 딜러가 강조한 것은 기업조직 내에서의 의사소통 유형이지만, 그의 표현은 모든 스피치나 프레젠테이션에도 적용이 가능하다. 즉, 청중에게 전달되는 메시지는 스피치의 생명을 유지 시키는 혈액과도 같다. 따라서 스피치나 프레젠테이션의 첫 단계는 주제와 관련된 내용을 얼마나 창의적으로 생각해 낼 수 있는가 하는 점이라고 할 수 있다. 아이디어의 개발과 착상과정은 스피치의 목적과 핵심 메시지를 선택하고 이를 뒷받침할 수 있는 세부 아이디어를 개발하는 과정이 포함된다.

② 배열(Arrangement)

배열(arrangement)이란 아이디어의 착상과정에서 발견한 내용을 스피치의 목적에 맞도록 순서를 결정하고 배치하는 것을 말한다(decide how to order the material in a text). 일반적으로 배열과정은 실질적인 글쓰기의 전 단계(prewriting stage)로 개요서(outline)의 뼈대를 구성하는 것이라고 할 수 있다.

메시지의 내용을 배열할 때는 서론, 본론, 결론 등 일정한 패턴으로 내용을 배열하는 것이 중요하다. 본론에 들어간 하부주제들은 "첫 번째, 두 번째, 세 번째" 등으로 제시되어야 일목요연하게 내용을 배치할 수 있다. 한국 대외경제정책연구원 지식정보실 학술출판팀에서 출간한 원고작성 지침에 의하면 보고서의 내용을 제시하는 기호체계는 다음과 같이 통일되어 있다. 우선 제1장으로 소개되는 보고서의 경우는 1. 가. 1) 가) (1) (가) ① ㉮의 순으로 제시하고 영문보고서의 기호체계는 Ⅰ. 1. A. 1) A) a. 순으로 제시해야 한다고 설명하였다.

남의 말을 인용하기 위해서는 따옴표가 사용되는데, 따옴표에는 큰따옴표("")와 작은따옴표('')가 포함된다. 큰따옴표는 대화 내용을 적을 때나 남의 말이나 문장을 직접 인용할 때, 혹은 특별어구(phrase)를 소개할 때 사용된다. 또한 영문으로 된 논문의 제목은 큰따옴표로 표시해야 한다.

③ 문체(Style)

문체란 원고에 사용하기 위한 실제적인 단어(actual words)를 제시하는 단계를 말한다. 원고작성에 있어 문체는 초안단계(drafting stage)에서 재작성 단계에 걸쳐 반복적으로 수정된다.

문체의 표현단계는 전달하고자 하는 메시지 내용을 일정한 패턴으로 배열한 후 이를 실제적인 단어(actual words)로 표현하는 단계를 말한다. 아리스토텔레스는 배열이 설득적 증거들을 전달하기 위한 연출이라고 한다면, 문체란 본질적으로 언어의 적절한 표현법을 결정하는 기준으로 "언어란 생각에 옷을 입히는 과정"이라고 강조하였다. 이때 적절한 어휘 선정과 더불어 위트(witty line)나 유머러스한 은유법(humorous metaphor) 등을 사용하는 것이 좋으며, 보다 강력한 표현을 위해 수동태보다는 능동태적 표현 등을 활용하는 것도 고려해야 한다.

대부분의 연설이나 프레젠테이션은 언어라는 매개체를 통해서 소통된다. 이처럼 언어란 청중과 직접적으로 생각을 교환하는 도구가 되므로 언어표현은 매우 신중하게 이루어져야 한다. 특히 구두 언어는 문서 언어와는 달리 청중이 단번에 이해하고 동의할 수 있는 표현이어야 한다. 명연설문이 공통적으로 가지고 있는 특징 중의 하나가 생생한 표현을 담고 있다는 것이다. 생생한 표현을 위해서는 생각이 빛을 발할 수 있도록 적절한 단어를 설정하여 명쾌하고 살아 움직이는 것 같은 표현을 강구 하는 것이 필요하다.

④ 기억(Memory)

설득적 수사학에 있어서 기억(memory)이란 완성된 연설문을 연설가가 자신의 기억 속으로 저장하는 과정을 말한다. 아무리 훌륭한 연설가라고 하더라도 자신이 준비한 연설문을 암기하지 못한 채 개요서를 그대로 보고 읽는다면 설득의 효과는 급감하게 될 것이다. 따라서 이 단계에서 중요하게 다루어지는 것이 바로 리허설(rehearsal)이다.

암기란 독창적으로 착상한 메시지 내용을 조직하고 난 뒤 충분히 숙지하는 과정을 말한다. 고대 그리스와 로마 시대에 있어서 웅변가의 기억력은 그들의 능력을 판단하는 중요한 잣대로 인식되었기 때문에 웅변가들은 연설내용을 암기하는 데 많은 노력을 기울여야 했다. 내용을 충분히 숙지하지 않은 상태에서는 청중과의 교감이 어렵기 때문에 충분한 연습과 준비과정을 통해 내용을 기억해야 한다.

암기란 전체 내용을 줄줄 외우는 것이 아니라 키워드(keyword)를 중심으로 전체 내용을 유기적으로 이해하는 것을 의미한다. 이때 키워드를 적은 개요서(outline)와 큐 카드(Q-card)를 작성하여 이를 바탕으로 암기하는 것이 도움이 된다.

연설은 크게 즉흥조 연설(improvised speech)과 원고 연설(speech with script)로 구분된다. 원고 연설이란 대부분의 스피치나 프레젠테이션에서 자주 볼 수 있는 실행방법 중의 하나이다. 원고 연설은 준비한 내용을 위주로 실행하기 때문에 실수할 위험성이 적다. 그러나 원고 연설의 가장 커다란 맹점은 원고에 묶여서 생동감 넘치는 연설이 불가능해지며 원고에 집중하느라 청중의 반응을 살피거나 청중과의 자연스러운 시선접촉이 어려워진다는 점이다. 또한 원고를 들고 한다는 심리적 안도감 때문에 메시지의 중요한 요점을 암기하는 것을 소홀히 할 수 있다.

즉흥조 연설은 즉흥연설(extemporaneous speech)과도 다른 개념이다. 즉흥연설이란 강의 첫 시간에 아무런 준비 없이 출석한 학생들에게 특정 주제에 대한 "3분 스피치"나 "5분 스피치"를 시키는 것을 예로 들을 수 있다.

즉흥조 연설에서 중요한 점은 청중과의 자연스러운 상호작용이다. 즉, 사전에 암기한 내용을 기계적으로 연설하는 것이 아니라 암기한 내용을 기반으로 상황에 맞게 자연스럽고 유연하게 스토리텔링화하여 전달함으로써 청중과의 시선 접촉은 물론 깊은 감동을 줄 수 있게 되는 것이다. 미국의 16대 대통령인 링컨(Abraham Lincoln, 1809~1865)은 1863년 남북전쟁의 격전지였던 펜실베이니아 주 게티즈버그에서 전사 장병을 위로하기 위한 연설을 시행하였다. "국민의, 국민에 의한, 국민을 위한 정부는 이 지구상에서 결코 멸망하지 않을 것입니다(Government of the people, by the people, for the people, shall not perish from the earth)."라는 2분간의 간결하며 명확한 즉흥조 연설은 그 후 민주주의의 정신적 상징으로 대표되는 연설로 남게 되었다. 세계에서 가장 유명한 연설의 하나로 꼽히는 게티즈버그 연설은 철저한 준비에서 나온 즉흥조 연설이라고 할 수 있다.

⑤ 전달(Delivery)

고대 아테네의 저명한 정치가이자 웅변가로 명성이 자자했던 데모스테네스(Demosthenes, 기원전 384~322)는 "스피치에 있어서 가장 중요한 세 가지 요소란 전달, 전달, 전달이다"라고 강조하였다. 로마의 대문장가인 키케로(Marcus Tullius Cicero, 기원전 106~43)는 데모스테네스에 대해 "고상한 언술, 풍부한 어휘, 준비성, 살아있는 열정, 속도를 갖춘 최상의 어조를 완성한 결점 없는 완벽한 웅변가"라고 찬양했으며, 퀸틸리아누스(Marcus Fabius Quintilianus, 35?~100?) 또한 "웅변의 표준(lex orandi)"이라고 칭송을 마다하지 않았다. 데모스테네스가 주장한 전달(delivery)이란 스피치나 프레젠테이션의 마지막 실행단계에서 연설자 자신이 준비한 원고를 청중에게 실제로 구현하는 행위를 말한다. 이때 연설가의 구두 언어는 물론 비구두적 신체언어가 설득적 연설에 매우 중요한 역할을 하게 된다. 비구두적 요인으로는 연설가의 신뢰도, 목소리의 톤, 자세 등이 포함된다. 수 주일에서 많게는 몇 개월 동안 준비한 내용을 청중에게 전달하기 위해서는 충분히 큰 목소리로 자신감이 넘치는 에너지를 보여주어야 하며, 데모스테네스처럼 살아있는 열정을 담아내야 한다. 이렇게 하기 위해서는 연단 주위를 자연스럽게 오가며 청중과의 시선 접촉을 유지하는 것이 무엇보다도 중요하게 된다.

(2) 몬로의 동기유발 계열법(Monroe"s Motivated Sequence)

미국 인디아나 주 퍼듀대학교(Purdue University)의 교수이며 "연설의 원칙과 종류(Principles and Types of Speech, 1958, 2017)"의 저자인 몬로(Alan Houston Monroe, 1903~1975)는 1943년 "몬로의 동기유발 계열법(Monroe"s Motivated Sequence)"을 개발하였다. "몬로의 동기유발 계열법"은 청중의 동기부여를 위한 5단계 구성법으로 주의집중(getting attention), 욕구성립(establish the need), 욕구만족(satisfy the need), 미래조망의 가시화(visualize the future), 행동 실현화(action and actualization)로 구성된다. 몬로에 의하면, 인간의 동기유발 과정은 다섯 단계를 걸쳐서 서서히 형성되므로 연설가는 청중이 이해하고, 수용하며, 동의하면서 결국에는 행동으로 실천할 수 있도록 메시지를 구성해야 한다고 강조하였다. 몬로의 동기유발 계열법을 구체적으로 살펴보면 다음과 같다.

① 도입단계(Step One: Get Attention)

도입단계(stage of getting attention)는 서론의 일부분으로 청중의 주의를 집중시키기 위한 단계를 말한다. 이 단계에서는 특히 청중으로 하여금 신뢰감(credibility)을 확립하는 것이 무엇보다도 중요하며, 연설의 목적을 소개함으로써 청중이 무언가를 기대하도록 만들어야 한다.

도입단계에서 몬로는 스토리텔링 기법과 질문 기법을 사용하라고 권유하였다. 즉, 흥미롭거나 호기심이 있는 이야기, 혹은 긴장감이나 쇼킹한 이야기를 제공함으로써 청중의 주의집중이나 흥미를 유발시킬 수 있으며, 질문을 던짐으로써 청중을 자연스럽게 주제에 연결시킬 수 있다고 강조하였다.

1964년 인지부조화이론(cognitive dissonance theory)을 소개한 페스팅거(Leon Festinger, 1919~1989)에 의하면, 두 가지의 사실로 인해 내적인 부조화가 일어날 경우, 인간은 인지부조화 현상을 최소화하려는 방향으로 동기가 유발되며 이를 위해 자기 정당화라는 방어기제를 사용하게 된다고 설명하였다. 따라서 흡연문제를 직접적으로 언급하기 보다는 흡연을 중지했을 때 오는 변화된 모습이나 삶의 질이 높아진 사례를 언급하는 것이 훨씬 더 효과적이다.

② 문제 제시 단계(Step Two: Establish the Need)

문제 제시 단계에서는 문제가 실제로 존재하고 있다는 사실을 청중에게 확신시켜주어야 한다. 이와 더불어 문제의식이 존재하고 있는 상황에서는 변화의 필요성(need to change)이 중요하다는 사실을 강조해야 한다. 청중의 지식, 태도, 가치관, 행동의 변화를 불러일으키기 위해서는 현재 청중이 어떤 문제에 직면하고 있는지를 명확하게 제시해야 하며, 이러한 문제를 개선하고 상황을 향상시킬 수 있는 개선책이 있다는 사실을 강조해야 한다. 이를 위해서는 연설가의 진술문을 지지해줄 통계자료(statistics to back up your statements)를 사용하고, 현 상태의 문제를 유지한 채 변화를 하지 않았을 경우에 올수 있는 부정적 결과(consequences of maintaining the status quo and not making changes)나 청중에게 직접적으로 미치는 영향력에 대한 설명이 포함되어야 한다.

③ 욕구만족단계(Step Three: Satisfy the Need)

욕구만족단계는 스피치나 프레젠테이션의 가장 핵심부분(main part)으로 문제해결 제시단계라고 할 수 있다. 이 단계에서 연설자는 해결책(solution)을 소개해야 한다. 해결책을 소개하는 과정은 연설의 종류에 따라 달라질 수 있으나 일반적으로는 해결책의 구체적인 세부사항에 대해 청중이 이해할 수 있는 수준까지 자세히 설명하는 것이 중요하나. 또한 청중이 실천에 옮기기를 원하는 진술문에 대한 명료한 설명도 필요하다.

이를 위해서는 연설 중간 중간에 핵심키워드에 대한 요약을 제시해야 하며, 무엇보다도 해결책의 효과를 증명할 수 있는 실증자료나 통계자료, 혹은 사례들을 충분히 제시하는 것이 중요하다. 욕구만족단계에서는 청중으로부터 나올 수 있는 반대의견을 예측하여 이를 대비한 반론 준비가 포함된다.

문제해결 제시단계에서는 문제해결 방안을 구체적으로 제시하여 청중을 안심시키는 내용들을 포함해야 한다고 강조하였다.

자아효능감이란 1986년 캐나다 출신의 미국 인지심리학자인 밴듀라(Albert Bandura, 1925~)가 최초로 소개한 개념으로, "나는 할 수 있다(I can do it)."는 심리적 자신감을 말한다. 밴듀라는 1977년에 소개한 사회학습이론(social learning theory)에다 자아효능감과 자아통제감(self-regulation)이라는 두 가지 개념을 추가하여 이를 사회인지이론(social cognitive theory)으로 확장하였다. 자아효능감이란 특정과제를 수행함에 있어서 요구되는 일련의 행동을 조직하고 완성할 수 있다는 자신의 능력에 대한 주관적 신념을 말한다. 밴듀라는 성공적 수행을 위해서는 사회학습이론에서 소개한 모델링(modeling)이라는 개념보다는 자아효능감이 더 중요하게 영향을 미친다고 강조하였다.

④ 동기화의 이득 제공 단계(Step Four: Visualize the Future)

4단계에서는 현실적이고 세부적인 전망을 제공해 주어야 한다. 이때 현실적이고 구체적인 전망일수록 청중으로 하여금 무언가를 실천해야겠다는 동기가 유발된다. 따라서 연설가의 목적은 청중의 동기유발을 촉진하여 청중이 연설가의 의견에 동의하고 이와 유사한 신념, 태도, 행동을 채택하는 것이라고 할 수 있다. 네 번째 단계에서의 구체적인 해결책에 대한 제시방법으로는 긍정적 제시방법(positive method), 부정적 제시방법(negative method), 대비적 제시방법(contrast method)이 있다. 긍정적 제시방법이란 연설가의 아이디어를 청중이 채택했을 경우 일어날 수 있는 상황을 말하며, 부정적 제시방법이란 연설가의 의견이 거부되었을 때 일어날 수 있는 상황을 진술하는 것이다. 부정적 방법을 제시할 경우에는 행동을 취하지 않아서 올 수 있는 위험성이나 난제들(dangers and difficulties)에 초점을 맞추어야 한다. 대비적 방법이란 부정적 상황을 먼저 제시한 뒤 긍정적 상황으로 유도하는 방법을 말한다.

네 번째 방법에서 가장 중요한 핵심은 문제가 해결되었을 경우에 올 수 있는 이득

(benefit)을 강조하는 것이다. 여기서 이득이란 반드시 물질적인 것만을 포함하는 것이 아니라 자기보호본능을 충족시켜줄 수 있는 모든 것을 포함한다.

⑤ 행동 실현화 단계(Step Five: Action and Actualization)

마지막 단계에서 연설가는 청중으로 하여금 실천을 위해서 어떠한 행동을 어떻게 행동으로 옮겨야 하는지 구체적이고 정확하게 제시해야 한다. 몬로는 마무리 단계에서 발표자는 매우 열정적이고 고무적인 목소리로 실천을 유도하며 스피치를 끝내야 한다고 강조하였다. 이때 청중이 부담감(overwhelm)을 느끼지 않도록 지나치게 많은 정보를 제공하거나 높은 기대감을 표시하지 않는 것이 중요하다고 덧붙였다. 그 대신에, 청중이 자신의 행동에 대한 주인의식(sense of ownership)을 가질 수 있도록 선택권을 제시하는 것이 중요하다고 강조하였디. 만약에 연설이 끝난 후 다과가 준비되었다면, 다과 장소로 청중을 초대하면서 이곳에서 자연스럽게 질문에 답을 해주는 것도 좋은 방법 중 하나라고 할 수 있다. 또한 복잡한 문제에 대해서는 구체적인 해결 방법을 다시 한번 강조하면서 마무리를 짓는 것도 매우 중요하다.

결론적으로, 동기란 개인의 욕구(needs)를 충족시키기 위해 특정 행동을 촉발하기 위한 방향을 제시하는 유목적적인 섯이며 자발적 의지(voluntary willingness)를 이끌어 내는 추동력이라고 할 수 있다.

제8장

창의적 아이디어 발상기법

SPEECH & PRESENTATION

1 개요

창의성이란 사전적 정의를 살펴보면 창의성은 "새로운 생각이나 의견을 생각해내는 특성" 즉 신규성을 내포하는 정신적인 활동의 특성을 반영하는 것으로 정의하고 있는 반면, 창의력은 "새로운 생각이나 의견을 생각해 내는 능력"으로 신규성을 발휘할 수 있는 능력이나 힘을 나타낸다. 다른 학자들도 많은 정의를 내리고 있는데, 올슨(R. W. Olson)은 "어떤 개인의 독특한 특성에서 나오는 그 사람 내부의 힘으로서, 그 사람에게 가치 있는 새로운 생각이나 참신한 통찰을 산출하는 것"이라고 하였고, 폭스(H. H. Fox)는 "독창적이고 유용한 방법으로 문제를 해결하는 사고 과정"이라고 정의하고 있다.

이러한 정의들을 바탕으로 창의성은 개인의 능력·특성, 사고 과정을 통해 나타난 산물의 3가지 관점으로 요약될 수 있다. 개인의 능력으로는 통찰력, 인지 능력 등을 들수 있고 사고 과정으로는 합리성, 유연성이 포함되며, 사고의 산물에 관한 특성으로는 독창성이나 유용성이 관계한다고 볼 수 있다. 즉, 창의성은 통찰력과 인지력 등을 바탕으로 주어진 문제에 대해 유연하고 합리적으로 사고하여 독창적인 "새로움(novelty)"과 가치 있는 "유용성(usefulness)"을 가진 해결안을 만들어 내는 능력 또는 사고 과정이라고 할 수 있다.

창조적 사고의 방법은 확산기법과 수렴기법으로 나눌 수 있는데, 확산기법은 테마에 대해 생각나는 대로 자유롭게 발상을 넓혀가는 자유법, 테마발상의 힌트를 찾아 의식적으로 연관시켜 발생하는 강제법, 테마의 본질과 비슷한 것을 찾아내 그것을 힌트로 발상하는 유추법이 있다. 수렴기법으로는 사실이나 아이디어 등의 정보를 같은 분야끼리 모으는 영역법, 정보를 원인 결과나 시간의 흐름으로 정리하는 계열법으로 분류된다.

그림 8-1   창조적 사고의 방법[1]

	자 유 법	테마에 대해 생각나는 대로 자유롭게 발상을 넓혀간다.
확산기법	강 제 법	테마 발상의 힌트를 찾아 의식적으로 연관시켜 발상한다.
	유 추 법	테마의 본질과 비슷한 것을 찾아내 그것을 힌트로 발상한다.
	영 역 법	사실이나 아이디어 등의 정보를 같은 분야끼리 모은다.
수렴기법	계 열 법	정보의 원인, 결과나 시간의 흐름으로 정리한다.

창의적인 아이디어의 문제해결을 위해서는 문제가 무엇인지 정의하는 1단계(문제의 이해), 문제해결을 위한 테마를 잡는 2단계(테마설정), 아이디어를 내고 선정하는 3단계(적극적 해결), 실제로 적용하고 검증하는 4단계(해결책 적용)를 거친다.

그림 8-2   문제해결을 위한 4단계

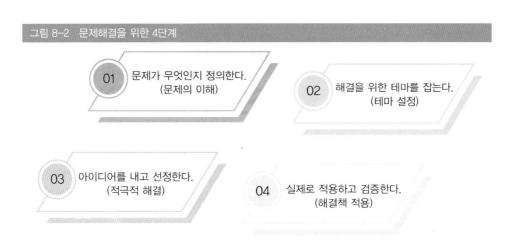

01 문제가 무엇인지 정의한다.
(문제의 이해)

02 해결을 위한 테마를 잡는다.
(테마 설정)

03 아이디어를 내고 선정한다.
(적극적 해결)

04 실제로 적용하고 검증한다.
(해결책 적용)

1   참고문헌: 아이디어 발상 잘하는 법/ 다카하시마코토

그럼 창의적 아이디어 발상기법인 브레인 스토밍, 카드 BS법, 브레인 라인딩법, SCAMPER 기법, 트리즈 기법, 고든법, 만다라트 기법과 스피치와 발표에서 매우 중요한 스토리텔링에 대해서 알아보고자 한다.

2. 창의적 아이디어 발상기법

창의적 아이디어 발상기법에는 브레인 스토밍, 카드 BS법, 브레인 라인딩법, SCAMPER 기법, 트리즈 기법, 고든법, 만다라트, 마인드맵 기법 등이 있으나 마인드맵 기법은 7장에서 서술하였기에 본 장에서는 생략하고자 한다.

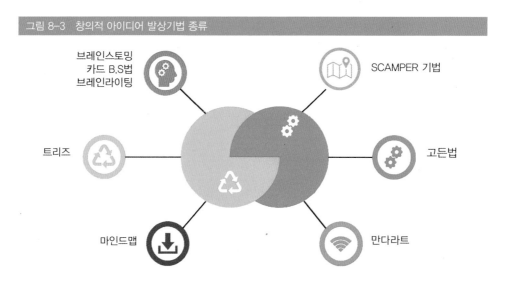

그림 8-3 창의적 아이디어 발상기법 종류

1) 브레인스토밍

브레인스토밍은 Brain + Storming의 합성어로서, 뜻을 직역하면 "두뇌의 폭풍, 두뇌 착란상태"로 머릿속에서 생각들이 폭풍 치듯이 마구 떠오르는 것을 표현한 것이다. 브레인스토밍은 여러 사람(5-6인)이 그룹을 만들고 아무런 제약이 없는 편안한 상태에서 자유자재로 공상과 연상의 연쇄 반응을 일으키면서 아이디어를 내이 가도록 하는 그룹 아이디어 발상법을 의미한다.

각종 프로세스에서 문제의 인식, 자료의 수집, 분석, 총합, 전개 등의 단계에서 유효한 방법으로 1938년 미국의 광고 대리점의 부사장인 오스본(A.F.Osborn)이 광고 아이디어를 얻기 위해 처음 개발하였다.

브레인스토밍에는 자유자재, 비판금지, 질보다 양, 결합개선의 4가지 원칙이 있는다. 첫째, 브레인스토밍은 가능성을 생각해내는 과정으로 우스꽝스럽고 터무니없는 아이디어이더라도 이를 계기로 또 다른 기발한 아이디어를 끌어낼 수 있는데, 머릿속에서 떠오른 엉뚱하고 특이한 아이디어를 내놓을 수 있도록 분위기를 억압해서는 안 된다는 자유자재의 원칙이다. 둘째, 브레인스토밍을 통해 최대한 생각을 끄집어내고 영감을 얻어서 함께 좋은 아이디어를 탐색해야 하는데, 아이디어를 평가한다면 아이디어의 흐름에 방해가 되고 구성원들의 창의성을 억눌러 자유롭게 말할 수 없게 될 수 있는데, 계속 아이디어를 낼 수 있도록 격려해주어야 한다는 비판금지의 원칙이다. 셋째, 아이디어의 질을 추구한다면 결국 평가하게 되는데, 평가는 브레인스토밍이 끝난 뒤에 이뤄져야 하며 브레인스토밍을 하는 동안 가능한 많은 아이디어를 얻는 데 집중해야 한다. 아이디어가 많으면 많을수록 창의적인 아이디어를 발굴할 확률이 높아진다는 질보다 양의 원칙이다. 끝으로, 제안된 아이디어는 제안한 사람의 것이라고 치부하지 않고 공용 아이디어로 사용되어야 하며 다른 사람이 내놓은 아이디어에 내 아이디어를 덧붙여 더 좋은 아이디어로 계속 발전시켜 나가는 결합개선의 원칙이 있다.

브레인스토밍의 방법으로 워밍업이 중요한데 즉 바로 본론으로 들어가는 것보다는 재미있는 아이디어나 흥미로운 주제로 준비운동을 하고, 편안한 원형탁자에 얼굴이 잘 보이도록 둘러 앉아 지위에 신경 쓰지 않는 편안한 공간을 연출하여야 한다. 또한 상하 관계없이 동등하게 참석하여 주제를 창의적으로 리프레밍하여 다른 사람의 의견을 함부로 판단하지 말고 뻔한 아이디어를 제거하여 새로운 것을 획득, 1시간 이내에 추진하여야 하며 모든 아이디어는 분류 후 저장, 피드백하여야 한다.

브레인스토밍의 장점은 주제에 제한이 없고 실행하기 쉬우며, 질보다 양에 초점을 맞추기에 많은 아이디어를 얻을 수 있고, 이 과정에서 개선, 수정, 조합된 의견이 나올수 있는데, 비판을 자제하고 받아들이는 분위기 속에서 진행되어 참가자들이 비교적자유롭게 의견을 말 할 수 있다. 반면에 단점으로 동기가 없는 참가자는 시간을 낭비하는 등 효율성이 떨어질 수 있고 다른 참가자의 노력에 무임승차하게 될 우려가 있으며, 집단수준에서 의사결정이 이루어지기 쉬우므로 의견을 낸 사람도 보상이 부적절하다고 불평할 소지가 있고 다른 이들의 부정적 평가가 두려워 스스로 의견을 왜곡할 수 있고, 결론에 대해서도 비판을 보류하거나 다수의 의견에 끌려가는 현상이 발생할 수 있다. 또한, 권위적이거나 강요와 압력을 행사하는 사람이 있다면 그가 원하는 방식으로 결론이 도출될 수 가능성이 높다.

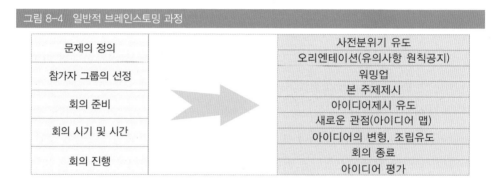

그림 8-4 일반적 브레인스토밍 과정

문제의 정의	사전분위기 유도
	오리엔테이션(유의사항 원칙공지)
참가자 그룹의 선정	워밍업
	본 주제제시
회의 준비	아이디어제시 유도
	새로운 관점(아이디어 맵)
회의 시기 및 시간	아이디어의 변형, 조립유도
	회의 종료
회의 진행	아이디어 평가

2) 카드 BS법

카드 BS는 카드를 이용한 브레인스토밍이라는 의미이다. 이 기법은 창의개발연구소 소장 다카하시 마코토가 고안했으며, 발언하면서 기법을 전개하기 때문에 발언 양이 많은 사람과 지위가 높은 사람이 중심이 되는 경향이 있음에 따라 브레인스토밍의 단점을 시정하기 위하여 참가자 전원의 발언을 이끌어내기 위하여 고안한 방법이다.

특징으로는 첫째, 브레인스토밍의 경우 발언자가 독점하는 경향을 방지하고자 돌아가며 발표함으로써 전 참가자가 평등하게 발언하도록 하였다. 둘째, 브레인스토밍에서 발언이 난무하여 차분히 생각할 수 없는 점을 없애기 위해 침묵과 사고하는 시간을 갖도록 하였다. 셋째, 브레인스토밍에서는 사회자가 참가자의 발언을 기록하기 때문에 뉘앙스가 바뀌는 경우가 있는데, 이런 점을 해소하기 위해 발표자가 직접 카드에 기입하는 방식을 선택한다. 넷째, 침묵 사고와 구두 브레인스토밍을 병행하여 개인 발상과 집난발상을 융합하여 브레인스토밍의 4가지 규칙인 비판금지, 자유자재, 질보다 양, 결합개선이 사용된다. 또한 4가지 규칙에 광각 발상이라는 규칙이 추가되어 5가지 규칙이 사용된다.

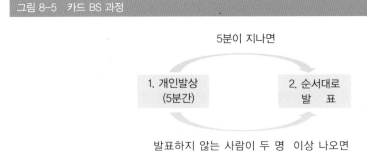

그림 8-5 카드 BS 과정

5분이 지나면

1. 개인발상
(5분간)

2. 순서대로
발 표

발표하지 않는 사람이 두 명 이상 나오면

카드 BS법 진행 방법으로 카드나 용지 준비(각자 A4 1장과 카드 50장 정도 준비. 가운데 A3 3~4장, 리더는 타이머로 회의 진행), 5분간 개인 발상의 시간(각자 아이디어를 카드에 써 나간다. 그것을 각자 A4용지에 붙인다), 5분 후에 순서대로 발표하는 시간을 가진다(리더의 왼쪽부터 순서대로 아이디어가 적힌 카드를 읽는다), 새로운 아이디어를 추가한다(다른 사람의 발언을 들으면서 A3용지의 카드를 보면서 새로운 발상이 떠오르면 자신의 카드에 쓴다), 개인 발상과 순서대로 발표하기를 반복한다.

3) 브레인라이팅법

브레인스토밍은 주제에 대하여 머릿속에 떠오르는 아이디어를 쏟아내는 자유롭게 아이디어를 모으기 위해서는 퍼실리테이터가 유연하고 부드러운 분위기를 유도해야 하는 것이 중요하다.

그런데, 참여자들 가운데 자신의 주장을 나타내기 어려워하는 사람들이 있을 수 있거나 발표를 부담스러워 하거나 말로 표현하는 것이 익숙하지 않은 경우가 있다.

발언에 소극적인 사람들의 참여를 촉진하는 방법으로 브레인라이팅을 실행해 볼 수 있는데 독일의 베른트 로르바흐(Bernd Rohrbach) 교수가 창안한 아이디어 발상법으로 침묵 속에서 참가자들 개개인의 사고를 최대로 살리며 집단발상의 장점도 살릴 수 있는 창의적 기법이라고 하겠다.

브레인라이팅법의 발상 단계는 6.3.5법이라고도 하는데, 6명의 참가자가 각자 3개의 아이디어를 5분 내에 적는 방식이라는 의미이다. 한 장의 종이에 주제와 관련하여 생각나는 의견이나 아이디어를 쓰고 5분(또는 3분)이 지나면 옆 참가자에게 종이를 전달하면 종이를 받은 참가자는 적혀 있는 아이디어를 발전시켜서 추가로 3개의 아이디어를 적는다.

표 8-1	브레인라이팅 용지의 예(1번 사람이 A,B,C에 하나씩 적고 2번 사람이 3개씩 적고..하는 방식입니다.)		
주 제 〈		〉	
	A	B	C
1			
2			
3			
4			
5			
6			

인원이 많을 경우 대집단은 4~6명으로 세분하고 위와 동일한 방법을 3개 이상의 아이디어를 5분(또는 3분) 동안 적고 돌리면 된다. 이와 같은 과정을 아이디어가 고갈될 때까지 하고 나면 모든 참가자가 그 아이디어를 소유하게 된다. 과정 후에는 나온 의견들 가운데 좋은 아이디어를 각각 다섯 개 정도 뽑아서 참가자 전원이 평가하여 채택할 수 있다.

브레인라이팅법의 장점은 특정 개인의 지배적인 영향이 줄어든다는 것으로 발언을 통해 의견을 모은다면 팀장 뜻대로 가겠지만 모두가 공평하게 적으며 누가 적었는지 모르는 상황(무기명)이면 자유롭게 의견 개진이 가능해진다. 누군가가 발표할 동안 자신이 아이디어를 생각하는 데 방해받지 않으며 모두의 참여를 이끌어 낼 수 있고 서로 잘 모르는 참여자들이라면 편안한 의견 교환이 어려울 수 있으므로 첫 대면하거나 서먹서먹한 사람들끼리 의견을 모을 때도 효과적이다. 반면에 참가자들 간에 서로 토론하고 자극하는 상승효과를 기대할 수 없고 참여자들의 자발성이 떨어질 수 있다는 단점이 있으므로 진행자의 역할이 중요하다.

4) SCAMPER 기법

창의적 대안 창출을 위한 또 다른 방법의 하나로 스캠퍼 기법이 있다. 스캠퍼 기법은 오스본의 체크리스트를 밥 에버럴(Bob Everle)이 발전시킨 것으로 이미 존재하는 사물이나 아이디어에 변화나 조작을 가해 새로운 것을 만들어 내는 아이디어 전개 방법이다. SCAMPER는 대체(substitute), 결합(combine), 적용(adapt), 변형(modify)·확대(magnify)·축소(minify), 다른 용도(put to other use), 제거(eliminate), 역발상(reverse)의 첫 글자를 따서 이름으로 만든 것이다.

구체적으로 각 용어에 대해 설명하면 대체(substitute)는 기존의 것을 다른 것으로 대체함으로써 고정적인 시각을 새롭게 바라볼 수 있도록 하는 질문, 결합(combine)은 두 가지 이상의 것을 결합하여 새로운 것을 도출할 수 있도록 하는 질문, 적용(adapt)은 어떤 것을 다른 목적과 조건에 맞게 적용해 볼 수 있도록 하는 질문, 변형(modify)·확대(magnify)·축소(minify)는 어떤 것의 특성이나 모양을 변형하고 확대, 축소하여 새로운 것을 생각해볼 수 있도록 하는 질문, 다른 용도(put to other use)는 어떤 것을 전혀 다른 용도로 생각해 볼 수 있도록 하는 질문, 제거(eliminate)는 어떤 것이 일부 또는 제거가 가능한 기능들을 찾아보는 질문, 역발상(reverse)은 어떤 것의 순서, 위치, 기능 모양 등을 바꾸거나 재정렬하여 새로운 것을 생각해 볼 수 있도록 하는 질문이다.

SCAMPER의 회의 규칙은 주제설정(회의 시작 전 스캠버 주제에 관한 배경을 설명한다), 비판금지(공감되지 않는 아이디어라 할지라도 비판하거나 무시하지 않고 수용한다), 다다익선(최대한 많은 아이디어를 모으고 서로 다른 아이디어들을 합쳐가며 새로운 아이디어를 도출한다), 함께 선택(아이디어 수집 후 리더와 참여자가 모두 함께 최종 아이디어를 선택한다), 적극적 태도(참여자는 적극적인 태도로 회의에 참여하고 회의 진행자는 참여자들을 주제에 집중할 수있도록 진행하며 기본 규칙서를 제작하여 인식할 수 있도록 배포한다.)가 있다.

SCAMPER 진행방법으로 안건 및 의제선정, 회의장소와 진행방향 결정, 주제에 대한 배경설명, 아이디어 수집 및 정리, 아이디어 선택 및 실행이 있다.

첫째, 안건 및 의제선정은 조직 내 아이디어를 도출하기 위한 주제를 선정하고 주최자는 아이디어 도출이 수월하게 이루어질 수 있도록 미리 회의 주제를 알려 주는 것이 좋다. 둘째, 회의장소는 업무의 효율성을 높이는 방법 가운데 하나로 창의적인 아이디어와 기록이 용이한 공간을 선택하는 것이 좋다. 셋째, 회의에 앞서 참석자들에게 회의의 목적을 정확히 이해시키고 SCAMPER 기법을 통해 결과를 도출하고자 하는 배경 설명을 함으로써 목적 달성과 효율성을 얻을 수 있고, 넷째, 참여자들은 회의 주최자에게 받는 7개 스캠퍼 주제를 키워드에 하나씩 접목해서 아이디어를 생산하고 아이디어 고갈시 다음 질문으로 넘어가는 좋다. 최대한 많은 아이디어를 적고 다른 아이디어와 결합하여 범위를 확장해 SCAMPER 기법리스트에 기록한다.

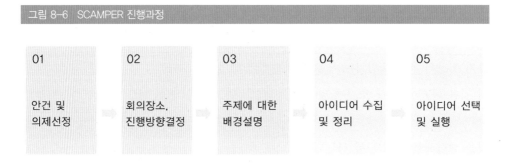

그림 8-6 SCAMPER 진행과정

01	02	03	04	05
안건 및 의제선정	회의장소, 진행방향결정	주제에 대한 배경설명	아이디어 수집 및 정리	아이디어 선택 및 실행

5) 드리즈 기법

트리즈는 러시아 겐리히 알츠슐러(1924~1988)가 만든 창의적 문제 해결방법론으로 200만 건 이상의 특허를 분석하여 그 가운데 창의적이라고 하는 특허들을 통해 트리즈를 만들었다. 알츠슐러 트리즈의 구체적 기법은 40가지 발명원리 76가지 표준 해결책, 문제해결 프로세스이다. 그는 특허를 5단계로 구분하여 그 중 레벨 3~4단계에 집중하여 분석해 보니 이들로부터 공통점이 바로 모순의 극복이었다.

모순에는 기술적 모순과 물리적 모순이 있는데, 기술적 모순이란 서로 다른 2개가 모순을 일으키는 것으로 예를 들면 자동차 출력을 좋게 하면 연비가 떨어지고, 연비를 좋게 하면 출력이 떨어진다. 이렇게 서로 다른 연비와 출력이라는 요소가 서로 충돌하는 것을 기술적 모순이라고 한다. 반면에 물리적 모순은 어느 하나가 상반되는 특징을 가지는 것을 말하는 것으로 어느 하나가 이래도 되야 하고 저래도 되야 하는 것을 말한다. 예를 들면 양복 옷감처럼 광택이나 촉감을 좋게 하려면 실을 가늘게 만들어야 하는

데 그럴 경우 주름이 너무 쉽게 만들어진다. 이를 개선하기 위하여 실을 굵게 해야 하는데 그러면 광택과 촉감이 나빠진다. 이것을 물리적 모순이라고 한다.

기술적 모순은 40가지의 발명원리와 39가지 표준인자를 통해 해결할 수 있는데, 40가지의 발명원리는 실제로 엔지니어가 많이 사용하는 것은 1번부터 32번까지이고 나머지는 추가된 것이며 기술 분야가 아닌 정치, 경제, 문화, 금융 등의 종사자들이 적용할 수 있는 원리가 20가지 정도 된다.

물리적 모순은 분리의 원칙을 활용하여 해결할 수 있는데 3가지 분리를 통해서 해결하는데, 공간, 시간, 전체와 부분의 분리를 통해 해결이 가능하다. 1903년 라이트 형제가 비행기를 개발하고 나서 1927년 비행기 바퀴가 접히는 발명이 이루어졌는데 이착륙할 때 바퀴가 있어야 가능하고 이륙하고 나면 없어야 빠른 속도를 내는 물리적 모순을 시간 분리를 통해 해결한 사례이다.

그림 8-7 트리즈 기법의 40가지 발명 원리

01 분할 Segmentation	02 추출 Separation	03 국소적 품질 Local Quality	04 비대칭 Asymmetry	05 통합 Merging	06 다용도 Multi-functionality	07 포개기 Nesting	08 평형추 Counterweight	09 선행반대조치 Preliminary Counteraction	10 선행조치 Preliminary Action
11 사전예방 Beforehand Compensation	12 놀이 맞추기 Equi-potenbality	13 반대로 Reverse	14 구형화 Curvature Increase	15 역동성 Dynamic parts	16 과부족 Partial or Excessive	17 차원변경 Dimension Change	18 진동 Vibration	19 주기적작용 Periodic Actions	20 유역작용지속 Continuous Useful action
21 고속처리 Hurrying	22 해를 이롭게 Convert Harmful To Useful	23 피드백 Feedback	24 매개체 Intermediary	25 셀프서비스 Self-Service	26 복제 Copying	27 일회용품 Cheap Disposables	28 기계시스템대체 Mech interaction Substitution	29 공기/유압 Pneumatics And Hydraulics	30 얇은 막 Flexible shells Thin films
31 다공질(여백) Porous Material	32 색깔변경 Optical property Change	33 동질성 Homogeneity	34 폐기/재생 Discarding or Recovering	35 속성변환 Parameter Change	36 상전이 Phase transition	37 열팽창 Thermal Expansion	38 활성화 Oxidant	39 비활성화 Inert Environment	40 복합화 Composite Materials

6) 고든법

미국의 고든(William J.J.Gordon)에 의해서 고안된 아이디어 발상법으로 브레인스토밍과 마찬가지로 집단적으로 발상을 전개하는 것으로, 브레인스토밍에서는 가능한 한 문제를 구체적으로 좁히면서 아이디어를 발상하지만, 고든법은 그 반대로 문제를 구상화시켜서 무엇이 진정한 문제인가를 모른다는 상태에서 출발, 참가자들에게 그것에 관련된 정보를 탐색하게 하는 것이다.

그렇게 하는 이유는 문제가 지나치게 구체적이면 참가자가 자칫 현실적인 문제에만 사고를 국한시키게 되어 기본적으로 아이디어를 발상하기가 어렵기 때문이다. 즉 고든법은 주제와 전혀 관계없는 사실로부터 발상을 시작해서 문제해결로 몰입하게 만드는 것이다. 가령 면도기의 신제품 개발을 위한 경우 테마를 "깎는다"로만 제시하고 진행할 경우에 참가자들로부터 깎는 것과 관련된 다양한 발언들이 도출될 수 있으므로 의외의 기발한 발상들이 나올 수 있다.

구체적인 진행 방법은 첫째, 문제의 해결에 필요한 전문 지식을 가진 사람은 물론 다양한 분야의 창조적인 능력을 가진 사람도 참가시킬 그룹을 만든다. 둘째, 리더가 문제를 이해한다. 리더만이 해결해야 할 문제를 알아야 한다. 그룹이 편성되어 좋은 아이디어가 나와 해결이 가까워질 때까지 멤버들에게 문제를 알리지 않는다. 셋째, 리더는 발상의 방향을 제시하여 자유롭게 발언하도록 한다. 넷째, 생각이 날 때까지 계속한다. 다섯째, 문제에 대한 해결점을 찾는다. 문제해결에 가까운 아이디어가 나오기 시작하면 리더는 문제가 무엇인지를 알려 구체적으로 실현 가능성을 논의하고 아이디어를 유용한 것으로 형성해간다. 고든법의 장점은 현상에서 떨어져 희망 사항을 추구하기 때문에 혁신적인 해결책을 기대할 수 있다. 그러나 해결책을 실시하는 데는 많은 장벽이 있는 것이 단점이다.

7) 만다라트

만다라트 기법은 일본의 디자이너 이마이즈미 히로아키가 개발한 발상 기법으로 manda + la + art가 결합한 용어로 manda + la는 "목적을 달성한다."는 뜻이고 manda + art는 "목적을 달성하는 기술을 의미한다. 원래 만다라는 반복되는 원과 네모, 연꽃무늬 등으로 깨달음의 경지를 표현화는 불화로 목표를 계획하거나 아이디어를 구체화할 때 유용하고 가장 큰 주제를 세우고 이에 대한 해결점, 아이디어, 생각을 확산시켜 나가는 방법이다.

만다라트 기법은 3×3의 매트릭스를 사용하고 가운데 블록에 테마를 쓰고 그것을 둘러싼 8개의 블록에 테마와 연결된 것을 쓰는 방법으로 8개의 블록 중 1개 선택 후 다시 그것을 테마로 하여 연속, 확장된 만다라트(64개 블록)를 만들 수 있다.

마인드맵은 생각을 정리하고 연관관계, 시간 관리 등에 장점이 있는 반면, 만다라트 기법은 목표를 중심으로 해야 할 일, 주의할 점 등을 표로 구조화하기 때문에 목표의식을 세우기에 좋으며, 마인드맵은 자유법, 만다라트는 강제법이라고 한다.

그림 8-8 만다라트 기법 양식

3 스토리텔링

스토리텔링은 우리가 살아가면서 자신이 경험한 서사에 대해 타인에게 풀어내는 것을 뜻하는 것으로 살아가면서 다양한 장면에서 스토리텔링이 이루어지는데 특히 스피치나 프레젠테이션 발표에서 발표 불안을 극복하고 청중감동을 위해서 매우 중요한 요소로 볼 수 있다. 다음으로 스토리텔링의 개념, 특성, 효과성에 대해 알아보도록 하겠다.

1) 개념

스토리텔링은 우리 자신이 직접 경험한 이야기, 전해 들은 이야기, 지어낸 이야기를 다른 사람에게 들려주면서 서로의 상상력과 감성을 주고받는 소통의 한 방식이다. 따라서 이야기하는 사람이나 듣는 사람에 따라 스토리텔링은 다양하게 변형될 수 있으며, 어떤 상황인가에 따라 스토리텔링의 방식도 달라지기도 한다.

스토리텔링의 사전적 개념은 "스토리(story) + 텔링(telling)"의 합성어로서 말 그대로 "이야기하다"라는 의미를 가지고 있다. 즉 상대방에게 알리고자 하는 바를 재미있고 생생한 이야기로 설득력 있게 전달하는 행위이다. 미국 영어교사 위원회(National Council of Teachers of English)에서는 스토리텔링을 음성(voice)과 행위(gesture)를 통해 청자들에게 이야기를 전달하는 것이라고 정의하는데, 대개 스토리텔러(storyteller)들은 이 단어를 이야기를 말하는 사람과 이야기를 듣고 상상력을 발휘하는 청자 간의 인터랙티브 한 과정이라 말한다. 설리 레인즈는 이야기(story), 청자(listener), 화자(teller)가 존재하고, 청자가 화자의 이야기에 참여하는 이벤트라고 주장하기도 한다.

원래 스토리텔링은 문학이나 영화 등에서 활용되었는데 최근에는 다양한 매체에 따라 만화, 게임, 애니메이션, 교육 일반 등에서 다양한 콘텐츠로 활용되고 있다. Oxford 사전에는 스토리텔링은 "The action of telling stories"라 정의하는데 이를 번역하면 "이야기를 말하는 활동"이 된다. 이것은 이야기를 글이 아닌 구술로 전달하는 것을 의미하는 것으로 구연 낭독이나 책 읽어주기, 이야기 들려주기 등과 같은 개념으로 설명하고 있다.

스토리텔링(storytelling)은 위의 사전들에서 정의 내린 것과 같이 story와 telling의 합성어로 story는 이야기, telling은 말하기로 번역할 수 있으며 일반적인 이야기(story)의 특성으로 첫째, 시간적 질서를 바탕으로 두 가지 이상의 정보나 사건이 연속적으로 결합하여 처음-중간-끝의 구조를 형성한다. 둘째, 처음-중간 끝의 구조는 정보나 사건이 청자나 독자의 관심과 흥미를 염두에 두고 재조직된 결과이다. 셋째, 추상적·논리적 지식이 아닌 구체적 사실이나 경험을 주된 내용으로 삼는다.

이를 토대로 이야기(story)는 시간의 연속성을 지니고 구체적인 사실 경험을 주된 내용으로 삼는다는 것을 알 수 있으며, 이야기(story)는 단일명사로 여기에 행위나 동작성의 의미를 갖고 있지는 않지만 telling이 붙으면서 행위의 속성이 생성됨을 알 수 있다. 스토리텔링의 대상이나 범주는 좁은 의미에서는 동화, 우화 등이 포함되며 넓은 의미에서 볼 때는 일상의 사소한 이야기부터 영화나 책, 이야기, 게임 등의 다양한 형태의 이야기가 포함된다. 이런 특성을 가진 이야기(story)에 telling이라는 행위가 부가되어 어떤 이야기를 만들고 타인에게 전달 및 표현하는 것이 바로 스토리텔링이라고 할 수 있다.

스토리텔링은 다양한 미디어의 변화로 인해 오늘날 점점 다양화·구체화 되고 있으며, 이야기를 자기 방식으로 내면화하여 타인에게 들려주는 것이기 때문에 끊임없이 변화하고 다양한 관점으로 접근되고 있다. 이야기를 하는 사람과 듣는 사람 사이에 공감과 감정의 교류가 이루어진다면 상대의 마음을 움직일 수 있는 긍정적 토대가 형성될 수 있을 것이다.

2) 중요성

인간의 기복적인 욕구, 시대·사회적 변화 그리고 기술의 발전 등으로 지식기반사회에서 감성기반사회로 전환되면서 스토리텔링은 중요하다.

격동의 시대를 거치면서 시대·사회적 고민을 반영하는 문화가 다양해지면서 상상력 넘치는 이야기보다는 리얼리즘에 기반을 둔 객관적이고 사실적인 정보가 우선시되었다. 그러나 시대·사회적 변화에 따라 감성이 중시되면서 이야기는 현실을 뛰어넘는 상상력이 풍부한 창조적인 내용으로 재생산되기 시작하면서 이제는 리얼리즘만을 스토리텔링의 기반으로 삼지 않고 이야기는 창조성을 바탕으로 대중들에 의해 새로운 문화가 형성되기 때문이다.

또한 영상 및 음향 등의 기술 발전으로 인해 다양한 장르의 생산이 가능해지면서 과거에는 스토리텔링의 영역이 소설이나 일부 영화에만 국한되었으나 디지털 기술의 발전으로 매체와 결합하며 스토리텔링의 활용성이 높아지게 되어 소설을 비롯하여 영화, 광고, 테마파크 등 다양한 장르로 영역이 확장되었다. 이는 여러 가지 방법으로 이야기의 생산과 소비가 가능하고 이야기에 참여하는 창작자와 소비자의 범위 또한 확장되었기 때문으로 볼 수 있다.

스토리텔링은 문화산업 분야 중 창작기술과 연관된 감성사업이다. 이때 창작기술이란 상품기획에 관여하는 시나리오 작성 등 창작을 보다 효율적으로 수행하기 위한 기술을 의미한다. 핵심 메시지를 전달하기 위한 스토리텔링 기법은 주요 이야기와 시나리오를 통하여 문제를 구성하고 해결해 나가는 방식을 취한다. 스토리텔링을 통해서 사람들은 여러 가지 상황을 손쉽게 머릿속에 그려낼 수 있음에 따라 스토리텔링은 이야기를 통하여 생각이나 제품 등이 가지고 있는 의미를 손쉽게 설명할 수 있으며 더 쉽게 각인시킬 수 있다. 소비자의 경험이나 체험 등을 통해 형성된 지각은 제품 및 특정 지역에 대한 이미지를 형성하게 되며, 공급자가 전달하고자 하는 방향으로 행동의 변화를 이끌게 됨으로써 스토리텔링은 매우 중요하다.

3) 특성

인간은 자신의 이야기를 글이나 말로 표현하는 것에 익숙한데, 인간이 가지고 있는 서사의 본질이며 이를 통해 개인은 자신의 경험이나 지식을 조직하여 주변과 소통하고 상호작용하는 것이기 때문이다. 스토리텔링은 서사의 사고의 한 양식으로 경험을 이해하고 조직하는 기본적 형태로 서사라는 것은 하나 이상의 사건이 있어야 하고 이 사건은 시간의 선후에 의해서 사건과 사건에 따른 상태의 변화가 있어야 한다. 한 편의 서사가 완성되기 위해서는 텍스트와 스토리와 플롯을 알아야 한다. 우리는 이야기를 시각적인 것, 청각적인 것 등으로 접하게 되는데 이렇게 이야기의 덩어리 중 문자로 된 것을 텍스트(text)라고 부르며, 이야기의 순 재료가 되는 것을 스토리(story)라고 하고 이 이야기를 인공적인 방식으로 재배열한 것을 플롯(plot)이라고 한다. 스토리텔링은 스토리와 플롯을 구성하여 이야기를 하는 행위로 볼 수 있으므로 주요 속성은 인간 행동과 사건을 주요 내용으로 하고 시간적 순서에 따라 표현하는 것으로 서사의 속성과 상당히 비슷하다고 할 수 있다.

그렇다면 서사의 영역은 어디까지이고 구조와 체계는 어떻게 되는 것일까? 문자가 발명되기 이전에는 구술 서사가 자리 잡고 있었다. 선사시대의 다수의 벽화들을 보고 우리가 이야기를 유추해 낼 수 있는 것도 그런 이유이다. 중세에 인쇄술이 발달한 이후로 문자로 된 서사는 주요 위치에 있었으며, 문자로 인해 정보의 전송이 가능하게 되고 그로 인해 인간들은 수많은 문화와 과학 및 지식체계를 형성하며 오늘날에 이르렀다. 오늘날은 과거의 인쇄술 발달이 서사에 큰 영향을 미친 것과 같이 다양한 매체로 인해 서사의 새로운 발견이 가능해지게 되었다.

4) 네 가지 핵심요소

스토리텔링을 구성하는 핵심이 되는 네 가지 기본요소가 있다. 스토리를 만드는 정형화된 공식은 존재하지 않을 뿐만 아니라 스토리텔러가 되기 위해서 어떤 점을 갖추어야 하는지도 명확히 규정되어 있지 않다. 스토리텔링은 주어진 상황이나 청중에 따라서 적절하게 다듬어야 하는 많은 요소를 가지고 있는데. 이러한 모든 요소들의 규칙들을 일일이 나열하기는 불가능 하다. 그러함에도 불구하고 몇 가지 근본적인 공통적 요소들이 존재하는데 우리가 학창시절에 배웠던 소설문학의 플롯 구성과 유사한데 스토리를 전달하는 상황이나 목적에 따라 다양한 방식으로 활용될 수 있는데 메시지, 갈등, 등장인물, 플롯으로 구성된다.

(1) 메시지

하나의 스토리에는 하나의 메시지만 담아야 한다. 만약 더욱 많은 메시지를 담으려면 우선순위를 정해야 하는데 그렇게 되면 스토리는 불분명해지고 혼란스러워질 수 있다.

(2) 갈등

인간은 본능적으로 삶에서 조화와 균형을 추구하기 때문에 스스로나 주변이 망가지는 것을 바라지 않음에 따라 조화로움이 깨지면 이를 회복하기 위하여 최선의 다하게 되는데 갈등이 행동을 만들어 내기 때문이다. 스토리는 갈등이 모두 해소될 때까지 변화를 통해 생명력을 가진다. 스토리의 생명은 예측 불가능한 혼돈과 예측 가능한 조화로움이라는 두 간격에서 긴장감을 불러일으킨다. 고전 동화에서 갈등은 선과 악의 투쟁을 통해 스토리는 관객에게 가치와 메시지를 전달하는 것이다. 스토리텔링에서 갈등은 부정적인 것이 아니라 옳고 그름을 전달할 수 있게 해주는 기본요소이다.

(3) 등장인물

소설의 등장인물은 스토리 구조를 만들며 스토리를 발전 및 응집시키는 가장 필요한 요소 중 하나이다. 비즈니스에 있어서 고객이나 직원을 스토리에 몰입시키기 위해서 등장인물의 성격을 분명히 파악할 수 있도록 만들어야 한다. 특히 청중은 스토리 속 등장인물들로부터 자신의 모습을 찾으면 쉽게 몰입되므로 청중을 염두해 두고 청중이 스스로 주인공과 문제 모두를 파악할 수 있도록 만들어야 한다.

(4) 플롯

스토리는 주어진 시간 안에 일련의 사건들에 의해 존재한다. 따라서 사건들의 배열을 신중하게 고려하여야 한다. 관객의 흥미를 유지하면서 사건을 전개하도록 정밀한 구조를 가져야 한다는 뜻이다. 일반적으로 스토리는 기승전결로 구성되며 먼저 스토리의 배경이 만들어지면 다음으로 변화가 일어나고 갈등이 빚어지고, 스토리의 변수들이 만들어지며, 갈등은 점차 고조되지만 결국은 해소되어 스토리는 결말을 맺는다. 잘 구성된 전개 방식은 청중의 주의를 집중시키고 앞으로 어떤 사건이 일어날지 기대하게 만들며, 스토리의 주제와 문맥을 조화롭게 배치하여 스토리의 의미를 살린다.

5) 교육적 효과

경험 서사를 스토리텔링 하는 것은 교육적으로 어떤 효과에 대해 알아볼 필요가 있다. 네 가지로 요약해 보면, 첫째, 스토리텔링은 학습 내용에 흥미 유발을 유도하는 효과로 학습자에게 재미와 관심을 가지게 하고 공감과 투지를 불러 일으켜 학습 내용을 보다 효과적으로 습득할 수 있도록 도움을 주기 때문에 분석적이고 논리적인 교육 활동, 지식 위주의 교육 활동에 요긴하게 활용되고 있다. 둘째, 스토리텔링은 학습자의 상상력과 창의력을 향상시킬 수 있는데, 이야기를 통해 풍부한 감성과 이야기를 체험하게 되면서 숨어있는 이야기의 발견하고, 이야기 전과 후의 맥락을 생각하며 상상력이 향상되고 이야기를 활용하는 매체에 따라 그 상상력은 확장되기도 한다. 셋째, 스토리텔링은 속성상 소통이 강조됨으로 학습자와 교사 간의 상호 작용이 쉽고 용이하여 기존의 교육 활동이 교수자 중심의 일방적인 면이 강했다면 스토리텔링 학습은 교수자와 학습자 간의 의사소통이 훨씬 활발해진다. 이는 곧 스토리텔링을 하는 학습자 상호 간의 소통에 해당된다. 학습자 상호 간의 소통 행위는 오늘날 같은 다원 시대에 꼭 필요한 역량이기도 하다. 넷째, 스토리텔링은 언어 능력을 향상시켜 주는데, 학습자는 이야기를 들으며 상호작용 하는 과정에서 청취력뿐 아니라 표현력을 키울 수 있으며 이야기를 통해 언어를 학습하고 기술적인 면을 발달시켜 주며, 또한 자신의 경험, 이야기를 잘 전달하기 위해 다양한 방법을 고안하고 실천하게 되면서 전반적인 언어 능력 향상에 효과가 있다.

6) 스피치 프레젠테이션과 스토리텔링

(1) 필요성

스피치와 프레젠테이션에서의 스토리텔링이 필요한 이유는 청중에게 이야기는 쉽게 기억되고, 기억된 재미는 관심을 불러일으키며, 관심의 몰입은 감동을 창조하고, 감동의 깊이는 행동을 유발하기 때문에 스토리텔링이 반드시 필요하다.

그림 8-9 스토리텔링 필요성[16]

기억	관심	감동	행동
이야기는 쉽게 기억된다	기억된 재미는 관심을 일으킨다	관심의 몰입은 감동을 창조한다	감동의 깊이는 행동을 유발한다
· 3,000개의 광고 · 초등학교 친구이름 &만화 주인공 이름 · 선생님&뱀장수 · 불륜에 대한 평가	· 나의 관심사 · 처녀들의 수다 · 드라마 실시간 댓글 · 예고편의 힘 · 플롯과 패턴 · 스트류 밸류	· 몰입의 힘 · 기립박수를 받는 방법 · 각본 없는 드라마 · 스토리 위빙 · 희극과 비극 · 문화코드 · 라이프 스타일 분석	· 2002 월드컵 응원 · 촛불시위 · 추성훈의 변신 · 김삼순 신드롬 · LPGA 한국남자들의 힘 · 영화국가대표 · 해리포터가 남긴 것 · 행동을 유발하는 감동

(2) 감동

스토리텔링이 감동을 일으키는 이유는 첫째, 감동적으로 프레젠테이션을 하는 것은 모든 프레젠터의 이상이기 때문이다. 프레젠테이션이 의무감으로 느껴지는 이유는 감동을 주는 방법을 모르고 감동을 주는 경험을 해보지 못했기 때문이다. 모든 커뮤니케이션에서 감동적인 소통을 하고자 하는 바람처럼 프레젠테이션에 있어서도 감동적으로 소통하는 바람을 포기하면 안된다. 둘째, 청중을 설득하려면 우선 화자가 감동을 느끼게 해야만 같이 감동한 청중은 제안을 받아들이고 행동으로 옮기게 된다. 셋째, 청중에게 감동을 느낄 수 있게 하려면 스토리텔링을 사용하여야 한다. 즉 스토리는 우리를 감

─────── 2 자료출처 : 파워피티

동시킬 수밖에 없는 요소를 가지고 있는데 즉 인물, 배경, 행동, 갈등, 난관, 결말이다. 청중은 상상을 통해 인물에 감정이입을 하면서 스토리가 진행되는 흐름에 참여한다.

(3) 영향력

생생한 스토리텔링은 강력한 영향력을 발휘한다. 첫째, 스토리는 기업경영의 강력한 수단으로 사용되는데, 스토리를 통해 창업주의 가치는 나의 가치가 되고 기업에서 스토리를 통해 직원들의 마음과 행동을 기업의 핵심가치로 모으고 있고, 스토리는 기업의 경영 수단으로 매우 중요한 역할을 하고 있다. 둘째, 스토리는 기업의 마케팅을 위한 영향력 있는 수단으로 사용된다. 즉 스토리는 기업의 마케팅 수단이며, 기업의 브랜드 가치를 고객에게 감동적으로 전달하고 그 가치에 동참하게 하는 데는 스토리텔링이 가장 효과적이다. 셋째, 스토리텔링은 프레젠테이션에서 청중의 감동을 이끌어 내는 최상의 방법으로 프레젠테이션에서 효과적으로 사용할 수 있고 스토리를 통해 제품의 가치가 부각된다.

(4) 구성 방법

감동을 불러일으키는 스토리텔링을 효과적으로 구성하는 방법은 첫째, 전달하고자 하는 명확한 메시지가 있어야 한다. 전달하고 싶은 메시지는 한 문장에 만들어야 하고 메시지가 만들어 졌으면 내용을 잘 보여 줄 수 있는 사건을 찾아야 하는데 스토리는 한 사건과 관련하여 전달할 메시지에 맞추어 만들어져야 함에 따라 하나의 스토리는 하나의 메시지를 담도록 구성 되어야 한다. 둘째, 반드시 갈등이 필요하다. 스토리가 감동을 주는 이유는 갈등으로 인간은 본능적으로 삶에서 조화와 균형을 추구하지만 깨지면 회복을 위하여 투쟁을 하게 되는데 어떠한 상황에서 어떠한 갈등이 나타나 그것이 해소되어 결말에 이르는 과정이 스토리라고 할 수 있다. 셋째, 등장인물이 중요하다. 스토리를 만들어 갈등을 어떻게 해소하는가를 보여주고 등장인물 갈등을 극복해 나가는 모습을 스토리를 통해 지켜보면서 청중은 등장인물에 감정을 이입하면서 함께 몰입한다. 넷째, 스토리를 어떻게 전개할 것인가 플롯을 고려해야 한다. 스토리 전개 방식은 기, 승, 전, 결 또는 발단, 전개, 위기, 절정, 결말의 구성 방식을 많이 사용하지만 배경

제시, 변화, 갈등 발생, 갈등 고조, 해소, 결말이라는 흐름을 적절하게 보여주면 청중을 몰입시키는 효과가 있다. 다섯째, 일상생활에서 스토리텔링하는 습관을 기르는 것으로 감동적인 프레젠테이션을 하려면 스토리로 말하는 것이 중요하며, 평소에도 항상 스토리로 말하는 습관을 가질 필요가 있다.

제2부 **프레젠테이션**

Speech & Presentation

제9장

프레젠테이션의 개념

1 스피치와 프레젠테이션의 차이점

학교생활이나 사회생활을 하다 보면 다른 사람들 앞에서 말할 기회가 종종 생기게 마련인데 말이라고 해서 같은 말이 아니라고 볼 수 있다. 이러한 것이 스피치와 프레젠테이션의 차이점이라고 할 수 있다.

먼저 스피치란 무엇인가? 미국대학 졸업식에는 유명 인사가 방문해 축사하는 전통이 있는데 2005년 스텐포드대 졸업식에는 스티브잡스가 초청되어 연설을 진행하였고, 많은 이들에게 영감을 준 명연설로 유명하다.

우리가 하는 모든 종류의 말(대화, 토론, 이야기, 강연, 연설 등)이 스피치 영역에 속한다고 할 수 있으며, 스피치는 공감을 전제로 하고 있다. 공감은 총체적인 느낌이 중요한데, 화자가 평소 가시고 있는 생각이나 신념, 삶을 바탕으로 메시지를 전달하는 것이기 때문에 같은 말을 하더라도 누가 어느 시점에 하는가가 중요하다.

스피치는 총체적인 느낌을 중요시하므로 화자의 눈빛, 목소리, 제스처, 에너지가 청중들 가슴에 강한 인상을 남기며, 다소 말이 어눌하더라도 정리되지 않은 생각이라도 청중은 전체적인 맥락에서 화자의 말을 이해하고 공감할 수 있어야 한다.

발표회장 화자와 청자의 조화로운 분위기를 최상의 조건으로 하는 스피치는 시간에 크게 구애받지 않는 편으로 대표적인 형태가 연설의 경우에 별도의 장비 없이 단상만 있어도 이야기를 진행할 수 있고 청중은 화자에 온전히 집중한다.

반면에, 프레젠테이션은 스티브 잡스가 2007년 맥월드(Mac World)에서 신제품인 아이폰 출시를 앞두고 프레젠테이션 하였고, 프레젠테이션은 쉽고, 간결하고 무엇보다 아름다웠다.

프레젠테이션 역시 스피치 영역에 속한다고 하겠으며, 프레젠테이션은 공감보다 설득에 초점을 맞추고 있는 것이 특징이며, 단계적인 느낌이 중요하다.

화자가 전하려는 주장을 20~30분 내에 집약해서 효과적으로 전달하는 것이기 때문에 전문적인 느낌을 주는 것이 중요하다. 전문적인 느낌을 주기 위해서는 복장, 헤어스타일 등 외면적인 부분 역시 중요하다.

설득에는 시각적인 자료가 도움이 되기 때문에 주로 시각자료를 만들어 두고 순서대로 이야기를 진행하며, 시각자료를 도와주는 대표적인 프로그램으로 PPT, 키노트,

프레지 등이 있으며, 청중들은 화자와 더불어 시각자료에 집중하며 시각자료에 대한 설명은 제13장 시각디자인에서 자세하게 설명하도록 하겠다.

결론적으로 느낌이 전달되는 스피치와 단계적인 느낌이 전달되는 프레젠테이션은 서로 떨어진 것이 아니고 상호·보완적인 관계로 보면 된다.

2 프레젠테이션의 개념

프레젠테이션이 학문 영역에서 논의되기 시작한 것은 비교적 최근의 일이다. 연구가 짧은 만큼 프레젠테이션의 개념에 대한 정의도 불명확한 상태이다. 학술연구물(논문 등)과 많은 도서들이 출간되어 있지만 프레젠테이션의 개념에 대해 명확히 정의되어 있지 않음에 따라 개념에 대한 명확한 연구가 필요하다.

기 출간된 자료에 의한 정의를 살펴보면, 광고대리업자가 예상 광고주를 대상으로 광고 계획서 따위를 제출하는 활동(표준국어대사전, 1999), 다른 사람 앞에서 자신의 이견을 표명하여 상대방을 설득하는 커뮤니케이션의 일종이다(이수라, 2006), 청중의 존재를 전제로, 청중에게 알리고 싶어 하는 것을, 청중이 알기 쉽게 제공하는 것이다(도이 사토시·다카하시 슌스케(2006)), 다양한 기술과 커뮤니케이션 도구를 이용하여 자신의 메시지를 가능한 명확하게 또 효과적으로 전달하는 일련의 종합적인 과정, 자신의 주장이나 아이디어, 경험, 노하우 등 제반 정보를 상대방에게 전달하는 설득하는 모든 행위(조두환, 2006)라고 정의한다.

사람들이 생각하는 프레젠테이션은 무엇일까? 조재윤(2004)에 의하면 사람들은 대체로 시청각 기기를 이용하지 않는 경우는 프레젠테이션이 아니라고 인식하고 있는데 이는 바로 프레젠테이션의 정의에 시청각 기기의 사용이 중요한 요소라는 것을 반증하는 것이라고 하겠다.

프레젠테이션의 정의에 대하여 다음으로 중점을 두어야 하는 것은 의사소통의 목적이라 하겠다. 조재윤(2004)은 사람들에게 "프레젠테이션의 목적을 무엇이라고 생각하느냐"고 질문한 결과, "정보전달 55.9%, 설득 28.7%, 의례적 8.4%, 엔터테인먼트 7.0%"로 조사되었으며 이러한 조사를 결과를 보았을 때, 사람들은 소통의 목적의 관점에서 볼 때 설명이나 설득의 경우를 프레젠테이션이라고 보는 경향이 있다는 것으로 볼 수 있다.

정의와 관련하여 또 다른 관점은 화자와 청자의 관계이다. 화자와 청자가 사적일 경우에는 프레젠테이션 한다고 보지 않으며, 공적인 관계일 경우에는 프레젠테이션이 가능하다고 보는 견해이다.

이상에서 프레젠테이션의 개념을 문자와 영상 자료 등 시청각 자료를 이용하여 전달하고자 하는 내용을 구성하고, 구성한 자료를 기반으로 하여 정보를 상대방에게 전달하거나 설득하는 일련의 과정이라고 정의할 수 있다.

③ 프레젠테이션의 유형

일상에서 경험하는 프레젠테이션은 형태, 청중의 규모, 목적, 성격에 따라 매우 다양한데, 프레젠테이션의 과정이 어떤 절차로 진행되는지를 이해하고 계획적인 절차에 따라 이행하는 것이 매우 중요하다.

프레젠테이션의 유형으로는 학생의 입장에서는 수업 중에 발표, 소규모 그룹 발표, 학생대표로서의 발표, 선거 및 모임에서 발표, 직업 인터뷰 발표 등이 있고, 형태에 의한 분류, 규모에 의한 분류, 목적에 의한 분류, 성격에 의한 분류로 나누고 있다.

형태에 의한 분류는 가장 많이 알려진 광고프레젠테이션과 최근의 관심분야로 대두되는 사업설명회(IPO), 신제품 발표, 업무보고, 영업보고, 프로젝트 제안, 세미나 주제발표, 강의, 교육 및 판매 촉진행사 등이 포함된다.

규모에 의한 분류는 1:1 프레젠테이션, 미니 프레젠테이션(2~5명), 소그룹 프레젠테이션(10~20명), 대그룹 프레젠테이션(50~100명)으로 구분할 수 있다.

목적에 의한 분류는 무관심을 관심으로 유도하는 동기부여 프레젠테이션, 특정 주제를 대상으로 한 정보제공 프레젠테이션, 청중에게 즐거움을 주는 오락 프레젠테이션으로 구분되며, 대부분이 동기부여와 정보제공 프레젠테이션을 중심으로 이루어진다고 할 수 있다.

설득과 정보를 제공하는 설득 프레젠테이션 또한 포함되어 있으며, 목적에 의한 프레젠테이션은 화자의 의도가 프레젠테이션의 유형을 결정한다고 할 수 있다.

구체적으로 정보제공 프레젠테이션은 지식공유, 상호 간의 이해가 최우선 목적이며, 발표자의 역할은 사물, 사건, 사람, 과정, 절차, 개념 등에 대한 질문에 답을 해야 하며, 프레젠테이션의 성공과 실패는 자신의 삶이 전달된 내용을 얼마나 이해하고 유지하며 적용하는가이며, 유형으로 청중의 마음속에 명확한 그림을 그리도록 하는 것, 누가, 무엇을, 어디에서와 같은 질문에 답을 제시하는 서술적 유형, 청중들에게 내용을 명확하게 해석하여 왜, 이슈, 개념, 아이디어, 신념에 대한 설명적 유형, 절차나 과정을 명확하게 설명하는 기계작동법, 업무절차, 어떻게 등과 같은 명확한 답을 제시하는 논증적 유형이 있다.

또한 높은 품질의 프레젠테이션의 특성을 보면, 비즈니스는 간략, 명확, 직접적인 것을 선호하고 객관적, 직설적, 분명해야 성공하는 프레젠테이션이다. 이러한 특성은 7가지로 첫째, 실제상황 또는 활동보고의 명확성, 둘째는 편견이나 사실에 대한 느낌보다는 상황 또는 활동의 사실에 대한보고 객관성, 셋째로 관련된 모든 사실에 대한보고 즉 완전성, 넷째, 관련된 사실만 보고하는 선별성, 다섯째는 모든 또는 양면보고(예 방송)의 공정성, 여섯째로 독자 또는 청중의 이해가 필요한 배경지식 제공하는 해석성, 끝으로 독자나 청중에 명확한 용어로 상황 또는 활동을 설명하는 명확성 등이 주요 특성으로 포함된다.

설득적 프레젠테이션은 어떤 사실을 쪼개어 말하고 알리는 과정으로 사람의 태도, 신념, 가치, 행위에 영향을 주는 과정을 설득이라도 하며, 연설이나 발표를 통해 다른 사람의 태도, 믿음, 가치, 행위 등에 영향을 주는 과정인데, 일상, 정치, 경제, 교육에서 잘못 이용하면 사회에 악영향을 미칠 수 있다.

조직의 관점에서는 조직 외부의 개인 또는 그룹을 형식적이 될 확률이 높고 청중을 설득하는 데 영향을 주는 요소로는 메시지의 증거와 논리성, 발표자의 신뢰성, 청중의 심리적 요구, 청중의 의견이 주요 요소이다. 설득적 프레젠테이션의 세 가지 조건은 첫째, 청중설득을 위해 뛰어난 논리성과 증거를 활용해야 한다. 둘째, 신뢰성이 높으면 설득력이 올라감에 따라 믿음, 역량, 역동성, 객관성이 중요하고, 셋째로는 청중의 요구를 위해 그 밖의 청중의 의견은 주요 인사를 파악하여 설득하는 것이 중요하다.

설득적 프레젠테이션에는 6가지 원칙이 있는데 앞 장에서 기술한 바와 같이 상호성의 원칙, 일관성의 원칙, 사회적 증거의 원칙, 호감의 원칙, 권위의 원칙, 희귀성의 원칙이 있다.

성격에 의한 분류는 광고, 기관행사의 공식적 행사, 선행연구, 주의 깊은 계획, 적합한 조직의 비형식과 형식, 한 두 사람을 대상으로 하는 비형식, 큰 그룹을 대상으로 하는 형식으로 구분된다고 하겠다.

4 프레젠테이션의 선행이론

프레젠테이션의 내용을 보다 설득적이고 효과적으로 전달하기 위해서는 프레젠테이션의 선행이론을 이해하는 것이 중요하다고 할 수 있다. 이론은 과학적 검증방법을 통해 특정현상이나 사실을 서술(describe)하고 설명(explain)하며 예측(predict)하고 통제(control)하는 기능을 가진 개념 틀을 말한다. 이론의 개발목적은 특정현상을 설명하기 위한 보편적 진술(generalized statement)을 제시하기 위함이다. 이에 반해 모형(model)은 이론을 형성하기 위한 전 단계의 표출방법이라고 할 수 있다. 즉, 모형은 하나의 실재적 현상을 이해하기 쉬운 용어로 설명하기 위한 유목적적 진술(purposeful representation of reality)이라고 할 수 있다. 일반적으로 모형의 개발은 보편적인 이론체계를 구체적인 현상에 적용하면서 시작된다.

프레젠테이션의 배경이론을 정확히 이해하는 것은 발표에 대한 객관성과 논리성을 구축하는데 필수적이라고 할 수 있다. 시각자료를 학문적으로 연구하는 분야를 교육공학(Educational Technology)이라고 한다. 교육공학은 학습과 퍼포먼스를 향상시키기 위해 시각자료의 개발을 위한 이론과 실제적 기술을 연구하는 분야이다. 프레젠테이션을 위한 기조이론은 3가지로 구분되는데, 인식론에 따른 분류, 교육기관 특성에 따른 분류, 매체에 따른 분류로 구분되며, 세부적으로 인식론에 따른 분류는 객관주의적, 구성주의적 분류로 구분되며, 객관주의적 모형은 에디모형(ADDIE Model), 딕과 캐리 모형(Dick & Carey Model), 캠프 모형(Kemp Model)이 포함되며, 구성주의적 모델은 쾌속원형 모형(Rapid Prototyping Model), 다층협상모형(Layers of Negotiation Model), R2D2 모형이 포함된다.

교육기관 특성에 따른 분류는 삼성, LG교수매체 등이 매체에 따른 분류에는 매체일반(확증모형(ASSURE Model)), 컴퓨터(코스웨어, ICT 활용-), 인터넷(온라인 프로젝트, NBISD)으로 구분된다고 하겠다.

표 9-1 교수설계 모형의 구분

인식론에 따른 분류		교육기관 특성에 따른 분류	매체에 따른 분류		
객관주의적	구성주의적		매체일반	컴퓨터	인터넷
ADDIE	쾌속원형	예) 삼성, LG교수 모형 등	ASSURE	코스웨어	온라인 프로젝트
Dick & Carey	다층협상모형			ICT 활용	NBISD
Kemp	R2D2				

1) 인식론에 따른 분류

(1) 객관주의적 분류

교육공학설계 모형이 적용되는 상황과 설계전략, 검증 등의 측면에서 다소 차이점이 있으나 절차적인 측면에 있어서는 분석(analysis), 설계(design), 개발(development), 실행(implementation), 평가(evaluation) 등 공통적인 요소를 포함하고 있다.

가장 대표적인 ADDIE 모형 외에 Dick & Carey 모형, Kemp 모형이 있으며 이 모형들은 ADDIE 모형을 바탕으로 개발되었다.

① 에디모형(ADDIE Model)

에디모형(ADDIE Model)은 학습-교수 이론을 대표하는 모형으로 분석(analysis), 설계(design), 개발(development), 실행(implementation), 평가(evaluation)의 첫 글자를 합성한 두문자어이다. 참고로 긴 단어나 구를 줄여 축약형을 만드는 방법 중 머리글자를 따서 명칭을 붙이는 것을 "두문자어(頭文字語)"라고 한다.

에디모형은 미국 플로리다 대학교 학습연구팀들이 그동안 학계에 발표되었던 40여개가 넘는 이론과 모형들을 통합하여 단순화시킨 모형이다. 각 단계별 특징을 프레젠테이션에 적용하면 다음과 같다.

가. 분석단계(Analysis Stage)

분석단계(analysis stage)는 프레젠테이션 전 과정에 대한 구성 요소들을 전반적으로 파악하고 분석하는 단계이다. 구체적으로는 프레젠테이션의 목적과 과제, 시청각 매체, 청중 등 프레젠테이션에 영향을 미칠 수 있는 모든 물적·환경적 차원의 분석과정을 포함한다. 환경적 차원에는 프레젠테이션이 실행될 장소와 장소에 설치된 시설이나 기기들에 대한 분석을 포함한다. 분석단계에서 가장 중요하게 고려해야 할 점은 청중에 대한 분석이라고 할 수 있다. 청중이 어떠한 배경을 가지고 있는가에 따라 용어의 선택, 시청각 자료의 종류 등이 영향을 받기 때문이다. 청중에 대한 분석에는 청중의 연령, 성별, 교육수준, 직업, 사회계층, 문화적 배경 등이 포함된다. 대학생의 경우, 청중의 연령, 성별, 지식수준, 기능수준 등은 발표자와 동일성(homogeniety)을 가지고 있기 때문에 프레젠테이션의 목적과 이를 효과적으로 전달하기 위한 시각매체의 분석이 상대적으로 쉬워진다. 그러나 일반대중을 위한 프레젠테이션의 경우에는 그들의 다양한 인구학적 배경과 지식수준, 프레젠테이션에 참석하는 목적, 프레젠테이션에 대한 기대수준 등 다양한 측면에서의 분석이 정확하게 이루어져야 다음 단계로 이행할 수 있게 된다.

나. 설계단계(Design Stage)

설계단계(design stage)에서는 분석과정에서 도출된 결과를 바탕으로 프레젠테이션의 궁극적인 목적과 실행 가능한 구체적인 목표를 설정한 후 구체적인 프레젠테이션 전략을 수립하게 된다. 이때 발표자는 프레젠테이션의 내용을 계열적으로 조직한 후 이를 효과적으로 전달하기 위한 매체를 선정해야 하며 이에 따라 발표전략을 고안해야 한다. 따라서 설계단계에서는 프레젠테이션을 위한 발표설계안(design plan)을 구상하고 전체적인 프레젠테이션의 윤곽을 볼 수 있는 로드맵(road map)이 작성되어야 한다.

다. 개발단계(Development Stage)

개발단계(development stage)에서는 설계과정에서 나온 발표설계안을 기반으로 발표 자료를 제작하거나 수집하는 과정이 포함된다. 개발단계에서는 프레젠테이션을 위한 최종적인 개요서(outline)가 나오기 전 초안(draft prototype)을 개발하게 된다. 또한 실제로 프레젠테이션을 실행하기 전에 소수의 집단을 앞에 놓고 파일럿 테스트(pilot test) 과정이 포함된다. 연구에서 자주 쓰이는 파일럿 테스트란 프레젠테이션의 리허설 (rehearsal), 즉 예행연습을 의미한다. 리허설 과정을 통해 청중으로 참석한 사람들의 피드백을 바탕으로 개요서를 수정, 보완하여 최종연설문을 작성하게 된다.

라. 실행단계(Implementation Stage)

실행단계(implementation stage)는 전 단계에서 개발한 결과물을 가지고 실제로 청중 앞에서 프레젠테이션을 하는 실행하는 단계를 말한다. 시청각 자료를 사용하기 위해 각종 기기가 활용되는 프레젠테이션에 있어서는 특히 실행 장소와 설비시설에 대한 사전 점검이 중요하게 된다. IT 강국인 한국에서 일상적으로 사용하던 고성능의 컴퓨터 시설이 다른 나라에서도 동일하게 적용될 것이라는 안이한 생각은 많은 기계적 실패 (machine failure)를 자처하는 일이 되기도 한다. 기기의 호환성이 맞지 않을 경우를 대비해서 다른 시각매체를 활용할 수 있는 대안을 사전에 준비해가는 것도 현명한 실행전략이라고 할 수 있다.

마. 평가단계(Evaluation Stage)

평가(evaluation)의 사전적 정의는 "일련의 표준이나 기준에 의해 특정 주제에 대한 가치(merit, worth)나 의의(significance)를 체계적으로 결정하는 것"이라고 할 수 있다. 프레젠테이션의 평가 또한 설정된 목적을 어느 정도 달성했는가를 체계적으로 판단하는 의사결정과정이라고 할 수 있다. 발표자는 체계적인 평가를 통해 프레젠테이션의 가치와 의미에 대한 통찰력을 얻게 되며, 프레젠테이션으로 인한 청중의 의식이나 신념, 혹은 행동의 변화를 확인하는 중요한 자료가 된다.

대부분의 사람들은 평가를 프레젠테이션 활동이 모두 끝난 뒤에야 내리는 의사결정이라고 생각한다. 그러나 평가는 프레젠테이션을 준비하는 단계부터 끝나고 난 후까지의 전 과정을 포함한다. 즉, 메시지 내용과 전달방식의 디자인과 개발, 개발된 시각매체의 적절성, 적합성, 효과성, 효율성, 그리고 프레젠테이션이 끝나고 난 후의 청중의 반응 등 프레젠테이션에 영향을 미치는 전반적인 요인들이 평가과정에 포함된다.

평가의 유형을 시간적 요인에 따라 구분하면 크게 형성평가(formative evaluation)와 총괄평가(summative evaluation)로 구분된다. 형성평가란 프레젠테이션이 실제로 실행되기 전까지의 모든 과정, 즉 청중분석과 디자인, 개발단계에서의 지속적인 수정과 보완을 위한 과정이라고 할 수 있다. 이에 반해 총괄평가란 실제로 프레젠테이션이 실행되고 난 후 프레젠테이션의 결과나 효과성에 대한 평가를 말한다. 형성평가는 다시 구조평가(structural evaluation)와 진단평가(diagnostic evaluation)로 나뉘며, 총괄평가는 영향평가(impact evaluation), 결과평가(outcome evaluation), 효과평가(effectiveness evaluation)로 나뉜다.

미국 교육학자이며 평가의 아버지로 불리는 스터플빔(Daniel L. Stufflebeam, 1936~2017)은 1971년 평가를 위한 "CIPP 모형"을 소개하였다. "CIPP"는 맥락(contest), 투입(input), 과정(process), 결과(product)의 첫 글자로 이루어진 두음어를 말한다. 스터플빔은 평가의 종류를 진단평가, 형성평가, 총합평가의 세 가지로 구분하면서, 맥락평가는 진단평가에 포함되며, 투입평가와 과정평가는 형성평가에, 결과평가는 총합평가에 포함된다고 하였다.

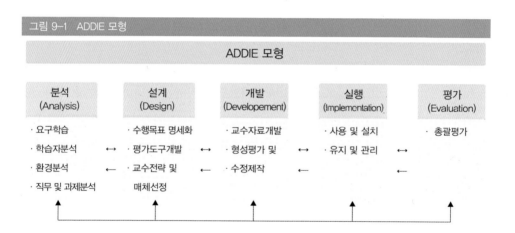

그림 9-1 ADDIE 모형

② 딕과 캐리 모형(Dick & Carey Model)

딕과 캐리 모형(Dick & Carey Model)은 1978년에 처음 개발되었으며, 이후 40여 년 간 학교, 기업, 군대 등 다양한 현장에서 활용되고 있다. 이 모형은 교육 및 훈련 프로그램을 개발하는 데 필요한 절차들을 제시하는 모형으로 10단계로 구성되어 있다.

그림 9-2   Dick & Carey 모형

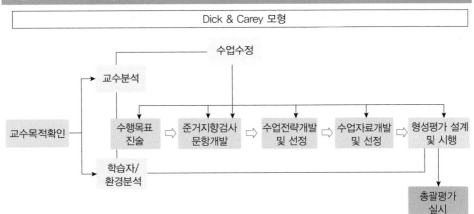

가. 교수목적 확인

첫 번째 단계는 교육 및 훈련을 마친 후에 학습자가 도달해야 하는 목표가 무엇인지 결정하는 것이다. 즉 학습자가 학습을 모두 완료 한 후에 무엇을 바라는지 명확히 하는 단계이다. 이는 주로 바람직한 상태와 현재 상태의 차이 분석(gap analysis), 교육과정 분석, 그리고 학습자의 요구분석을 통해 이루어진다.

나. 교수분석

교수분석 단계에서는 최종학습목적을 성취하기 위하여 학습자가 배워야 할 학습유형을 파악하고, 학습목표와 관련된 하위기능 및 필요한 학습절차 등을 분석하는 활동으로 이루어진다.

이 단계에서 이루어지는 목표분석은 교육 및 프로그램에서 다룰 학습내용을 확인하는 활동으로 학습목표를 달성했을 때 학습자들이 보여줄 수 있는 구체적인 성취행동을 밝히는 것이다.

하위기능 분석은 목표의 각 단계별로 하위기능 들은 무엇이며 선후 관계는 어떤 것인지 규명하는 것이다. 교수분석은 전문적인 역량을 요하는 단계로 최종적으로 그림, 도표, 차트 등의 형태로 표시된다.

다. 학습자 및 상황분석

교육 및 훈련을 실시하기 전에 학습자가 반드시 사전에 갖추고 있어야 하는 선수지식과 학습자의 특성을 분석한다.

라. 수행목표의 진술

학습자들이 교육 및 훈련이 끝났을 때 성취해야 할 수행 목표들(objectives)을 구체적인 수행 행동 용어로 진술하는 것을 의미한다. 수행목표는 반드시 행동동사를 사용하여 서술하도록 하며, 학습될 성취행동, 성취행동이 실행될 조건, 그리고 수행의 성공여부를 판단하는 준거의 세 가지로 구성된다.

마. 평가도구 개발

전 단계에서 진술한 학습목표들의 달성여부를 확인할 수 있는 평가문항을 개발하는 단계이다. 이를 위해 학습목표가 제시되었는지 확인한 후, 목표에 서술되어있는 학습자의 수행 행동 유형과 평가 문항이 요구하는 것이 일관성 있도록 개발하여야 한다.

바. 교수전략개발

이전 단계들을 통해 분석된 수업목표, 학습자 특성, 가르칠 내용, 그리고 학습자의 선수 지식 수준 등을 고려하여 실제 수업에서 효과적, 효율적, 그리고 매력적인 교수활동을 구체적으로 계획하는 것을 의미한다. 수업을 전개할 방법과 절차를 개발하고, 교수 매체의 활용에 대한 계획을 세우는 단계로서 교수전략에는 동기유발 전략, 학습내용 제시전략, 연습, 피드백 등이 고려된다고 하겠다.

사. 교수자료 개발 및 선정

전 단계에서 개발한 교수전략에 따라 실제로 교육훈련 및 교육프로그램을 만드는 단계이다. 본 단계에서는 교수전략에 따라 수업 활동에 활용할 모든 자료를 개발한다. 구체적으로 학습자 매뉴얼, 수업에 필요한 자료, 교사 안내서 검사, 그리고 교수 매체를 의미한다.

아. 형성평가

형성평가는 개발된 교육 및 훈련프로그램의 수정과 보완을 위해 실시된다. 형성평가를 통해 수집된 자료에 근거하여 개발된 프로그램의 개선점을 찾은 후에는 프로그램을 수정·보완한다.

자. 교수프로그램 수정

형성평가의 결과를 토대로 앞선 단계에서 이루어졌던 여러 활동들이 타당하게 이루어졌는지를 다각도에서 확인하고 형성평가의 결과를 반영하여 개발된 교육 및 훈련프로그램을 보다 효과적이고 효율적으로 수정한다.

카. 총괄평가

총괄평가는 개발된 교육 및 훈련프로그램의 효과를 검증하는 데 그 목적이 있으며, 개발된 교육 및 훈련 프로그램의 가치와 효능을 평가하는 것이기 때문에 교수설계의 과정 밖에서 실시되는 것이다. 따라서 총괄평가의 결과에 따라 완성된 프로그램을 유지할 것인지를 결정하게 된다.

③ Kemp 모형

기존의 교수체제 설계 모형이 주로 박스와 화살표로 이루어진 논리적 흐름도의 형식으로 지나치게 분절적이라고 지적하며, 교수설계과정의 순환성을 강조하고 모형들의 요소들은 사전에 미리 결정 되어진 순서나 절차에 구속되지 않고 실제 수업상황에 따라 융통성 있게 변화사용이 가능함에 따라 학습자의 관점을 강조하고 있으며, 체제적 접근으로 발전시킨 모형으로 평가되고 있다.

그림 9-3 Kemp 모형

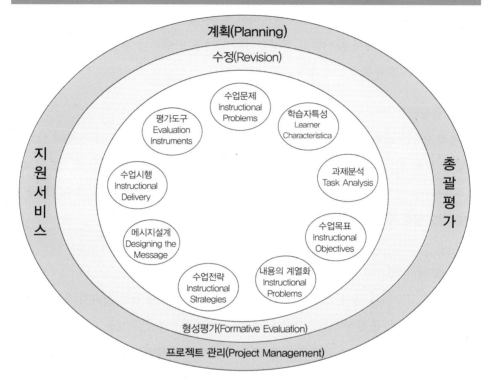

표 9-2 인식론에 따른 분류 총괄표

		ADDIE	Dick & Carey	Kemp
시기		1970초 시작	1978년	1971년
발표자		미상(Branson 추정)	Walter Dick Lou Carey	Jerold Kemp
특징		선형→비선형 체계적→체제적	선형 체계적	비선형 체제적
주요과정	분석(A)	요구 직무과제 학습자 환경	요구 교수분석 (목적/하위기능) 학습자 상황	교수문제 학습자/맥락 과제
	설계(D)	수행목표 평가도구 내용구조화/계열화 교수전략/매체선정	수행목표 평가도구 교수전략	교수목표 내용계열화 교수전략
	개발(D)	교수자료 초안 프로토타입 파일럿 테스트 제작	수업자료 및 매체개발 교사안내서	메시지 설계 교수자료개발 평가도구
	실행(I)	현장적용 교육과정 설치 유지 및 변화관리	없음	CLER모형
	평가(E)	형성평가 총괄평가	형성평가 프로그램수정 총괄평가	형성평가/수정 총괄평가
	기타		프로젝트 기획 및 관리	

(2) 구성주의적 모형

교육공학설계 모형은 개인이 과제에 참여하며 스스로 지식을 구성할 수 있는 학습 환경을 조성하기 위한 다양한 설계요소와 방법을 제시하는 이론으로 적용되는 절차적인 측면에 있어서는 분석(analysis), 설계(design), 개발(development), 실행(implementation), 평가(evaluation)등의 공통적인 요소를 포함하고 있다.

가장 대표적인 쾌속원형모형(Rapid Prototyping) 외에 다층협상모형(Layerrs of Negotiation), R2D2 모형이 있다.

① 쾌속원형모형(Rapid Prototyping Model)

Tripp과 Bichelmeyer(1990)에 의해 개발되었으며(한국교육공학회, 2005) 교수설계 의뢰인이나 학습자의 요구를 초기에 적극적으로 반영함으로써 최종적인 교수 산출물을 개발하기 전에 일련의 프로토타이핑(원형)을 개발하고 교수설계 초기에 최종 결과물의 기능과 형태를 가지고 있는 원형을 신속하게 개발할 것을 제안하고 있다.

또한, 각 단계가 동시적이고 순환적, 반복적으로 이루어지는 것을 강조하고 있으며, 사용자와 설계자가 협동하면서 참여하며 원형을 개발한 후 문제점을 발견하고 수정 보완하면서 최종단계에서 프로그램의 목표를 결정하고, 교수설계의 현장을 반영하여 상황 특성과 맥락적 특성을 고려하는 비선형적인 교수설계방식 모형이라고 하겠다.

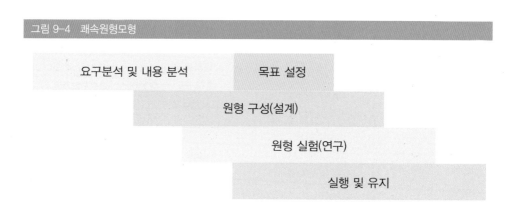

그림 9-4 쾌속원형모형

② 다층협상모형(Layerrs of Negotiation Model)

다층협상모형의 주요 가정은 첫째, 실제적 활동을 통합한 복잡한 학습환경을 제공해야 한다. 둘째, 집단 과정을 통해 도출된 통찰이 학습의 필수적인 부분이므로 이러한 사회적 협상을 제공해야 하며 셋째, 다양한 관점으로 수업자료를 탐색하고 같은 내용을 다양한 형태의 표상 방법으로 접근할 수 있도록 교수내용을 병렬적으로 배치하여야 한다. 넷째, 학습자 스스로의 사고와 학습과정에 대해 본질을 성찰 또는 인식하도록 유도하고, 다섯째로는 학습자 중심 수업을 강조하여, 학습자 스스로가 학습 요구를 결정하고, 어떻게 그들의 요구와 만날 수 있을지에 대해 적극적으로 참여할 수 있도록 한다는 기본가정을 전제로 한다.

주요 특징은 좋은 교수설계자는 단순히 전통적인 교수설계 모델에서 규정된 단계를 답습하기보다 좋은 질문에 대해 답해가는 과정에 초점을 맞춰야 하는 과제 중심이 아닌 질문중심이며, 교수설계과정의 의사결정 과정을 강조하고 성찰을 강조한 학습자 중심 설계 과정과 설계의 전체 과정이 분리된 단계라기보다 나선형으로 진행된다는 절차 기반의 설계가 아닌 과정기반의 설계라는 특징을 지니고 있다고 하겠다.

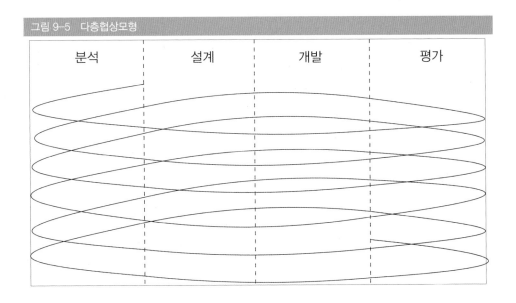

그림 9-5 다층협상모형

③ R2D2모형

Willis에 의해 1995년에 처음 소개되었으며, 순환적(Recursive), 성찰(Reflective), 디자인과 평가(Design and Development)를 줄여서 표현한 모델이다. R2D2모형의 원리는 4가지로 설명 할 수 있는데, 첫째 순환적 원리로 설계자는 수정하고 정제에 대한 요구가 있다면 산출물의 설계 및 개발 어떤 때라도 결정, 생산, 과정의 단계로 다시 되돌아가 살필 수 있다. 둘째, 성찰의 원리로 성찰은 사전에 규정된 것을 신뢰하기 보다는 설계자가 생각이 깊게 많은 자원들을 보고 피드백과 아이디어를 탐색하고 고려하는 것이 필요하다는 것을 강조하며, 셋째로 비선형적 원리로 카오스 이론으로부터 시작된 것으로 어떤 순서에 따라 완수해 가야만 하는 선형적 절차를 제공하는 대신에, 특별하게 미리 결정된 순서에서 접근할 필요 없이 일련의 진원 점을 제안하며, 끝으로, 참여 설계의 원리로 활용의 맥락에서 중요한 가정으로 사람들은 그들 맥락에서 사용될 때 가장 친숙하므로 설계와 개발의 모든 국면에서 폭넓게 포함되어야 한다는 원리이다.

2) 매체에 따른 분류

(1) 매체일반

① ASSURE 모형

ASSURE 모형은 Heinich, Molenda, Russel과 Smaldino가 개발한 모형입니다. 해당 모형은 교수자가 강의 과정에서 사용하는 다양한 매체들을 상황에 따라 적절하게 사용하는 법을 구체화한 수업 모형을 의미한다.

ASSURE 모형은 학습자 개개인의 특성을 분석하고 이해하며, 교수·학습의 상황에 따라 사용 매체의 개발과 선정, 활용을 결정하는 데 유효하며 학습자의 문제 해결 요구 충족을 위한 합리적인 의사결정에 도움이 되는 모형이라고 하겠다.

표 9-3 ASSURE 모형 요약표					
A (Analyze Learner)	S (State Objectives)	S (Select Methods media and Meterials)	U (Utilize Media and Materials)	R (Require Learner Participati on)	E (Evaluate and Revise)
학습자 분석	목표의 진술	교수방법, 매체자료의 선정	매체 및 자료의 활용	학습자 참여의 유도	평가 및 수정

가. 학습자 분석(Analyze Learner)

교수자는 학습자 개개인의 특성에 따라 교수·학습 매체의 종류 및 사용방법을 고려하여야 하는데, ASSURE 모형의 첫 단계인 학습자 분석(Analyze Learner)은 일반적 특성 분석, 학습자의 출발점 행동 분석, 학습자의 양식 분석의 세 단계로 분류하여 분석할 수 있다.

우선 일반적 특성 분석은 학습자의 연령, 학년, 사회적 지위, 사회·경제적 요인 등을 학습 전에 분석하는 것을 의미하며, 교수자는 학습자의 학업성적 또는 기타 분석에 필요한 기록들을 열람하여 특성을 파악할 수 있다. 또한 학습자와의 직접적인 면담이나 학습자를 교수했던 교수자 또는 모둠 활동의 리더와 이야기를 하는 행위들도 일반적 특성의 분석에 해당된다고 한다.

학습자의 출발점 행동 분석은 새로운 학습 이전에 학습자가 가지고 있는 학습 지식, 기술 및 태도 등을 분석하는 것을 의미한다. 부족한 지식 및 태도 역시 분석의 대상에 포함되며, 현재 학습자가 어느 위치에서 학습에 임하는지를 파악하는 것이 주된 내용이며 이러한 분석은 교수자가 제작한 시험 문항 등을 통하여 공식적인 측정이 가능하다.

마지막으로 학습자의 양식 분석은 심리적 특성의 일환으로 학습자 개개인이 처한 학습의 환경을 고려하고 정서적 반응을 분석하는 것을 의미하는 것으로 학습자의 양식은 정보처리의 습관, 동기 요소, 지각적 선호 및 강도 등 다양한 변인을 가지고 있다. 따라서 개개인에 따라 상이하게 나타날 수 있으며, 특히 주변의 학습 환경과 사물에 대한 이해도, 학습자가 보유한 능력과 외부 정보를 수용하는 방식에 따라 다양한 변화가 나타날 수 있다.

학습양식(learning style)에 미치는 영향 요인으로는 학습자가 선호하며, 잘 적응된 다양한 감각적 통로를 가지고 있는 지각적 선호와 강점으로 청각, 시각, 촉각, 근육운동 등의 선호, 강의식 수업(청각의존)을 들 수 있으며, 개인이 정보의 인지적 처리에 접근하는 방식을 의미하는 정보처리 습관이 포함된다.

표 9-4 정보처리 습관유형

정보처리 습관유형	구체적		추상적	
계열적	구체적-계열적 ⇨	논리적 순서로 제시된 직접·체험적 경험선호	추상적-계열적 ⇨	논리적-계열적으로 제시될 때 언어·상징적 메시지 해독을 잘함
무선적	구체적-무선적		추상적-무선적	

켈러(Keller)는 동기에 영향을 미치는 네 가지 동기요소로서 주의집중(attention), 관련성(relevance), 자신감(confidence), 만족감(satisfaction) 제시의 ARCS 모형을 제시하고 있다.

주의력(Attention)은 학습 동기를 유발하는 주의력이 자극되면 집중이 지속되고 학습이 효율적으로 일어날 수 있다. 이러한 주의력을 불러일으키기 위해서 교사는 호기심이나 감각적인 자극을 줄 수 있는 기존의 것과는 다른 새롭거나 놀라운 사건, 또는 불확실한 것들을 제시할 수 있다. 주의집중은 하위 범주로 나뉘는데 지각적 각성, 탐구적 각성, 변화성이 있는데 지각적 각성은 학습자의 감각을 자극하여 흥미로움을 더해주는 전략이라고 한다. 예를 들어 추상적인 용어는 관련 있는 특정한 사물을 언급하거나 구체적이고 생생한 예를 제시할 수 있으며, 복잡한 개념을 설명할 때 은유나 비유를 사용하고 문단의 형식을 제시하기보다는 도표나 그림, 그래프의 형식을 이용할 수 있다. 개념들의 흐름이나 사건은 만화나 시각적인 영상으로 구체적으로 만들기 등이 이에 해당된다. 또 역설이나 괴담처럼 믿기 어려운 통계 제시해 일상적이지 않은 내용이나 사건들을 활용할 수 있다.

호기심과 관련된 탐구적 각성은 학습자의 알고자 하는 욕구를 불러일으켜 능동적인 반응을 유도하는 방법을 의미한다. 예를 들어 문제를 학생들에게 소개하고 상호작용을 통해 적극적인 사고를 유도히고 호기심을 유발시켜 스스로 문제를 탐구하고 조사하고 해결하도록 하는 전술이 있다. 학생의 문제 해결에 대해 교사는 피드백을 제시하여 호기심을 계속 유지하도록 할 수 있고 탐색과정에서 필요한 지식을 부분적으로 숨겨 신비감을 줌으로써 호기심을 유발할 수 있다.

변화성은 지루함을 덜어주기 위한 방법으로 주위를 환기하는 것을 의미하는 것으로 교수 단위를 간결하게 구성하면서 연습과 정보를 제시할 때 다양한 형태를 사용하는 방법이 있다.

교수중심의 일방적 정보 제시 수업에 토론식 수업을 첨가하거나 시청각 자료를 사용하고 난 후 학습자에게 언습을 하도록 할 수 있다. 제목이나 인용문 등의 디자인을 다양하게 연출하고 글자 형태와 크기의 변화를 줄 수 있고 진술 형식에 있어서 변화를 주는 방법도 포함되지만 주의해야 할 점은 변화성은 교수 목표와 수업의 내용과 기능적으로 통합되어야 한다는 것이다.

관련성(Relevance)은 학습내용이 학습자의 경험이나 장래에 중요하고 유익한 관련성을 지닌다면 학습동기가 유발될 것이며 학습내용이 어떤 측면에서 학생에게 가치가 있는지를 부각하고 학습자의 흥미나 목적에 관련시켜 내용을 전달한다면 효과적인 전략이 될 수 있다. 관련성 역시 주의력과 마찬가지로 세 가지 하위범주로 나뉘는데 목적 지향성과 필요나 동기와의 부합성 강조의 전략, 그리고 친밀성이 있다. 목적지향성은 내재적인 만족감을 유도하는 것을 의미하는 것으로 수업의 이점 등의 실용성에 중점을 두어 수업내용의 가치를 강조하는 전략을 의미한다. 예를 들면, 특정한 주제가 가지는 잠재적인 장점을 학습자가 스스로 발견하게 하여 분명히 알게 되면 노력을 할 것이다. 또한 목적을 분명하게 제시하기 어려울 경우 그 자체로 어떤 목적을 지향하는 학습활동인 게임이나 시뮬레이션(simulation) 등을 활용할 수 있다. 필요나 동기와의 부합성 강조의 전략이란 수업내용이 학습자의 목적과 덜 결합될 경우, 이를 보상하기 위한 전략으로 학습자 본인의 능력에 따라 수준을 선택하도록 다양한 수준을 제시하여 성취 욕구를 자극할 수 있다. 높은 수준의 과제를 성취할 경우, 치열한 경쟁이 없는 학습 상황을 마련해 주고 학습자 자신이 수행하는 과정에서 필요한 피드백을 교사가 제공할 수 있으며 학습자에게 협동적 학습 환경을 제공하면 소속감의 욕구가 충족되고 학습자는 학습과정에 몰두할 수 있다. 마지막으로 친밀성은 학습자가 가지고 있는 기존의 지식이나 경험에 새로운 지식을 결합시키는 전략을 의미한다. 교사는 새로운 개념을 가르칠 때 학습자의 현재 가지고 있는 기능이나 지식에 어떠한 근거를 두고 있는지를 비유 등의 설명을 통해 개념을 가르칠 수 있다. 예를 들어 친밀한 대상이 포함된 그림, 예문이나 배경지식을 교수 자료에 제시하거나 사용하는 방법이 있으며, 아이들에게 뺄셈을 가르칠 때 자신이 가지고 있는 아이스크림을 나눠먹는 상황과 관련된 장면을 들 수 있다. 이를 통해 학습자는 유의미한 학습이 일어나고 새로운 입력을 장기기억 속에 보관할 수 있게 된다.

자신감(Confidence)은 학습자가 받아들일 수 있는 한도 내에서 도전 의식을 제공하고 학습에서 성공할 가능성을 믿게 한다면 지속적인 동기가 이루어질 수 있다. 학습자는 어떤 일을 성공할 수 있다는 능력이 있다고 느끼면 높은 동기를 갖고 실패와 불안에 대한 공포가 줄어들 것이나 학습에 대한 실패의 원인을 자신의 능력 부족이라고 느낄 때 학생은 목표를 향한 노력을 더 이상 하지 않으려고 하는데 이런 경향은 귀인 현상을 근거로 들 수 있다.

Weiner(1974)는 사람들은 성공이나 실패의 원인을 서로 다르게 귀인 한다고 했고 그 요소를 내재적 요소인 능력과 노력 그리고 외재적 요소인 과제의 난이도, 운으로 열거하였다.

따라서 교사는 학습자가 스스로 학습에 대한 통제를 지각을 할 수 있게 하여 스스로 능력에 대한 자신감을 갖도록 노력할 수 있도록 해야 하며 자신감에는 학습조건, 성공기회 그리고 개인적 통제라는 세 가지 범주가 있다.

학습조건은 수업에서 무엇이 기대되는지의 목표나 평가 등을 학습자들에게 이해시켜 주는 것을 강조하는 것으로 학습목표나 전반적인 구조가 제시되면 이를 통해 성공에 대한 현실적인 기대감을 갖게 되며 평가 기준과 목표를 분명히 제시하고 달성할 수 있도록 연습의 기회를 제공할 수 있다. 학습자의 성공을 돕기 위해 선수지식이나 태도 등을 미리 진술해 주어 학습자 자신의 능력을 미리 알게 하고 보완할 수 있도록 하고 학습자에게 시험문제의 수나 성격 시간제한 등의 시험의 조건을 알려주는 방법이 있다.

성공기회는 학습자에게 학습에 대한 성공의 기회를 제공하는 것을 강조하는 것으로 단순한 과제에서 난이도가 높은 과제의 순으로 내용을 조직한다면 적당한 도전 수준이 유지되어 성공에 대한 가능성을 알게 되며 학습자는 더 노력하게 된다. 또한 사전 시험을 치르고 수준에 맞는 내용을 선택적으로 제시하여 적절한 정도의 난이도를 유지하는 방법이 있으며 초기 학습이 적절하게 이루어졌다면 연습문제에는 다양한 사태들을 제공하여 도전감을 심어 줄 수 있으나, 지나친 도전이나 권태감을 주는 내용은 방지해야 한다.

개인적 통제에는 학습자에게 개인적으로 수업을 조직할 수 있는 통제권을 줄 때 자신감이 발달함을 가정하는데 예를 들어 학습자들이 언제든 학습 상황에서 빠져나가거나 다시 돌아올 수 있으며 전 상황으로 돌아가 복습할 수 있게 지원하는 방법이 있을 수 있고 스스로 진행하도록 하는 기회를 주고 다양한 학습과제와 난이도에 따라 자신에게 맞는 것을 선택하도록 교수를 조직할 수 있게 할 수 있다. 특히 컴퓨터나 다른 시청각 매체를 사용한 학습에서 이러한전술이 활용될 수 있다.

만족감(Satisfaction)은 노력의 결과가 학습자 자신의 기대에 일치하고, 학습 결과가 만족스러울 때 학습 동기가 지속된다는 것으로 학습자는 유의미하고 도전적인 과제를 공정하고 준거에 일치하는 방법으로 성공할 때 만족감이 생기는데 만족감은 내재적 강화와 외재적 보상, 공정성 강조의 하위 요소로 구분된다. 내재적 강화는 내재적인 흥미를 발달시키는 것으로 학습자에게 이전에 배웠던 것에 대한 가치를 알게 하여 목적 달성을 한 자신을 긍정적으로 생각하도록 하는 전략으로 내재적 강화의 방법에는 습득한 지식이나 기능을 적용해 볼 수 있는 연습문제를 제시하거나 수업의 끝에 배운 것 들을 적용해 볼 수 있는 모의 상황이나 게임을 첨가시켜 적용의 기회를 주는 것이 있다.

내재적 강화는 수업의 끝에서 활용한다는 점에서 관련성 전략과는 차이가 있다. 예를 들어 모의상황을 수업의 끝에 제시하는 것이 만족성을 높이기 위한 전략이라면 그러한 모의상황이 수업의 끝에 제시된다고 수업초기에 알려주는 것은 관련성의 전략이 된다.

외재적 보상의 방법으로는 학습자의 반응 뒤에 매번 긍정적인 피드백이나 보상을 해주고 배운 것을 적용해보는 단계에서 강화하는 것으로 학습자의 옳은 반응에는 돈, 상, 자격증, 칭찬과 같은 외적인 보상을 줄 수 있지만 이 외적인 보상이 실제 수업보다 더 흥미를 끄는 목적 전도 현상이 일어나게 해서는 안되며 학습자에게 보상의 종류를 선택할 수 있게 하여 교사에 의해 조정 당하고 있다고 느껴서 내적 동기가 저하되지 않도록 하는 방법이 있다.

공정성 강조의 전략은 평가의 일관성 및 공정성을 강조하는 것으로 수업의 내용과 구조로 수업 목표의 일관성 있게 제시하고 학습 도중에 연습한 내용을 시험의 내용과 일관성 있게 유지하는 방법이 있다.

나. 목표의 진술(State Objective)

ASSURE 모형의 두 번째 단계는 목표의 진술(State Objective)로 수업 목표의 확립과 구체적 목표의 진술은 학습 환경 제공 및 구성에 도움이 되고 나아가 목표지향적인 교수·학습을 기대하게 되며 수업 목표의 진술의 원칙으로는 Robert F. Mager의 목표의 진술 원칙 A-B-C-D를 들 수 있겠다.

첫째, Audience(대상)는 교수자가 아닌 학습자가 무엇을 하는가에 초점을 맞추는 것으로 체계적인 수업을 위하여 목표의 성취가 누가 무엇을 하는가에 의해 결정된다는 사실이 인지되어야 함에 따라 이처럼 목표는 누구의 능력으로 전환되는 것인지에 관한 진술에서부터 출발한다.

둘째, Behavior(행동)는 학습 이후 학습자가 지니게 되는 어떠한 행동 및 능력에 관하여 표시하고 목표를 제시하는 것으로 교수자의 수업 의도가 명확하게 전달되기 위해서는 진술에 있어 관찰이 가능한 행동 동사를 사용하는 것이 필요하다.

셋째, Conditions(조건)은 어떤 조건하에서 관찰 가능한 행동이 야기되는지를 제시하는 것으로 예를 들자면, 마이크의 종류를 구별해야 하는 특정 목표가 제시되었을 때, 생김새로 구별을 결정할지 아니면 내부 구성을 조사하여 결정할지 등을 결정하여 제시하는 것을 의미하는 것으로 목표의 달성을 위해서는 사용한 도구와 장비가 함께 제시되어야 한다.

마지막으로 Degree(정도)는 목표의 진술 원칙의 최종 조건으로, 수업 목표의 달성 여부를 명확하게 확인할 수 있는 기준를 제시하는 것으로 이때 주의할 것은 기준 제시에 있어 질적, 양적으로 표시되어도 분명한 수치를 통해 실제 달성 정도를 나타낼 수 있어야 한다는 점으로 교수자와 학습자에게 유용한가에 따라 목표에 대한 최종적인 판단이 결정된다고 하겠다.

다. 수업방법 매체, 자료의 선정(Select method, media and materials)

ASSURE 모형의 세 번째 단계는 수업방법 매체, 자료의 선정이다. 수업방법 및 매체 자료의 선정은 수업방법 선택, 매체유형 선택, 특정자료 취득, 기존자료 선택, 새로운 자료 설계 등이 있다.

교수자는 학습방식이 서로 다른 학습자들에게 맞는 개인 학습이 가능한 과제를 구성하고 제작하여야 한다. 다시 말해 학습자의 다양한 성향을 파악하여 수업 목표에 따른 서로 다른 수업모형들을 고려하고 선정할 수 있어야 하며, 특히 새로운 자료의 설계 부분에서는 목표, 개상, 비용, 기술적 기능, 기자재, 시설, 시간과 같이 반드시 검토해야 할 요소들이 있다.

라. 매체와 자료의 활용(Utilize media and materials)

자료를 선택하거나 수정, 설계한 다음 자료를 어떻게 활용할 것인지의 계획을 수립하는 단계로 자료에 내한 사전 검토를 시행 → 필요한 자료를 준비하고 어떤 순서와 방법으로 사용할지 결정 → 수업을 실시하려는 장소가 매체를 사용하기에 적절한지 점검 → 학습자들이 수업에 대한 기대감과 동기를 갖도록 준비 → 매체를 활용한 수업의 형태가 교사 중심형인가 학습자 중심형인가에 따라 준비해야 하는 학습 경험이 다를 수가 있다.

마. 학습자 참여의 유도(Require learner participation)

ASSURE 모형의 다섯 번째 단계는 학습자 참여의 유도단계로 최근 인지 이론에서는 학습자가 내적 두뇌활동에 중점을 두고 능동적으로 정보처리 활동을 할 때, 효과적인 학습효과가 나타난다는 결과를 제시한 바 있다. 따라서 교수자가 조성할 수 있는 가장 효과적인 학습 환경을 통해 학습자가 능동적으로 참여할 수 있도록 동기 부여 요소를 마련하는 것이 필요하겠다. 동기 부여의 예로는 성공에 대한 즉각적인 증거로 나타나는 토론, 쪽지 시험, 피드백의 강화 등을 들 수 있다.

바. 평가 및 수정(Evaluate and Revise)

ASSURE 모형의 마지막 단계는 평가 및 수정이다. 수업 과정 전체를 평가하는 것이 좋으며, 학습 목표와 달성 과제에 차이점이 나타나면 다음 수업에서는 계획을 수정하고 검토할 필요가 있다. 이 단계에서는 교수·학습자 간 원활한 의사소통이 강조되며, 상호 간의 의견을 가감 없이 교환함으로써 보다 개선된 형태의 다음 수업을 계획하는 자세가 요구된다.

(2) 컴퓨터

① 코스웨어

컴퓨터를 활용한 교육용 프로그램을 일컫는 용어로 코스와 소프트웨어의 합성어이다.

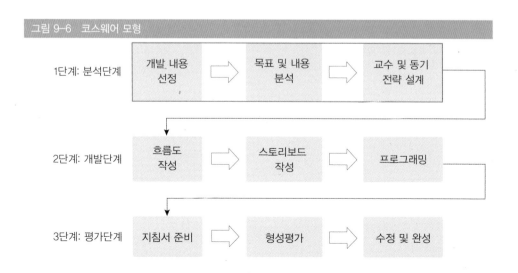

그림 9-6 코스웨어 모형

② ICT 활용

정보기술과 통신기술을 통합한 것으로 정보기기의 하드웨어, 소프트웨어를 활용하여 정보를 수집, 생산, 가공, 보존, 전달, 활용하는 방법을 의미하는 것이다.

표 9-5 ICT 활용 모형
Step1. 학습주제 선정
Step2. 수업목표 수립
Step3. 수업활동유형 결정
Step4. ICT 활용 선수 능력 확인
Step5. ICT 활용 환경 및 매체 선정
Step6. ICT 활용 사전 준비
Step7. 평가

(3) 인터넷

① 온라인 프로젝트 및 NBISD

학습자가 학습의 전 과정에 주도성을 가지고 주제, 제재, 문제, 쟁점 등에 관한 탐구활동을 실시하여 그 결과를 표현하는 학습을 온라인 프로젝트 학습이라고 한다.

표 9-6 온라인 프로젝트 모형 및 NBISD 모형	
Step1. 학습주제 및 학습목표 선택	Step1. 기획
Step2. 과제선택	Step2. 분석
Step3. 평가방법 개발	Step3. 설계
Step4. 학습과정 설계	Step4. 개발
Step5. 웹사이트 구축	Step5. 시험실시
Step6. 마무리	Step6. 평가

제10장

프레젠테이션의
구성 요소

SPEECH & PRESENTATION

1 프레젠테이션의 원칙

일반적으로 효과적인 프레젠테이션을 위한 요인으로 "3P 분석", 즉 목적(purpose), 청중(people), 발표 장소(place)의 분석을 장려한다. 그러나 3P 분석만으로는 프레젠테이션의 전 과정을 이해하는 것이 불가능하다. 따라서 본 저서에서는 "7P 원칙"을 소개하고자 한다. 따라서 본 저서에서는 "7P 원칙"을 소개하고자 한다.

본 저서에서 소개하는 7P 원칙에는 목적(purpose), 청중(people), 발표장소(place), 발표자(presenter), 메시지의 최종 결과물(product), 실행(performance), 시간엄수(punctuality)로 구성된다. 프레젠테이션이란 무한정의 시간으로 문서를 읽는 것과는 달리 제한된 시간에 정해진 내용을 발표해야 하는 것을 원칙으로 하기 때문에 "시간엄수"의 뜻을 가지고 있는 "punctuality"로 명기하였다.

프레젠테이션의 7P 원칙은 크게 준비과정(preparation)과 실행과정(process)의 2P로 설명될 수 있다. 준비과정에는 프레젠테이션을 위한 목적(purpose), 메시지의 최종 결과물(product)인 원고와 비주얼 메시지(visual message)를 조직하는 과정을 포함한다. 또한 준비과정에는 프레젠테이션 과정에서 빠져서는 안 될 예행연습(rehearsal)을 포함한다. 프레젠테이션 실행과정이란 특정 장소에서 제한된 시간 내에 프레젠테이션을 실제로 실행(performance)하는 절차를 포함한다.

발표자와 청중은 프레젠테이션을 전달하고 수용하는 사람들로서 프레젠테이션의 가장 핵심적인 구성요소라고 할 수 있다. 따라서 이 장에서는 프레젠테이션의 목적, 원고작성, 실행, 시간엄수, 발표장소에 관한 내용을 다루고 발표자와 청중은 다음 장에서 별도로 소개하고자 한다.

2 프레젠테이션의 목적

프레젠테이션이란 말은 원래 광고 대리업자가 예상 광고주를 대상으로 광고 계획서 따위를 제출하는 활동의 일환으로 행해진 발표를 의미하지만 최근에는 여러 가지 상황에서 청중을 대상으로 보고하거나 발표하는 일련의 행위를 뜻한다. 대중사회로 접어들면서 생활반경은 넓어지고 설득할 대상은 증가하면서 프레젠테이션 능력은 중요한 경쟁력이 되었다. 특히 면대면으로 이루어지는 프레젠테이션의 특성상 언어적 수단과 함께 비언어적 수단을 사용해서 전달의 효과를 극대화함으로써 쌍방향 커뮤니케이션을 가능하게 할 뿐 아니라 나아가 의사결정 시간을 최대한 단축하여 주기 때문에 프레젠테이션을 통해서 의사결정을 하는 기회가 점점 늘어나고 있다.

이처럼 의사결정과 판단을 위한 과정으로의 프레젠테이션이기에 프리젠터는 본격적인 준비에 앞서 분명한 목적을 설정하는 것이 중요하다. 즉 프레젠테이션에서 내가 원하고자 하는 것이 "정보제공"인가 또는 "설득"인가를 생각해야 한다. 궁극적인 목적이 무엇이냐에 따라 보통 정보제공 프레젠테이션 또는 설득 프레젠테이션으로 분류하는데, 단순히 청중을 이해시키기 위한 목적으로 하는 발표를 정보제공 프레젠테이션이라고 하고, 청중의 신념이나 행동의 변화를 요구하기 위해서 하는 발표를 설득 프레젠테이션이라고 한다. 처음부터 분명한 목적을 정하는 것이 중요한 구체적인 이유는 청중의 이해를 얻기 위해서 하는 것인지 또는 청중의 동의나 동참을 얻기 위해서 하는 것인지에 따라 사용하는 사례나 시각 자료뿐만 아니라 말하는 내용과 방식 등 세부 사항이 달라지기 때문이다.

청중의 마음을 움직이게 하기 위해서 몬로(Alan H. Monroe, 1903~1975)는 1943년 동기부여의 계열성 이론(theory of motivated sequence)을 소개하면서 사람들은 주의집중(Getting attention), 욕구 성립(Establish need), 욕구 만족(Satisfy need), 미래조망 가시화(Visualize the future), 행동 실현화(Action & Actualization)의 다섯 단계를 거치면서 동기가 유발된다고 강조하였다. 따라서 발표자도 청중의 욕구를 만족시키고 행동에 대한 가시화가 가능하도록 메시지를 조직함으로써 설득적 프레젠테이션의 목적을 달성할 수 있을 것이다.

③ 프레젠테이션의 발표 장소

프레젠테이션이란 제한된 시간 내에 메시지를 청중에게 효과적으로 전달함으로써 청중을 설득하고 행동의 변화를 꾀하기 위한 과정이라고 하였다. 프레젠테이션의 메시지 이외에도 청중의 심리작용에 영향을 미치는 요인들은 다양하게 존재한다. 예를 들어,

마이크의 성능이 나빠서 잡음이 발생하는 경우 메시지 전달과 청중의 주의집중력에 영향을 미친다. 또한 연단의 조명이 지나치게 밝은 경우에도 시각자료의 배경색에 의해 청중의 집중력이 감소된다. 이처럼 발표장소와 연관된 영향요인은 다양하게 존재한다.

장소분석이란 프레젠테이션이 실제로 일어나는 장소에서 시청각 자료를 전달하기 위한 시설이나 좌석배치, 조명, 의상, 자기개시 등의 분석이 포함된다. 프레젠테이션은 주로 강의실이나 강당, 회의실, 사무실 등 실내시설에서 일어난다. 예외적으로는 운동장이나 중대한 사건이 발생했던 장소와 같이 야외시설에서도 일어날 수 있다.

따라서 발표 장소에 대한 사전 점검은 프레젠테이션의 성공을 가름할 중요한 변수가 된다. 장소분석은 발표자의 음성언어, 시각언어, 신체언어의 사용에도 영향을 미친다.

1) 좌석배치(Seat Arrangement)

청중이 앉을 좌석배치(seat arrangement)도 프레젠테이션 효과에 영향을 미친다. 만약 스피치나 프레젠테이션을 듣기 위해 연설장에 들어오는 사람들에게 자유롭게 좌석을 고르라고 하면, 열정적이며 적극적인 소수의 사람들을 제외하고는 거의 대부분 뒷좌석이나 옆좌석을 선택한다. 이러한 행동은 친밀도가 전혀 없는 발표자와 일정 거리를 유지하고 싶어 하는 청중의 심리적 거리를 반영하는 것이라고 할 수 있다. 이처럼 발표자와 청중과의 물리적인 거리는 심리적 거리를 반영하는 지표가 된다. 사람들 간의 물리적 거리로 심리상태를 파악하는 이론을 "근접학(proxemics)"이라고 한다. 근접학은 미국의 문화 인류학자이자 비교 문화학의 거장인 홀(Edward Twitchell Hall, Jr., 1914~2009)이 1966년 최초로 소개한 신조어이다.

홀의 근접학은 1942년 스위스 동물학자인 헤디거(Heini Hediger, 1908~1992)가 발표한 "동물의 행동에 있어서의 근접학(proxemics in animal behavior)"을 인간에게 적용한 이론이다. 헤디거는 동물들의 근접학을 체계화함으로써 "동물생물학(zoo-biology)의 아버지"라고 불리는 인물이다. 헤디거는 동물들의 근접거리를 도주거리(flight distance), 임계거리(critical distance), 개체거리(personal distance), 사회거리(social distance)의 4가지로 분류하였다. 도주거리란 적이 침범하면 이에 대한 위험을 감지하고 달아나기 위한 최소 거리를 말한다. 만약에 적이 다가오지만 울타리 등의 장애물 때문에 도망을 가지 못하는 상황이 오면 적을 향해 넘벼든다. 이를 임계거리, 혹은 경계거리라고 한다. 또한 개체거리란 동물들이 무리를 이루기 위해 필요한 공간을 말하며, 사회거리란 무리를 이루고 있는 공간에서 이탈한 동물들과 상호작용을 하기 위해 특유의 냄새나 울음소리가 전달될 수 있는 최대한의 거리를 말한다.

1966년 홀은 헤디거의 동물근접학을 토대로 인간들 사이의 개인적 공간(personal space)에 대한 "근접학(Proxemics)", 혹은 "인류학적 사회거리 이론(anthropological social distance theories)"을 창시하였다. 인간의 마음속에도 동물과 같은 영역감각을 가지고 있는데, 인간의 심리적 거리감각도 동물의 감각과 마찬가지로 일차적으로는 방어나 경계의 의미를 갖는다고 하였다. 홀은 사람들이 점유하고 있거나 지배하는 신체주변의 영역을 "신체구역(body zone)"이라고 규정하였다. 신체구역은 사람들 간의 친밀도를 나타내는 거리로, 다시 밀접거리(intimate distance), 개체거리(personal distance), 사회거리(social distance), 공적거리(public distance)의 4가지 영역으로 분류된다. 각각의 거리는 다시 근접형거리(proximal distance)와 원방형거리(remote distance)로 세분화 된다.

(1) 밀접거리(Intimate Distance)

밀접거리(intimate distance)란 두 사람 간의 거리가 매우 짧은 45cm 이내로 이루어진다. 이는 주로 부모, 형제, 배우자, 연인 등 혈연이나 애정관계 혹은 애완동물과의 친밀한 관계에 해당한다.

밀접거리는 다시 15cm 이내의 근접형 밀접거리와 15~45cm까지 원방형 밀접거리로 구분되며 근접형 밀접거리란 두 사람의 신체가 닿을 수 있는 매우 가까운 거리이며 원방형 밀접거리는 15~45cm까지의 밀접거리로 손을 뻗으면 상대방이 닿을 수 있는 거리를 말한다. 친밀한 관계가 아닌 사람이 원방형 밀접거리로 들어오게 되면, 긴장감이 고조되어 상대방의 손이 닿을 때 뒤로 물러서거나 몸을 움츠리게 되는 등의 무의식적인 방어 자세를 취하게 된다.

(2) 개체거리(Personal Distance)

개체거리(personal distance)는 사적인 거리라고도 하며, 45cm에서 약 1.2m 정도의 간격을 말하며 개체거리에서는 상대방의 체취를 맡을 수 있고 신체접촉이 가능하다.

사적거리 내에서의 근접형 거리는 45~74cm 사이로 상대방을 자신의 손으로 안거나 붙잡는 등 상대방과 접촉을 시도할 수 있는 거리가 된다. 원방형 사적거리는 75~120cm 까지로, 서로 팔을 뻗어 손가락 끝이 닿는 거리를 말한다. 원방형 사적거리를 벗어나게 되면 상대방과의 신체적 접촉은 더 이상 불가능하게 된다. 따라서 원방형 사적거리는 신체가 지배할 수 있는 신체구역(body zone)의 경계선이 된다.

(3) 사회적거리(Social Distance)

사회적 거리(social distance)는 1.2m에서 약 3.6m까지의 거리로, 공식적인 비즈니스나 사무적인 인간관계가 이루어지는 거리이다. 사회적 거리 내에서는 특별한 노력을 하지 않으면 상대방의 신체를 접촉할 수 없게 된다.

근접형 사회적 거리란 1.2m에서 2.1m까지로, 대부분의 공적 업무를 위한 거리를 말한다. 근접형 사회적 거리의 예로는 회사 대표와 비서가 서로 마주보며 업무를 지시하고 받는 것을 들을 수 있다. 원방형 사회적 거리는 2.1m에서 3.6m까지의 거리로 상대방의 전신을 시야에 담을 수 있는 거리를 말한다. 대부분의 회사 대표들이 대회의실에서 커다란 업무용 테이블을 배치하는 이유는 원방형 사회적 거리 너머로 자신의 전신을 부하들에게 인지시킴으로서 권위나 지위에 대한 상징적 이미지를 전달하기 위해서이다. 근접형 사회적 거리 내에서는 원방형 사회적 거리보다 복잡한 용건들을 원활하게 처리할 수 있게 된다.

(4) 공적거리(Public Distance)

공적인 거리(public distance)는 3.6m 이상의 먼 거리로 상대방의 세밀한 표정이나 목소리의 섬세한 뉘앙스를 들을 수 없는 거리를 말한다. 언어학자들에 의하면, 공중거리에서는 다른 영역에서 사용하던 언어형태에도 변화가 온다고 하였다. 즉, 공중거리에서는 공식적인 언어(formal language)나 동결문체(freezing style)를 주로 사용하게 되는데, 동결문체란 "상대방과는 절대로 친구 사이가 될 수 없는 사람들 사이에서 사용되는 문체"를 말한다.

근접형 공적거리는 3.6m에서 7.5m까지로, 이는 사람들 간의 상호작용을 유지하기 위한 최대한의 거리를 말한다. 근접형 공적거리의 예로는 교실 내에서의 교사와 학생들 간의 거리를 들 수 있다. 원방형 공중거리란 7.5cm 이상으로 정치인들이 자신의 신변안전을 위해 청중과의 충분한 공간을 확보하기 위한 거리를 말한다. 또한 공식적인 스피치나 프레젠테이션, 혹은 연극배우들의 퍼포먼스도 원방형 공중거리에서 이루어지게 된다. 원방형 공적거리에서 목소리를 전달하기 위해서는 큰 소리를 내거나 마이크로폰과 같은 전달도구가 필요하게 된다.

홀의 근접학에 의하면, 대화의 거리가 가까울수록 상대방과의 친밀도가 높아지고 대화의 내용도 개인적인 것으로 받아들여지게 된다. 일반적으로 프레젠테이션은 공중거리를 기반으로 이루어지기 때문에 개인적인 거리나 밀접거리처럼 청중과의 친밀한 유대관계를 유지하는 것은 불가능하지만, 공중거리 내에서도 청중과의 심리적 거리를 좁히기 위한 다양한 전략이 존재한다.

(5) 신장(Height)과 영역

큰 키는 인간관계에 있어서 일반적으로 유리하게 작용한다. 내려다본다는 것은 지배의식과 무시의 의미로 쓰이고, 올려다본다는 것은 복종과 존경의 의미로 쓰이기 때문이다. 따라서 효과적으로 메시지를 전달하기 위해서는 자신의 신장을 최대한 크게 보일 필요가 있다. 반면에 상대방보다 키를 낮추는 방법으로 상대에게 편안함을 주고, 존경을 표시할 수도 있다.

(6) 동작 또는 물건과 영역

긴장감을 유발시키는 영역의 침범은 물건, 몸동작 등으로도 일어날 수 있다. 큰 신체 동작, 즉 손으로 찌르는 듯한 동작이나 다리를 꼬는 행동, 또는 서 있을 때 발을 살짝 상대쪽으로 밀어 넣는 행위 등이 바로 그런 예들이다. 신체 동작이 유달리 큰 사람들이 부담스럽게 느껴지는 것도 바로 이런 이유 때문이다. 이와 같은 사소한 동작으로 무의식중에 상대방의 사적 영역을 침범할 수 있다.

발표자가 서는 위치는 그 배경과 주위에 주의력을 분산시키는 요소가 없도록 하기 위하여 프레젠테이션의 목적에 부합하는 레이아웃을 찾을 수 있다.

· 청중과의 커뮤니케이션을 중시한다면 → 반원형(semicircle type)의 세팅

· 청중이 다수이며 정보전달이 주목적이라면 → 학교형(school type)

· 테이블이 필요하고 쌍방향 커뮤니케이션을 하고 싶다면 → "ㄷ자형(semi-square type)", "V자형(V type)", "U자형(U type)"

· 청중 상호 간의 커뮤니케이션을 중시한다면 → "ㅁ자형(square type)", "대면형(facint type)", "삼각형형(triangle type)"

· 청중 상호 간의 토의를 하고 싶다면 → "섬형(dispersed type)"

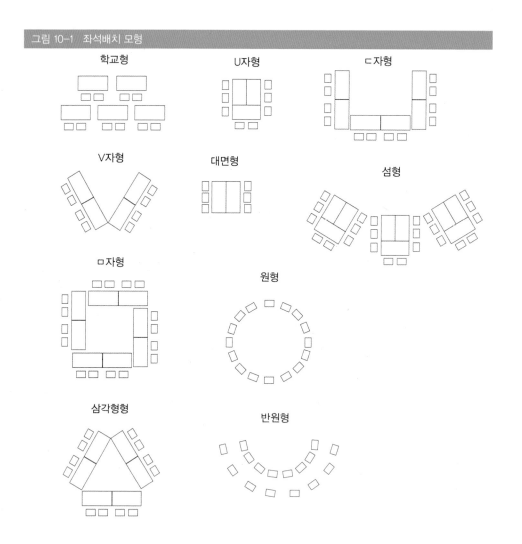

그림 10-1 좌석배치 모형

학교형　　　U자형　　　ㄷ자형

V자형　　　대면형　　　섬형

ㅁ자형　　　원형

삼각형형　　　반원형

2) 조명(Illumination)

조명(illumination)의 개념이 생긴 것은 18세기에 빛의 방향을 조절할 수 있도록 고안
된 반사판을 기름 등잔에 장착하여 사용하면서 시작되었고, 빛은 비추는 방향 및 변화
에 따라 시각적인 느낌이 달라짐에 따라 조명을 효과적으로 연출하려면 빛의 방향성을
가장 먼저 고려해야 한다.

(1) 광원에 의한 분류

카메라 위치와 조명에서 피사체에 대한 광원의 방향은 피사체 자체의 방향이 아니
라 카메라를 시점으로 하여 수평 6시, 수직 3시 방향이 된다. 즉 빛이 주어지는 방향은
수직면과 수평면이다.

카메라 위치에서 인물을 정면에 놓고 빛을 투사하는 방향을 수평면에서는 시계 방
향으로, 수직면에서는 각도로 표시한다. 빛을 주는 방향에 따라 피사체가 보이는 특징
이 다르며 명칭 또한 각각 다르다.

그림 10-2 카메라위치와 조명 및 입사방향에 따른 분류

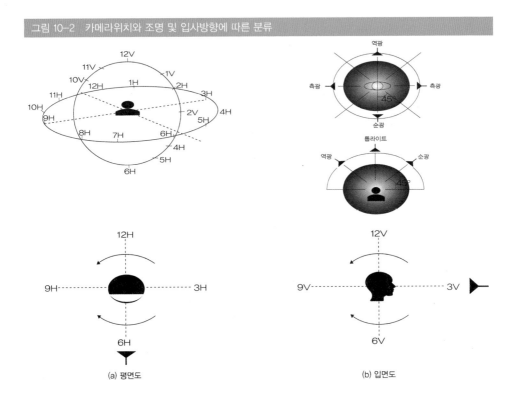

(a) 평면도　　　　　　　　　　(b) 입면도

① 순광(front light)

순광의 범위는 수평면에서 시계 방향으로 5~6시, 수직면에서 0~30" 방향이며 대개 카메라와 같은 방향에서 비추는 정면광이다. 주 피사체의 메인 라이트로서 중요한 키 라이트이며, 효율적으로 필요한 밝기를 얻을 수 있고 불필요한 그림자를 만들지 않는 장점이 있다. 그러나 피사체 앞에서 비추기 때문에 표면의 입체감과 질감이 떨어질 수 있다.

② 측광(fill light, side light, edge light)

측광은 인물의 측면에서 비추는 빛으로, 카메라와 인물을 잇는 90" 방향에서 비치는 보조광을 의미하는 것으로 수평면에서 왼쪽 8~10시, 오른쪽 2~4시이며, 수직면의 각도는 없으나 0~30" 범위로 나타내며 투사 위치에 따라 인물의 윤곽이나 입체감을 강조할 수 있으나 음영이 강하게 표현될 수 있다. 콘트라스트를 강하게 함으로써 강렬한 인상을 만들어 인물의 표정을 이지적이고 개성적으로 표현하는 데 적합하다.

③ 역광(back light)

역광은 인물의 뒤에서 비치는 조명으로, 피사체의 윤곽을 떠올리는 실루엣 효과를 주어 환상적인 분위기를 만드는 조명으로 인물과 배경을 분리함으로써 입체감과 질감을 강조하며, 신비함, 엄숙함, 환상적인 느낌 등을 표현하며, 인물을 돋보이게 하기도 하고 초라하게 보이게도 한다.

④ 톱 라이트(top light)

톱 라이트의 범위는 수평면에서는 6시 또는 0시, 수직면에서는 120~150"로 인물의 머리 위에서 비치는 빛으로 인물의 존재감이나 위치를 표시할 수 있으며, 그림자가 바닥에 짧게 떨어지므로 배경에 영향을 주지 않는다.

음영이 강해 클로즈업 숏에서는 인물 표정이 예쁘게 나오지 않지만 인물 전체가 나오는 풀 숏에서는 아름답게 표현할 수 있으며, 기다림, 고독감, 외로움 등을 표현하거나 특별히 의도된 목적이 있을 때 사용한다.

⑤ 림 라이트(rim light)

림 라이트는 측광과 역광의 중간 위치에서 방향성을 가진 빛으로 윤곽을 강조한다. 부분적인 입체감을 강조하거나 머리카락의 섬세함을 나타내는 빛으로 자주 사용한다.

⑥ 렘브란트 라이트(rembrandt's light)

렘브란트 라이트는 빛과 그림자를 이용한 인물 조명 방식이다. 수직, 수평 45"에서 비추며, 인물의 얼굴 특징을 표현할 때 자연스럽고 아름다워 보이는 방식으로 인물 조명을 할 때 가장 기본적인 방향의 빛으로 사용한다.

⑦ 언더 라이트(under light)

언더 라이트는 인물의 발 앞에서 비추는 빛으로 그림자가 위에 생기는 빛으로 유령이나 공포분위기를 연출하고자 할 때 파랑 필터나 빨강 필터를 장착하여 사용하며 춤이나 발레 공연 등에서 무용수의 발동작이 잘 보이게 할 때도 많이 사용한다.

(2) 제작 기법에 의한 빛의 방향

① 키 라이트(key light)

인물을 비추는 주 조명이다. 피사체 눈을 중심으로 30~45"에서 비추는 순광으로 주로 스포트라이트가 사용된다.

② 필 라이트(fill light)

키 라이트에 의해 생성된 피사체의 어두운 부분을 보완하기 위해 사용하는 조명으로 키 라이트와 필 라이트의 대비는 3:2 또는 3:1로 조정하며 주로 부드러운 조명을 사용한다.

③ 베이스 라이트(base light)

무대 전체를 균등하게 밝게 하거나 강한 그림자를 약하게 하고 부드럽고 확산된 빛을 얻기 위한 조명으로 TV에서 주로 사용한다.

④ 백 라이트(back light)

카메라 반대 방향에서 투사하여 피사체의 윤곽을 뚜렷하게 하는 조명으로 인물의 머리카락에 윤기가 나고 어깨선을 뚜렷하게 하여 입체감 및 질감을 높여주는 것으로 주로 40~70" 사이에서 사용한다.

⑤ 터치 라이트(touch light)

광원을 직접 무대나 세트 등의 물체에 투사하여 효과를 내는 것으로 일반적으로 호리촌트(Horizont)나 세트를 강조하기 위해 사용한다.

⑥ 풋 라이트(foot light)

주로 연극 무대에서 사용하며 방송 조명에서는 거의 사용하지 않는 것으로 피사체의 무릎 아래쪽에서 투사한다.

⑦ 캐치 라이트(catch light)

주로 드라마를 촬영할 때 사용하며 출연자의 눈동자를 강조하기 위해서 소형 등기구를 사용하는 조명으로 아이 라이트(eye light)라고도 한다.

⑧ 세트 라이트(set light)

세트를 비추기 위해 사용하는 라이트를 말하는 것으로 베이스 라이트나 포트라이트를 사용하여 세트를 돋보이게 한다.

⑨ 호리촌트 라이트(Horizont light)

텔레비전 스튜디오에는 무한 공간을 만들거나 효과 조명을 위하여 이 벽면만을 비추기 위한 조명으로 플랫 라이트가 사용되며, 배경 막 위쪽에서 아래쪽 면을 비추는 어퍼(upper) 호리촌트 라이트와 배경 막 아래쪽에서 위쪽 면을 비추는 로우어(lower) 호리촌트 라이트가 있다.

3) 복장(Attire)

무슨 일에서든 복장은 굉장히 중요한 역할을 한다. 스튜어디스 복장을 하지 않은 사람이 제공해 주는 기내식을 먹을리 만무하고, 의사 복장을 하지 않은 사람에게 진료를 받지 않으려는 것 역시 당연한 일이다. 프레젠테이션에서도 역시 옷차림이 중요하다. 다만 무조건적으로 "정장"이 옳은 건 아니다. 그렇다면 어떤 복장이 프레젠테이션에 좋은 복장인지 알아보고자 한다.

(1) "단정함"은 기본이자 최선이다

아무리 좋은 주제와 훌륭한 슬라이드, 뛰어난 언변을 지닌 발표자라 하더라도, 옷차림이 엉망이라면 프레젠테이션 자체에 대해 신뢰도가 떨어지게 된다. 특정 주제에 관련하여 설명한다고 하더라도 해당 옷차림이 프레젠테이션 자리에 어울리지 않을 만큼 단정하지 않다면 지양하는 것이 좋다.

예를 들어, 김연아 선수가 피겨 선수라 하더라도 프레젠테이션 현장에서는 단정한 차림으로 무대에 섰던 것이 좋은 예이다.

(2) 정답은 없지만 피할 건 피하자

이에 대한 "정답"은 없다. 그러나 분명히 가이드는 있습니다. "이걸 입어라"는 아니지만, "이 정도는 피하라"는 것이죠. 지나치게 짧은 치마, 민소매는 지양하는게 좋고 헐렁한 티셔츠, 오래된 것 같은 느낌의 옷도 피하는 게 좋다.

(3) 캐주얼이 가능한 자리인지 확인하자

이 원칙만 알고 계셔도 복장에 대한 고민은 많이 줄어 들 것이라 생각하지만 철저히 정장을 고집해야 하는 자리에서는 화자가 평가를 받을 목적으로 프레젠테이션을 실행해야 할 경우 캐주얼을 혼용해서 코디하고자 한다면 청자에게 "강연·지식전달"을 목적으로 프레젠테이션을 할 때의 복장여부를 판단하면 된다.

(4) TPO: 언제나 예외는 있다

스티브잡스의 이미지를 찾아봤다면 알겠지만 스티브잡스도 젊은 시절에는 정상을 즐겨 입었다. 그러나 시간이 지날수록, 스티브잡스는 거의 언제나 터틀넥, 청바지, 운동화 차림으로 프레젠테이션 무대에 등장한다. 그는 이러한 일관적 옷차림을 통해 어떤 효과를 얻고 싶었던 것인지 살펴보면, 그는 일관적인 복장을 통해 자신이 아닌 제품 자체가 발표장에서 주목받기를 원했다. 스티브 잡스라는 사람 자체가 워낙 스타성을 가진 사람이었기 때문에, 본인이 주목받기보다 새로운 제품이 주목 받기를 바랐을 가능성이 크다. 그가 IT 기업의 CEO이기 때문에 가능한 복장이다. 스티브잡스가 금융권이나, 보안업체의 CEO이면 그는 절대로 우리에게 익숙한 복장으로 제품 발표장에 오르지 않았을 것이다. 오히려 말끔한 정장을 입고 무대에 올랐을 것이다. IT 기업은 누구나 잘 알고 있듯이 "혁신"이라는 가치가 굉장히 중요하기 때문에 이러한 가치를 무언중에 표시하는 방법으로 복장을 선택했을 것이다.

즉 우리가 프레젠테이션을 하면서 언제나 "정장"만을 고집할 필요는 없고 해당 주제에 맞는 복장을 유지하는 것이 오히려 더 좋은 결과를 얻게 해 줄 수도 있다는 것을 의미한다.

복장이 모든 성과를 좌우하는 것은 아니지만 청중들에게 첫 인상으로 "준비 되었다."는 느낌을 줄 수 있는 것은 분명하다. 단정한 동시에 신뢰를 주고, 자신의 프레젠테이션 주제와 연관된 옷차림을 선택해 보시는 것이 프레젠테이션에 더욱 효과적일 것이다.

4) 자기개시(Self-Initiation)

청중의 긍정적 반응을 유도하기 위해서는 연설자와 청중의 공간적 거리뿐만 아니라 감정적인 거리도 가깝게 유지할 수 있도록 노력해야 한다. 대부분의 프레젠테이션이 일회성 이벤트로 끝나기 때문에 시간적 여유를 두고 청중과 유대감을 형성하기는 불가능하다. 이러한 문제를 해결하기 위한 방법 중의 하나가 바로 자기개시(self-initiation)라고 할 수 있다. 자기개시란 발표자가 자신의 사적인 정보를 청중에게 충분히 공개함으로써 청중과의 심리적인 거리를 좁히는 방법을 말한다. 즉, "저는 이런 사람입니다. 이렇게 마음을 열고 있으니 여러분도 마음을 열어주십시오."라는 의사 표현이라고 할 수 있다.

이와 더불어 청중과의 심리적 거리를 좁히기 위해서는 청중이 듣고 싶어 하는 주제를 선택하는 것이 중요하다. 사람들은 자신과 관련된 이야기를 듣기를 원하는 경향을 가지고 있기 때문이다. 연설이 시작되기 전, 충분히 자기전개를 시도한 후 청중의 관심 분야를 중심으로 메시지를 전달한다면 프레젠테이션의 효과를 극대화시킬 수 있을 것이다.

연설자와 청중 사이의 물리적 거리를 넘어 심리적 거리를 좁힐수록 청중과 멀리 있는 존재라는 의식을 불식하고 가까운 존재라는 것을 느끼게 된다. 이를 라포(rapport)라고 한다.

발표자가 자기소개를 할 때는 가능한 한 충분한 정보를 제공해야만 청중과의 라포 형성이 가능해진다. 즉, 가능한 한 상세하게 자신의 프로필을 소개하고 자신이 가지고 있는 지적 겸손도(intellectual humility)를 솔직히 표현한다면 청중과의 라포 형성을 굳건히 할 수 있을 것이다.

이론적으로 프레젠테이션이란 메시지를 논리적이고 이성적으로 전달하는 과정이라고 할 수 있으나 실제는 매우 감정적이며 주관적인 요소들에 의해 프레젠테이션의 효과가 결정된다.

4 시간엄수(Punctuality)

프레젠테이션은 시간엄수(punctuality)를 철칙으로 한다. 특히 발표자들이 많은 경우에는 자신의 발표시간을 엄수해야 다른 발표자들에게 피해를 주지 않게 된다. 따라서 자신의 프레젠테이션이 정확히 얼마나 시간이 걸리는지, 이를 위해서는 말의 속도를 얼마나 빠르게 해야 하는지 등에 대한 이해가 필수적이다.

1) 말의 속도(Speech Rate)

프레젠테이션은 항상 시간 제약이 따라온다. 독서나 개인적인 대화는 시간 제약이 없기 때문에 밤을 새워가면서 의사소통을 이어갈 수 있지만, 청중을 대상으로 하는 프레젠테이션에서는 한정된 시간 내에 준비된 내용을 전달할 수 있는 시간관리가 필수적이다. 같은 내용이라도 말의 속도에 따라 연설시간이 달라진다. 또한 말의 속도는 청중을 설득하는 데에도 지대한 영향을 미치게 된다.

말하는 속도는 말의 빠르기로 음질의 지속 시간(duration)과 휴지(pause)가 결정한다. 이는 화자의 유창성과 청자의 이해력과도 매우 밀접한 관련이 있으며, 화자가 자신이 전달하고자 하는 내용에 대한 명확한 이해가 없으면 말의 속도가 빠를 수 없고 내용 정리가 덜 되어 있으면 휴지가 길어지고 잦아져 속도가 느려진다. 이런 경우 메시지 전달력은 낮아진다.

메러비언(Mehrabian)에 의하면 말의 속도가 빠른 화자가 느린 화자보다 더욱 설득력이 있다고 했으며, 스트리트(Street)와 브레디(Brady)는 말의 속도와 신뢰도의 관계를 설명하면서 말의 속도가 빠르면 더 똑똑하고 자신감 있고 더 효율적이며 전문성이 있는 것으로 인식된다고 했다(이유나 외).

학생들의 발표에서 전달력이 높은 화자와 그렇지 않은 화자를 비교했을 경우 느린 발화를 한 화자들은 전달력이 낮았고 운율 단위의 수에서도 큰 차이가 있음을 언급했다[1].

이를 통해 빠르게 말하는 것이 지적으로 보이고 자신감이 있어 보이며 설득력에 효과가 있어 전달력이 높음을 알 수 있다. 그러나 때로는 화자들이 청자들의 이해력을 높이기 위해 특정 부분을 의도적으로 천천히 말하는 경우와 청자들로부터 신뢰감을 얻고자 천천히 발화하는 경우도 있다. 차기 대권 후보군 5명의 정치인들의 목소리 특징을 분석하면서 이들의 발화 속도는 분당 274음절로 말을 느리게 하는데 이는 신중함을 나타내기 위한 의도로 보임을 언급하였다(조동욱 외).

황보명과 한의진에서는 목소리로 연상되는 이미지에 대한 연구를 하면서 남성의 경우 낮은 음도로 천천히 발화하는 것이 신뢰감을 줄 뿐만 아니라 이미지 형성에도 긍정적인 영향을 미친다고 했다.

말의 속도는 청중들의 나이에 따라 선호도가 날라시는 경우도 있는데, 보통은 빠른 말을 선호하나 나이가 들수록 느린 말을 선호한다고 했다. 말의 속도는 화자의 이미지나 메시지 전달력 및 청자들의 이해력과 매우 밀접한 관련이 있으며, 말의 속도 변화 없이 똑같은 속도로 시종일관 말하는 것은 청자들이 지루함을 느낄 수 있으며 집중시키는 것에도 좋지 않다.

빠른 말하기가 화자를 지적이고 자신감 있어 보이게 만들며 설득력에 효과가 있다고는 하나 내용에 따라 말하기를 조절해야 한다.

느린 속도에서는 내용을 정확하게 진달할 수 있으므로 발표에서 어려운 내용이거나 강조를 해야 할 부분에서는 말의 속도를 천천히 하는 것이 효과적이다. 그러므로 발표

---

1   신지영(2013)에서는 운율 단위의 속도와 관련하여 비유창성은 화자가 원하는 대로 발화가 이루어지지 않는 경우 머뭇거림 등으로 인해 발화 속도가 느려질 가능성이 높은데 비유창성이 작은 음운 단위에서 일어나는 것은 전달력에 큰 영향을 주지 않지만 큰 단위에서 일어나는 것은 전달력에 큰 영향력을 주는 것으로 보인다고 말했다.

에서 화자는 전달하고자 하는 내용 의도 청중들의 집중도 및 이해력에 따라 말의 속도에 변화를 주면서 해야 한다.

2) 주의집중시간(Attention Span)

스피치나 프레젠테이션에 영향을 미치는 또 다른 시간요인으로는 청중이 발표에 집중하는 주의집중 지속시간(attention span)을 들 수 있다. 미국의 설득전문가인 모텐슨(Kurt W. Mortensen)은 주의집중시간(interest span)을 "한 가지 일에 주의를 집중할 수 있는 최대의 시간"이라고 정의하였다.

청중의 주의집중을 유지하기 위한 전략을 세워야 한다. 성인들을 대상으로 하는 프레젠테이션의 경우에는 평균 약 15분에서 20분마다 청중의 주의를 환기시키기 위한 전략을 세워야 한다. 따라서 요점도 없이 장황(ramble)하게 설명을 하거나 무미건조한 목소리로 일관하는 프레젠테이션은 지양해야 한다. 또한 안면표정의 움직임이나 정서적 표현이 없이 경직된 자세를 고수하거나 청중과의 시선접촉을 유지하지 않고 발표 자료에만 시선을 고정하는 경우 혹은 연설을 지나치게 느린 속도로 진행하게 되면 청중의 주의력 집중시간인 15분의 한계를 넘지 못하게 된다. 따라서 발표자가 더욱 설득적으로 메시지를 전달하기 위해서는 청중이 주의집중을 할 수 있는 시간 단위로 내용을 조직해야 한다. 한 주제에서 다음 주제로 넘어가기 전에는 반드시 주위를 환기시켜 새로운 정보를 수용하기 위한 준비를 하도록 도와야 한다.

하루 중에도 청중의 집중력이 높은 시간과 낮은 시간을 고려하여 프레젠테이션의 전달방법에 변화를 주어야 한다.

결론적으로 프레젠테이션이란 정해진 시간 내에 가장 효과적이고 설득적으로 메시지를 전달하는 과정이다. 프레젠테이션에서 시간을 엄수한다는 것은 청중은 물론 다른 발표자들을 위한 가장 기본적인 배려이며 예의라고 할 수 있다. 또한 동일한 문제나 주제를 가지고 여러 사람들이 프레젠테이션을 하는 학술대회 같은 경우에는 자신의 발표 순서를 파악하는 것도 매우 중요하다. 자신의 프레젠테이션 전후에 어떤 내용으로 발표가 되었는지를 파악함으로써 일부내용을 과감하게 생략하여 정보전달이 중복되지 않도록 하는 것도 청중을 위한 배려라고 할 수 있다.

그림 10-3 프레젠테이션의 시간고려

"연설을 들어 본 적이 있는 사람은 누구나 알 듯이 간결함은 가치가 있다. 20분이 이상적이다.
1시간은 청중이 편안하게 경청할 수 있는 한계이다."

– George Plimton(미국의 대중연설가)–

시간 관련 고려사항

· 나에게 주어진 시간은 얼마인가?

· 그 시간에는 질의응답시간이 포함되어 있는가?

· 시간관리를 힘들게 하는 요소는?

· 시간관리를 하는 요령은?

· 나의 발표 순서는? 그리고 시간(When)은?

정시에 시작하고 정시에 끝내라!

5 프레젠테이션 실행(Performance)

프레젠테이션을 위한 원고와 비주얼 자료가 작성이 되면 완성된 원고와 시각자료를
사용하면서 실전처럼 연습해보는 리허설(rehearsal)과정을 거쳐야 한다. 리허설은 성공
적인 프레젠테이션을 위한 필수적인 과정으로 얼마나 연습했는가에 따라 프레젠테이
션의 성패가 나타난다.

1) 리허설(Rehearsal)

리허설(rehearsal)이란 연습을 통해 실제수행에 필요한 모든 활동을 구체적이며 자세
하게 준비하는 과정이다. 즉, 실제 프레젠테이션의 순서에 따라 모든 세부사항을 실전
처럼 연습하는 것을 말한다. 리허설 과정에는 말하기와 비주얼 자료의 제시 방법에 대
한 연습과정을 모두 포함한다. 리허설을 통해 발표자는 메시지에 대한 친숙함은 물론,
프레젠테이션 기술의 정교화, 발표에 대한 자신감을 향상시킬 수 있게 된다.

―――――― 2 참고문헌 : 파워 프리젠테이션

성공적인 프레젠테이션을 위한 리허설 법칙은 다양하다. 이 중에서 몇 가지만 소개하자면, "1-10 법칙"과 "50-50 법칙"을 들 수 있다. "1-10 법칙"이란 1시간 발표를 위해서는 10시간의 연습이 필요하다는 것을 의미한다. 또한 "50-50 법칙"이란 발표 자료의 준비가 전체 프레젠테이션의 50%를 차지한다면, 리허설이 50%를 차지한다는 원칙을 의미한다. 이처럼 50%에 해당하는 발표 자료가 아무리 훌륭하다고 하더라도 리허설이 충분하지 않을 경우에는 프레젠테이션의 절반을 실패한 것이라고 할 수 있다.

리허설 순서는 4단계로 구분되는데 내용 다듬기(1단계), 몸짓 표현 취하기(2단계), 유사 청중 앞에서 연습 (3단계), 시계로 하는 연습(4단계)이 있다.

그렇다면, 프레젠테이션을 성공하기 위해서는 몇 번의 리허설을 하는 것이 가장 적당한가라는 의문이 들 것이다. 갈로교수는 리허설 횟수에 대한 법칙으로 "메시지 전달이 자연스러워질 때까지"라고 강조하면서, 10회 정도의 연습기간을 거치게 되면 발표에 대한 자신감을 충분히 획득할 수 있다고 하였다.

리허설 연습횟수 세부권장은 개인연습 3회, 녹음연습 3회, 팀연습 3회, 녹화연습 2회, 최종연습 1회, 기타 멘탈 연습으로 10회 이상을 실시하여야 한다고 한다.

갈로가 추천하는 리허설의 다섯 단계는 시작단계(start), 스트레스 조절단계(practice), 피드백 수집단계(feedback), 녹화과정(record it), 연습 종료시점(practice until it"s effortless)으로 구성된다. 이를 구체적으로 살펴보면 다음과 같다.

(1) 발표노트를 가지고 시작한다(Start with presentation notes)

파워포인트 화면 밑에는 발표내용에 대한 주석이나 보충설명을 기록할 수 있는 공간이 제공되어 있다. 갈로는 이 공간을 사용하여 발표 내용에 대한 부언설명을 적는 것으로 리허설을 시작해야 한다고 강조하였다. 리허설의 초기 단계에서는 완전한 문장으로 작성한 슬라이드를 바탕으로 각 슬라이드의 내용(transcript)을 큰 소리로 읽는 연습을 하라고 조언하였다.

이러한 연습이 충분히 이루어진 다음에는 완전한 문장을 압축구인 중요항목(bullet points)으로 적어놓은 슬라이드 화면만을 보면서 큰소리로 연습하라고 조언하였다. 이때부터는 화면 밑에 적어놓은 각주의 내용을 보지 않는 것이 중요하다. 중요항목에 대한 연습이 충분히 이루어지고 나면 발표원고를 중요항목 보다도 더 짧은 몇 마디의 단어로 축약한 뒤, 이 단어들을 가지고 연습을 하여야 한다. 즉, 축약단어가 전체 내용을 인출하는 단서(prompt)의 기능을 할 수 있을 때까지 큰 소리로 연습해야 한다는 것이다. 이러한 연습과정에 대해 갈로교수는 원고에 의존하는 정도가 적어질수록 청중과의 시선접촉(eye contact)이 증가하게 되며 이로 인해 청중과의 연대감(connection)도 증가 된다고 하였다.

발표원고를 가지고 하는 연습과정에서 가장 중요한 점은 원고를 전부 암기해서는 안 된다는 점이다. 원고 전문을 전부 암기할 경우 실행현장에서 예기치 않게 발생하는 돌발 상황에 적절하게 대처할 수 없게 된다.

(2) 약한 스트레스하에서 연습한다(Practice under mild stress)

갈로교수는 TED 강연에 출연했던 유명한 기업가이며 팟 캐스터인 페리스(Tim Ferriss, 1977~)의 예를 들었다. 페리스는 적정한 수준의 스트레스하에서 리허설을 하기 위해서 우선은 20명의 자기 친구들을 유사청중으로 모아놓고 리허설을 했으며, 연설에 대한 스트레스가 어느 정도 조절된 뒤에는 안면이 전혀 없는 낯선 사람들을 약 20여 명 모아놓고 리허설을 했다고 진술하였다. 페리스는 "20여 명의 낯선 사람들이 주는 스트레스는 3천 명이 넘는 TED 관객들이 줄 스트레스에 비하면 조절가능한 수준의 스트레스라고 할 수 있다"라고 언급한 것으로 나타났다.

(3) 구체적인 피드백을 요청하라(Ask for specific feedback)

자신이 알고 있는 사람들을 유사청중으로 초대한 뒤 리허설을 끝내고 나면 대부분의 사람들은 "잘했다(good job)"는 말로 칭찬을 하게 된다. 이는 발표자의 기분을 상하지 않게 하려는 유사청중의 배려라고 할 수 있다. 유사청중으로부터 칭찬을 받게 되면 발표자의 기분이 좋아지는 것은 사실이나, 더 좋아지기 위해서는 유사청중에게 더욱 구체적인 피드백을 요청해야 한다. 갈로교수는 청중이 이해하지 못하는 내용은 없는지, 그들에게 친숙하지 않은 전문용어를 사용하지는 않았는지, 아니면 발표자의 시선접촉이 지나치게 강렬했거나 아니면 부족했는지 등에 대한 전반적이면서도 구체적인 지적을 요청해야 한다고 강조하였다.

(4) 리허설을 녹화하기(Record the Presentation)

리허설 과정을 스마트폰이나 비디오카메라로 녹화해 보는 것은 프레젠테이션에 부정적인 영향을 줄 수 있는 습관적인 행동이나 결점을 발견할 수 있는 매우 효과적인 방법이라고 할 수 있다.

갈로교수도 녹화 과정을 통해 발표자는 자신의 행동에 대해 깜짝 놀랄만한 사실들을 발견하게 된다고 하였다. 예를 들어, "음", "어"와 같이 평상시에는 전혀 인식하지 못하던 불필요한 삽입어(vocal filler)를 발견할 수도 있고, 반복적으로 머리를 쓸어 올리거나 주머니에 손을 집어넣은 채 주머니 속에 있는 동전을 무의식적으로 만지는 행위를 하는 등 청중의 주의집중을 방해하는 움직임을 발견할 수도 있게 된다고 하였다. 또한 의식적으로 청중과의 시선접촉을 피하거나 청중을 쳐다보는 횟수보다 더 많은 횟수를 슬라이드를 보는 일에 집중한다는 사실도 발견할 수 있다고 하였다. 갈로는 자신의 행동을 영상으로 본다는 것은 상당히 불편한 일이지만, 습관적인 행동을 정확히 분석하기 위해서는 반드시 거쳐야 한다고 강조하였다.

(5) 자연스러워질 때까지 연습하기(Practice until it's effortless)

마지막으로 리허설에 있어서 가장 어려운 질문은 얼마나 많은 시간을 연습에 투자해야 하는가라고 할 수 있다. 리허설의 빈도를 이야기할 때마다 인용되는 인물 중의 한 사람이 바로 애플사의 경영주였던 잡스이다. 그는 새로운 아이폰이 출시될 때마다 이를 홍보하기 위한 연설을 위해 초단위로 리허설을 한 것으로 유명하다. 잡스는 무대에서는 위치, 말을 끊는 타이밍, 보폭, 스포트라이트의 각도 등 모든 부분이 마음에 들 때까지 몇 번이고 수정했다고 한다. 많은 발표자들이 잡스의 말투를 따라할 정도로 잡스의 프레젠테이션은 엄청난 영향력을 발휘했지만, 새로운 아이폰을 내놓을 때마다 세상을 완전히 바꿀 수 있을 것이라는 그의 강한 믿음을 따라갈 만한 사람은 아직 등장하지 않았다는 평가를 받고 있다.

갈로는 리허설의 적정 횟수에 대해 프레젠테이션의 전달이 "자연스러워질 때까지" 연습을 해야 한다고 조언하였다. "자연스러워질 때까지"란 각 장의 슬라이드를 소개하기 위한 첫 단어가 "아무런 생각 없이(without thinking about the first words) 떠오를 때까지"

를 말한다. 갈로는 전문적 자문관으로서의 평균 10회에 걸친 리허설 횟수를 추천하였다. 물론 발표자나 연설 상황에 따라서는 10회보다 더 많은 연습이 필요하거나 적은 경우도 있겠지만, 프레젠테이션의 시작부터 마지막까지를 포함하는 전 과정을 열 번 정도 리허설을 하게 되면, 자연스러운 프레젠테이션을 위한 자신감을 충분히 획득할 수 있을 것이라고 하였다.

2) 최종 리허설(Last Rehearsal)

(1) 최종 리허설 구분

최종리허설은 시간이 없을 때와 시간이 있을 때로 구분할 수 있는데, 시간이 없을 때에는 거울 앞에서 연습, 녹음테이프, 비디오테이프 활용 연습, 핵심 인력, 해당 부서 단위 약식 프레젠테이션, 중요부분, 핵심 내용 위주로 연습을 하고, 시간이 있을 때에는 실제 시간과 동일하게 실제처럼 연습, 실질 상황 조성(실제 활용하는 도구 사용), 리허설 횟수를 늘려가면서 반복적으로 연습을 하는 것을 권장하고 있다.

(2) 최종 리허설 내용 구성

3단 구성에 따른 내용을 토대로 서론은 말하는 사람이 누구인지 간략히 말하고, 청중들이 친밀감을 느낄 수 있는 말을 하여야 하고, 말할 자격이 있다는 것을 말하고, 말하고자 하는 주제를 간략히 설명하고 필요하다면 청중들에게 얼마나 알고 있는지 질문하고 그 주제가 청중들과 어떻게 관련이 있는지 설명하며, 앞으로 말하고자 하는 요점을 간략히 설명하여 어떤 순서로 얼마 동안 말해나갈 것인지를 말하며, 질문시간을 안내하는 것이다.

본론은 말하고자 하는 것을 하나씩 순서대로 말하고 요점을 충분히 설명하고, 중요한 내용은 반복 설명하며, 제시되는 내용이 청중들에게 어떤 의미, 어떤 가치가 있는지를 설명하고 증거를 제시하도록 하고 시청각 보조재료, 시범 등을 통해 청중들의 시선, 관심이 계속 집중하게 하여야 하며, 실례, 구체적인 통계 숫자 등을 제시하여 실감나게 하고, 가능한 한 청중들을 참여시키고, 확신 있게 청중들이 이해하기 쉬운 용어 사용하고, 다음 주제로 넘어갈 때 분명하게 설명하여야 한다.

결론은 유명한 사람의 말이나 문학작품 인용· 주요 요점 요약· 재치 있는 이야기나 농담·칭찬· 외침이나 호소로 마무리하면 된다.

(3) 리허설 요령

리허설 흐름은 시나리오를 중심으로 시나리오→시나리오·화술→시나리오·화술·제스처, 원고중심으로 원고 이용→메모 이용→메모없이 순서로 하고, 요령으로 질문에 대비, 프레젠테이션 내용 검토, 프로젝터 점검, 슬라이드 설명할 내용 준비, 슬라이드 1장당 설명 시간, 실제상황과 동일하게 리허설, 리허설 결과의 피드백으로 즉시 수정 보완, 전날 무리한 예행연습을 피하는 것이 좋다.

(4) 리허설 시간배분 및 점검사항

리허설 시간배분은 설명을 실제로 해보고 시간배분의 기준을 선정하고 시간배분에 실패했을 때의 대책을 마련하여야 하며, 말의 내용 및 말투는 적절한지, 말하는 법은 적절한지, 자세는 적절한지, 동작은 적절한지, 태도는 올바른지를 점검하여야 한다.

3) 프레젠테이션의 실행

발표는 발표자가 청중과 상호작용하는 행위이다. 이것은 발표 실행에 있어서 발표자와 청중 간의 교감이 성공적인 발표 실행을 담보한다는 것을 의미한다. 따라서 발표자는 우선 발표의 각 단계별 청중들의 반응을 살피고 이에 적절히 대응할 수 있어야 한다.

발표 실행은 일방적인 말하기가 아니라 청중과의 의사소통이라는 것을 늘 염두에 두어야 한다. 또한 발표를 잘하기 위해서는 자세나 몸짓, 성량이나 어조 등 비언어적 의사소통의 요소에 대해서도 면밀하게 고려해야 한다.

청중 앞에 서서 이야기할 때는 다리를 어깨 넓이로 벌리고 한쪽 다리는 조금 앞으로 내밀며, 상체는 곧게 세워 구부정하지 않은 자세로 말한다. 시선은 끝에서 앞으로, 좌에서 우로, 대각선으로 천천히 움직이며 청중 전체를 주목시키면 효과적이다. 몸짓은 자신이 하고자 하는 말에 주목하게 만들거나 강조할 때, 혹은 부가적인 내용 이해를 위하여 적절히 사용한다. 이때 가급적 손동작은 자신의 몸통을 벗어나지 않도록 주의한다.

손짓에 따라 청중들의 주의가 분산될 수 있기 때문이다.

아울러 발성과 발음을 정확하게 해야 하며, 청중에게 중요한 내용을 강조하거나 신뢰감을 형성하기 위해서는 쉼(Pause)을 적절하게 사용하는 것도 발표의 성공적인 실행에 도움을 준다.

표 10-1 리허설 체크리스트

<table>
<tr><td colspan="4" style="text-align:center">리허설 체크시트
날짜:_____</td></tr>
<tr><td colspan="2">프리젠테이션 테마:</td><td colspan="2">성명:</td></tr>
<tr><td>회수</td><td>체크항목</td><td>자기 평가</td><td>개선점/방법</td></tr>
<tr><td>1</td><td>도입부로부터 결론부까지 전체를 일관되게 얘기해 본다. 문제점을 메모한다
〈 체크항목 〉
– 청중이 이해할 수 있는가
– 얘기의 흐름이나 구성에 문제는 없는가</td><td></td><td></td></tr>
<tr><td>2</td><td>전달에 주의하면서 리허설을 실시한다
〈 체크항목 〉
– 의자에서 일어나는 방법은 좋은가
– 걸음걸이는 올바른가
– 효과적인 보디 랭귀지를 사용하고 있는가
– 발음은 명료한가
– 속도, 억양, 음의 강약은 적당한가</td><td></td><td></td></tr>
<tr><td>3</td><td>비주얼기기를 사용하여 얘기해 본다
문제점 정정. 설명이 부족한 부분은 보강한다
〈 체크항목 〉
– 말의 조리가 맞는가
– 논리의 비약은 없는가
– 데이터 등 자료는 충분한가
– 사실과 의견의 균형은 잡혀 있는가
– "So What?'이라고 생각되지 않는가
– 비주얼은 효과적인가</td><td></td><td></td></tr>
<tr><td colspan="4">프리젠테이션에서의 주의점:

</td></tr>
</table>

제11장

청중(People for Presentation)

1 개요

청중(audience)이란 프레젠테이션을 보기 위해 모인 사람들이다. 성공적인 프레젠테이션을 위해서 발표자가 명심해야 할 사항은 청중과 연설가는 입장이 서로 다르다는 점이다. 따라서 발표자는 청중의 특성과 욕구, 관심사 등을 정확히 알고 있어야 한다. 발표자는 자신이 준비한 메시지를 청중에게 성공적으로 전달하여 청중의 행위 변화를 꾀하는 것을 목적으로 삼지만, 청중은 발표자가 전달하는 의도와는 전혀 다른 반응을 보일 수 있다.

청중은 자신의 가치관과 지식 체계를 지니고 있으며 피동적 존재가 아닌, 연사의 프레젠테이션을 무시하거나 반발할 수 있는 존재이면서 청중을 무시한 연설은 연사의 공신력을 저하시킨다. 프레젠테이션의 목적은 청중에게 의도한 효과를 거두는 것, 청중의 태도와 지식, 욕구, 감정을 잘 파악해서 부응하는 프레젠테이션을 실행하여야 하며 청중이 좋아하는 것, 청중이 더 호응할 수 있도록 해야 하므로 매우 중요하다.

청중분석에 있어 가장 핵심적인 개념은 모든 스피치나 프레젠테이션은 "발표자 중심의 사고가 아니라 청중 중심의 사고로 전환해야 한다."는 것이다. 스피치나 프레젠테이션을 잘하고 싶다는 생각에만 몰입하다 보면 이러한 근본적인 생각을 간과하는 일이 벌어진다. 이는 발표자가 갖는 생각의 함정이라고 할 수 있다. 프레젠테이션은 발표자가 무엇인가를 보여주는 것이 아니라 청중이 어떻게 받아들이는가에 따라 성패의 향방이 달라지기 때문이다. 따라서 어떻게 하면 프레젠테이션을 잘 할 수 있을까? 라는 생각의 중심에는 발표자가 아니라 청중이 자리 잡고 있어야 한다.

어떤 프레젠테이션 원고를 작성할 때 그 대상의 성격을 파악하는 것이 지극히 중요한 일이며 청중분석(혹은 대상분석)은 이러한 대상의 파악을 위한 한 가지 기법이다.

청중분석이 생활에서 유용하게 쓰일 수 있는 방법 가운데 몇 가지를 예를 들어 보면 다음과 같다. 첫째, 라디오 혹은 TV 프로그램을 제작한다고 가정했을 때, 그 프로그램을 어떤 시청자들이 듣고 볼 것인가를 잘 파악하지 않고서는 시청자들 기호에 적합하고 효과적인 프로그램을 만들 수 없기 때문에 청중분석이 필수적인 예비 작업이다. 둘째, 특별한 성격의 잡지나 신문을 새로 발간하고자 할 때 그 잡지나 신문이 어떤 독자층에 의하여 원할 것인가를 분명히 알지 못하고서는 독자들의 기호에 맞는 잡지나 신문을 만들 수 없을 것이다. 그러므로 이 경우도 청중분석(즉 독자분석)이 필수적인 예비 작업이 되어야 하는 것이다. 셋째, 어떤 상품을 시장에 대량 판매할 계획을 세우려면 이 상품을 성공적으로 판매하기 위해서는 소비자(시장)의 성격을 잘 알고 전략적으로 접근이 필요할 때 일종의 청중분석이 요청되는데 이러한 것을 청중분석은 소비자분석 혹은 시장분석(market analysis)이라 부를 수 있다. 끝으로, 학교에서 어느 외국어를 가르칠 계획을 작성하려고 하면 외국어 교육계획이 성공하기 위해서는 교육의 대상이 되는 학습자의 성격을 충분히 파악해서 가장 효율적인 계획을 세우기 위해서는 필수적으로 청중분석(즉 학습자 분석)이 이루어져야 한다. 이처럼 청중분석은 우리 생활의 여러 면에서 유익하게 쓰일 수 있는 것이다.

2 청중분석

1) 기본요소

청중분석에서 기본요소들을 청중내적(audience-internal) 요소와 청중외적(audience-external) 요소의 두 가지로 나누어 볼 수 있는데, 청중내적 요소는 청중이 가지고 있는 선천적인 혹은 후천적인 자질을 말하며 청중외적 사항은 외부적인 환경에 의하여 부과된 사항을 말한다. 예를 들어 청중의 지능은 청중내적 요소이며, 청중이 처해 있는 사회적인 상황을 청중외적 요소라고 하겠다. 청중내적 사항만을 고려하는 청중분석을 미시적 분석(micro-ana ysis)이라고 하며, 청중외적 사항까지를 포함하는 청중분석은 거시적 분석 (macro-analy s)이라고 할 수 있을 것이다. 본 저서에서는 프레젠테이션을 위한 미시적 청중분석을 기본요소로 삼기로 한다.

(1) 청중의 태도

태도는 크게 7가지로 청중분석, 인간행위의 선택성, 선택적 인식(해석), 선택적 저장 및 회상, 기존태도, 주제에 대한 태도, 주제에 대한 흥미도, 스피치 목적에 대한 태도로 구분된다.

첫째, 청중분석은 인간에게는 가치 체계(기본 성향, predisposition)가 존재하며, 그 중심에 자리 잡고 있는 "태도" 주어진 대상에 대한 감정적 평가(대상에 대한 좋고 싫음의 정도)를 의미한다. 성장과정의 경험에 따라 태도는 각자 다양하게 나타나는데, 경험한 바 없고 자신의 이익과 무관한 것에 대해 중립적 태도, 직간접적으로 경험한 대상이나 이익과 결부된 대상에 대해 확고한 태도를 가지고 있다. 둘째, 인간행위의 선택성은 자신의 기존 태도에 따라 선택적으로 참여하고, 선택적으로 인식하며, 선택적으로 저장하고, 선택적으로 회상한다(selectivenesss) 이는 곧 청중 스스로 좋아하는 스피치만 골라듣는 경향을 의미하고 좋아하는 연사나 태도에 부합하는 스피치만을 골라 듣는다(지극히 싫어하는 연사를 회피하지만, 좋아하는 연사의 연설을 꼭 들으려 한다. 이는 매스미디어 선택에서도 나타난다.)는 태도이다. 셋째, 선택적 인식(해석)은 주어진 메시지를 자신에게 유리하게 인식하고 해석하는 경향이 있으며, 청중은 스피치를 있는 그대로 받아들이지 않고 자신에게 유리한 방향으로 해석하거나, 자신이 좋아하는 내용만을 골라 받아들이며 스피치는 받아들이는 사람의 태도에 따라 다르게 해석될 수 있는 태도를 의미한다. 넷째, 선택적 저장 및 회상은 자신이 좋아하거나 필요한 부분만을 선택하여 기억 속에 저장하고 회상하는 경향을 의미하며, 청중은 아무리 중요한 이야기라도 태도에 부합하지 않는 것은 쉽게 흘려보내고 유리하거나 필요한 것만 골라 기억하지만 기억한다 하더라도, 좋아하는 스피치에 대해선 주로 긍정적인 부분을, 싫어하는 스피치에 대해선 부정적인 것들 위주로 기억하는 태도를 의미한다. 다섯째, 청중의 기존 태도는 듣고, 해석하고, 기억하는 대상과 방법을 결정하는 데 막대한 영향력을 행사하므로 청중의 태도를 정확하게 파악하지 않고 그들을 설득하거나 가르치려 든다면 시간낭비이다. 청중이 나를 얼마나 좋게 생각하는가?를 알아야(우호성과 존중성을 파악하자. 우호성 낮다고 생각되면 감성 아닌 이성적 논의를 중심으로 전개해야)하는 태도이다. 여섯째, 주제에 대한 태도로 청중 개인의 태도뿐 아니라, 주제에 대한 그들의 태도도 파악하여야 하며, 연사 자신의 태도와 비슷하다면 자신의 관점을 입증하기 위해 많은 증거를 동원할 필요는 없으며, 반면에 연사 자신의 태도와 상반된다면 조심스럽게 관점을 피력해야 하며, 충분한 증거를 준비해 입증해야 한다(예: 지역개발이 주제일 때- 환경을 해치지 않으며, 개발하지 않으면 경제난 겪는다는 점을 강조한다)는 태도이다. 일곱째, 주제에 대한 흥미도로 청중이 스피치에 대해 얼마나 관심을 갖고 있는가?이다. 즉 주제에 관심 있으먼 스스로 경청하지만, 반대의 경우 좀처럼 경청하지 않는다면 호응을 얻기 위해서는 흥미 있는 주제를 선택해야만 하고 흥미 없는 주제로 스피치 할 때는 왜 그 주제가 중요한가를 자세히 설명함으로써 흥미를 유발하여야 한다는 태도이다. 끝으로, 스피치 목적이란 연사가 스피치 통해 궁극적으로 성취하고자 하는 바를 의미하는 것으로 예컨대 선거 연설은 득표가 목적이며, 정치 토론은 자신의 주장을 지지하도록 하는 것이며, 대고객 프레젠테이션은 청중의 좋은 평가를 유도하고 채택하게 하는 것, 그 외 정보를 효과적으로 전달하는 것 등으로 청중은 목적에 따라 분류가능하며 호의적이며 열광적(짧고 명확하게 목적 언급. 연역법이 효과적), 침착, 관심 있으나 비호의적(분위기 무르익으면 목적 언급)이며, 적의적(목적을 직접 언급하지 말고. 공통점 및 동의하는 부분에서 출발해 차근차근. 근거부터 제시하고 주장은 마지막에 내세우는 귀납법이 효과적)인 태도를 파악하여 상황에 맞게 프레젠테이션을 진행하면 된다.

표 11-1 청중의 반응의 의미	
청중의 행동	의미
고개를 끄덕인다	찬성한다
고개를 갸웃거린다	의문을 보유한다
눈을 감고 있다	지루하다
팔짱을 끼고 있다	숙고 중이다
발을 떨고 있다	초조하고 짜증난다
옆을 보고 있다	도망가고 싶다
물건을 가지고 장난을 치고 있다	의문을 느끼고 있다
나를 주시하고 있다	흥미를 가지고 있다

(2) 청중의 지식수준

아무리 멋지고 훌륭한 스피치라도 청중이 이해하지 못한다면 소용없을 것이다(예: 델레비전 시청률과의 관계) 청중의 이해 여부를 결정짓는 것은 청중의 지식수준으로 일반적 지식수준은 어휘와 문법, 논리에 대한 이해력 등(주제를 알지만 무관심할 땐 중요성을 강조하고 삶과 결부시켜 설명해야)이 기준이며, 주제에 대한 지식수준은 청중의 예비지식으로 주제에 관한 직간접 경험에 따라 결정된다. 이를 판단하기 위해 직접 경험 유무를 판단한 뒤, 교육 수준 및 시사에 대한 관심을 파악해야 하는데 즉, 배경지식 정도에 따라 신축성 있게 접근해야 한다.

표 11-2 청중의 지식수준

청중＼지식	높다	낮다
일반인	%(명)	%(명)
전문가	%(명)	%(명)

(3) 청중의 사회 · 경제적 지위

청중의 사회·경제적 지위에 따라 입장이 다르면 관심도 다르며, 같은 화제라도 보는 시각을 달리하고 넓은 시야에 입각한 의견을 제시하면서 전문가로서의 의견과 공평한 시각을 갖는다고 할 수 있다. 전문가일수록 유감스럽게도 시야가 좁아지는 경향이 있다. 그러나 사회적, 경제적 지위가 높은 청중일수록 전체의 균형을 중시한다.

표 11-3 전문가와 일반인 비교

전문가	일반인
〈전문가 청중에게는 데이터로 승부해야 한다〉	〈어려운 내용을 "쉽고 평이하게" 표현할 수 있는 사람이 진짜 뛰어난 전문가〉
− 10배의 데이터로 무장 한다. − 10% 쯤은 자신의 주장과 다른 데이터를 수집해 두는 것도 필요하다. − 전문가 청중은 자부심을 세워 줄 필요가 있다 ("이 점에 대해서는 여러분이 전문가라 생각합니다만…" 등)	− 청중과 눈높이를 맞춘다. − 전문용어를 사용하지 않는다. − 전문용어를 해설한다. − 신변의 화제와 결부시킨다. − 많은 사례를 예시한다. − 테마를 압축한다.

(4) 청중의 욕구

스피치에 임하는 청중의 욕구는 다양하며, 연사의 비전이나 능력을 알기 위해, 새로운 사실을 배우기 위해, 정체성을 고취시키기 위해, 그저 연사의 얼굴이나 목소리를 듣기 위해 등으로 이를 충족시키는 방향으로 준비해야 한다. 이러한 욕구를 이해하지 못한 채 스피치를 하거나 알면서 무시하면 청중의 호응을 얻을 수 없다.

(5) 청중의 감정

좋은 연사는 청중의 감정 상태 잘 이용하고 이를 적용할 수 있어야 하는데, 애국심이 고취되어 있는 청중에겐 애국심에 호소할 수 있는 스피치, 기분 상한 청중에겐 그 감정을 피해 가는 방향으로 스피치를 지향하여야 스피치 효과를 극대화 할 수 있다.

(6) 청중 구성 특성

청중 구성상 특성 즉 집단으로써의 청중 분석으로 동일성 집단과, 조직성 정도의 청중분석으로 구분된다. 첫째, 동일성 집단은 개개인의 군집이 아닌 하나의 집단으로 동질성 여부에 대한 판단은 한 하부 집단이 청중의 절대 다수를 형성하지 않는 한, 각 하부 집단의 특성을 고루 반영하여 스피치를 준비하면 되는데, 유의할 점은 청중 가르기 즉 전체를 동일시함으로써 불쾌감 유발할 수 있는 스피치는 가급적 피하는 것이 좋다(예: "교회를 나가는 분도 있고, 그렇지 않은 분도 있다…"). 둘째, 조직성 정도에 따른 청중분석은 조직력이 약한 청중(대중)은 주의가 산만하고 관심을 집중시키기 힘들기 때문에 물리적 특성에 대한 파악이 필요하며, 청중의 크기 즉 규모에 따라 목소리와 제스처 달라져야 한다. 물리적 환경(강당, 운동장에 서 있는가?, 앉아 있는가?), 좌석배치 배치 상태에 따라 횡일 경우는 몸을 좌우로 움직이며, 종일 경우는 눈 만 움직이며 되고 흩어진 상태 등을 고려하여 맞춤형으로 스피치를 하여야 한다.

표 11-4 청중 구성 특성		
	소수	다수
종류	원내 회의, 전문가 회의, 자문위원회 정책협의회 등	학회, 전람회, 강연회, 국제회의 등
숫자	10~20인 정도	100인 이상
청중의 성격	· 단일 · 청중 상호간에 안면이 있다 · 청중 사이에 긴장감이 있다	· 혼합 · 청중은 서로 모른다 · 청중 사이에 긴장감이 없다
프리젠테이션 주의점	· 테마가 구체적이다 · 컨셉을 압축하기 쉽다 · 비주얼을 많이 사용할 수 있다 · 연출에 그다지 공들이지 않는다 · 자료는 그때그때 배포한다	· 테마가 일반적이다 · 컨셉을 압축하기 힘들다 · 비주얼에 제한이 있다 · 공들인 연출이 필요하다 · 자료는 전후에 일괄 배포한다

(7) 청중에 대한 정보 수집

청중에 대한 정보 수집은 직접적 정보수집과 간접적 정보수집 두 가지로 구분할 수 있다. 첫째, 직접적 정보 수집은 인터뷰나 설문 조사 등을 통해 정확하지만 시간과 노력 필요하다. 둘째, 간접적 정보 수집은 정보원(청중을 잘 아는 제3자)을 통해 수집하는 방법으로 정확성이 떨어지는 단점이 있다. 정보 수집은 사회 인류학적 요인인 나이, 성별, 교육 및 경제 수준, 직업, 주거지역, 출신지역 및 학교, 소속 집단, 종교 등 표면에 드러나는 상황들을 유용한 정보를 손쉽게 얻을 수 있으나 객관적 사실보다 집단에 대한 고정관념을 기초로 하고 있다.

2) 상황분석

(1) 스피치 상황분석

청중분석과 동시에 행해져야 하는 것이 스피치 상황분석이다. 시간, 장소, 행사, 규칙과 습관의 4가지로 구분되는데, 첫째로 시간은 스피치는 여러 가지 측면에서 시간의 영향을 받기 때문에 좋은 스피치를 구사하기 위해서는 시간적 요소를 고려하여야 하며, 시간적 요소는 시기(계절), 순서(자신의 스피치 전후에 누가 어떤 성격의 스피치를 하는지, 사회자는 어떤 역할인지 등)는 특히 정치 연설에서 중요하며(연설 후 곧장 투표 시엔 투표 직전 연설자가 유리, 상당한 시간 지난 뒤 투표하면 먼저 연설한 사람이 유리한 것은 청중의 기억력과 관계로 불리한 위치일수록 기억에 남도록 하여야 한다), 제한시간 준수 등이 있다. 둘째, 장소는 좋은 연사가 되기 위해 스피치 장소가 가지는 여러 특성을 잘 이용하여야 하고, 장소적 특성으로 장소의 역사성, 연단의 크기와 높이, 조명, 마이크나 카메라 유무, 청중의 배열 등을 고려하여야 한다. 셋째, 행사로 연사는 자신의 스피치가 어떤 행사의 일환으로 행해지는가를 고려하여 그 행사의 성격에 맞도록 자신의 스피치를 준비하여야 한다. 자신의 평소 소신에만 집중하여 행사의 성격을 무시한 채 자기 중심적으로 스피치를 하게 되면 청중의 호응을 얻기가 힘들 수 있다. 끝으로, 규칙과 관습으로 어떠한 스피치도 그 사회나 조직의 규칙과 관행의 틀을 벗어나면 안되고, 자신의 스피치 목적에 지나치게 집착하여 규칙과 관행을 위반하지 말아야 한다.

(2) AIKAPP 분석

AIKAPP란 청중(audience)의 흥미(interest), 지식(knowledge), 태도(attitude), 포지션 (position), 정치적 경향(politics)의 머리글자를 딴 것으로 청중분석 방법으로 본 분석을 통하여 청중의 이미지를 포착한다.

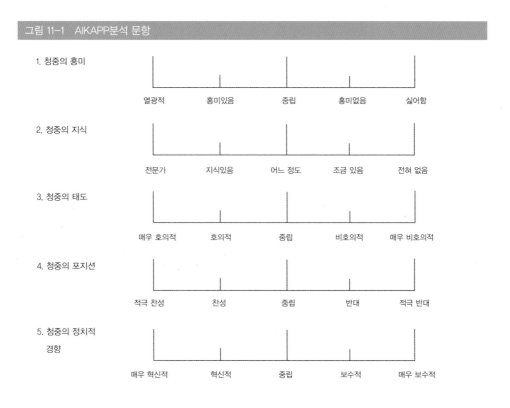

그림 11-1 AIKAPP분석 문항

1. 청중의 흥미

열광적　　흥미있음　　중립　　흥미없음　　싫어함

2. 청중의 지식

전문가　　지식있음　　어느 정도　　조금 있음　　전혀 없음

3. 청중의 태도

매우 호의적　　호의적　　중립　　비호의적　　매우 비호의적

4. 청중의 포지션

적극 찬성　　찬성　　중립　　반대　　적극 반대

5. 청중의 정치적
　경향

매우 혁신적　　혁신적　　중립　　보수적　　매우 보수적

3　청중 학습이론

청중분석을 위해서는 청중에 대한 학습이론에 대하여 연구할 필요가 있다. 지식의 형성과 습득의 본질과 과정에 대한 인식론적 입장은 크게 행동주의와 인지주의를 포함한 객관주의라는 패러다임과 그것과 대비되는 구성주의라는 패러다임으로 요약될 수 있다. 객관주의적 인식론에 따르면 지식은 이미 형성되어 있는 것이며 그것은 보편적,

초역사적, 범우주적 성격이라고 보고 있다. 반면 그런 객관적·보편적 성격의 지식이나 진리를 부정하고, 대신 지식은 사회, 문화, 역사적 상황하에 개개인에 의해 구성되는 것이라고 전제하고 있다.

지식은 구성되는 것이란 전제하에 구성주의는 지식 구성의 주요 요인을 관점의 기준으로 개인의 인지적 작용에 두느냐, 혹은 사회적 상호작용에 두느냐에 따라 다시 인지적 구성주의와 사회적 구성주의로 구분될 수 있다. 인지적 구성주의는 피아제의 인지적 발달이론에 근거하여 지식 구성의 주요 요인으로 개개인의 내면적 인지 작용으로 보고 있으며, 반면에 사회적 구성주의는 Vygotsky의 사회적 인지 발달 이론에 근거하여 지식 구성의 주요 요인은 인간의 인지적 작용과 사회적 관계의 역동적이고 밀접한 상호작용에 의한 것이라고 본다.

지식은 1980년대 구성주의가 시초로, 1970년대 인지주의를 거쳐 20세기 중반 행동주의로 발전해 왔으며, 구성주의에서는 피교육자는 능동적인 지식의 창조자로 세상을 관찰하고 조작하고 해석함으로써 지식을 습득한다는 주의로 본 장에서는 객관주의 패러다임인 행동주의 학습이론과 인지주의 학습이론을 중심으로 기술하고자 한다.

표 11-5 청중 구성 특성		
	객관주의	구성주의
지식의 정의	고정되어 있고 확인 될 수 있는 존재	개인의 사회적 경험을 바탕으로 지식을 구성
최종목표	진리추구	적합성 · 타당성
교육목표	진리와 일치되는 지식습득	개인의 지식 구성의 사회적 적합성과 융화성
주요용어	발견	창조와 구성
지식의 특성	초역사적, 우주적, 초공간적	상황적, 사회 · 문화 · 역사적
현실의 특성	규칙과 방향으로 규명될 수 있고 통제와 예언 가능	불확실성, 복잡성, 독특성, 가치관의 충돌

1) 행동주의 학습이론

(1) 개념

행동주의 학습이론의 기본 틀은 자극과 반응이며 자극에 반응하는 작용에 의해서 학습되어지는 현상을 설명하였는데, 이를 사극과 반응의 연합 이론, 또는 S-R이론 이라고도 한다. 자극에 대한 반응으로써 외면적으로 관찰할 수 있는 행동의 반응이 있으면 내면적 행동을 포함하기도 하는데 심리학자 왓슨에 의해 등장하였으며 이후 행동주의 이론은 여러 학자들에 의해 다양한 견해와 함께 연구되었다. 행동주의 학습이론을 발전시킨 왓슨은 인간에 대한 이해가 관찰 가능한 외현적인 행동과 그러한 행동을 이끌어내고 강화시키는 사건들의 과학적 관찰에 근거를 두어야 한다고 주장하였다. 이러한 주장은 미국에서 행동주의 학습이론이 다양한 연구를 할 수 있는 토대를 마련하였다고 할 수 있으며 그를 통해 파블로프는 개를 대상으로 한 조건반사 연구를 통해 고전적 조건화 이론을 연구하였다. 손다이크는 새로운 행동을 학습하기 위한 시행착오를 경험하면서 학습하는 이론을 연구하였고 스키너는 조작적 조건을 통해 비둘기의 지렛대 반응 실험을 하였으며 다양한 과학적 측면의 실험을 통해서 자극과 반응적 행동을 연구하는 학습이론을 제시하였다.

(2) 학습원리

행동주의 학습이론의 학습원리는 조건자극과 무조건적 자극이 반복될 때, 무조건 자극은 조건자극에 대해 강화의 기능을 가지는 강화의 원리, 조건자극과 무조건 자극이 시간적으로 거의 동시에 혹은 조건자극에 앞서 주어져야 효과적이라는 간격의 원리, 조건자극과 유사한 자극에 조건반응이 일어나는 일반화의 원리, 훈련 시 사용된 자극이나 한정된 범위의 자극에만 반응하는 변별의 원리의 4가지 원리로 정의된다.

(3) 기본가정

학습을 경험이나 연습을 통해서 일어난 행동의 지속적인 변화로 간주하는 행동주의는 객관적으로 관찰할 수 있는 구체적인 행동을 연구 대상으로 하며, 내재적인 사고 과정이나 구조에는 관심이 없다. 이러한 특징에서 "행동주의"의 명칭이 태생하였으며. 개개인의 환경과 상호 작용하는 과정에서 일어나는 여러 가지 형태의 비교적 지속적이며 의미 있는 변화를 뜻하며, 반면에 선천적으로 이미 형성된 행동과 신경계통의 성숙으로 자연 발생적으로 일어나는 변화 혹은 피로나 약물 등의 효과는 학습에서 제외된다.

기능주의적 성향을 갖고 있는 행동주의는 내재적인 사고 과정을 배재하는 주의이지만 예외적으로 능동적인 행동에 의한 인지적 능력을 함께 설명할 수 있다. 고전적 조건화는 학습자가 수동적인 행동을 하는 것만을 설명하지만 능동적인 행동을 강조했던 학자들의 연구도 포함되며, 이러한 설명에 대한 주요한 가정은 다음과 같다. 첫째, 유기체의 모든 행동, 즉 바람직한 행동은 물론 바람직하지 않은 행동은 학습된다. 따라서 모든 행동은 학습을 통해 변화시킬 수 있다. 둘째, 학습은 경험이나 연습을 통해 행동이 변화되는 과정이다. 행동주의는 출생 시의 상태를 백지상태(tabularasa)에 비유하고 선천적인 소인(素因)을 인정하지 않는다. 또 인간의 행동은 환경과 과거에 의해 통제된다는 결정론적 입장을 취하고 있다. 셋째, 학습자는 학습과정에서 능동적으로 반응하는 존재다. 많은 사람은 행동주의 심리학이 학습자를 환경 자극에 단순히 반응하는 수동적 존재로 가정하고 있다고 오해한다. 그렇지만 고전적 조건 형성이 학습자를 수동적인 존재로 규정한다는 것을 예외로 하면 행동주의는 학습자를 능동적인 존재로 가정하고 있다. 대표적인 행동주의자 스키너(Skinner,1968)는 학습 과정에서 학습자의 능동적 반응을 강조한다. 넷째, 환원주의(reductionism)의 관점에 입각하여 복잡한 환경은 단순한 자극으로 나눌 수 있고, 복잡한 행동은 단순한 반응으로 나눌 수 있다고 가정한다. 또 연합주의(associationism)에 근거하여 복잡한 행동은 단순한 반응이 결합된 것과 같다고 가정한다. 즉, 행동주의는 전체가 부분의 합과 같다고 가정한다. 다섯째, 인간을 포함한 모든 동물은 보편적인 학습 법칙을 따른다. 그러므로 인간과 동물의 차이는 질적인 것이 아니라 양적인 것에 불과하다. 행동주의는 인간과 동물을 유기체(有機體, organism)라고 칭한다. 행동주의는 인간과 동물이 질적 차이가 없다고 보고 동물실험에서 밝혀진 학습의 원리와 법칙을 인간에게 그대로 적용한다. 여섯째, 학습은 자극과 반응 사이의 연합을 형성하는 과정이다. 행동주의에 따르면 심리학은 환경 자극과 그 자극에 대한 반응 사이의 관계를 객관적으로 탐구해야 한다. 그래서 행동주의를 자극-반응 이론(S-R 이론)이라고 부르기도 한다.

행동주의 학습이론은 자극을 통해 새로운 반응으로 변화할 수 있으며 이것은 경험이나 연습을 통해서 학습되는 과정이라고 할 수 있다. 단순히 수동적인 행동의 반응의 결과로만 생각하는 잘못된 이해가 있지만 스키너의 조작적 조건화 과정에서는 능동적인 행동을 강조하며 반두라의 사회학습이론도 이러한 관점을 지니고 있다. 또한 환원주의 관점에 입각하고 자극과 반응에 대한 객관적 연구를 기본가정으로 정의하고 있다.

(4) 선행연구 분석

① 파블로프(I.Pavlov) 고전적 조건화

파블로프의 행동주의 학습이론은 개를 대상으로 종소리(중성 자극)와 먹이(UCS, 무조건 자극)를 두고 타액분비와 무관하던 종소리(CS, 조건 자극)를 울려 개가 타액을 분비(CR, 조건반응)하게 하는 실험을 하였다.

파블로프(Pavlov,1927)는 구조화된 실험을 위해 개의 턱 밑에 간단한 수술을 실시하여, 분비된 침이 개의 몸 밖에 마련된 통에 담기도록 관을 삽입하였고 온도와 조명 및 소음을 일정하게 통제한 방에 시술한 개를 묶어두었다. 이처럼 온도, 조명 및 소음 등을 통제한 것은 이런 요인들이 개의 행동에 영향을 미치지 못하게 하기 위한 것으로 개가 방의 환경에 익숙해진 이후, 실험이 진행되었다.

실험은 종소리를 울린 후 30초 뒤에 소량의 먹이를 개에게 주었고, 이와 같은 동일한 절차를 몇 차례 반복한 후 먹이를 주지 않고 종소리만 울렸더니 침을 분비하게 되었다. 즉 처음에는 먹이로 인해 침이 분비되었으나, 실험을 통해 개는 종소리와 먹이를 연결하게 되어 종소리만으로도 침을 분비하게 된다. 이 실험이 바로 유명한 파블로프의 조건반사 연구이다.

개가 먹이를 먹기 위해 침을 분비하는 것은 타고난 반사 행동으로, 유기체의 의지와 관계없이 본능적으로 일어나는 행동이다. 이러한 반사 행동은 인간에게도 나타나며, 학습되지 않고서도 어떤 자극에 의해 자동적으로 반응하게 되는 것이다. 하지만 실험실의 개가 먹이를 입에 넣기도 전에 침을 분비하게 된 것은 타고난 행동이 아니라 전에는 반응을 일으키지 못했던 자극에 대한 새로운 행동이 학습되었음을 의미하는 것이다.

그림 11-2　고전적 조건화 실험

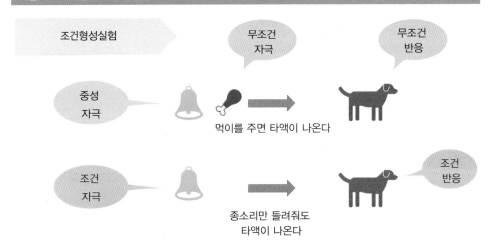

② 손다이크(Thorndike) 시행착오설

손다이크의 시행착오설은 어떤 상자 안에 쥐를 넣고 쥐가 우연히 탈출을 위해 시행착오를 거치게 된다. 쥐는 이렇게도 가보고 저렇게도 가보다가 우연히 레버를 누르게되고 탈출구기 열려 나간 수 있게 된다. 하지만 인간의 학습은 동물들의 학습과는 조금 다른 차원이어야 할 필요가 있으며, 가장 큰 특징은 유기체로서 자발적으로 수행할 수 있는 능력을 가진 존재이기 때문이다.

그림 11-3　시행착오설 과정

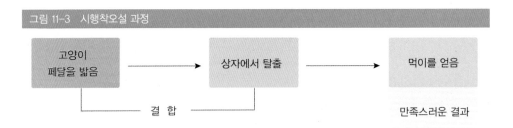

③ 스키너(Skinner) 조작적 조건 형성이론

버허스 프레더릭 스키너(Burrhus Frederic Skinner, 1904~1990)는 미국의 심리학자로 심리학이 관심을 갖는 것은 행동의 내부 메커니즘이 아니라 관찰할 수 있는 겉모습의 행동이라고 생각했다. 그는 과학은 반드시 자연과학의 패러다임에 있다고 생각하고 실험자가 통제하는 자극에 이어 유기체 반응 사이의 함수 관계를 정립해야 했다. 물론 하나의 자극과 하나의 반응 사이의 관계뿐만 아니라 자극과 반응의 관계를 변화시키는 조건도 고려해 R=f(SoA)라고 공식화하였다. 행동주의의 주요 관점은 심리학은 의식을 연구할 것이 아니라 행위만을 연구하여 행위와 의식을 완전히 대립시켜야 한다는 것이다. 연구 방법에 있어서 행동주의는 내성법을 사용하지 않고 객관적인 실험방법을 채택할 것을 주장한다.

그는 학습과정을 응답형 조건작용과 조작형 조건작용의 두 가지 유형으로 분류하였고, 고전적 행동주의는 전자, 스키너는 후자를 연구한다. 조작적 조건반사의 형성은 유기체가 일정한 동작반응을 하는 것에 의존하고, 고전적 조건반사의 형성은 유기체의 무조건적인 반사에 의존한다. 행동주의와 같이 언급을 회피하는 대신 의식의 존재를 인정하지만, 의식은 유기체 피부 안에서 일어나는 사유사건에 불과하다고 생각하며, 이는 행위의 생리적 중개물로서가 아니라 행위 자체의 일부로서 감각적 감각은 모두 자극 통제형식으로 분석할 수 있다고 하였다.

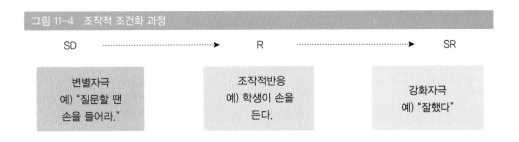

그림 11-4 조작적 조건화 과정

이상에서 행동주의적 학습이론은 고전적 조건화와 조작적 조건화로 설명할 수 있다. 두 조건화를 비교하면 자극반응-반응계열은 고전적 조건형성에서는 자극이 반응의 앞에 오고, 자극의 역할에서는 고전적 조건형성은 반응이 추출된다. 그리고 자극의 자명성은 고전적 조건형성에서는 특수반응은 특수자극을 일으키며, 조건형성과정은 고전적 조건형성에서는 한 자극이 다른 자극을 대치한다. 반면에 조작적 형성과정은 고전적 조건형성 과정의 반대로 이해하면 된다. 내용에서는 고전적 조건형성은 정서적·불가의적 행동이 학습되고, 조작적 조건형성은 목적지향적, 의도적 행동이 학습된다.

표 11-6 고전적, 조작적 조건형성 비교		
	고전적 조건형성	조작적 조건형성
자극-반응계열	자극이 반응의 앞에 온다.	반응이 효과나 보상의 앞에 온다.
자극의 역할	반응은 추출된다.	반응은 방출된다.
자극의 자명성	특수반응은 특수자극을 일으킨다.	특수반응을 일으키는 특수자극이 없다.
조건형성과정	한 자극이 다른 자극을 대치한다.	자극의 대치는 일어나지 않는다.
내용	정서적 · 불가의적 행동이 학습된다.	목적 지향적, 의도적 행동이 학습된다.

2) 인지주의 학습이론

(1) 개념

학습이론이란 학습이 일어나는 현상을 설명하는 방식이다. 이러한 방식은 연합주의 학습이론과 인지주의 학습이론으로 구분되어 연구되어 오고 있으며, 두 학습은 인간학습 현상을 부분적으로 설명하는 이론으로 인정되고 있다. 인지주의 학습이론은 학습이란 학습자가 기억 속에서 학습사태에서 일어나는 여러 가지 현상에 관한 정보를 보존하고 조직하는 인지구조를 형성하면서 일어난다고 주장한다. 인지주의 학습이론의 배경이 되는 기본가정은 인간의 감가을 통하여 받아들이는 외부자극 요소들이 함유하고 있는 뜻을 추출해 내는 인지 혹은 사고 과정을 통하여 사고내용이 형성되고 이를 사고내용이 행동을 유발하는 원인이 된다는 것이다.

인지주의 학습이론의 중심 주제는 개념형성, 사고과정, 지식의 획득 등이며, 인간의 지각, 인식, 의미, 이해 그리고 이와 유사한 의식의 경험 등이 학습을 결정하는 중심 개념으로 간주한다.

인지주의 학습이론에 포함되는 이론으로 Piaget 인지발달 이론, Bruner 발견학습, Ausubel의 유의미 학습, Gagne의 9가지 수업사태, 정보처리이론 등이 있으며, 현대 학습 심리학 연구의 주류를 이루고 있다. 정보처리이론은 청중분석에서 중요한 이론으로 4절에서 설명하겠다.

그림 11-5 인지처리과정

(2) Piaget 인지발달 이론

피아제(JeanPiaget)는 아동의 지적성숙이 일련의 시기를 통하여 발달하는 것으로 파악한 교육자이자 철학자이다. 그의 연구는 단계이론을 구성하고 있는데 첫째, 불변적 순서(Invariant Sequence)와 둘째, 발달적 변화의 본질(The Nature of Developmental Change)로 각 단계들은 유전적으로 결정되는 것이 아니라 사고방식이 점점 더 포괄적으로 되어가는 것을 나타낸다고 생각하였다. 즉, 피아제(Jean Piaget)는 지적성장을 개별아동과 그의 환경과의 상호작용에 의한 발달적 과정이라고 보았다. 적응의 과정은 새로운 정보나 새로운 경험을 접했을 때, 이미 자신에게 구성되어있는 인지구조에 의거 해석하는 동화(Assimilation), 주어진 상황에 맞게 기존의 인지구조를 변화시키는 조절(Accommodation)의 상호작용이며 동화와 조절을 통해 적응과정이 균형을 이룬 상태를 평형(Equilibrium)이라고 하였다.

그림 11-6 피아제의 발달적 과정

또한, 피아제(Jean Piaget)의 인지 발달단계로 감각운동기(Sensori-Motor Stage, 0~2)는 간단한 반사반응을 하고 기본적인 환경을 이해하는 시기이다. 외부세계에 대한 정보를 습득하기 위하여 반복적이 반사활동을 한다. 전조작기(Preoperation Stage, 2~7)는 아동들이 언어를 사용하게 되면서 사물이나 사건을 기억하고 표현하는 능력이 가능하지만 조작능력에는 한계가 있어 변형된 경험을 논리적으로 환원시키지 못하고 지각에 의한 직접적 경험으로 사물이나 사건을 이해한다. 구체적 조작기(Concrete Operation Stage, 7~11)는 구체적인 사물과 구체적인 행위에 대해서만 체계적으로 사고하고 직접적인 경험을 통해서만 인지를 획득하는 단계이다. 형식적 조작기(Formal Operation Stage, 11~성인기)는 직접적으로 경험하지 않아도 추상적으로 사고하고 추론을 통해 가설을 세워 검증할 수 있으며, 또한 조합적 사고를 통해 여러 가지 가능성을 생각하고 가설을 검증하면서 다양한 문제해결능력과 분석능력이 발달하게 되는 단계로 구분하여 설명하고 있다. 각 단계를 통과하는 속도는 개인차에 따라서 다르며 인지발달단계는 불변적 순서로 되어 전 단계를 거치지 않고 다음 단계로 넘어가지 않고, 유전자에 의해서가 아닌 환경을 탐색, 조정, 이해함으로써 인지구조가 변화한다고 설명하고 있다.

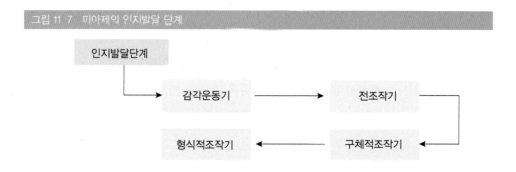

그림 11 7 피아제의 인지발달 단계

(3) Bruner 발견학습 이론

브루너는 학교학습의 목적을 학습자의 지적 성장을 돕는 것으로 보고 이를 가장 잘 구현한 것이 발견학습법이라고 보았고, 발견학습이란 학습자에게 교과를 최종적인 형태로 제공하는 것이 아니라 그 최종형태를 학습자 스스로 조직하도록 하는 학습법이라고 정의한다. 또한, 발견이란 대상 간에 존재하는 유사점과 차이점을 발견하여 관계성을 연결하는 의미로 유목의 형성이며 분류체계의 형성이다.

　Bruner는 발견학습 형성을 위해서는 최소한 학습의욕, 지식의 구조, 계열 및 강화의 방법이라는 네 측면을 효율화하는 방법을 제시해야 한다고 강조하였고 이는 다음과 같다. 첫째, 학습의욕은 다양한 가능성을 탐색하려는 경향을 의미하며, 분류체계를 형성하려는 발견학습에 있어서 학습의욕은 매우 중요하므로 이를 극대화하는 것이 중요하다고 보았다. 둘째, 지식의 구조는 일종의 분류체계로 특정 학문분야에 포함되어있는 기본적 사실, 개념, 명제, 원리, 법칙을 분류하여 체계화한 것으로 이를 익히게 되면 새로운 대상·사실·사태를 서로 관련짓고, 또 기존의 정보와 관련 지울 수 있게 된다. 즉 정보를 단순화하는 능력, 새로운 원리를 생성해 내는 능력, 지식의 조작능력을 크게 중대시킬 수 있다. 이러한 지식의 구조는 표현양식, 경제성, 생성력의 세 가지 특성으로 기술될 수 있다. 잘 구조화된 지식의 구조는 올바른 방식으로 표현되고 경제성과 생성력이 있도록 조직된 지식이다. 지식의 구조는 학습자의 수준에 따라 행동적 표현(행동이나 동작을 통해 지식을 표현), 영상적 표현(이미지 등을 통해 지식을 표현), 상징적 표현(언어·기호 등을 통해 지식을 표현)으로 번역될 수 있으며, 상징적 표현이 가장 경제성이 높다고 볼 수 있다. 셋째, 계열이란 학생들이 학습내용을 이해, 변형, 전이하는데 도움이 될 수 있도록 학습과제를 순서대로 조직, 제시하는 원칙을 말한다. 끝으로 강화는 학습은 결과에 대한 지식이 제공되고 거기서 만족을 얻게 될 때 이루어지고 강화는 학습자가 자기 학습의 결과를 확인하고 거기서 만족을 얻는 내적 강화일 때 학습에 가장 효과적으로 나타난다. 이 네 가지 요소를 이상적으로 조작할 수 있는 수업 방법이 발견학습이라는 형태로 나타난다고 보았다.

　이러한 발견학습은 분류체계를 형성하게 하는 것이므로 지식의 파지력과 전이력을 증진시켜주고, 분류체계의 형성을 위한 노력은 학습자의 유추능력과 같은 고등 정신능력의 중진을 가져오며, 이를 통해 문제해결능력을 지니게 하며, 문제의 해결은 발견의 기쁨을 통하여 학습자의 내적 동기를 강화시켜 주는 장점이 있다. 하지만 모든 지식을 학생 스스로 발견할 수 없으며, 문제 해결력만이 교육의 목표가 아니라는 단점이 있다.

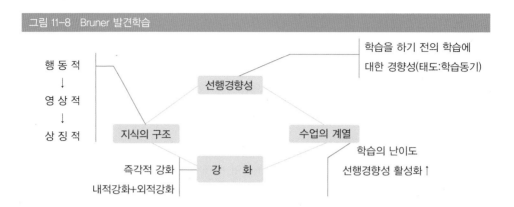

그림 11-8 Bruner 발견학습

학습을 하기 전의 학습에
대한 경향성(태도:학습동기)

행 동 적
↓
영 상 적
↓
상 징 적

선행경향성

지식의 구조

수업의 계열

학습의 난이도
선행경향성 활성화↑

즉각적 강화
내적강화+외적강화

강   화

(4) Ausubel의 유의미 학습 이론

Ausubel의 유의미 학습은 학습자가 자신이 가진 지식의 체계에 새로운 지식을 관련시킬 때에 일어난다고 한다. 즉, 학습자가 가진 인지구조는 학습의 영향을 미치는 큰 요소로 작용하여, 새로운 정보가 기존의 인지구조로 돌아와 융화, 동화 등의 작용으로 재조직화 되어서 새로운 의미를 생성하는 개념들이 곧 영구적인 파지로 인지 체제 속에 남게 된다는 것이다. 학습자는 주어진 과제를 의미 있세 학습할 수 있기 위해 실사성과 구속성, 관련 정착 의미, 유의미 학습 태세를 가져야 한다. 실사성이란 한 과제를 어떻게 표현하더라도 그 과제의 의미가 변하지 않는 것을 의미한다. 구속성이란 일단 임의적으로 맺어진 관계가 하나의 관습으로 굳어진 후에는 그 관계가 다시 임의로 변경될 수 없는 성질을 의미한다. 또한 학습자는 그 학습에 요구되는 관련 정착 의미를 가지고 있으면 주어진 과제는 잠재적 유의미한가를 지니게 된다. 즉, 그 과제는 정착 의미에 관련될 수 있고 학습자는 이에 요구되는 정착 의미를 소유할 수 있으며, 그가 원하기만 한다면 그것을 의미 있게 만들 수 있게 된다.

마지막으로 유의미 학습 태세란 학습과제를 인시구조에 구속적이고도 실행적으로 관련시키고자 하는 학습자의 성향을 의미한다. 학습자가 만일 과제를 자신이 가지고 있는 정착 의미에 관련시키고자 하는 의향이 있고, 또 그렇게만 한다면 마침내 유의미 학습이 일어나게 된다. 즉 유의미 학습의 조건은 학습과제는 정착 의미와 실행적이고 구속적인 형태로 관계될 수 있어야 하고 학습자는 그 과제에 관련될 수 있는 정착 의미를 가지고 있어야 하며, 학습자는 그 과제를 실행적이고 구속적인 정착 의미에 관련시키고자 하는 의향이 있어야 한다. 유의미 학습에서는 잠재적 유의미가를 지닌 과제가 관련 정착 의미에 구속적으로 관련이 된다. 즉, 구속적인 성질 때문에 과제에 내포된 잠재적 의미와 인지구조 내의 정착 의미가 관련성이 있으며 이 결과로 생긴 의미는 상당히 쉽게 획득되고 이해되는 것이다. 반면에 임의적으로 관련될 때, 즉 그 과제가 구속성이 없을 때에는 새로이 획득한 의미를 정착 의미와 관련성이 없기 때문에 기억하기가 어려운 것이다. 또 하나의 장점은 과제의 양과 경과된 시간량에 구애되지 않는다는 것이다. 기계적 학습은 외워야 할 과제의 양과 그 과제를 외우는 데 주어진 시간량에 의해서 제한을 받는 반면, 유의미 학습에서는 학습과제를 정착 의미에 관련시키고 조합시키는 과제의 실행성 때문에 이러한 제한을 훨씬 적게 받게 된다.

표 11-7 유의미 학습의 조건

선행조직자는 인지구조 속에 자리 잡고 있는 아이디어의 기억과 회상, 그리고 자극과 활성화의 수단이다. Ausubel은 선행조직자를 학습 전에 미리 주어지는 추상적, 일반적, 포괄적으로 제시된 선수 자료로 정의하면서, 그것은 인지구조 내에 있는 관련 지식이 관련을 맺도록 제공하기 때문에 효과적이라고 하였다.

메이어(Mayer, 1979~)는 선행 조직자가 학습을 촉진하는 이유로 첫째, 새로운 학습과제가 주어졌을 때 그 학습과제에 내포되어 있는 개념과 기존의 인지구조의 개념을 연결 시켜 주는 유의미한 맥락을 제공해 주기 때문이며, 둘째는 후속적인 학습과제의 구체적인 정보에 대한 개요를 제공해 줌으로써 성취동기를 증가시키고 활발한 부호화 맥락을 촉진시켜 주기 때문이라고 설명하였다. Ausubel은 유의미한 학습이 일어나는 현상을 포섭이라는 개념으로 설명하였는데, 포섭이란 기존에 가지고 있는 정착지식이나 이미 학습한 명제, 개념 표상 안에 새롭게 제시된 학습내용을 포함시키는 것을 의미한다. 포섭되는 방식에는 종속적 포섭으로서 파생적 포섭의 상관적 포섭의 두 가지 유형이 있으며, 파생적 포섭(derivative subsumption)은 기존에 가지고 있는 개념이나 아이디어에 새로운 개념이나 아이디어를 단순하게 추가하는 종류의 포섭이며, 상관적 포섭(correlative subsumption)은 기존의 개념이나 아이디어를 수정, 확대, 정교화하는 방식의 포섭을 의미한다.

표 11-8 포섭의 원리

포섭의 종류	의 미
종속적 포섭	포괄성이 낮은 과제가 포괄성이 높은 인지구조 속으로 포섭되는 것으로서 여기에는 파생적 포섭과 상관적 포섭이 있음
	파생적 포섭: 기존에 가지고 있는 개념이나 아이디어에 새로운 개념이나 아이디어를 단순하게 추가하는 종류의 포섭
	상관적 포섭: 기존이 개념이나 아이디어를 수정, 확대, 정교화 하는 것
상위적 포섭	이미 가진 아이디어를 종합하면서 새로운 포괄적인 명제나 개념을 학습하는 것
병렬적 포섭	새로운 과제와 인지구조 속에 이와 관련된 정착 개념이 특별한 의미적 연관은 없지만, 이들이 갖는 광범위한 배경이 서로 연관되었을 때 일어나는 학습

인지학습 이론가들은 유의미한 학습이 일어나려면 포섭이 되어야 하고, 이를 위해 지각, 이용 가능성, 활성화의 세 가지 조건이 필요하다. 지각과 이용 가능성의 조건은 교사가 학생들에게 주어진 문제에 대하여 주의를 집중하도록 하여 그들에게 예상되는 상황이나 어떤 단서를 제공해 줌으로써 일어나게 된다. 특히 폭넓고 복잡한 내용을 가진 수업에서는 내용이 제시되기 전에 내용을 의미 있게 조직할 수 있는 구조 또는 뼈대가 소개되어야 지각의 활성화가 가능하며, 이런 뼈대를 제공하는 하나의 방식이 선행조직자를 활용하는 것이다.

(5) Gagne 인지주의 이론

① Gagne 9가지 수업사태

가네는 미국의 교육심리학자로서 학습에 관한 실증적 연구를 통해 학교 현장에서 활용할 수 있는 수업 설계의 원리와 방법을 제시하였으며, 이는 실제 교육 현장에서 가장 많이 활용되고 있는 교수 이론 중의 하나이다. 가네(Gagné)의 교수학습이론은 교사들에게 왜, 무엇을, 어떻게 가르쳐야 할 것인가에 대한 중요한 시사점을 제공함에 따라 수업 심리학 분야에서 높게 평가 받고 있다. 또한, 행동주의적 입장에 기반을 둔 절충적 교수학습이론으로 행동주의에 기초한 개념과 인지 이론이며, 학습 과정을 정보처리적 입장으로 수용하여 전개한다.

그는 학습에 대하여 주변의 환경에서 오는 여러 가지 자극을 새로운 능력의 획득에 필요한 정보처리단계로 전환시키는 일련의 인지적 과정으로 정의하였다. 즉, 각각의 학습 요소는 독립적으로 존재하는 것이 아니라, 다른 학습요소와 상하로 연결되어 위계를 이루어 높은 단계의 학습 과정을 완전히 습득해야 한다고 주장하였다. 따라서 주어진 학습과제를 효과적으로 학습시키기 위해 학습과제를 분석하여 위계적 순서에 맞추기 때문에 학습위계 이론이라고도 한다. 즉, 가네(Gagné)는 학습자의 학습을 촉진하기 위한 학습자 내부에서 발생하는 학습 사태(내적 사태), 이를 촉진하기 위한 바람직한 수업 사태(외적 사태)를 제공해야 한다는 것이다.

가네는 수업사태에 대하여 학습의 내면적인 과정을 지원하여 내적 학습 과정을 촉진하기 위한 외적 상황을 9가지로 제시하고 있다. 첫째, 주의 획득시키기 단계는 수업 시작에 앞서 학습자들의 주의력을 획득하는 단계로 주의력의 획득 방법은 다양한 사태를 사용할 수 있다. 언어적 신호 활용은 가장 활용되는 방법으로 학습자의 이름을 호명하거나, "주목하세요." 등 말로 주의력을 획득시키는 것이다. 둘째, 학습자에게 수업목표 알리기 난계는 학습이 끝났을 때의 조건이 무엇인지에 대해 기대감을 주는 것으로 수업의 목표를 말해주는 것으로 기대감을 형성하는데 도움을 준다. 셋째, 선수학습의 회상 자극하기 단계는 학습자가 새로운 정보를 학습하는데 필요한 기능을 숙달하는 것으로 새로운 학습은 선수학습에 기초한다. 이를 위해 교수자는 먼저 새로운 학습과 관련된 선수학습이 무엇인지를 결정하고 그 다음 그것을 지적해 주거나 회상시켜야 한다. 넷째, 자극 제시하기 단계는 학습자에게 학습할 내용을 제시하는 단계로서 학습은 새로운 정보의 제시를 요구한다. 즉, 어떤 사태이든 새로운 자극이며 교수자는 제시된 정보의 독특한 특징을 제시해 줌으로써 학습자들이 기억하기 쉽도록 도와주는 것이다. 다섯째, 학습 안내 제시하기 단계는 학습할 과제의 모든 요소들을 통합시키는 데 필요한 방법을 제시하는 것이다. 즉, 학습자들이 과제를 적절히 수행할 수 있도록 모든 관련된 정보를 사용할 수 있는 규칙이나 모델을 제공하는 것이다. 여섯째, 수행 유도하기 단계에서는 학습자가 실제로 새로운 학습을 했는지 증명하는 기회를 제공한다. 예를 들어, 학습자들이 연습 문제를 작성하거나, 숙제를 하거나, 수업시간의 질문에 대답하거나, 그들이 배운 것을 실습할 수 있는 기회를 제공함으로써 유발될 수 있다. 일곱째, 피드백 제공하기 단계에서는 수행이 얼마나 성공적이었고 정확했는지에 대한 결과를 알려준다. 즉, 수행 이후에 피드백이 제공됨으로써 학습자들 자신이 최초의 목표를 달성할 수 있는지를 알게 되고, 수행의 개선이 필요한 학생들은 얼마나 더 많은 연습이 필요한지 알게 된다. 여덟 번째, 수행 평가하기 단계로 다음 단계의 학습이 가능한지를 결정하기 위한 평가를 실시하는 단계이다. 이전에 주어진 상황과 유사한 문제 사태를 제공하여 학습자들에게 학습할 것을 시연하도록 한다. 끝으로, 파지와 학습의 전이를 증진하기 단계로 다양한 상황과 문맥에 적용하는 것은 전이를 도와주는 것으로 처음에 학습된 특정 상황을 넘어 사용될 수 있도록 해야 한다. 전이를 촉진시키기 위해 교사는 학습자에게 새롭게 배운 기능을 언제, 어떻게 적용할 수 있는지 가르쳐야 한다.

그림 11-9 Gagne의 9가지 수업사태 모형

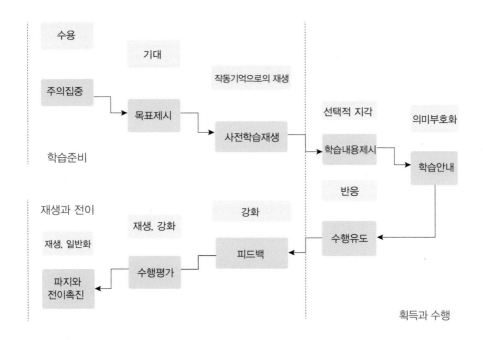

② Gagne 5가지 학습결과

가네가 제시하는 학습영역이란 학습을 통해서 최종적으로 얻게 되는 결과의 유형이라고 정의하고 언어정보, 지적기능, 인지전략, 태도, 운동기능으로 5가지로 학습영역의 개념과 이를 학습하기 위한 조건 방법이 있다. 첫째, 언어정보의 학습조건은 내적조건과 외적조건으로 나누어지며 내적조건은 학습자가 언어능력이 있어야 하며, 외적조건은 선행조직자가 유의미한 포섭을 도우면 관련 지식을 효과적으로 정착시켜 언어정보를 발달시킬 수 있다는 것이다. 둘째, 지적기능으로 기호나 상징을 통해서 환경과 상호작용하는 방법을 의미하며, 여러 대상에서 공통점과 차이점을 발견하고 이를 구별하는 능력의 변별, 변별된 여러 대상의 공통점과 차이점에 대해 아는 구체적 개념, 정의된 특성에 대한 이해를 통한 개념화 즉 정의된 개념, 두 개 이상의 개념을 통해서 하나의 법칙을 아는 법칙(원리), 법칙들을 적용하는 문제해결의 5가지 학습조건이 포함된다. 셋째, 인지전략은 자신의 학습, 사고, 전략 등 총체적인 모든 인지과정을 제어하고 통제하는 것으로 리허설 전략, 정교화 전략, 조직화 전략, 이해 전략, 정의적 전략이 포함된다. 넷째, 태도로 특정한 것에 대한 선호 또는 내적·정신적 경향성을 하며, 끝으로 운동기능으로 자신 신체를 통해서 여러 가지 운동능력을 수행할 수 있는 것을 의미한다.

표 11-9 Gagne의 5가지 학습결과 유형

학습결과 유형		개념
1. 언어정보(Verbal Information)		· 선언적 지식
2. 지적기술 (Intellectual Skills)	변별(Discriminations)	· 개념을 모르고, 차이만 구분
	구체적 개념(Concrete Concepts)	· 외형적 특성에 의한 범주화
	정의된 개념(Defined Concepts)	· 정의나 특성에 이해 개념화
	법칙(Procedural Rules)	· if-then, 절차, 순서
	문제해결(Problem Solving)	· 법칙들의 적용
3. 인지전략 (Cognitive Strategies)	리허설 전략(Rehearsal Strategies)	· 정보의 반복적 연습
	정교화 전략(Elaboration Strategies)	· 부분적인 정보를 덧붙여 의미형성
	조직화 전략(Organizational Strategies)	· 정보 간 관계 형성
	이해 전략(Comprehension Strategies)	· 초인지 전략
	정의적 전략(Affective Strategies)	· 감성의 통제 전략
4. 태도(Attitudes)		· 일관성 있는 행동의 패턴
5. 운동기능(Psychomotor Skills)		· 근육에 일정한 패턴 기억

그림 11-10 인지주의 이론 요약표

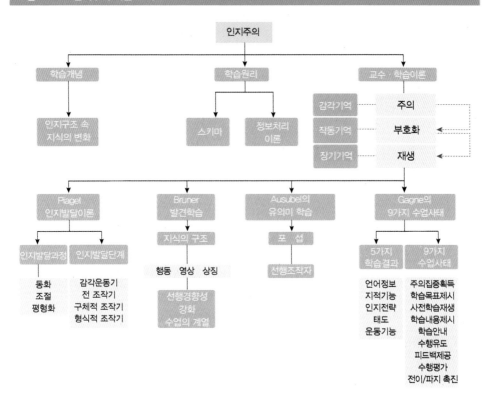

표 11-10 행동주의와 인지주의 비교

학습주의 구분	행동주의	인지주의
대표적 이론가	Skinner	Bruner, Ausubel, Piaget
철학적 배경	객관주의	객관주의/인지적 구성주의
초 점	교수	교수학습
학습의 정의	외연적 행동의 변화	인지구조의 변화
학습자관	수동적(외부 자극에 의한 반응)	적극적(인지구조의 변화 추구)
학습의 생성	자극과 반응의 결합	정보의 입수, 조직, 저장 및 연출
학습의 영향요인	외부의 자극과 반응의 체계적 계열	정보처리 활동을 증진시키는 활동
교수학습전략	강화전략	부호화 전략, 정보처리 전략, 인지적 갈등
교수설계	·관찰, 측정 가능한 행동목표 및 준거지향 평가 ·학습자의 선수지식 및 출발점 행동진단을 위한 학습자 분석 ·강화를 통한 보상체계 및 즉각적 피드백	·인지과제 분석 기법 ·정보처리과정 촉진을 위한 정보의 구조화, 계열화

(6) 학습이론(강화이론, 순치이론)

외부자극에 의해 학습된 행동이 왜 지속되는가를 밝히려는 이론으로 행동의 원인보다 행동의 결과에 초점을 두고, 행동 유발보다는 행동 지속 또는 중단을 설명하려는 행태주의자론의 동기부여이론이다. 한마디로 "행태는 그 결과들의 함수이다"로 표현된다.

강화이론은 보상받는 행태는 반복되지만 보상받지 않는 행태는 중단·소멸된다는 Thorndike의 효과의 법칙이나 skinner의 동기부여이론(1953)에 기인하고 있다. 학습이론은 시행착오적 학습이론 또는 강화이론으로 명명된다. 이 이론은 외부자극에 의해 학습된 행동이 유발되는 과정을 설명한다.

① 학습이론의 유형

가. 고전적 조건화

Pavlov(1927)는 개에게 종을 울리면서 먹이를 주면 종만 울려도 먹이를 먹고 싶어 침을 흘린다는 연구 결과를 통해 학습 이후에는 조건자극에 대해 반응한다는 사실을 밝혀내었다. 조건화된 자극의 제시에 의해 조건화된 반응을 이끌어 내는 것을 주요 내용으로 한다.

나. 조작적(작동적 · 도구적) 조건화

수단적 조건화 이론과 효과의 법칙을 기초로 Skinner(1953)에 의해 개척되었다. Skinner는 쥐가 상자 속의 지렛대를 누를 때마다 먹이가 제공될 수 있도록 장치를 설계하여 실험을 실시한 결과, 쥐는 학습을 하게 되고 배고플 때마다 지렛대를 누르게 된다는 사실을 밝혀내었다. 오늘날 대부분 동기이론에서 준거로 삼는 학습개념이다.

다. 인지학습이론(정보처리 과정이론)

인지심리학자들은 사람이나 유기체의 내면에서 일어나는 정신세계나 정보처리 과정을 중요시한다.

라. 사회학습이론

조작적 조건화에 의한 학습과 인식론적 학습을 모두 포함하고 있는 복합 이론이다. 인간은 관찰과 경험을 통해 학습한다고 본다(Bandura의 모방적 학습).

마. 자율규제이론

사람들은 노력의 결과로 나타난 성과를 스스로 평가하고 이것이 자기가 설정한 기준에 미흡하면 이를 극복하기 위하여 더 노력하게 된다는 이론이다.

바. 귀납적 학습이론

설명, 지시 없이도 특정 영역의 구조 · 규칙을 학습할 수 있다고 본다.

② 강화의 종류: 강화(reinforcement)란 동일한 행동이 반복될 확률을 높이는 기제이다.

가. 적극적 강화

행위자가 원하는 상황을 만들어 주는 것(예: 승진, 특별상여금 지급)

나. 소극적 강화

불만족스럽거나 불쾌한 상태를 제거하며 행위자로 하여금 바람직한 기대행동을 하도록 유도하는 것(일종의 "회피"에 해당) (예: 징계경고, 숙직면제)

다. 처벌(제재, punishment)

바람직하지 않은 행동에 대해 바람직하지 않은 결과를 제공하거나 반대로 바람직한 결과를 제거함으로써 그런 바람직하지 않은 행동이 다시는 나타나지 않도록 하는 것이다(예: 징계).

라. 소거(중단, extinction)

계속되는 행동 유인기제를 중단하는 것으로써 "중립적 자극"이라 한다(예: 칭찬과 안정의 중단, 성과금제도 폐지).

마. 강화이론

사람에 따라서 강화물에 차이가 있다고 보며, 행동의 원인과 관련된 내면적·심리적 과정보다는 외적인 행태변화의 결과에 중점을 둔다.

표 11-11 강화의 종류

적극적 강화 (reinforcement)	바람직한 결과의 제공	음식, 애정, 급료, 승진	바람직한 행동 반복
소극적 강화 (회피, avoidance)	바람직하지 않은 결과의 제거	벌칙 제거, 괴로움 제거	바람직한 행동 반복
소거(extinction)	바람직한 결과의 제거	급료인상 철회, 무반응	바람직하지 않은 행동을 제거
처벌(punishment)	바람직하지 않은 결과의 제공	질책, 해고	바람직하지 않은 행동 제거

표 11-12 강화의 종류

강화일정			의미	장점	단점
연속적 강화			성과(바람직한 행동)가 나올 때마다 강화요인 제 공	초기단계학습에 효과적	· 강화효과 빨리 소멸 · 관리자에게 큰도움×
단 속 적 강 화	간 격 강 화	고정 간격	규칙적인 시간 간격으로 강화 (예: 매월20일에 봉 급지급)	봉급인상, 진급 등의 보상에 효과적	성과를 높이는데 항상 효과적이지는 않음
		변동 간격	불규칙적인 시간 간격으로 강화	봉급보다는 칭찬 등 적극적 강화나 회피 등 부정적 강 화에 효과적	봉급에는 부적절
	비 율 강 화	고정 비율	일정한 빈도나 비율의 성 과에 따라 강화(예: 매출 액 증가분에 비례하여 성 과급 지급)	바람직한 행동을 유지하는 데 효과적	
		변동 비율	불규칙적 빈도나 비율의 성과에 따라 강화 (예: 특 별보너스)	바람직한 행동을 유지하는 데 효과적	봉급인상, 진급 등의 보상에 비효과적

4 정보처리 학습이론

정보처리 학습이론은 1950년대에 인간의 인지작용(학습)을 컴퓨터의 기능에 유추하여 재조명하려는 입장에서 발전한 분야가 정보처리 이론이다. 인지론 연구자들은 인간의 학습을 내적조직과 관련하여 학습해야 할 과제와 그것에 관련된 인지적 구조에 관심을 가지고 있다.

인간에게는 보고 듣고 느끼는 감각기관이 있는데, 이 감각기관을 통해 들어온 정보를 체계적으로 정리하여 두뇌라는 저장고에 정리하고 보관하고 필요할 때 이를 재생시켜 원하는 곳에 활용하는 것이다. 이러한 과정은 감각 등록기, 단기기억, 장기기억의 단계를 거친다고 할 수 있다.

1) 정보처리 과정

(1) 감각등록기(Sensory register)

감각등록기는 학습자가 환경으로부터 눈이나 귀와 같은 감각수용기관을 통해 정보를 최초로 저장하는 곳으로 자극을 아주 정확하게 저장하지만 매우 짧은 시간 동안 저장한다는 특징을 가지고 있다. 시각은 약 1초 정도, 청각은 4초 정도 정보를 저장한다고 한다. 감각등록기는 수용량에 제한이 없지만 투입되는 정보가 즉시 처리되지 않을 경우 그 정보는 곧 유실된다.

(2) 작동기억(Working memory)

작동기억은 보통 단기기억(Shortterm memory)이라고도 하는데 일시적으로 정보를 저장하기 때문이다. 성인의 경우 보통 5~9개의 정보가 약 20초 동안 저장될 수 있으므로 단기기억이라고 한다. 작동기억은 간단한 암산과 같은 정신작용이 일어나기 때문에 붙여진 이름으로 이 저장소는 작동기억과 단기기억이 서로 관련성 있는 기능이 일어나는 곳으로 혼용되어 불리고 있지만, 유용하고 기능적인 속성을 강조하기 위하여 작동기억으로 불린다.

그림 11-11 작동기억 체계

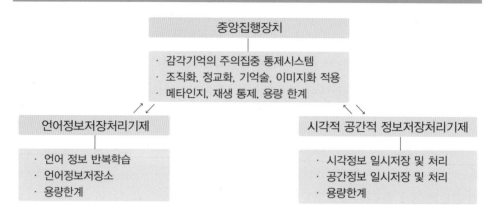

(Long-tem memory)

(3) 장기기억(Long-tem memory)

　　장기기억은 무한한 정보를 영구적으로 저장할 수 있는 곳이다. 일반적으로 장기기억은 일상기억과 의미기억으로 구성된다고 한다. 일상기억(episodic memory)은 주로 개인의 경험을 보유하는 저장소로 정보는 주로 이미지로 부호화되며, 정보가 발생한 때와 장소를 기초로 한다. 이러한 일상기억은 기억되는 경험이 매우 의미 있는 경우가 아닐 때에는 종종 인출에 실패하는 경향이 있는데, 이는 최근에 발생한 정보로 인해 인출이 방해를 받기 때문이다. 의미기억(semantic memory)에는 문제해결 전략과 사고기술 그리고 사실, 개념, 일반화, 규칙 등이 저장되며 학교에서 학습하는 대부분의 내용들은 장기기억 중 의미기억에 저장된다. 의미기억에 저장되는 정보들은 서로 연관을 맺으면서 체계적인 네트워크를 구성하게 되는데, 이는 교육과 관련하여 매우 중요한 분야로 간주 되어진다.

　　네트워크라는 말은 장기기억 속에 존재하는 정보들이 분리되어 존재하는 것이 아니라 서로 관계성을 맺고 상호연결 되어 있다는 것을 강조하기 위한 것으로 학습자가 단지 설명된 아이디어들을 수동적으로 받아들여서 저상하는 것이 아니라 그들을 의미 있는 구조로 만들어 간다는 것이다.

　　장기기억에 존재하는 정보들이 네트워크를 이룬다는 것은 학습자가 정보를 수동적으로 받아들이는 것이 아니라 정보를 이해하고 능동적으로 조직한다는 정보처리이론의 기본가정임을 알 수 있다.

그림 11-12　정보처리 과정

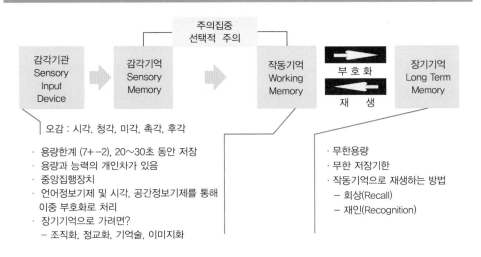

2) 인지처리 과정

어떤 정보를 하나의 저장소에서 다른 저장소로 옮기는 내부적이고 지적인 활동을 의미하는 것으로 주의집중, 지각, 시연 부호화, 인출과 망각 등의 처리과정이 포함된다.

(1) 주의집중(Attention)

주의집중이란 자극에 반응하는 것을 의미하는 것으로 선택적이라는 특성을 가지고 있다. 감각등록기에 들어온 수많은 자극들은 주의집중을 하지 않으면 곧 사라지므로 학습은 주의집중을 함으로써 시작된다고 볼 수 있다. 학생들은 주위에 많은 자극들이 존재하고 또한 감각 등록기의 용량이 무한하다고 하지만, 관심을 두지 않으면 학습은 결코 일어나지 않는다는 사실은 교사와 학습자 모두에게 중요한 암시를 주고 있다.

(2) 지각(Perception)

지각이란 경험에 의미와 해석을 부여하는 과정으로 감각등록기에 들어온 자극에 일단 주의집중을 하면 그러한 자극에 대해 지각을 하게 된다. 지각이 일어난 자극은 객관적 실재로서 자극이 아니라 개인별로 다르게 받아들이는 주관적 실재로서 자극이 된다. 같은 사물을 보고도 다르게 해석하는 경우를 자주 보게 되는데 결국 과거의 경험의 정도에 좌우된다. 일반적으로 자극들을 잘못 지각한 경우 자극이 장기기억으로 전달된 경우 그것을 제거하는 것은 매우 어렵다.

(3) 시연(Rehearsal)

시연은 작동기억 안에서 이루어지는 처리과정으로 정보를 소리 내어 읽거나 속으로 되풀이 하는 과정으로 형태에 상관없이 반복하는 것을 의미한다. 작동기억 안에 들어온 정보는 분류를 통해 파지(Retention) 되기도 하고 장기기억으로 전이가 이루어지기도 한다. 인간은 작동기억안에서 의도한 목적을 달성할 때까지만 시연을 하고, 시연을 통한 장기기억으로의 전이는 내용을 충분히 반복해서 시연하는 경우에 일어난다.

(4) 부호화(Encoding)

부호화는 장기기억 속에서 존재하고 있는 기존의 정보에 새로운 정보를 연결하거나 연합하는 것으로 작동기억에서 장기기억으로 정보를 이동하는 과정을 의미한다. 부호화는 정보처리모형에서 가장 중요한 인지처리과정이라고 할 수 있는데, 이는 부호화가 일어나지 않는다면, 받아들이는 대부분의 정보가 일시적으로 저장되기 때문이다.

새로운 정보가 장기기억 속으로 부호화 되는데 있어서 가장 중요한 것은 유의미한 부호화가 이루어져 한다는 것이다. 유의미화란 기계적인 암기와 대별되는 것으로, 장기기억 속에 하나의 생각들이 다른 생각들과 연결되어 새로운 체계로 구축되는 것을 의미한다.

정보가 유의미하지 않게 단순히 암기로 부호화 되는 경우에는 새로운 정보가 기존의 정보와 연결되지 못하고 각각 떨어져 있게 된다. 그러나 새로운 정보가 기존의 정보와 연결된다면 더욱 유의미해지고 장기기억 속에 저장되는 일이 수월해진다.

(5) 인출(Retrieval)

인출은 장기기억에서 정보를 찾는 탐색과정이며, 부호화와 밀접하게 관련되어 있다. 효과적으로 부호화되지 않으면 효과적으로 인출될 수 없음을 의미한다. 인출의 성공과 실패는 이용가능성(availability)과 접근성(accessibility)에 달려있는데, 저장된 정보는 장기기억 어딘가에 분명 존재하고 있지만, 정보를 인출할 수 있느냐 하는 것은 정보에 어느 정도 접근할 수 있는가에 달려있다. 설단현상이라고 붙여진 현상은 장기기억에 존재하는 특정한 정보에 대해 정확하게 접근할 수 없기 때문에 발생하게 된다. 따라서 정확한 인출을 위해서는 정교한 부호화가 매우 필요하다.

그림 11-13 정보처리 및 인지처리 과정

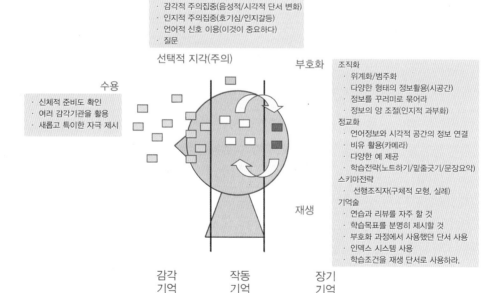

제12장

발표자(Presenter)

SPEECH & PRESENTATION

1 개요

우리가 흔히 사용하는 말이라고 하는 것에는 여러 종류가 있다. 그 가운데 한 종류가 발표이다. 말과 발표는 차이가 있는데 대표적인 종류에는 대화와 발표가 있다. 이러한 차이점을 알아보기 위해서는 대화와 발표의 사전적 의미를 알아야 하는데, 말은 "마주 대하여 이야기를 주고받는 것"이며, 발표는 "어떤 사실이나 결과 따위를 세상에 널리 드러내어 알림"으로 정의하고 있다. 이러한 사전적 의미로 다른 말들과 차이점을 알수 있는데, 첫째, 대화는 두세 사람과 함께하는 것이지만 발표는 청중과의 커뮤니케이션이다. 둘째, 대화는 대부분 양방향 커뮤니케이션이지만 발표는 일방적인 커뮤니케이션으로 발표하는 발표자가 현장에서 일어나는 상황에 대해 책임을 지는 것이다. 셋째, 대화는 의사소통이나 나누는 것을 목적으로 하지만 발표는 특정한 목적을 수반한다.

발표에서 발표자(presenter)란 프레젠테이션을 실제로 실행하는 사람으로 발표자가 프레젠테이션을 성공적으로 수행하기 위해서는 발표기술 이외에도 많은 요인들을 고려해야 한다.

프레젠테이션을 실행하는 데 있어 발표자의 신뢰성(credibility)은 프레젠테이션의 성공을 좌우하는 가장 중요한 요인이 된다고 할 수 있다. 발표자의 신뢰성이란 전문성(intelligence), 선한 의지(good will), 믿음성(trustworthiness), 역동성(dynamism)을 말한다. 전문성이란 프레젠테이션의 주제나 이슈에 대한 지식과 기술을 말한다. 발표자는 자신이 전달하려는 내용에 대해 누구보다도 전문적인 배경지식을 가지고 있어야 한다. 정확한 정보나 내용을 논리적으로 제시하지 못하는 발표자는 청중에게 신뢰를 받을 수 없기 때문이다. 선한 의지란 발표자가 프레젠테이션에 대해 가지고 있는 의도(intention)의 순수성을 의미한다. 청중에게 신뢰를 받기 위해서는 공동체를 위해 기여하고자 하는 선한 의지와 동기가 보여야 한다. 믿음성이란 선한 의지와 밀접한 관련을 가지고 있는 요인으로, 불순한 동기나 편협적인 이익을 위해서가 아니라 순수한 목적으로 프레젠테이션 한다는 생각을 의심 없이 받아들일 수 있는 정도를 말한다. 발표자의 순수한 동기와 솔직한 의견 개진은 설득적 프레젠테이션을 위한 가장 핵심적인 요인이라고 할 수 있다. 마지막으로, 역동성이란 발표자의 신념을 열정적이고 감동적으로 표현할 수 있는 전달능력을 의미한다. 이러한 신뢰성을 바탕으로 프레젠테이션을 준비한다면 프레젠테이션을 성공적으로 이끌 수 있을 것이다. 성공적인 프레젠테이션을 위해서는 메시지를 설득적이고 효과적으로 전달하기 위한 제반사항에 대해 철저한 준비가 필요하다.

2 음성언어 구성

의사소통에서 자신의 의사를 상대방에게 분명하게 전달하는 것은 매우 중요하며, 내용 전달뿐만 아니라 상황이나 맥락에 맞게 효과적으로 전달하는 것 또한 중요하다. 최근 우리나라에도 이러한 말하기 능력은 중요시되고 있으며, 특히 프레젠테이션 능력은 현대인의 필수적인 능력이 되었다. 이를 반영하듯 해마다 각종 프레젠테이션 대회가 증가하고 있으며 취직 시험에서도 프레젠테이션은 필수 코스다. 아무리 훌륭한 시청각 자료라고 하더라도 시청각 자료는 프레젠테이션을 위한 보조 자료일 뿐 발표자를 대체할 수 없다(Audiovisuals are aid, not stand-alone as presentation tool).

의사소통은 수신자에게 메시지를 전달하는 과정으로 개인 또는 대중이 이러한 메시지를 받음으로서 효과적으로 사용되는 수단이다. 효과적인 의사소통을 위해서는 발표자는 계획뿐만 아니라 언어의 이용, 인간관계 그리고 비언어적 의사소통 기술의 특성을 인식하여야 한다.

의사소통의 가장 기본이 되는 수단이 사회적으로 제정된 기호체계의 언어라고 할 수 있는다. 언어의 본질은 의미전달과 표현이며, 인간관계의 중심이 언어가 된다고 할 수 있다. 인간은 자기가 생각한 바를 나타내고, 감지하고, 생각하고, 행동하는 것 또한 언어를 통해 이루어진다. 따라서 대인관계에 있어서 언어적 의사소통은 매우 중요하며, 언어를 통해 자신의 의사를 명확히 전달하고 타인의 의사를 전달받을 수 있다. 또한 언어가 설득력을 갖기 위해서는 조직석인 사고력과 분명하고 쉬운 어휘들을 사용하고 청중의 마음속에 명확하게 인식되어야 한다.

실제 말하기는 내용 전달에 있어 언어적인 측면뿐만이 아니라 비언어적인 요소들도 많은 영향을 미친다. 특히 언어 표현에 직접적으로 영향을 미치는 것으로 목소리의 크기, 발음, 글의 내용과 형식에 맞는 말의 속도, 글의 내용에 맞는 어조를 비롯하여 글의 내용에 따라 다르겠지만 누군가에게 부탁을 하거나 호소를 해야 하는 경우 목소리에 감정을 제대로 실어서 말을 하였는지, 휴지를 적절히 두었는지 등과 같은 복잡한 요소들이 있으며 이는 발화를 하는 동시에 복합적으로 일어나게 된다.

1) 언어적 의사소통

(1) 개념

인간은 자신의 감정, 상태, 보고 느낀 것 등을 다양한 형태로 표출하고자 하는 욕구를 일정한 상징을 통하여 표현한다. 최초에는 자신도 모르는 사이에 몸짓이나 소리로 표현하고 표현을 상호 교환하는 가운데 표현하고자 하는 의미를 점진적으로 알게 되면서, 오랜 기간 상호작용을 반복하면서 특정 소리는 특정한 활동, 감정 등을 표현하는 상징이 된다. 이러한 상징을 통해 서로의 생각을 주고받는 의사소통이 이루어짐에 따라 상징이 일정한 유형으로 체계화되면서 언어가 나타났다.

(2) 특 징

언어가 담고 있는 의미는 사용하는 방법과 상황에 따라 추상성, 추리성, 상황성, 전상징성으로 달라진다고 할 수 있다. 첫째, 언어의 추상성은 대인 의사소통에서 지나치게 추상적이거나 압축된 언어를 사용하면 분명하게 의미를 전달하기 어렵다. 추상화된 언어가 정보를 보다 포괄적이고 신속하게 처리할 수 있지만 여러 가지 의미로 해석될 수 있기 때문에 오해의 위험성이 늘어난다. 추상수준이 낮은 경우, 즉 외연적 의미가 지배적일 때에는 대화가 원활히 이루어질 수 있으나 너무 구체적인 언어는 표현이 잡다해지고 상대방의 기분을 상하게 할 위험이 있다. 언어의 추상성 문제는 의사소통에서 서로 의미를 분명히 하면서 원활한 대화를 위해 매우 중요하다. 따라서 적절한 추상수준을 유지한다는 것은 성공적인 의사소통을 위한 선행조건이라 하겠다.

둘째, 추리성(推理性)은 의사소통에서 사람들은 흔히 보고(報告), 추리, 판단의 차원에서 언어를 사용한다. S. Hayakawa는 인간의 사고와 언어의 추상성을 설명하기 위하여 "추상의 사다리(abstraction ladder)"라는 개념을 만들었다. 하나하나의 사물을 지칭하는 구체적 언어는 추상 사다리의 아랫 계단 위치하며 구체적 사실을 종합하여 그 특성을 나타낸 개념은 윗 계단에 있게 된다.

보고란(report)란 객관적이고 증명할 수 있는 사실을 언어로 표현한 것으로 모든 과학적인 표현이 여기에 속한다. 추상의 사다리에서 보고는 아랫 계단에 위치한다.

추리(inference)란 객관적인 사실을 바탕으로 공통된 특성을 유추한 언어로 대부분의 형용사가 추리의 차원에 속한다. 판단(judgement)은 사실에 관한 언어라기보다 사실을 표현하는 사람의 주관적 느낌을 언어로 나타낸 것이다. 칭찬이나 욕 또는 예술적 표현이 여기에 속한다. 우리는 흔히 판단 차원의 언어를 마치 사실에 관한 보고인 것처럼 혼동하는 경우가 있는데 이러한 혼동은 의사소통에서 의미 전달에 혼란을 일으킨다.

셋째, 상황성은 의사소통에서 문맥 혹은 상황은 언어적 메시지나 비언어적 메시지에서 모두 중요한 요소로 간주된다. 문맥을 통해 그 뜻을 파악하거나 시간이나 장소와 같은 물리적인 상황을 통해 언어의 의미를 배우는 것은 의사소통에서 핵심적인 요소가 된다. 사람은 언어를 물리적인 혹은 사회적인 상황과 연관시켜 규정짓고 의미를 파악하며, 이를 바탕으로 서로 메시지를 교환한다. 뿐만 아니라 음성의 조절, 감정의 고조, 말하는 사람의 신뢰도와 같은 비언어적 요소도 의미 전달에 영향을 끼치게 된다. 따라서 의사소통에서 상황적 언어의 적절한 사용은 정확한 의미 전달에 필수적이며 다른 사람과의 오해를 줄이는 요소가 된다.

끝으로, 전상징성은 짐승이 소리로 느낌을 나타내듯이 사람도 언어 이전에 단순한 소리로 자기 감정을 표현하기도 한다. 이처럼 언어가 어떤 의미를 표현하기보다는 이렇게 단순한 느낌을 나타낼 때 우리는 그것을 언어의 전상징적 사용이라고 부른다. 즉 인간은 짐승의 소리를 언어로 표현한 것이다. 그러므로 전상징적(前象徵的) 언어는 의미 전달보다는 감정 또는 기분을 전달하는 상징이다. 단순한 인사라든지 별 뜻이 없는 사교적 대화는 서로의 관계를 확인하려는 전상징적 언어의 특성이 강하다. 일반적으로 상징체계와 병행하여 사용되는 전상징적 언어는 다른 사람과의 관계나 상황의 불확실성에서 오는 불안감을 줄여나감으로써 서로의 이해를 돕는 데 기여한다. 처음 만난 사람끼리 주고받는 이야기는 주로 뜻을 전하기 이전에 서로의 위치를 확인하고 접촉을 시도하려는 대화가 좋은 예이다. 대인관계를 원활하게 유지하고 의사소통을 지속시킨다는 점에서 전상징적인 언어의 사용은 중요한 언어체계인 것이다.

2) 비언어적 의사소통

(1) 개념

언어현상에만 국한되어 오던 의사소통에 대한 관심과 연구가 지속됨에 따라 비언어적 의사소통(nonverbal communication)의 중요성이 새롭게 인식되고 이에 대한 관심도 점점 높아져 왔다. 비언어적 의사소통 수단으로 숫자나 몸짓 같은 신호(sign) 언어, 걷고 뛰고 먹는 것 등 몸의 움직임으로 나타내는 행위(action) 언어, 그리고 물체를 통해 의미를 전달하는 대상(object) 언어 등으로 분류되고 있다.

(2) 특징

비언어적 의사소통의 특징은 세 가지로 설명된다. 첫째, 모든 메시지는 비언어적 의사소통 포함하며, 둘째로는 비언어적 의사소통은 감정(feelings)을 송신해주고 셋째, 비언어적 의사소통은 그 메시지가 애매모호하고 문화적 영향을 크게 받는다. 이러한 비언어적 의사소통의 특징을 종합하면 일정한 문화권에서 서로 뜻이 통하는, 그러나 언어만큼은 분명치 않은 몸짓뿐만 아니라 상황 전체로 나타내는 의사전달이라고 할 수 있다. 특히 비언어적 의사소통은 언어적 의시소통과의 관계 즉 반복, 대체, 보완, 강조, 규제, 상반을 보면 뜻이 더 분명해진다. 반복(repeating)은 비언어적 행위는 언어적 표현을 되풀이해 주며, 대체(substituting)는 비언어적 행위는 언어적 표현을 대신해주고, 보완(complementing)은 비언어적 행위는 언어적 메시지의 불분명한 점을 보완해준다. 강조(accenting)는 비언어적 행위는 언어적 메시지의 일부를 강조하여 글자 아래 밑줄을 치는 것과 같은 효과를 가지며, 규제(regulating)는 비언어적 표현은 언어적 행위를 규제한다. 예컨대 말의 끝부분에서 목소리를 낮춤으로써 다른 사람이 이야기하도록 지시하는 것 등이다. 상반(contradicting)은 비언어적 표현은 언어적 표현과 때로는 갈등을 일으킨다. 예를 들어 음악회에서 "멋있습니다."라고 말하며 하품을 한다면 그의 언어적 표현과 비언어적 행위는 상반되는 것이다.

이러한 비언어적 의사소통의 유형으로는 의상(clothing), 얼굴과 눈(face and eye), 자세(posture), 몸짓(gesture), 접촉(touch) 목소리(voice), 공간과 지역성(proxemics and territoriality), 친교석 서리(intimate distance), 환경(environment) 등이 포함된다.

3) 준언어의 개념

의사소통은 크게 언어적, 비언어적 의사소통으로 나눌 수 있다 언어적 의사소통은 내용, 구성, 형식, 적절한 어휘 사용 및 표현 등을 말하고 비언어적 의사소통은 목소리의 특징, 크기, 속도와 같은 비언어적 음성 행위를 포함하여 태도 시선과 같은 몸짓 언어를 말한다. 준언어는 비언어적 의사소통으로 비언어적 음성 행위를 말한다. 학자에 따라 비언어적 의사소통의 하위 범주가 다른데 준언어를 하위 범주로 따로 설정하고 있는 학자도 있고 그렇지 않은 학자도 있으며 준언어에 대한 정의 및 세부 요소도 조금씩 다르다.

많은 학자들이 언어 내용을 제외한 나머지 표현들을 비언어적 표현으로 분류하며 그 하위 범주로 언어는 아니지만 음성과 관련하여 메시지를 좀 더 효과적으로 표현하고 전달하는 데 사용되는 비언어적 음성요소들을 준언어, 반언어, 부차 언어, 유사 언어라는 용어로 사용하고 있다.

준언어는 비언어이나 언어 내용을 좀 더 효과적으로 표현하고 전달하는 데 사용되는 음성적 수단으로 언어 내용과 직접적으로 관계를 맺는 음성적 요소들로 정의하고자 한다. 이러한 준언어는 언어 내용보다는 말을 표현하는 방법과 관련된 것임을 알 수 있다.

이에 본 장에서는 언어 내용과 직접적으로 관계를 맺어 음성적 수단으로 사용되는 준언어의 세부 요소들로 목소리의 높낮이, 크기, 발음, 말의 속도, 휴지, 억양과 어조에 대해서 논하고자 한다. 한숨이나 웃음, 흐느낌 등과 같은 효과적인 요소들은 화자가 의도적으로 상황을 연출하는 것으로 이는 전달하고자 하는 언어 내용 그 자체에 직접적으로 결합하여 표현하는 것이 아니므로 이러한 요소들은 준언어에 포함하지 않는다.

(1) 발표에서의 준언어

동일한 내용이라도 어떤 목소리에 담기느냐에 따라 다르게 전달될 수 있는데, 이러한 준언어는 내용을 효과적으로 전달하는 데 아주 큰 영향을 미친다. 의사소통에서의 전달 비중은 준언어가 38%, 나머지 55%는 동작으로 이루어진다고 한다.

발표 프레젠테이션은 공적인 상황에서 형식과 격식을 갖추어 화자가 자신의 의도나 목적을 달성하기 위해 다양한 자료들을 활용하여 말로써 청자에게 효과적으로 전달하는 행위이다.

발표자는 발표 내용을 자신의 의도나 목적에 맞게 효과적으로 청중들에게 전달하기 위해 준언어의 요소들을 다르게 표현하여 말한다. 강조할 부분에 있어서는 목소리를 높이거나 크게 이야기를 할 것이고 때로는 주의집중을 위해 의도적으로 목소리를 낮추기도 할 것이다. 또한 최대한 정확한 내용을 전달하기 위해 발음을 보다 또렷하고 분명히 할 것이고 속도를 조절하기도 한다. 뿐만 아니라 발표자는 평소보다 좋은 목소리를 내어 청중들의 집중이나 관심을 끌기도 하는데 실제 발표에서 좋은 목소리를 가진 사람들이 청중들에게 호감을 준다는 연구 결과도 있다.

목소리는 기본 주파수를 비롯해 이를 중심으로 다양한 주파수가 섞이는 정도 즉 하모닉스와 공명에 의해 결정된다. 남자 목소리의 기본 주파수는 100~150HZ이고 여성의 200~250HZ가 보통이다. 이때 100HZ라고 하는 것은 1초에 성대가 100번 진동한다는 뜻으로 목소리가 높아질수록 주파수도 높아진다. 이러한 목소리는 발성을 어떻게 하고 소리를 어떻게 내며 발음을 어떻게 하느냐에 따라서도 달리 평가된다.

발표에서는 화자의 목소리도 중요하며 이러한 목소리를 결정하는 소리의 높낮이 크기도 중요한 요인이 된다. 이러한 준언어 요소들 중 발표라는 특정 말하기 상황에서 청중들에게 메시지 내용과 화자의 의도를 효과적으로 전달하는 데 중요한 요인이 된다.

프레젠테이션에서 청중들에게 효과적인 내용 전달과 관련이 있고 평가 되어지는 준언어 요소로 목소리의 크기, 말의 속도, 발음, 목소리의 높낮이, 어조, 억양, 목소리(음성), 휴지(쉼), 리듬감, 말투, 명확성, 유창성, 목소리가 좋은가, 간투사 등이 있다. 앞서 살펴본 목소리의 크기, 말의 속도, 발음, 목소리의 높낮이, 휴지(쉼), 억양과 어조는 프레젠테이션에서 중요하게 다루어지고 평가 되어지는 항목에 모두 포함이 된다. 이에 준언어 요소 중 본장에서 제시한 여섯 가지 요소에 대해 자세히 살펴보고자 한다.

① 목소리의 크기

목소리의 크기는 듣는 사람마다 개인의 차이가 있다. 큰 소리를 적당하게 듣기도 하고, 보통 소리에도 크게 들릴 수도 있다. 따라서 어떤 소리가 크다, 혹은 어떤 소리가 작다고 기준을 세우기는 어렵다. 하지만 청중 앞에서의 발표인 만큼 공간과 청중 수에 맞는 적절한 목소리의 크기를 내야 한다[1]. 목소리의 크기는 전달력에 밀접한 영향을 주므로 일정한 크기를 유지해야 하며 상황과 수용자에 따라 크기를 조절해야 한다. 목소리의 크기는 상대가 잘 알아듣도록 말하는 능력과 관련됨으로 발표에서 청중들은 크고 씩씩한 목소리를 선호하는 경향이 있기 때문이다. 또한 발표에서 학생들이 선호하는 목소리로 크고 생기 있는 목소리, 씩씩하고 밝은 목소리, 약간 높은 목소리가 좋다. 발표에서 소리의 크기는 공간과 청중 수에 맞게 적절하게 내되 큰 목소리는 전달력에 영향을 미칠 뿐만 아니라 발표자의 자신감이 반영된 것으로 평가된다. 이러한 발표자의 자신감이 드러난 발표는 전달력 측면에서 긍정적인 영향을 미친다.

② 말의 속도

말하는 속도는 말의 빠르기로 음질의 지속 시간(duration) 과 휴지(pause)가 결정하는데, 화자의 유창성과 청자의 이해력과도 매우 밀접한 관련이 있다. 화자가 자신이 전달하고자 하는 내용에 대한 명확한 이해가 없으면 말의 속도가 빠를 수 없고 내용의 정리가 되어있지 않으면 휴지가 길어지고 잦아져 속도가 느려진다. 이런 경우 메시지 전달력은 낮아진다.

발표에서 전달력이 높은 화자와 그렇지 않은 화자를 비교했을 경우 느린 발화를 한 화자들은 전달력이 낮았으며 운율 단위의 수에서도 큰 차이가 나타났다. 빠르게 말하는 것이 지적으로 보이고 자신감이 있어 보이며 설득력에 효과가 있어 전달력이 높음을 알 수 있다. 그러나 때로는 화자들이 청중들의 이해력을 높이기 위해 특정 부분을 의도적으로 천천히 말하는 경우도 있으며 청중들로부터 신뢰감을 얻고자 천천히 발화하는 경우도 있다.

말의 속도는 화자의 이미지나 메시지 전달력 및 청중들의 이해력과 매우 밀접한 관련이 있음을 알 수 있다. 말의 속도 변화 없이 똑같은 속도로 시종일관 말하는 것은 청중들이 지루함을 느낄 수 있으며 집중시키는 것에도 좋지 않다. 빠른 말하기가 화자를 지적이고 자신감 있어 보이게 만들며 설득력에 효과가 있을 수 있으나 내용에 따라 말하기를 조절해야 한다. 느린 속도에서는 내용을 보다 정확하게 전달할 수 있으므로 발

---

[1] 요즘에는 발표환경이 좋아 대부분 마이크 컴퓨터, 빔 프로젝트가 설치되어 있는 경우도 많지만 발표에서는 청중들에게 내용전달을 해야 하므로 기본적으로 목소리를 크게 내야 한다.

표에서 어려운 내용이거나 강조를 해야 할 부분에서는 말의 속도를 천천히 하는 것이 효과적이다. 그러므로 발표에서 화자는 전달하고자 하는 내용, 의도, 청중들의 집중도 및 이해력에 따라 말의 속도에 변화를 주면서 해야 한다.

③ 발음

발음은 말의 높이와 세기, 길이의 개념을 아우르는 운율적 자질의 총체적 개념으로 운율적 자질은 사람마다 말을 구사하는 방식이 다르다고 인식하게 하는 중요한 변인이면서 전달력을 좌우하는 주요 요인이기도 하다. 불명확한 발음은 청중들의 집중도와 이해도를 떨어뜨리고 이러한 발음 문제는 대체로 말습관과 관련된 것이므로 훈련에 의해 교정이 가능하다. 학생들이 취업 목적 말하기 중 면접 상황에서 가장 중요하다고 생각하는 요소로 소리의 크기(29%)를 들었으며 다음으로 발음(25%)이 중요하다고 인식했는데 이는 정확한 발음이 업무 이해도와 연결되기 때문이라고 언급했다.

④ 목소리의 높낮이

목소리의 높낮이는 높거나 낮은음으로 말하는 소리의 높낮이 정도를 말하며, 음높이는 복소리의 신동수, 세기, 음색으로 결정되는데 일반적으로 남성 목소리의 진동수는 150~160Hz, 여성 목소리 진동수는 240~250Hz로 수치가 올라갈수록 날카로운 고음이 된다[2].

음색은 목소리가 지니고 있는 목소리의 개성으로 쉰 목소리, 콧소리, 웅얼거리는 목소리, 갈라진 목소리, 부드러운 목소리, 친근한 목소리, 낭랑한 목소리, 거친 목소리 등으로 분류된다. 음색을 구성하는 성량을 토대로 음색이 풍부한 목소리와 빈약한 목소리로 음색을 측정하는 음향, 음성학적 지표로는 주로 주파수 변동률(Jitter), 진폭 변동률(shimmer), 소음 대 배음비(NHR: Noise to Harmony Ratio) 등이 사용된다.

개인의 목소리 중 최적의 음높이는 비교적 낮은 수준의 음정을 유지하면서 즐거운 기분으로 부드럽게 말하는 상태이다. 그러나 관례적으로 높은 음높이와 활발한 조바꿈

---

2 음높이는 성대의 진동수와 연관이 있는데 성대의 진동수가 많을수록 목소리의 음은 높아진다. 내쉬는 공기가 후두에 유입된 후 성대 사이의 공간으로 지나가면서 성대의 근육을 긴장시키게 되면 공기가 진동하게 되고 소리를 만들어 내게 되는데 이것으로 목소리의 높낮이를 결정한다(문선희 2012: 21).

은 즐거움, 젊음, 또는 취약성을 암시하며 낮은 음높이와 더딘 조바꿈은 안정감, 자신감, 확신을 암시하기도 한다.

지위가 높은 사람의 목소리는 크고 음높이가 낮은 반면 지위가 낮은 사람은 음높이가 높으며 낮은 목소리는 높은 목소리보다 신뢰감을 주며 설득력을 높이는 반면 높은 목소리는 상냥함과 친절한 느낌을 준다.

⑤ 휴지(쉼)

휴지(pause)는 말을 하는 사이 잠깐 쉬는 것으로 어디에서 쉬느냐에 따라 말의 의미가 달라질 수 있으며 위치에 따라 긍정적인 또는 부정적인 효과도 낼 수 있다. 발표자는 청중의 반응을 이끌기 위해서 또는 화제 제기나 내용 강조를 드러내기 위해서 의도적으로 휴지를 갖기도 한다. 그러나 말할 내용이 생각나지 않는 경우나 청중 앞에서의 긴장으로 인해서 휴지가 나타나기도 한다. 이런 종류의 휴지는 효과적으로 메시지를 전달하는데 방해 요인이 된다.

정지에는 소리로 채워진 정지(filled pause), 순수한 정지(unfilled pause), 분절적 정지(segmentation pause), 수사학적 정지(rhetorical pause) 등을 포함한다.

소리로 채워진 정지(filled pause)란 "으음(umm)", 혹은 "어(ehh)"와 같이 음성(vocalization)을 발음하면서 발화를 멈추는 침묵 순간(silent period)을 말하며, 순수정지란 아무런 소리 없이 침묵의 순간만을 유지하는 것을 말한다. 순수정지를 할 때는 흡기, 침 삼키기, 후두성대의 반사작용, 혹은 조용한 호기와 함께 연설 시그널을 정지하는 것을 말한다. 정지의 70%는 순수한 정지로 주로 새로운 문장을 시작하기 위해 호흡을 가다듬거나 침을 삼키기 위한 순간으로 나타났다.

또한 분절적 정지란 문법이나 구문상 필요한 지점에서 의도적으로 쉬는 것을 의미한다. 대부분의 프레젠테이션은 단어가 아닌 의미를 가신 청크(chunk)로 정보가 전달되므로 발표자들은 새로운 정보로 주제가 바뀌거나 문법적인 구성이 바뀔 때마다 정지를 해주어야 청중의 정보에 대한 이해력이 강화된다. 이러한 이유로 분절적 정지를 문법적 정지라고도 한다. 또한 정지는 발표자에게 호흡을 정리할 수 있는 시간을 제공해 준다. 발표자의 주요 기능 중 하나가 자신이 준비한 메시지를 구문론적으로 조직(syntactical organization)하는 것이므로 의미가 바뀔 때마다 호흡을 가다듬어야 의미 전달을 좀 더 명료하게 할 수 있다.

발표자의 정지는 청중에게도 매우 중요한 순간이라고 할 수 있다. 왜냐하면 발표자의 정지와 더불어 청중도 자신들이 받아들인 정보를 중요한 핵심 정보와 덜 중요한 정보로 구분하는데 필요한 시간을 가질 수 있기 때문이다. 따라서 정지는 발표자의 인식과정에 필요한 시간을 제공해 줄 뿐만 아니라 청중의 이해과정을 돕는 중요한 순간이라고 할 수 있다.

수사학적 정지란 특히 많은 자료를 제공해야 하는 복잡하고 전문적인 프레젠테이션에서 청중으로 하여금 무발성 리허설(sub-vocal rehearsal)이라고 하는 과외시간을 허용해 주기 위해 발표자가 전략적으로 제공하는 정지순간을 말한다. 무발성 리허설이란 청중이 받아들인 정보를 머릿속으로 검토해보는 짧은 시간(a brief review of information)을 말한다. 무발성 리허설을 통해 청중은 정보처리를 위한 시간을 좀 더 충분히 갖게 되며, 결과적으로 복잡한 내용을 이해하고 해석하며, 이를 기억하기 위한 지각과정을 활성화시킬 수 있게 된다. 따라서 복잡한 내용을 전달해야 하는 프레젠테이션에서는 분절적 정지와 함께 수사학적 정지를 충분히 활용하는 것이 중요하다.

서두에서 언급한 것처럼 휴지는 말의 속도와도 밀접한 관련이 있다 말의 속도가 느린 것 보다는 조금 빠른 것이 설득력이 높고 자신감이 있어 보이며 발표자를 지적으로 보이게 한다고 했다. 이를 휴지와 관련해 생각해 보면 발표 내용을 제대로 인지하지 못하면 의도치 않게 휴지를 많이 갖게 되는데 이는 말의 속도가 느려지는 것의 원인이 되며 이러한 휴지가 길어져 버리면 이야기의 흐름이 끊겨 내용 전달력이 약해진다.

발표에서는 휴지를 적절히 사용해야 하는데 보통 단어와 단어 사이 구와 구사이 절과 절 사이 문장과 문장 사이나 문장이 긴 경우 청중을 배려해 주제어 뒤나 대등적 연결어미에서 휴지를 두며 경우에 따라 강조할 부분이 있거나 하나의 이야기가 끝난 다음 또는 청중들이 어려워할 수 있는 부분에서는 화자가 의도적으로 휴지를 두어 말을 하는 것이 내용 전달에 디 효과적일 수 있다.

⑥ 억양과 어조

억양은 목소리의 높낮이의 이어짐에 의해 이루어지는 일정한 유형이라 할 수 있고 어조는 목소리의 변화를 뜻하는 것으로 말의 속도, 고저, 강세, 장단, 음량, 음질 등을 모두 포함하는 상위 개념으로 제시되고 있다. 억양에서는 대개 발화의 의미와 태도가 드러나므로 화자는 이를 잘 활용해야 한다. 말할 때 음을 고정시켜 말하는 것보다 높낮이의 변화를 주면서 말할 때 듣는 사람들에게 더욱 영향력 있는 사람으로 인식된다고 했다.

억양은 같은 말이라도 달리하면 각기 다른 의미로 해석된다. 한국어 역시 그렇다. 그래요라는 어휘에 올림 억양을 얹어 말하면 의문문이 될 것이고 내림 억양을 얹어 말하면 이는 어떠한 것을 인정하고 수긍하는 의미를 표현하게 된다.

발표에서는 이러한 억양 변화뿐만 아니라 전달하는 내용이나 화자의 의도를 표현하기 위해 때로는 강하게 감정을 담아 호소력 있게 이야기를 하는 것도 필요한데 이는 어조 변화를 통해 가능하다. 프레젠테이션에서의 어조는 내용에 따라 다르게 할 수 있는데 지식이나 개념 등 중립적인 내용을 전달할 때는 차분하게 하며 자신의 주장을 강하게 드러내는 내용일 경우 다소 강한 어조로 말을 하는 것이 효과적이다. 특히나 청중들에게 메시지를 전달할 때는 단순한 말이 아닌 의미 있는 말을 해야 하므로 이 때 목소리는 의미와 감정에 따라 단조롭지 않도록 변화가 있는 목소리로 발표를 하여야 한다.

3 음성언어 훈련

발표는 스피치 상황 중에서 가장 격식을 요하는 상황으로 알려져 있으며 그만큼 사전에 철저한 준비가 필요한 스피치이다. 철저한 준비와 연습을 통해 훌륭한 발표를 할 수 있게 되는데 앞서 발표에서 중요하게 다루어지는 준언어 요소인 목소리의 크기, 목소리의 높낮이, 말하는 속도, 발음, 휴지, 억양과 어조를 살펴보았다.

목소리를 크게 내고 발음을 정확하게 하며 음높이를 조절하고 효과적인 어조와 억양 및 의도적인 쉼을 통해 내용의 선날력을 높이는 것은 흉식호흡과 복식호흡의 발성, 정확한 입모양으로 발음하기, 꾸준한 읽기 연습 및 발표 연습을 통해 가능하다. 특히 목소리의 크기와 높낮이 조절, 발음은 복식호흡과 발성 훈련으로 향상될 수 있으며 정확한 발음, 적절한 휴지 조절 및 억양과 어조의 표현법은 원고 읽기 활동을 통해 개선될 수 있다.

1) 흉식호흡과 복식호흡

호흡은 크게 흉식호흡(thoracic respiration)과 복식호흡(abdominal respiration)으로 구분된다. 흉식호흡이란 주로 갈비뼈 사이에 있는 늑간근(intercostal muscle)이나 흉쇄유돌근(sternocleidomastoid muscle) 등 목과 어깨 주위의 보조근육들을 사용하여 호흡하는 방식을 말한다. 충분한 양의 공기를 흡입하기 위해서는 횡격막의 수축으로 흉곽이 충분히 확장되어야 하는데, 흉쇄유돌근이나 늑간근과 같은 보조 근육들은 흉강을 충분히 늘리기에 불충분하다. 특히 흉쇄유돌근을 지속적으로 수축하다 보면 거북목이 발생할 가능성이 높아진다. 거북목 증후군이 발생하면 경추나 관자놀이에 심한 통증을 유발하며 흉식호흡이 어려워지는 악순환이 반복된다. 흉쇄유돌근이란 말 그대로 근육 아래쪽은 흉골과 쇄골에 붙어있으며 위쪽은 귀 밑 유양돌기에 붙어서 목을 사선으로 관통하는 근육을 말한다. 이처럼 흉식호흡은 흡기 시 가슴 윗부분만을 팽창시켜서 공기를 흡입하게 되므로 복식호흡에 비해 호흡량이 적고 얕게 된다. 인간의 허파(lungs)는 위가 좁고 아래가 넓은 삼각형 모양을 하고 있으며 혈관들도 윗부분보다 아랫부분에 더 많이 분포되어 있다. 흉식호흡은 주로 폐의 위쪽만 팽창시키는 호흡법이기 때문에 1회 흉식호흡을 위해서는 폐의 약 3분의 1만 팽창한다. 이러한 이유로 흉식호흡을 하면 전신에 산소 공급이 감소되어 피로감이 높아지게 된다. 따라서 횡격막을 충분히 사용하지 않는 흉식호흡은 안정 시 정상적인 호흡방법이라기보다는 지나치게 긴장을 했거나 격렬한 운동을 하는 경우, 혹은 다양한 응급 상황 등에서 시행하는 보조적 호흡 방법이라고 할 수 있다.

흉식호흡의 장점으로는 호흡하는 데 에너지가 적게 들며 답답한 가슴에 좋은 호흡법이지만 에너지가 적게 드는 만큼 호흡량이 적다는 단점이 있다. 흉식호흡은 숨을 쉴 때 가슴이 부풀려졌다가 가라앉는 호흡법으로 여성분들에게 많이 나타나는 호흡법이다. 여성들은 복부 근육 쪽의 발달과 긴장이 약하고 허리띠를 사용하거나 서양 같은 경우 코르셋의 사용으로 복부가 압박된 것이 원인이라고 보고 있으며 여성들이 임신했을 때 가장 강하게 나타난다.

복식호흡은 횡격막 호흡(diaphragm respiration)이라고도 불린다. 복식호흡은 흉강과 복강 사이에 있는 횡격막을 상하로 움직임으로써 공기가 이동하는 것을 말한다. 따라서 외늑간근은 복식호흡의 30%밖에 사용되지 않으며 호흡의 70% 이상은 횡격막에 의해 조절된다. 흡기 시에는 횡격막이 수축하여 복강 내로 내려오게 되면서 흉강의 넓이가 확장되며 호기 시에는 횡격막이 이완되어 흉곽 쪽으로 올라가면서 공기가 배출된다. 복식호흡은 흉식호흡에 비해 상당히 많은 장점을 가지고 있다. 우선, 횡격막을 사용하면 흉강의 면적이 넓어지기 때문에 폐의 환기량이 증가된다. 그 결과 최대 2L까지 공기를 들여 마실 수 있게 된다. 또한 복식호흡은 횡격막을 사용하므로 흉식호흡보다 힘을 덜 들이고도 충분한 양의 공기를 흡입할 수 있게 된다. 이러한 이유로 마라톤 선수들은 복식호흡을 필수적으로 훈련한다.

복식호흡의 장점으로는 호흡할 때 횡격막이 내려감으로써 폐의 밑부분까지 공기가 차게 되어 폐를 넓게 쓰는 것이 되고 밑쪽 폐의 질환을 예방하며 배를 이용하여 숨을 쉼으로써 배에 있는 내장운동이 원활해져 소화 작용과 배설 작용을 원활하게 만들어 준다. 반면에 배 쪽에 있는 횡격막이 늘어져서 배도 함께 늘어진다는 단점이 있다.

복식호흡은 배를 이용하는 호흡으로 성악가, 배우 등을 목표로 하지 않는 이상은 여성보다는 남성들이 대부분 복식호흡을 많이 한다고 한다.

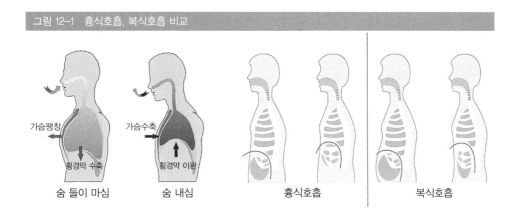

그림 12-1 흉식호흡, 복식호흡 비교

가슴팽창
횡격막 수축
숨 들이 마심

가슴수축
횡격막 이완
숨 내심

흉식호흡

복식호흡

복식호흡의 방법으로는 풍선이 갈비뼈와 복부에 들어 있다고 생각한 후 호흡을 연습하는 것이 좋다. 먼저 한 손은 배 위에 다른 손은 가슴에 얹는다. 이는 호흡할 때 가슴에 얹은 손은 움직이지 않고, 배 위의 손만 위아래로 움직이는 것을 확인하기 위해서

<hr>

3 그림이미지 출처: http://www.marathon.pe.kr/training/breath.html

다. 호흡할 때 횡격막이 수축하여 아래로 내려감으로써 늑간근보다는 횡격막의 작용을 통해 폐가 압력을 받는 것이 중요하다. 갈비뼈 부분에 손을 올려놓고 숨을 들이마실 때 풍선이 커지듯, 갈비뼈가 양쪽으로 벌어지는 것을 느낀다. 내쉴 때는 갈비뼈와 복부가 홀쭉해지는 것을 느끼면 된다. 숨을 내쉴 땐 마실 때보다 속도를 천천히 하면서 내쉬어야 한다.

복식호흡에는 4-3-5-3 규칙이 있는데 숨을 4초 동안 들이마시고, 3초 숨을 멈추고, 5초 동안 내쉬고, 다시 3초 숨을 멈추는 방식으로 호흡하는 규칙이다. 이와 같은 방법으로 30번 호흡하는 것을 한 세트로 한다.

그림 12-2 입술 모으기 훈련법

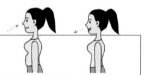

1) 우선 긴장을 풀고 몸을 편안하게 하세요.
2) 편안히 코로 숨을 들이쉬세요.
3) 입술을 오므린 모양으로 하여 들이쉴 때 보다 2배 긴 시간동안 천천히 내쉬세요.
  (들이쉴 때는 하나, 둘을 세고, 내쉴 때는 하나, 둘, 셋, 넷을 하면서 연습하세요.)

그림 12-3 복식호흡법 절차

복식 호흡법
– 효과적이지 못한 잦은 호흡으로 위축된 호흡근과 횡경막과의 강화를 위해 복식호흡을 하며, 이 때, 복부 근육을 한손으로 지지해준다.

1. 기본 연습
  1) 누워서 한 손은 가슴에 한 손은 배에 얹으세요.
  2) 숨을 충분히 내쉬고 일을 다문 후, 코로 길게, 숨을 들이쉬어 복부가 부풀게 합니다.
    이 때, 가슴 위에 얹은 손으로 가슴을 가능한 움직이지 않는 것을 확인하세요.
  3) 입을 오므려서 천천히 숨을 내쉬면 배가 오므라듭니다. 이 때도 가슴은 되도록 움직이지 않게 하세요.

2. 기본 연습이 되었으면 이제 여러 가지 자세에서 복식호흡을 연습해봅니다.

―――――― 4 그림이미지 출처: http://www.khna.or.kr/homecare_new/04_nerve/chronic02_03.php

동작 시 에너지 보존의 호흡의 기본

1. 활동 시에는 산소의 요구량이 증가하므로 힘을 들이는 동작 전에 복식호흡으로 코를 통해 깊게 숨을 들이쉽니다.
2. 입술을 오므린 모양으로 하여 숨을 내쉬면서 동작을 합니다.

1. 의자에서 일어설 때

깊게 숨을 들이 쉬고,
숨을 내쉬면서 천천히 일어서십시오.

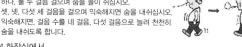

2. 걸을 때

하나, 둘 두 걸음 걸으며 숨을 들이 쉬십시오.
셋, 넷, 다섯 세 걸음을 걸으며 익숙해지면 숨을 내쉬십시오.
익숙해지면, 걸음 수를 네 걸음, 다섯 걸음으로 늘려 천천히
숨을 내쉬도록 합니다.

3. 물건을 올릴 때

깊게 숨을 들이 쉬고,
내쉬면서 물건을 올리십시오.

4. 화장실에서

1) 동작 전에 깊이 숨을 들이 쉰 후, 숨을 내쉬면서 천천히 앉으십시오.
2) 깊이 숨을 들이쉬고, 천천히 숨을 내쉬면서 배에 힘을 줍니다.
3) 바른 호흡법으로 용변을 본 후 깊이 숨을 들이 쉬십시오.
4) 숨을 내쉬면서 천천히 일어섭니다.

복식호흡을 응용한 발성연습은 발성시 음계이동에 따른 소리는 복부근과 그 이외 기관의 조화로 움직임을 실현시키며 후두근 본래의 진보된 조절에 의해서 이루어진다. 이러한 현상이 크게는 호흡기관에 연관된 근육들의 움직임에 집중되지만 세밀하게는 후두에 관련된 근육들의 움직임이 이를 가능하게 한다.

각 자음마다 연관된 근육의 움직임에 의해 발음이 이루어지는데, 예를 들어 P의 경우 내복사근, F는 복직근과 연관되어 있고, S는 복구근과 요부근이 압착이 옆구리 부근의 배가로근을 가로질러 여과작용을 통한 S발음이 된다. R은 자음 가운데 가장 낮게 위치하며 정리된 호흡의 에너지가 필요함에 따라 흉식호흡으로 R을 길게 발음할 수 없으며 R은 특이하게 바른 호흡법을 습득해야 RA나 RO로 발음된다. B는 아래턱이 앞으로 이동과 동시에 혀도 이동하며 설골의 이동으로 이설골근과 악설골근도 따라 이동한다. 설골은 갑상연골과 연결 되어있는 부위의 갑상골근이 후두를 잡아끌면서 발음이 이루어진다.

기본 3가지 모음 T, A, U는 혀의 위치에 따라 발음 되는데, T는 이설골근의 수축에 의해 후두가 상승하면서 혀가 뒤쪽으로 위치하여 볼록한 모양이 되며, A는 두 가지 상반된 방법으로 발음이 되는데, Torino시의 Piemonte지방과 Napoli시의 경우처럼 같은 모음이지만 발음되는 위치에 따라 달라지고 선율의 소절이 바뀌는데 이것은 각 지방의 방언에 따라 확연하게 나타나는 요소가 된다. U는 두 가지 상반된 방법으로 발음되는데 혀가 뒤쪽에 위치하면서 목에 잡힌 듯한 발음과 혀의 앞 부분이 아래 앞니 뒤에 위치

하면서 밝은 발음이 이루어진다. 가장 이상적인 발화는 후두가 약간 위로 상승하고 혀는 아래 어금니를 포함해 혀의 가장자리가 아랫니 전체 뒤 쪽에 위치하는 것이 바람직하다.

처음 발성을 시작할 때는 단 음절로 시작하는 것이 바람직하며, BRA, BRU, BRI로 B는 턱의 위치형성을 유도하고 R은 복식호흡을 유도, 모음 T, A, U는 혀의 위치를 유도한다.

2) 발성

대화 내용과는 상관없이 그 소리만 들어도 즐거울 정도의 좋은 목소리를 평생 최소한 한 번은 들었을 것이다. 완벽한 발성, 억양과 발음으로 교정하려면 평생이 걸리겠지만 아름다운 발성을 만드는 것은 비교적 짧은 시간에도 가능하다. 좋은 습관 개발과 말하는 연습으로 구분하여 설명할 수 있다.

(1) 좋은 습관 개발

① 크게 말하라

크게 말하기는 다른 사람들이 들을 수 있도록 말하는 것이 중요하므로 목소리를 단계적으로 높여서 말하는 것이 좋다. 평소에 속삭이듯 말하거나 중얼거린다든지 고개를 숙이고 말하는 경향이 있다면 다른 사람들의 소리에 묻혀버리거나 무시된다. 그렇다고 해서 무조건 소리를 지르라는 것은 아니며 상황에 따라 단계적으로 목소리의 크기를 다양하게 조절해야 한다. 예를 들어, 많은 사람들에게 얘기할 때 목소리가 들리게 하려면 크게 해야 하며, 평소에 일상적인 대화를 할 때는 너무 크게 말하면 좋지 않은 인상을 줄 수도 있으므로 크게 하지 않아도 된다.

② 천천히 말하라

너무 빨리 말하는 것은 좋지 않은 습관으로 말이 너무 빠르면 청중들은 따라가기도 어렵고 내용을 이해하기도 힘들어짐에 따라 듣기를 중단하거나 지루해하기 마련이다.

따라서, 단어들을 보다 천천히 말하고 문장 사이에 잠깐 쉬면서 얘기하면 말하려는 내용을 강조할 수도 있고 발표하면서도 정지할 기회도 얻게 된다.

반대로 너무 천천히 말을 해서 발표가 너무 느리고 단조롭게 들린다면 청중들은 참지 못하고 듣기를 중단하게 될 수 있음에 따라 이상적인 속도는 1분에 120~160개 단어를 말하는 것이다. 그러나 연설을 할 때는 필요에 따라 속도를 조절하는 것이 좋다. 천천히 말하면 중요한 부분을 강조할 수 있고 빠르게 말하면 열정을 보여줄 수 있기 때문이다.

표 12-1 발화속도의 범위			
연구자	느 린 발 화	정 상 발 화	빠 른 발 화
박경희(2008)	280음절/분당	340음절/분당	400음절 내외/분당
정은이 · 정의철(2015)	300음절/분당	300~380음절/분당	380음절/분당
이숙향 외(2004)	252.6~288음절/분당	366~377.4음절/분당	422.4~488.4절/분당

③ 명료하게 말하라

좋은 목소리 만들기 훈련에 가장 중요한 측면은 명료하게 말하는 것으로 말하는 단어에 집중해서 완전하고 정확하게 발음해야 한다. 말할 때 입을 벌리고, 입술에는 힘을 빼며 혀와 치아가 적절한 위치에 있어야 한다. 혀 짧은 소리(혀 짤배기 소리)를 내는 습관도 이렇게 연습하면 없앨 수 있으며 처음에는 어색하겠지만 지속적으로 정확하게 발음하려고 노력하면 곧 자연스러워진다.

④ 깊게 숨 쉬는 법을 연습하라

풍부한 성량을 갖기 위해서는 깊게 숨 쉬는 것이 꼭 필요한데, 대부분의 사람들이 말할 때 빠르고 얕게 숨을 쉬기 때문에 부자연스럽거나 콧소리가 나게 된다.

호흡은 가슴이 아니라 횡경막에서 시작하는 복식호흡을 하여야 한다. 주먹을 맨 아래 갈비뼈 바로 아래, 배 위에 올려놓으면 제대로 호흡하는지 확인할 수 있는데, 배가 불룩해져야 하며 호흡할 때마다 어깨가 오르내리는지 살펴보아야 한다.

공기가 배를 채우도록 깊게 들이마시는 연습은 5초 동안 숨을 들이마신 다음 5초 동안 내쉰다. 이 방법이 익숙해지면 일상생활에서 말할 때 적용해 보면 발표에 도움이 된다.

앉을 때나 서 있을 때 턱을 들고 어깨를 펴는 바른 자세를 하면 깊게 숨 쉬는 데 도움이 되며 발성하기 쉬울 뿐만 아니라 말할 때 자신감도 얻을 수 있다.

문장이 끝날 때마다 숨을 쉴 때 깊게 숨쉬는 방법을 사용하면 다음 문장을 말하기

전에 숨을 쉬기 위해 멈추지 않고도 충분한 공기를 확보할 수 있는데 청중들은 더욱 그 얘기를 받아들일 가능성이 커진다고 할 수 있다.

⑤ 피치에 변화를 주라

목소리의 피치는 좋은 소리를 내는 데 실질적인 영향을 주며 그 영향은 듣는 사람들에게도 전달되는데, 일반적으로 떨리거나 불안정한 피치는 긴장하고 있다는 인상을 주는 반면 안정적인 목소리는 침착하고 설득력이 있다는 느낌을 준다.

타고난 목소리의 피치를 바꿀 필요는 없지만, 긴장하지 말고 깊고 부드러운 피치를 얻는 것을 목표로 조절하기 위한 노력과 연습은 꾸준하게 실행하여야 한다.

하나의 멜로디를 허밍으로 부르거나 한 문단을 혼자서 크게 소리 내어 읽음으로 피치 조절 연습을 할 수 있다. 다만, 피치를 한결같이 유지해야 할 필요는 없지만 강조하기 위해 목소리의 피치를 올려야 하는 경우도 있다.

(2) 말하는 연습

① 발성연습

발성연습은 타고난 말소리를 향상시키기 위한 좋은 방법으로 거울을 보고 연습하는 것이 가장 효과적이지만 여러 가지 방법 중 대표적인 아래 방법들로 연습을 시도해 보자.

입과 성대에 힘을 빼고, 크게 하품하기, 턱을 좌우로 움직이기, 허밍으로 노래하기, 손가락으로 목 근육 풀어주기 등으로 힘을 뺄 수 있다.

폐에 있는 모든 공기가 빠져나올 때까지 완전히 내쉰 다음 깊게 들이마시고 15초간 멈춘 후에 다시 내쉬는 연습으로 폐활량과 호흡량을 늘려보자.

"아" 소리로 노래하면서 피치를 연습을 해보자. 처음에는 보통 피치로 하고 그 다음에 서서히 낮춘다. 각각의 한글 자모로 이 연습을 할 수 있다.

칠월칠일은 평창친구 친정 칠순 잔칫날.

정경담당 정선생님 상담담당 성선생님.

도토리가 문을 도로록 드르륵 두루룩 열었는가 도루룩 드로록 두르룩 열었는가.

② 크게 읽는 연습

발음, 속도, 크기를 위한 연습에는 크게 읽는 방법이 좋은데, 책이나 잡지에서 한 부분을 발췌할 수도 있고, 더욱 좋은 방법은 유명한 연설문을 찾아 큰 소리로 읽는 것이다.

말을 할 때는 똑바로 서서, 깊게 숨을 쉬고 입을 완전히 벌리면서 해야 한다는 것을 기억하고 도움이 된다면 거울 앞에서 실행하는 것이 좋으며 스스로 소리에 만족할 때까지 계속 연습하고 난 후 일상적으로 얘기할 때 적용하여 보면 발표에 도움이 된다.

③ 자신의 소리 녹음

대부분의 사람들이 자신의 목소리 듣기를 싫어하지만 훈련을 위해서는 녹음하는 것이 발표에 도움이 된다. 녹음해서 들으면 잘못된 발음, 속도, 또는 피치 문제 등 평소에 알지 못했던 결점을 찾아내서 교정을 할 수 있다.

요즘은 대부분의 전화기나 모바일 폰에 녹음기능이 탑재 되어 있어 언어적 측면에서 편리하게 녹음해서 들어볼 수 있으며, 다른 방법으로 비디오카메라를 이용하는 방법은 비디오는 말할 때의 자세, 시선, 입의 움직임 등을 비언적인 측면을 볼 수 있기 때문에 매우 유용하게 사용할 수 있다.

④ 목소리 코치 찾기

토론, 연설, 발표 등을 위해 정말로 자신의 말소리가 걱정된다면 목소리 코치를 만나보는 것도 좋으며 코치들은 개개인의 문제점을 파악하고 그것을 수정할 수 있도록 도와준다.

사투리나 다른 언어의 억양을 최소화 또는 완전히 제거하기를 원할 때는 특히 목소리 코치의 도움을 받는 것이 좋은데, 특정한 억양을 없애기는 쉽지 않으므로 전문가의 도움이 필요하기 때문이다.

목소리 코치가 부담이 되면 특별히 또렷하게 말하는 친구나 가족 앞에서 발표 연습을 해서 문제점을 파악하고 도움을 줄 수도 있다. 이렇게 연습하면 사람들 앞에서 말하는 것에 자신감을 갖는 데도 도움이 된다.

⑤ 웃는 얼굴로 말하기

열린 소리로 상냥하며 고무적인 톤(공격적, 회의적, 단조로움과 반대되는)으로 말하면 그 사람과 말하는 내용 모두 긍정적인 평가를 받을 수 있다.

상냥하고 따뜻한 톤을 만드는 좋은 방법은 웃으면서 말하는 것으로 미친 듯이 웃으라는 뜻이 아니라 양쪽 입꼬리가 살짝 올라가는 정도의 미소만 지어도 전화로 얘기할 때 매력적으로 들릴 수 있다.

물론 심각한 문제를 논의하는 자리에서 웃는 얼굴은 적절하지 않으나 어떤 감정이든 상황에 따라 적절하게 혼용하여 발표하면 놀라운 변화를 만들어낼 수 있다.

그림 12-4   프레젠테이션 발표자의 태도

프리젠터의 첫인상이 프리젠테이션을 성공으로 이끌어낼 수 있는 가장 중요한 요소다.

• 얼굴표정 : 웃는 얼굴

• 시선 : 청중과 시선을 마주한다.
 – 가장 먼곳에서 시작하고
 – 관심을 갖는 사람을 찾아라

• 자세 : 등을 펴고 허리에 힘을 주고 선다.

• 청중과의 거리는 2~3m 이내

• 복장은 단정하게

• 목소리의 대소 : 힘있고 명확한 소리
 – 맨 뒷사람을 의식하면서 시작

• 손 : 뒤나 앞으로 맞잡지 않는다.
 – 선악과의 잎사귀
 – 범인의 수갑찬 모습

• 선 자세 : 어깨 폭 정도로 벌리고 선다.
 – 부동자세는 좋지 못하다.

―――― 5   참고문헌: 파워프리젠테이션

제13장

프레젠테이션 디자인

1 개요

디자인이란 행위는 인류의 탄생과 함께 시작되었다고 볼 수 있으며, 본격적으로 사용된 것은 1920~1930년대의 이른바 모던디자인(Moden Design)이 성립된 이후라고 할 수 있다. 물론 고대인들은 그들의 생활을 위한 도구를 만들거나 건물을 세우는 기술적 행위는 반드시 그 의미를 지나 계획이 선행하여 존재한 것은 맞다. 그러나 이미지가 계획화 되어 실현될 때 처음으로 디자인 의식이 생기는 것이므로 그 시대는 기술적 행위에 포함된다고 하겠다.

디자인은 인위적이고 합목적성을 지닌 창작행위를 말하며, 넓은 의미로는 내적계획으로 우리들 정신 속에서 시작해서 실현으로 이끄는 계획 및 설계를 의미한다. 좁은 의미로는 사용하기 쉽고 안전하며, 아름답고 쾌적한 생활환경을 창조하는 조형행위로 미술에서는 계획으로 회화 제작에 있어서의 스케치를 의미하기도 한다.

디자인은 일상생활에 속에서 행하는 행동전체를 목적에 알맞게 조절하는 생각일 수도 있고 기술자, 건축가, 기타 디자인 전문가들이 예술, 과학, 수학적 요소들을 조화시켜 특정한 목표를 달성하려는 복합적인 활동의 결과라고 할 수도 있다.

디자인은 디자이너의 고유 업무라고 생각할 수 있지만, 대개의 직장인은 오래전부터 디자인을 하고 있다. 학창 시절에는 발표 수업을 위해 슬라이드를 디자인했으며, 회사 생활 중에는 보고서 작성을 위해 편집 디자인을 한다. 그동안 디자인 기본기를 고려하지 않은 채 무작정 내용을 입력하고, 이미지를 배치했을 뿐이다. 이제부터라도 슬라이드 제작이나 보고서 작성 등에 디자인을 접목하여야 더 읽기 좋은 문서, 더 잘 정리된 문서를 완성할 수 있다.

프레젠테이션디자인은 어떻게 하면 더 목적에 부합하고, 더 보기 좋은 슬라이드를 완성할 수 있는지 디자인의 기본기를 바탕으로 설명한다. 본 장에서 편집 디자인 기본기부터 서체, 이미지, 컬러 등을 공부한다면 슬라이드 제작뿐만 아니라 보고서나 기획서 작성 등에도 디자인 이론을 적용할 수 있게 될 것이다.

먼저 프레젠테이션 디자인에서 가장 중요하게 고려되어야 하는 것이 시각디자인(visual design), 즉 시청각 자료(audioviduals)로 사전적 정의는 다양한 색채와 극적인 학습 도구의 집합적 배열을 통해 새로운 아이디어를 살아 움직이게 하고 학습을 증진시키기 위한 자료라고 한다. 비주얼 프레젠테이션을 위한 매체 디자인에는 텍스트, 시각자료, 동영상 자료 등 다양한 요소들이 있다. 텍스트가 음성언어와 문자언어로 설명된다면, 시각자료는 시각언어에 의해 상징성이 전달된다고 할 수 있다.

2 시각디자인

1) 개념

시각디자인은 정보화 사회에서 시각을 통하여 정보를 효율적으로 전달하는 디자인을 의미하는 것이다. 인쇄매체와 영상매체가 발달한 현대사회는 시각적 이미지에 많은 영향을 받고 있기 때문에 시각디자인은 중요한 관심이 되고 있으며, 급속도로 그 범위가 넓어지고 있다.

초기에 평면적인 인쇄매체에 의존했던 것과는 달리 텔레비전, 컴퓨터 등의 등장에 따라 영상매체에 의한 컴퓨터 그래픽, 전시회, 박람회 같은 입체 공간의 이미지 관리를 위한 시각 전달영역까지 그 범위가 확대되고 있다.

시각디자인은 그래픽디자인과 영상디자인으로 나눌 수 있는데, 그래픽디자인은 우리가 접하는 신문, 잡지, 포스터, 팜플렛, 포장 등과 같이 인쇄에 의한 프로세서를 통하여 제작되어 정보를 취급하는 인쇄에 의한 디자인을 말하며, 영상디자인은 컴퓨터그래픽 등의 영상과 비디오, 영화, 애니메이션 등 주로 영화기구와 같은 재생장치를 매개로 하여 정보전달을 취급하는 영상매체 디자인을 말한다.

2) 시각디자인의 분야

(1) 그래픽디자인(Graphic Design)

일반적으로 2차원의 평면형상을 그래픽으로 구성하는 디자인으로 디자인된 활자를 운용하는 미적, 기술력, 조형적인 표현이나 활자, 문자중심이 되는 디자인 작품인 타이포그래피와 기본적인 일러스트레이션을 중심으로 다채로운 평면을 구성한다. 사진을 함께 활용하는 경우도 있으며, 실질적으로 대부분의 시각디자인 분야의 중심으로 작용한다. 이렇게 만들어진 결과물은 인포그래픽이나 포스터 등 어떠한 정보를 전달하고 소통하는 목적으로 활용되는 경우도 있고, 비주얼 아트에 가까운 경우도 있다.

과거에는 주로 포스터나 인쇄물을 디자인하는 것이 중심이었으며, 포토몽타주 등 프로파간다에 활용된 경우도 적지 않다. 최근에는 모션 그래픽이나 키네틱타이포 등 움직이는 그래픽디자인도 등장하기 시작했다. 누구에게나 쉽게 다가갈 수 있고, 접근성이 낮은 그래픽 작업도 있겠지만, 텀블러를 비롯해 디자이너들이 주로 이용하는 사이트를 조사해 보면 정말 혁신적인 예술작품 그 자체라고 밖에 할 수 없는 디자인 작업 결과물도 많다.

(2) 편집 · 일러스트레이션

서적이나 잡지 등의 레이아웃, 활자 등을 종합적으로 디자인하는 분야로 일반적인 그래픽 디자인이 대부분 여기에 해당한다고 볼 수 있다. 편집 디자인 자체가 곧 시각디자인의 기본적인 조형 언어인 타이포그래피의 응용 분야라고 볼 수 있다. 디자인을 그리는 분야, 보고서 속의 조그마한 수치해석 그래프부터 시작해서 책 속의 삽화, 단독 포스터용 일러스트에 이르기까지 다양한 분야에서 사용된다.

(3) 브랜드디자인

브랜드디자인 혹은 브랜딩 디자인이라고도 불린다. 회사의 로고(CI, BI 등)와 제품들을 모두 디자인하는 것을 일컫는다. 디자인 과정에서 마케팅 전략이 많이 반영되므로 마케팅과 밀접한 관련이 있다. 브랜드디자인도 마찬가지로 시각디자인의 기본적인 조형 언어인 타이포그래피의 응용 분야라고 볼 수 있다.

(4) 패키지디자인

상품의 포장을 담당하는 디자인 분야로 그래픽디자인 분야 중에서는 특이하게도 입체를 부분적으로 담당하게 되는 독특한 분야이며 특성상 브랜딩과도 연계된다.

(5) 영상디자인

영상디자인은 영상이라는 범주 아래 크게 촬영한 영상을 편집(자막 등)하는 분야와 애니메이션 등의 영상을 직접 만드는 분야로 나눌 수 있다. 후자의 경우 모션그래픽이라고도 부르며, 다른 분야에 비해 차원이 다른 엄청난 노력이 필요하고, 부서·개인 간 협업이 많고, 육체·정신적으로 힘든 디자인이라고 할 수 있다.

(6) 광고디자인

광고에 관련된 디자인으로 지면 광고뿐만 아니라 매체를 통한 광고 영상처럼 각 매체의 특성에 따라 창의적인 표현 능력을 확대하여 주어진 주제를 명확하게 시각화하는 분야라고 할 수 있다.

3) 시각디자인의 원칙

비주얼 프레젠테이션은 일차적으로 단순성과 통일성을 고려하여 디자인해야 한다. 디자인의 단순성과 통일성은 균형(balance), 대비(contrast), 강조(emphasize), 움직임(motion), 리듬(rhythm), 여백(margin), 통일성(unity)의 원리에 의해 이루어진다. 통일성의 원리는 게슈탈트의 원리라고도 한다.

(1) 균형의 원리(Principle of balance)

시각적 균형은 단일 구성 요소가 지나치게 강해 보이지 않도록 하는 것을 의미한다. 이는 슬라이드 중앙에 가상의 선을 그리고 양쪽의 시각적 무게가 같도록 요소를 배열하여 디자인에 적용할 수 있다. 슬라이드의 균형적인 디자인을 위해서는 대칭적 균형과 비대칭적 균형으로 표현되고 있는데, 대칭적 균형은 가상

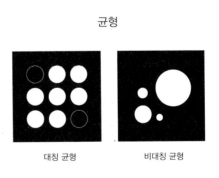

균형

대칭 균형   비대칭 균형

중심선의 양쪽에 있는 시각적 무게가 이미지를 거울에 비춘 것처럼 동일하게 배열하는

것으로 균형과 아름다움, 일관적인 느낌을 보일 수 있다.

비대칭적 균형은 양쪽 측면의 시각적 무게는 동일하지만 요소의 구성과 순서가 다를 수 있으며 균형 잡힌 비대칭 디자인은 현대적인 접근방식으로 조화로운 구성을 유지하면서 보는 청중에게 역동적인 디자인을 보여줄 수 있다.

(2) 대비의 원리(Principle of contrast)

대비란 어두운 부분과 밝은 부분, 매끄러운 부분과 거친 부분, 큰 부분과 작은 부분 등의 차이를 강조하는 방식으로 두 가지 이상의 것을 같은 장소에 나란히 놓거나 동시에 설치(병치)시킨 요소를 배열하는 것을 말한다. 그림에 대비가 있으면 슬라이더에서 청중의 마음을 사로잡는 매력적이고 흥미로운 품질로 완성할 수 있다.

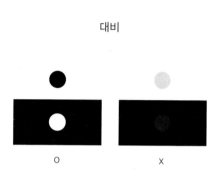

대비

(3) 강조의 원리(Principle of emphasize)

강조의 원리는 모든 디자인 요소가 동일하지 않다는 것을 중요하게 여긴다. 로고, CTA, 이미지 등 어떤 것이든, 청중이 슬라이더에서 먼저 알아보아야 할 것이 있다면 밝은색, 애니메이션 또는 잘 보이는 크기를 사용하는 강조의 원리를 적용하면 발표자와 청중의 시각적 슬라이더 구성 요소에서 가장 중요한 부분이 될 것이다.

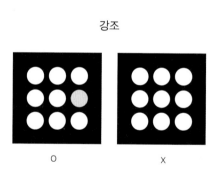

강조

(4) 움직임의 원리(Principle of motion)

슬라이더 디자인에 적용할 수 있는 움직임이란 방문자를 한 요소에서 다음 요소로 안내하는 것을 뜻한다. 개별 슬라이더의 구성 요소 크기, 방향 및 순서를 제어함으로써 슬라이더 전반에 걸쳐 보는 사람 시야의 움직임을 제어할 수 있다.

움직임

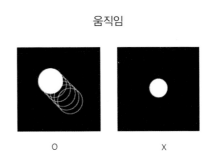

O   X

(5) 리듬의 원리(Principle of rhythm)

리듬은 일관성, 응집성을 만들어 내거나 또는 특정 메시지를 더 자세하게 표현하기 위해 요소를 반복하는 것을 의미한다. 로고, 브랜드 색상, 동일한 폰트 등의 반복적인 특성은 슬라이더의 브랜드 정체성과 인지도를 강화한다.

리듬

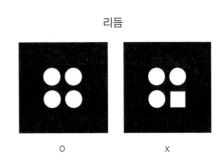

O   X

(6) 여백의 원리(Principle of margin)

디자인에서 시각적 요소가 없는 구성의 모든 영역을 여백이라고 한다. 여백은 주의를 기울일 정도의 중요한 것이 아닌 것 같을 수도 있지만, 시각디자인에서 여백을 의식적으로 배치하는 것은 슬라이더 공간의 시각적 요소들 사이에서 숨 쉴 여유를 제공하는 것이다. 또한 균형, 강조 등과 같은 다른 구성 요소 목표를 달성하는 데 도움이 될 수 있다.

여백

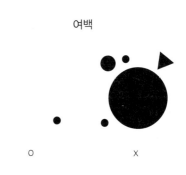

O   X

(7) 통일성의 원리(Principle of unity)

통일성의 원리는 디자인에 추가한 모든 개
별요소의 궁극적인 효과로 이상적인 하나의
조화로운 구성을 만들어 내는 것이다. 디자인
에서 통합의 목표는 청중이 압도당하지 않고,
혼란스럽지 않고 발표에서 돌아서지 않도록
하는 것이다.

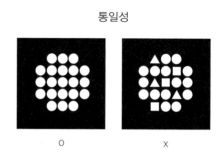

통일성

O   x

통합을 이루기 위해서는 많은 노력과 시도
가 필요하며, 일단 통일된 디자인을 완성하면 개별 슬라이드의 기능과 성능을 확인 할
수 있다. 이는 발표자가 어떤 요소를 가지고 있는지, 각 요소들을 어떻게 배치할 것인
가, 그러한 요소가 목적을 위해 역할을 수행하였는지 등에 주의를 기울여야 한다.

4) 색 통일의 법칙

색은 빛이 눈에 들어와 시신경을 자극하여 뇌의 시각중추에 전달함으로써 생기는
것으로 태양이 지고, 날이 저물어 빛이 없어지면 색은 보이지 않게 되는데 이런 현상은
빛에 의해 색을 느낄 수 있기 때문이다.

일반적으로 빛은 태양에서 방사되는 많은 전자파 중에서 눈으로 지각할 수 있는 것
에 대한 명칭으로 가시광선이라고 부른다. 색채 혹은 빛의 파장을 최초로 발견한 사람
은 뉴턴으로 1666년 프리즘을 사용하여 빛이란 다른 빛(전자파)의 집합체라는 것을 정
의하였고, 빛에는 빨강, 주황, 노랑, 초록, 파랑, 남, 보라의 7가지 색의 빛이 포함되어
있다. 우리가 빛을 지각할 수 있는 원인은 빛의 직진, 반사, 굴절, 간섭, 산란 등의 성질
에 의해 가능한데, 빛의 분산에 의해 무지개 색을 볼 수 있고, 빛의 산란에 의해 푸른 하
늘을 관찰할 수 있으며, 스테인레스 창, 광고판을 통해 빛의 반사, 투과, 흡수에 의해 물
체 표면의 색이나 광택 등을 볼 수 있다.

색(color)의 3가지 속성에는 명도(value, brightness), 채도(saturation), 색상(hue)이 있으
며, 다음에서 각 색의 속성별 특성을 설명하고자 한다.

(1) 명도(value, brightness)

디지털 시대로 빠르게 변화하는 현재 과거에는 존재하지 않았으며 실제 재현할 수 없는 이상적인 흰색이나 검정색을 그래픽의 매체로 재현할 수 있게 되었다. 그라스만의 이론에 따라 색의 3속성 가운데 색을 구별하는 데 있어 가장 민감하며 200단계의 색을 구별할 수 있는 중요한 속성의 용어이다. 단지 밝고 어두움에 대한 해석의 명도가 아니라 빛의 색과 양에 대해서 또한 빛과 물체에 대해서 분류한다. 명도의 종류에는 Value, Brightness, Lightness의 3가지로 구분된다. 첫째, 물체에 대한 명도를 나타내는 Value는 인간이 지각할 수 있는 물체의 표면색에 대하여 색상과는 관계없이 밝고 어두운 정도의 명도를 나타내는 용어이며, 먼셀시스템에 있어 밝기의 기준이 되는 속성으로 형광물질, 거울면 등을 제외한 물체의 반사량에 따른 밝기를 나타낼 때 Value로 정의한다. 둘째, 광원의 색과 상관없이 빛의 세기만을 나타내는 Brightnes는 빛 자체에서 나오는 세기가 강하고 약하게 발하는 것과의 관계를 나타내는 용어로써 밝기에 대한 열량의 세기를 나타내는 것으로 빛의 밝기만으로 명도를 표현하는 개념으로 이 때 색상의 속성은 제외될 수 있는 색채 용어로 Brightness를 정의한다. 마지막으로 백색면과 비교하여 무채색의 척도를 나타내는 Lightness로 다양하게 개발되어지고 있는 광원의 색과 디지털의 색의 표현에 대하여 빛의 밝고 어두움에 대한 것뿐만 아니라 백색면에 동일한 강도의 빛을 비추었을 때 그 밝기를 명도에서의 중간 회색이나 검정색이 흰색면과 비교하였을 때 판단하는 기준이다. Value와 동일한 개념이지만 물채색과 빛의 분류로써 구별된다.

명도는 흰색, 회색, 검정과 같은 밝기만 있고 색상과 채도가 없는 무채색과 한 색상 중 채도가 가장 높은 색(순색, 청색), 순색에 흰색을 혼합한 색으로 명도와 채도가 높아지는 명청색, 순색에 검정을 혼합한 색으로 명도와 채도가 모두 낮아지는 암청색, 순색이나 청색에 회색을 혼합한 색으로 채도가 낮아지는 탁색의 유채색 모두에 존재하며, 단계는 검정을 0, 흰색을 10으로 모두 11단계로 밝은 색일수록 명도가 높고, 어두운 색일수록 명도가 낮다.

(2) 채도(saturation)

채도는 어떤 색에 어느 정도의 색의 양이 포함되어져 있는가하는 것이며 최저 반사 주파수와 최고 반사 주파수의 차이이다. 최근 디지털 관련 색채 산업의 규모가 빠르게 확장되면서 다양한 기계나 프로그램들이 개발 및 발전되어지고 있다. 과거의 사용되어진 도료나 염료에 의해서 재현되어질 수 없는 채도의 범위가 미디어의 매체에서는 재현되어 지고 있다. 채도의 종류에는 Chroma, Saturation, Colorfulness로 세분화하여 채도의 용어로 정립된다.

첫째, Chroma는 물체색에 있어 어느 정도 색의 속성이 포함되어 있는지 나타내는 용어이며 명도에서의 Lightness가 채도를 나타낼 때 동일하다. 흰색 면과 비교하여 백색도를 포함하는 개념으로 흰색과 검정색 같이 무채색과 어느 정도 떨어져 있는가에 대해 알아볼 수 있는 척도로 설명된다. 즉 먼셀시스템에 있어서 색상의 포함 정도를 나타내는 것이며, 물체색에 적용되는 것으로 형광물질이나 거울면 등을 제외한 순수한 물체의 반사색만을 기준으로 하는 개념의 용어로 Chroma를 정의한다.

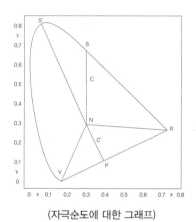

(자극순도에 대한 그래프)

둘째, Saturation은 과거 도료나 염료로는 표현할 수 있는 채도의 범위가 넓지 못하였지만 디지털 매체의 개발로 인하여 높은 수치의 채도가 나올 수 있게 되었다. 빛의 광량 자체의 양을 나타내며 이는 빛이 가지고 있는 순수한 유채색성을 나타낼 때 사용하는 개념을 정의하는 용어로 Saturation을 사용된다.

(XYZ삼자극치에 변화에 대한 색상변환)

마지막으로, Colorfulness는 색상이 포함되지 않으면 무채색으로 분류되고 미약하게라도 색상이 포함되어 있으면 유채색으로 분류된다. 유채색에 대해 그 색상에 유채색성의 많고 적음을 의미하는 용어이다. 디지털 속성을 가진 매체로 구현할 수 있는 채도로써 Chroma와 특성은 같지만 빛과 물체로 구별된다. Saturation의 개념에 더하여 빛이 얼마만큼 흰색에 가까운지 백색도의 개념이 첨가된 개념으로 즉 빛 자체의 밝기보다는 흰색과 비교하여 색상의 순수성이 비교될 때 사용하는 용어로 Colorfulness로 표현된다.

채도는 색의 맑고 탁한 정도로 무채색에는 채도가 없고 유채색에는 존재하는 특성이 있고, 채도 단계는 1~14까지로 가장 채도가 높은 색은 빨강과 노랑으로 한 색상에서 채도가 가장 높은 색이 순색이다.

(3) 색상(hue)

디지털 시대인 현재 다양한 미디어 매체의 개발로 이전에 구현할 수 없던 색상의 범위까지 표현할 수 있게 되었다. 그로 인해 디지털 색상에 맞는 용어 해석이 필요로 되고 있지만 색상의 해석은 단순히 태양의 스펙트럼에서 최고 반사 주파수대의 특성으로만 정의되어 있다. 이에 기존 연구되었던 지각 이론적 색채학에 입각하여 스펙트럼의 분광으로 물체색의 느낌을 표현하는 Spectrum 분광 기반의 개념, 시지각의 지각적 경로 및 특성을 가진 헤링의 4원색설 및 반대색설 기반의 개념, 빛의 혼색의 원리의 3자극지각설 속성 기반의 개념으로 색상의 용어를 정립한다.

Spectrum 분광 기반의 개념은 아이작 뉴턴 (Isaac Newton)이 1704년도 처음 태양광에 있는 색을 시감차로 정리한 색상에 대한 용어이며, 억지로 만들어 낸 색상이 아닌 눈에 보이는 자체의 시지각성을 중요하게 생각하는 특성을 가지고 있으며 태양광의 스팩트럼 상의 색채를 기준으로 주파수의 주파장에 따른 시감의 차이를 표현하는 용어로 Spectrum 기반의 색상 개념으로 정의된다.

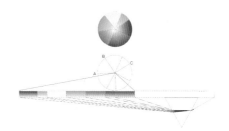

(아이작 뉴턴의 색체계)

에발트 헤링(Ewald Hering)이 1872년 발표한
반대색설의 이론에 근거하여 태양광과는 관계
없이 서로 마주 보는 보색과 보색 간의 연결을
설명하는 용어이다. 이는 색을 지각하는 지각
경로에 따른 색상의 변화로써 색이 눈에서 인
식되는 것은 R(Red), G(Green), B(Blue)로 인식되
지만 동화(재합성)와 이화(분해)를 거쳐 최종적
으로 망막에서 인식하여 지각하는 색은 Red-
Green, Yellow-Blue, White-Black의 세 쌍의

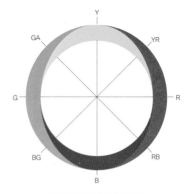

(에발트헤링의 색체계)

색을 기본감각으로 나타내고 있다. 색을 인식하는 느낌을 중요시하며 대립적 구도를 통
해 색 잔상 및 색의 대비와 순응에 대해 설명할 수 있는 이론이다. 색을 지각하는 지각적
경로를 구분하여 색이 갖는 느낌을 중요시하며 보색을 연결하는 특징을 가지고 있다. 빨
강-초록, 노랑-파랑, 하양-검정의 대립적 구도를 갖는 시 지각 감각 특성의 용어로 헤링
의 지각이론에 입각하여 반대색설 기반의 색상개념으로 정의된다.

3자극 지각설 속성 기반 색상개념은 영국
의 과학자인 토마스 영(Thomas Yorng)이 1802년
발표한 이론을 독일의 생리학자 헤르만 폰헬
름홀츠(Herman Ludwing Ferdinand VdnHelmholtz)
가 1868년에 완성한 색각 이론이다. 3원색 설
에 따라서 눈 속의 추상체가 어느 정도 반응하
느냐에 따라 혼색되는 원리에 대한 용어이다.
대표 원색은 빨강, 초록, 파랑의 3원색이며 인
간이 지각하는 기본 속성과도 유사하다. 또한

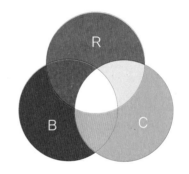

(기법 혼색의 3원색 구성표)

빛을 더하면 더할수록 흰색에 가까워진다는 가법 혼색의 원리와 같다. 적은 수의 빛으로
다양한 색을 나타낼 수 있는 특성을 가지고 있으며 텔레비전이나 모니터 등 디지털 시대
의 색채를 표현 및 재현하는 매체에 색채 특성을 전할 때 사용하는 용어로 3자극 지각설
속성 기반의 색상개념으로 정의한다.

색상은 빨깅, 노랑, 파랑 등과 같이 다른 색과 구별되는 색의 구분이나 색의 독특한

성질로 색상은 유채색에만 있으며 표준 20색상을 둥글게 배열한 것을 색상환이라고 하며 빨강, 노랑, 파랑, 녹색, 보라를 5가지 주요색으로 분류하고 색상환에서 색상 거리가 가장 멀고 서로 마주 보고 있는 색을 그 색의 보색이라고 한다.

3 프레젠테이션 디자인

1) 프레젠테이션 디자인 도구

요즘은 컴퓨터를 활용한 소프트웨어가 상당히 발달되었기 때문에 프레젠테이션을 위한 비주얼 자료의 디자인이나 조직만 적절히 이루어진다면 기기를 활용하는 시간을 단축할 수 있다.

수정과 보완, 지속적인 업그레이드가 가능 하다는 것이 컴퓨터를 활용한 슬라이드 제작의 장점이라고 할 수 있다. 프레젠테이션의 범용도구로 쓰이는 Microsoft PowerPoint, Prezi, Keynote가 있다.

(1) 파워포인트(PowerPoint)

현재 우리나라에서 프레젠테이션을 준비할 때 가장 기본적으로 사용되는 프로그램이다. 무엇보다 Microsoft계열의 프로그램으로 설치 및 사용법이 일반대중에게 많이 알려져 있고 윈도우환경에서 안정적으로 구동된다. 프로그램 자체가 높은 인지도를 가지고 사용법이 보편적으로 알려진 만큼, 파워포인트의 가장 뛰어난 장점으로는 다양한 서식을 이용하여 가독성이 높으면서도 깔끔하고 선명한 디자인을 만들 수 있다는 것이다. 즉 글상자를 자유롭게 이동시킬 수 있어 긴 문장이나 한 문장, 혹은 한 단어의 텍스트를 배열하는데 탁월한 기능을 가지고 있으며, 이미지나 동영상의 삽입이 용이하기 때문에 다양한 멀티미디어의 활용이 가능하다.

그러나 PowerPoint의 가장 큰 단점은 표, 도표, 전개도 등의 그래픽 요소를 작성할 때 사용자가 일관된 미적 기준을 적용하거나 고도의 숙련도를 갖추지 않은 이상은 통일감이 결여된 색상과 구조의 그래픽 결과물이 나온다는 점이다. 쟁점을 강조하거나 텍스트나 이미지를 그루핑 하기 위해서 박스, 그라데이션, 버튼, 클립아트들이 빈번하게 사용되는데, 발표 논지와 상관없는 클립아트가 무분별하게 사용된 결과물은 그래픽 전문가는 물론, 전문가가 보았을 때 전체적인 프레젠테이션이 조악해 보이게 된다.

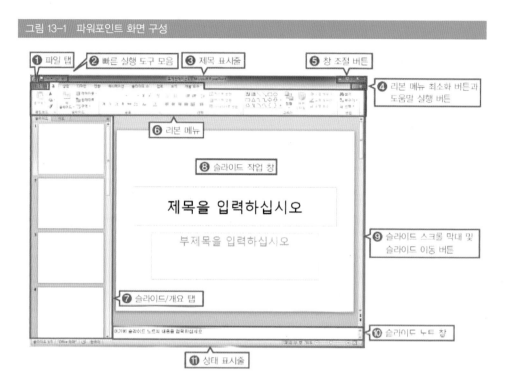

그림 13-1 파워포인트 화면 구성

❶ 파일 탭 ❷ 빠른 실행 도구 모음 ❸ 제목 표시줄 ❺ 창 조절 버튼

❹ 리본 메뉴 최소화 버튼과 도움말 실행 버튼

❻ 리본 메뉴

❽ 슬라이드 작업 창

제목을 입력하십시오

부제목을 입력하십시오

❾ 슬라이드 스크롤 막대 및 슬라이드 이동 버튼

❼ 슬라이드/개요 탭

❿ 슬라이드 노트 창

⓫ 상태 표시줄

(2) 프레지(Prezi)

Prezi는 웹을 기반으로 한 프레젠테이션 도구로서 장점은 전체 흐름과 각 세부단위들을 ZUI(Zoom able User Interface)기능을 사용해서 자유롭게 오고갈 수 있게 한다는 것이다. PowerPoint 프로그램이 고정된 화면 크기의 슬라이드 페이지 위에 전달하고자 하는 내용을 배열하고, 이러한 슬라이드를 순차적으로 구성해서 전체 메시지를 전달하는 방식을 사용한다면, Prezi는 모든 콘텐츠를 하나의 큰 화면 위에 배열하고 줌인·아웃기능, 회전기능 등을 사용하여 전체의 흐름, 각 구성 페이지, 페이지의 세부내용, 그리고 다시 페이지와 페이지를 동적인 움직임으로 연결하며 프레젠테이션을 진행하는 방식을 취한다고 볼 수 있다.

ZUI기능을 사용하는 Prezi의 이런 프레젠테이션 방식은 끊임없는 동적 움직임을 통한 화면전환과 스케일의 역동적인 변화를 통해 청중의 몰입도와 흥미를 높이는 장점을 가지고 있다. 이렇게 역동적인 화면전환을 통해 전체 흐름과 하위내용을 자연스럽게 함께 제시하는 Prezi는 주요 논지와 세부 자료 제시를 효과적으로 함께 구현할 수 있는 도구로 보여진다. 또한 시각적 요소의 질적 차원에서도 PowerPoint와 비교했을 때 불필요한 그래픽 요소 삽입 옵션을 제한적으로 조절함으로써 콘텐츠 자체에 더욱 집중할 수 있는 프레젠테이션을 제작하도록 설계되었다. 그러나 이러한 시스템은 사용자의 그래픽 구성 능력에 크게 영향을 받는 것으로, 작성자의 감각에 따라 상이한 결과물이 나올 수 있다는 점을 고려해야 한다. 또한 시간 축을 전제로 하는 역동적인 한 화면 레이아웃의 구성은 일반적인 프레젠테이션 프로그램보다는 대중에게 익숙해지기까지 조금 더 시간이 걸릴 것으로 보인다. 무엇보다 이러한 동적 움직임과 화면의 전환 효과는 특정한 장소에서는 불필요한 애니메니션 효과로 인식될 소지가 있다. 마지막으로 Prezi의 또 다른 특징 중 하나는 웹을 기반으로 저장과 편집, 구동이 이루어진다는 점인데, 이러한 특징은 법정 프레젠테이션의 관점에서는 보안성을 위협하는 취약점이 될 수 있다.

그림 13-2 프레지 화면 구성

프레지는 아이디어를 스토리로 담아낼 수 있는 프레젠테이션 서비스입니다. 소개영상 클릭!

(3) 키노트(Keynote)

키노트는 애플사의 경영주였던 잡스(Steve Jobs, 1955~2011)가 신제품을 소개할 때마다 사용하여 유명해진 프레젠테이션 프로그램이다. 키노트는 애플사의 매킨토시 오피스 프로그램인 아이워크(iWork)에 포함된 것으로, 아이워크(iWork)는 키노트, 넘버(Number), 페이지스(Pages)의 3가지로 구성되어 있다. 넘버는 엑셀과 동일한 스프레드시트(spread sheet) 기능을 하며, 페이지스는 한글이나 워드와 동일한 문서처리기(word processor)를 말한다.

키노트 프로그램은 40여 개가 넘는 다양한 키노트 테마와 템플릿을 통해 다양한 배경그림과 서체 유형을 제공하고 있다. 키노트 테마와 템플릿을 통해 도표나 차트, 그림 등의 인포그래픽(infographic) 스타일을 사용하여 프레젠테이션 제작을 용이하게 할 수 있다. 인포그래픽이란 정보(information)와 그래픽(graphics)을 합성한 용어로, 나열식 텍스트를 시각자료로 최소화하여 복잡한 정보를 신속 정확하게 설명하기 위한 시각적 표현을 말한다. 키노트 프로그램에서는 아이패드(iPad)에 장착된 애플 연필(apple pencil)을 사용해서 도표와 그림 등을 추가할 수 있기 때문에 슬라이드에 생동감을 더해줄 수 있다.

키노트는 다른 프레젠테이션 제작도구용 프로그램보다 애니메이션이나 장면전환 등 멀티미디어 효과가 탁월할 뿐만 아니라 아이폰, 아이튠스, 아이무비로부터 사진이나 음악, 영상을 삽입할 수 있는 미디어 브라우저를 포함하고 있어 소위 말하는 "아이라이프(iLife)"의 통합적 기능으로 자리 잡고 있다. 또한 애플사의 매킨토시 컴퓨터에서만 정상적으로 구동되던 키노트의 단점을 보완하여 최근에는 마이크로소프트사의 파워포인트와 공동협업이 가능하도록 많은 기능이 확장되었다. 그 결과, 키노트는 대부분의 파워포인트 기능이 지원되어 파워포인트 파일로도 문서저장이 될 수 있을 뿐만 아니라 파워포인트 문서를 키노트로 전환하여 편집도 가능하게 되었다.

그림 13-3 키노트 화면 구성

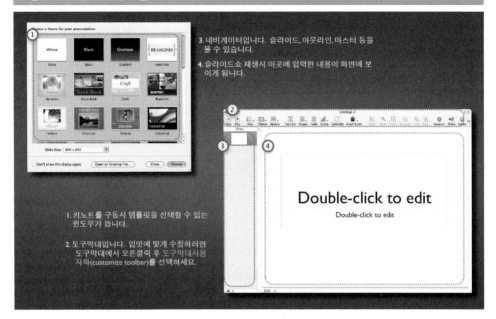

2) 프레젠테이션 디자인 원칙

파워포인트로 프레젠테이션을 위한 디자인을 할 경우에 고려해야할 원칙은 "1-5-7-7 원칙", "75-25 원칙", "KISS와 KILL 원칙", "KICC 원칙" 등이 있다.

(1) 1-5-7-7과 75-25 원칙

"1-5-7-7 원칙"이란 슬라이드를 제작할 때 적용되는 가장 일반적인 원칙을 말한다. "1-5-7-7 원칙"의 "1"이란 한 장의 슬라이드에는 반드시 1개의 주제를 담아야 한다(only one idea per slide)는 것을 말한다. 슬라이드를 제작할 때는 넓은 장소에 앉은 사람들이 본다는 것을 감안해야 한다. 한 장의 슬라이드에 서너 개의 주제를 담을 경우, 슬라이드 총 개수는 줄일 수 있을지 몰라도 주제 설명에는 혼선을 가져오게 된다. 두 번째 원칙은 프레젠테이션의 제목(title)은 다섯 단어 이하여야 한다는 것이다. 또한 한 슬라이드의 내용 중 슬라이드의 한 줄에는 최대 7단어여야 하며(maximum 7 words per line), 한

슬라이드는 7줄 이상을 넘기면 안 된다(7 point at most per slide). 대학교에서 전공 강의처럼 많은 내용을 다루어야 하는 경우에 "7-7 원칙"을 지키다보면 슬라이드의 총 매수가 기하급수적으로 늘어나게 된다. 이러한 경우 한 슬라이드에 7줄 이상의 내용을 담은 후 애니메이션 효과를 사용하여 메시지를 순차적으로 보여주면 된다. 즉, 애니메이션 효과를 활용하여 설명하지 않은 줄은 숨겨놓고 설명을 위한 줄만 화면에 나타나도록 조정하는 것이다. 이렇게 하면 "1-5-7-7 원칙"을 준수하면서도 좀 더 많은 정보를 한 장의 슬라이드에 담을 수 있다.

따라서 성공적인 프레젠테이션을 위해서는 긴 문장보다는 중요한 핵심단어로 구성하여야 하며, 자세한 내용은 추가적인 부연 설명을 통해서 청중의 이해를 도와야 한다.

"75-25 원칙"이란 "여백을 위한 원칙"을 말한다. 한 장의 슬라이드의 총면적을 100으로 봤을 때 텍스트는 총면적의 75%를 차지해야 하며, 나머지 25%는 여백으로 남겨놓아야 한다. 충분한 여백의 미를 살린 프레젠테이션이야말로 가독성과 판독성을 극대화시킬 수 있게 된다.

(2) KISS와 KILL, KICC 원칙

"KISS와 KILL 원칙"은 모두 단어의 첫 자를 딴 두음어구로서 KISS는 "Keep it simple and short"의 약어로 슬라이드를 간단하고 짧게 만들어야 한다는 원칙을 의미하며, KILL은 "Keep it large and legible"의 약어로 글자의 가독성과 판독성을 고려하여 충분히 큰 글씨로 슬라이드를 작성해야 한다는 것을 의미한다.

그 외에 파워포인트를 제작하는 원칙으로는 "KICC 원칙"이 있는데, 이는 "Keep it clean and concise"의 약어로 슬라이드를 깔끔하고 깨끗하며 명료하게 유지해야 하는 원칙을 말한다. "KISS와 KILL 원칙"과 "KICC 원칙" 모두 가독성(readability)과 판독성(legibility)을 기반으로 만들어진 원칙이라고 할 수 있다.

3) 가독성과 판독성

타이포그래피(Typography)는 활자 서체의 배열을 말하는데, 특히 문자 또는 활판적 기호를 중심으로 한 2차원적 표현을 의미하며, 활판으로 하는 인쇄술을 가리키는 용어이기도 하다.

오늘날에는 뜻이 바뀌어 사진까지도 첨가하여 구성적인 그래픽 디자인 전체를 가리키고 일반의 디자인과 동의어 같이 쓰이는 일도 있다. 즉, 편집 디자인 분야에서는 활자의 서체나 글자 배치 따위를 구성하고 표현하는 일을 가리키는 용어이다.

가독성과 판독성은 타이포그래피 분야에서 빈번히 언급되는 용어로 타이포그래피의 본질적인기능이자 목표와 관계된 용어로 중요하게 의미를 살펴 사용해야 한다. 그런데도 타이포그래피전공서적에서 조차 두 용어의 구분기준은 모호하다. 두 용어는 서로 유사하지만, 동의어로 보기는 어렵다. 그러나 구분 없이 사용하거나 일관되지 않은 의미로 사용하는 경우가 잦아 소통의 혼란이 발생한다. 이런 문제가 발생한 주요한 원인은 원서의 번역과정에서 비롯되었다고 볼 수 있다.

다수의 타이포그래피 용어와 마찬가지로 가독성과 판독성도 원서를 인용해 용어개념을 설명하는 경우가 있는데, 원서마다 legibility와 readability의 정의가 일관되지 않아 혼란을 주는 경우가 많다. 번역과정에서 채택된 국문용어가 저자에 따라 다르다는 문제가 있다. 어떤 경우에는 readability를 가독성으로 legibility를 판독성으로 번역하기도 하고, 어떤 경우에는 legibility를 가독성으로 번역하기도 한다. 그 외에도 이독성, 시인성, 독해성, 읽힘성, 가해성, 가시성 등의 유사용어로 번역되는 경우도 발생한다. 본 저서에서는 readability를 가독성, legibility를 판독성이라고 분류하도록 하겠다.

(1) 가독성(readability)

타이포그래피가 추구하는 핵심기능은 가독성으로 레지빌리티(legibility)와 리더빌리티(readability)가 있다. 산드라 에론스트에 따르면 레지빌리티는 각각의 글자형태를 식별하고 인지하는 것이며 리더빌러티는 보고 지각하는 과정(Scan and Perceiving Process)의 성공 정도를 나타내는 것이라 하여 레지빌리티는 판독성, 리더빌리티는 가독성이라고 정의하였다.

이러한 가독성의 정의를 시각 커뮤니케이션과 조형적 관점에서 접근해 보면, 시각적 자극에 의해 문자를 보고 그 내용을 지각하기까지의 상태라고 할 수 있다. 글을 인식하는 것과 읽는다는 것은 차이가 있다. 글자는 한 번에 응시함으로써 인식이 가능하지만 글은 한번 응시한다고 해서 글의 내용 모두를 이해할 수 있는 것은 아니기 때문이다. 글을 읽을 때에는 글의 내용 모두를 이해할 수 있는 것은 아니기 때문이다. 글을 읽을 때에는 응시하고 있는 동안 제한된 시야의 범위 내로 들어오는 글자들만을 인식할 수 있으며, 인쇄물 표면에서 눈 운동을 통해 응시시점을 옮겨 다니며 글자들을 모아 글의 내용을 파악하게 된다. 따라서 가독성은 글자의 형태자세를 인식하는 것보다 각 글자의 형태들이 상호 유기적 관계로서 형성되고 내용을 얼마나 편하게 읽고 정확하게 인지하고 있는지에 대한 것이다.

가독성에 영향을 미치는 요소로는 글자의 크기, 글자사이, 글줄길이, 글줄사이, 낱말사이(띄어쓰기), 양끝맞추기와 오른끝흘리기가 포함된다.

① 글자의 크기

프레젠테이션을 위해 파워포인트를 사용할 경우 표지 제목은 44포인트, 목차는 36포인트 정도, 각 장의 슬라이드 제목은 28포인트가 적당하다. 각 장의 슬라이드에 제시되는 내용, 즉 텍스트의 글자 크기는 24포인트가 적당하며 강조를 해야 할 경우에는 글자 크기를 크게 조정해야 한다. 또한 한글과 영문을 혼합해서 사용할 경우에는 글꼴 간격에 주의해야 한다. 영문 서체의 글자 간격이 지나치게 넓은 경우에는 엉문 서체를 다른 폰트로 대체해야 한다. 특히 이러한 경향은 파워포인트의 견고딕체를 사용할 때 일어나는데, 견고딕체는 진한 글씨(bold letter)를 사용하지 않고도 뒷좌석에 앉은 청중이 선명하게 볼 수 있는 서체이다. 그러나 견고딕체로 영문을 쓸 경우에는 글자 사이의 간격이 지나치게 넓어진다. 또한 견고딕체의 따옴표("")를 사용할 경우에도 글자와 글자 사이의 간격이 지나치게 벌어진다. 이럴 경우, 영문은 밝은 고딕체로 쓰고 진한 글씨화하면 가독성을 높일 수 있게 된다.

② 글자사이

일본인 무라이시(村石)의 실험에 의하면 글자 사이가 넓은 문장은 글자 사이가 좁은 문장보다 읽기 어려웠으며, 너무 바싹 붙은 글자 역시 읽기가 어려웠다. 결국 글자 사이가 가독성에 영향을 준다는 사실이 증명된 것이다. 안상수(1980)의 실험으로는 정상글사 사이보다 한 지수 좁힌 글자 사이가 독시 속도가 7.7% 빨랐다. 글자 사이를 제어히는 척도는 두 가지가 쓰인다. 하나는 절대적인 치수와 포인트고, 다른 하나는 상대치인 유니트 시스템이다. 모리사와 전산 사식의 유니트 시스템은 전각을 54분의 1로 나누어 계산한다. 즉 1유니트는 해당 활자 전각의 54분의 1을 뜻한다.

글자사이 간격을 트랙킹(tracking)이라고도 하며 트랙킹은 다시 글자와 글자 사이의 간격(letter spacing)과 단어와 단어 사이의 간격(word spacing)을 포함한다. 트랙킹의 표준은 "0"으로 규정되어있으며 이 기준에 따라 "마이너스 50"에서 "100"까지의 범위를 갖는다. 트랙킹이 "마이너스 50"이 되면, 단어와 단어 사이가 전혀 띄어져 있지 않아 무슨 단어인지를 파악할 수 없는 상태가 되며, "트랙킹 100"이란 글자 사이가 지나치게 넓어서 한 단어의 끝이 어디인지가 불명확해진다.

③ 글줄길이

팅커와 패터슨이 활자크기와 글줄길이를 동시에 변화시켜 실험한 결과, 10포인트 활자의 경우 글줄길이는 80mm가 가장 가독성이 높았으며, 통상적으로 9~12포인트로 짜여진 글줄길이는 대략 10~12개 정도의 낱말을 포함하는 길이, 즉 18~24파이카(pica)[7]가 최적의 상태라고 한다. 또한 일본 국립국어연구소에서 9포인트 활자로 실험한 결과, 25자로 된 글줄길이가 가장 가독성이 높다고 하였다. 25자결은 약 80mm의 글줄길이에 해당된다. 한글의 경우, 안상수(1980)의 실험에 따르면 글자 크기 10포인트에 글줄 사이 5포인트인 경우, 글줄길이가 80mm일 때 가장 독서 속도가 빨랐다.

글줄길이(line length)란 "열 너비(column width)"를 말하며, 프레젠테이션에서는 슬라이드 화면 상 한 줄의 길이가 지나치게 길거나 짧을 경우, 혹은 지나치게 많은 하이픈으로 연결된 단어를 사용할 경우에는 가독성에 부정적 영향을 미친다. 한 줄의 길이가 지나치게 길면 한 줄을 다 읽은 후 다음 줄로 연결하는 데 어려움을 느끼게 된다. 이와는 반대로 한 줄의 길이가 지나치게 짧으면 문장이 구로 분해가 된다. 일반적으로 영어로 된 문서일 경우에는 한 줄당 45글자(letter)에서 최대 70자로 제한하는 것이 좋으며, 파워포인트의 경우에는 "1-5-7-7 법칙"에 의거하여 최대 7단어(word)를 넘기지 않도록 하는 것이 가독성에 도움을 준다.

---

7 1치=0.25mm=11급. 1pica=1/16ich=12point, 그러므로 18~24pica는 76~102mm

④ 글줄사이

눈의 망막 중심 부위에는 고감도의 "중심와(fovea)"라는 최소 시각야가 있다. 이 부분의 시각(視角)은 0.6°~1° 정도인데 독서 자료에 도달하는 너비는 약 7mm 정도이다. 그러므로 글줄 사이가 좁은 글줄을 읽을 때, 아래 위 구분 없이 뇌로 들어오는 시각정보를 없애려는 노력은 뇌신경을 강하게 자극한다. 이러한 현상을 극복하려면 글줄사이가 적어도 글자높이의 2분의 1이상은 되어야 한다. 반면 1배 이상 되는 글줄 사이는 도리어 일소운동(return sweep movement)의 효율이 감소되어 독서 속도가 줄고 비경제적이다.[8] 일본인 사까모도(阪本敬彦)[9]는 9포인트 글자 크기에 글줄 길이를 변화시켜 가독성 실험을 하였다. 그 결과 글줄의 중심선 간격이 7mm정도 글줄 사이가 가독성이 가장 높게 나타났다. 글줄 사이는 글자 사이, 낱말사이, 글줄길이, 활자체 등의 영향을 받는다. 글줄길이는 인지상 낱말사이보다 넓어야 하며, 글줄이 길 때는 글줄 사이도 커져야 한다. 글줄 사이가 너무 넓으면 지면의 과다 사용 등 비경제적 낭비일 뿐만 아니라, 행간 운동시 시점(視點)이 불안정하여 부적응 응시수(不適應凝視數)가 늘어 산만한 독서 요인을 제공한다. 반대로 글줄 사이가 너무 좁으면 위아래 글줄이 붙어 보여, 독서 다음 글줄을 찾아 읽는 데 어려워 피로를 유발한다.[10] 그러므로 적합한 글줄 사이를 추출하는 것은 중요하다. 줄 간격(line spacing)이란 "행간(leading)"을 말한다. 읽기의 용이함을 가장 중요한 원칙으로 삼는 프레젠테이션을 위해서는 가독성을 극대화시킬 수 있도록 줄 간격을 충분히 유지해야 한다. 특히 시력감퇴가 오는 노인들을 위한 프레젠테이션 슬라이드의 행간은 충분히 띄도록 유지해야 한다.

⑤ 낱말사이(띄어쓰기)

낱말사이 공간은 글줄 사이보다는 좁아야 한다. 이것은 게슈탈트 심리학의 지각 체제화의 법칙 중 "근접성의 원리"에 의한 것으로, 가까이 붙어 있는 것들끼리 집단화가 되는 속성이 있으므로, 글자 사이가 글줄 사이보다 좁아야 글자끼리 집단화되고, 독서 진행 방향이 형성되어 가독성이 높아진다. 낱말사이에는 반각, 3분각, 4분각이 있다.

8 석금호, "한글 본문 타이포그라피의 실제 적용에 대하여," 「시각디자인」, 1987년 10월호, 40–43쪽.
9 岡田明, 「最新讀書の心理」, 東京: 日本文化科學社, 1973, pp. 160–161
10 早川浩, "讀書と可讀性," 東京: 個人出版, 1979, p.45. 167X236mm

본문 10포인트의 경우 반각이란 5포인트이다. 낱말사이 반각의 경우 글줄 사이를 9포인트 띄었기 때문에 낱말사이가 글줄사이보다 좁아 글줄에 따른 독서 방향에 무리를 주지 않는 공간이 되기에 충분하다.

효과적인 프레젠테이션을 위해서는 명사와 조사 등 낱말사이 띄어쓰기를 유용하게 사용해야 청중의 가독성을 높일 수 있다.

⑥ 양끝맞추기와 오른끝흘리기

양끝맞추기의 경우 글자 사이 띄우기와 낱말사이를 보기 좋게 배열하기가 힘들며, 글줄 끝에서 낱말이 끊기게 되어 오독을 유발시키는 단점이 있다. 그러나 오른끝흘리기는 글자 사이와 낱말사이를 고르게 하고 무리한 낱말끊기를 방지할 수 있어 양끝맞추기의 단점을 보완한다. 오른끝흘리기의 기능적 장점과 영문의 경우 끝흘리기식 본문 배열이 가독성을 높힐 가능성이 있다는 것이 판명되었다는 사실과 현대적이며 편안한 타이포그래피 느낌을 준다는 것은 오른끝흘리기의 사용 추천을 뒷받침할 만한 증거가 된다.

그림 13-4 가독성 요소별 관계 명칭

1. 글자크기
2. 글자사이
3. 글자보내기
4. 낱말사이(띄어쓰기)
5. 글줄사이
6. 글줄보내기

(2) 판독성(legibility)

판독성(legibility)은 가독성(readability)을 구성하는 하나의 요인이라고 하였다. 가독성(readability)이 다양한 서체(font)를 정렬하여 조판을 하는 종합적인 활용개념이라고 한다면, 판독성은 조판 디자인의 결과물이라고 할 수 있다. 구체적으로 판독성은 단어나 문장, 혹은 단락(paragraph) 등에 쓰인 개별글자(individual character)나 서체(typeface) 등을 인식하기 위한 용이함(ease)의 개념으로서 텍스트를 읽을 때 한 글자를 다른 글자와 구별할 수 있는 정도를 가리킨다.

판독성에는 적절한 중량감과 비례감이 영향을 미치는데, 지나치게 무겁거나 가벼운 서체, 지나치게 글자의 폭이 넓거나 좁은 서체는 피하는 게 좋다. 또한, 대문자와 소문자의 혼용과 대문자 또는 소문자로 선택하는 문제를 고려해야 한다.

판독성에 영향을 미치는 요인으로는 글자 높이(x-height), 글자 넓이(character width), 글자 무게(weight), 획 대조(stroke contrast), 서체의 공백(counters), 세리프 서체와 산세리프 서체(Serif and Sans-Serif type), 전반적인 디자인 특성(design traits) 등이 포함된다.

① 글자높이(X-Height)

한글은 받침의 유무와 관계없이 모든 글자의 높이(x-height)가 동일하다. 그러나 영어의 소문자의 경우에는 "b"나 "p"와 같이 위아래로 삐져나온 글자들과 "x, a, r, w" 등과 같이 위아래 삐져나오지 않은 글자들로 조합되어 있다. 일반적으로 영어 알파벳의 글자 높이란 위아래로 삐져나오지 않은 글자들의 높이를 말한다.

글자 높이에 대한 기준을 한글 서체에 응용해 본다면, "**HY헤드라인M 서체**"는 "HY 바다L 서체"나 "휴먼 매직체"보다 글자 높이가 높다고 볼 수 있다. 일반적으로 글자의 높이가 높은 서체일수록 판독성이 좋아진다. 따라서 동일한 18포인트의 크기라고 하더라도 "**HY헤드라인M 서체**"는 "HY 바다L 서체"보다 판독성이 좋은 것이다.

② 글자넓이(Character Width)

글자 넓이(character width)란 글자와 글자 사이의 폭을 말한다. "글자와 글자사이가 지나치게 폭이 좁거나", "글자와 글자 사이가 지나치게 폭이 넓은 경우"에는 판독성에 심각한 영향을 미친다. 특히 많은 내용을 제시하는 교과서나 작은 신용카드 등에 글자

넓이가 지나치게 넓거나 좁을 경우에는 더욱 판독이 어렵다. 이와 동일한 맥락에서 넓은 장소에서 실행되는 프레젠테이션의 경우, 글자 넓이가 지나치게 좁거나 넓을 경우에는 뒷좌석에 앉는 사람이 텍스트를 읽기 위한 판독성에 부정적인 영향을 미친다.

③ 글자의 무게(Weight)

글자의 무게(weight)란 글자가 지나치게 얇거나 두꺼운 정도를 말한다. 글자가 지나치게 무겁거나 가벼워도 판독이 어렵다. 예를 들어, 앞에서 언급한 **"HY헤드라인M 서체"**를 사용하거나 "굴림체처럼 지나치게 가벼운 서체"를 사용할 경우, 판독성에 부정적인 영향을 미친다. 특히 많은 청중을 대상으로 프레젠테이션 할 경우, 글자의 무게는 판독성에 매우 중요한 요인이 되는데, 파워포인트 슬라이드에는 "굴림체"나 "**맑은 고딕체**"보다는 "**견고딕체**"가 뒷좌석에 앉은 청중에게도 높은 판독성을 주는 가장 적합한 서체라고 할 수 있다.

④ 획 대비(Stroke Contrast)

획 대비(stroke contrast)란 한 글자를 구성하는 획들의 진한 부분과 연한 부분의 비율적 대비를 말한다. 한 글자의 진한 획과 연한 획이 지나치게 다를 경우에도 판독성에 나쁜 영향을 미치게 된다. 또한 획 대비가 지나치게 다른 글자를 인쇄할 경우에는 연한 획 부위는 인쇄되지 않을 수 있으며, 작은 글씨체로 읽거나 화상도가 낮은 환경에서는 연한 부위가 화면에 나타나지 않아 판독성에 부정적인 영향을 미친다.

⑤ 서체의 공백(Counters)

서체의 공백(counters)이란 하나의 서체에 포함된 획을 제외한 공백(negative shape)을 말한다. 예를 들어, "**서체의**"라는 단어의 "**의**"의 경우, 동그라미 "O"의 획 속의 둥근 공백을 말한다. 활자의 획이 굵고 획 속의 공백이 적을수록 판독성에 부정적인 영향을 미친다. 특히 공백은 지나치게 굵은 글씨(heavy weight)의 서체가 아주 작은 글씨로 변경될 때 심각한 영향을 받는다. 굵은 획의 글씨가 작아짐으로 인해 동그라미 속의 공백이 없어지기 때문이다. 따라서 서체의 공백이 적은 글자는 텍스트 내용보다는 제목처럼 큰 글씨를 쓸 경우에 사용하는 것이 좋다.

⑥ 세리프 서체와 산세리프 서체(Serif and Sans-Serif Typeface)

세리프(Serif typeface)란 네덜란드 말로 "선(line)"이나 "획(stroke)"이라는 뜻으로, 세리프 서체란 "글자나 기호의 끝부분에 삐침이 있는 서체"를 말한다. 이와는 반대로 산세리프(San-serif typeface)는 프랑스어로 "없음"이라는 뜻의 "sans-"와 "-sarif"가 조합된 단어로 "획의 삐침이 없는 글씨체"를 말한다. 획의 삐침을 가지고 있는 대표적인 세리프 폰트로는 명조체나 궁서체를 들 수 있으며 바탕체, 견명조, 신명조 등도 세리프 폰트에 속한다. 산세리프 폰트는 주로 **고딕체**와 돋움체를 말하며 **견고딕체**, 맑은 고딕체, **HY 헤드라인M** 서체, arial, times new roman 등을 포함한다.

전통적으로 세리프 서체는 공식적인 문서나 신문, 일반적인 서적에 사용되어 왔다. 그러나 "단순명료성"을 중시하는 프레젠테이션에는 획의 삐침이 없는 산세리프 서체를 권장한다. 산세리프 서체는 일반적으로 글자의 높이가 적당하며, 획의 넓이에도 변화(variation in stroke width)가 없기 때문에 프레젠테이션에 적합하다. 그렇다고 해서 프레젠테이션에 세리프 서체를 절대로 사용해서는 안 된다는 말은 아니다. 청중이 가장 잘 읽을 수 있고 이해할 수 있는 서체가 무엇인지를 판단하여 서체를 선택하는 것이 중요하다는 관점에서 권장한 아이디어라고 할 수 있다.

그림 13-5   텍스트 비교에 따른 권장 글꼴

텍스트 종류	글꼴크기	한글글꼴	영문글꼴
표지제목	44pt 이상	맑은고딕 **HY견고딕** **HY헤드라인M**	**Arial** **Tahoma** MS PGothic
목차, 간지	35pt 이상	맑은고딕 **HY견고딕** **HY헤드라인M**	**Arial** **Tahoma** MS PGothic
슬라이드 제목	28pt 이상	맑은고딕 **HY견고딕** **HY헤드라인M**	**Arial** **Tahoma** MS PGothic
슬라이드 소제목	20pt 이상	맑은고딕 **HY견고딕** HY헤드라인M	Arial **Tahoma** MS PGothic
슬라이드 내용	18pt 이상	맑은고딕 **HY견고딕** HY헤드라인M	Arial **Tahoma** MS PGothic

4   슬라이드 작성 원칙

슬라이드 작성을 위한 다양한 이론적 개념이나 원칙을 충분히 파악했다면, 이를 모두 종합하여 슬라이드 개발과 조직을 위한 원칙으로 활용해야 할 것이다. 발표자의 발표와 더불어 슬라이드와 같은 시각자료를 함께 사용하는 것은 청각자극 한 가지만 제공하는 경우보다 메시지 내용의 이해력이나 이를 장기기억에 저장하는 기억능력이 향상되기 때문이다.

청중의 학습을 효과적으로 유도하기 위해서는 하나의 슬라이드에는 하나의 메시지를 채워야 하는 단순성의 원칙, 한 개의 슬라이드에 사용하는 서체와 글자크기 등을 일관성 있게 사용하는 통일성의 원칙, 슬라이드에는 개조식 압축구 사용원칙, 프레젠테이션 기본서체 사용 원칙, 시각자료 사용원칙 대하여 알아보고자 한다.

1) 단순성의 원칙

"1-5-7-7법칙"에 의거하여 한 장의 슬라이드에는 하나의 주제, 최대 다섯 단어의 제목, 한 줄은 7단어 내외, 한 장의 슬라이드는 최대 7줄로 제한함으로써 단순함을 유지한다.

발표할 장소의 맨 뒷좌석에서도 슬라이드 내용을 명확하게 읽을 수 있게 하려면 이처럼 슬라이드의 조직을 간단명료하게 조직해야 한다. 한 장의 슬라이드를 7줄 정도로 배열하면 줄 간격도 적절하게 조절이 가능하게 되어 시각적으로도 보기에 편해진다. 또한 한 문장만 지나치게 길어서 마지막 단어가 새로운 줄로 넘어가지 않도록 글상자의 좌우 넓이를 조절해야 한다.

2) 통일성의 원칙

한 개의 슬라이드에 사용하는 서체와 글자 크기는 2~3개로 제한해야 한다. 모든 슬라이드에 사용되는 소제목과 텍스트의 글자크기를 통일하여 단순함과 더불어 용이함을 제공해야 한다. 통상적으로 영문은 Times New Roman이나 Arial(Helvatica), 한글은 바탕체(명조체)나 고딕체(견고딕) 등 읽기 쉬운 산세리프 서체를 사용하면서 동일한 슬라이드 안에서는 같은 계열의 글자로 통일이 되도록 구성해야 한다.

또한 한 슬라이드에서 설명부분의 작은 글자가 다음 슬라이드에서는 제목의 크기로 커진다거나 하면 청중은 어느 부분이 중요한 것인지 몰라 혼돈을 가져오게 된다. 따라서 같은 비중의 글자크기는 모든 슬라이드에 걸쳐 같은 크기로 유지해야 한다.

3) 압축구의 사용 원칙

슬라이드에 들어가는 텍스트는 문장이 아닌 개조식 압축구로 작성해야 한다. 개조식 압축구란 완전한 문장이 아닌 단어들의 조합으로 핵심명사나 동명사 구를 말한다. 이는 시각정보와 청각정보를 동일한 속도로 제공하기 위한 방법이기도 하다. 따라서 슬라이드 화면을 잠시 응시만 하더라도 전체 내용이 한 눈에 들어올 수 있도록 간단명료하게 조직해야 하며, 청중의 시선은 부가적인 설명을 하는 발표자에게 집중되도록 해야 한다.

4) 서체 사용 원칙

기본적으로 단순명료함을 강조하는 프레젠테이션에서는 획의 삐침이 없는 산세리프 서체를 권장한다. 따라서 필기체(italic)와 같이 기교가 많이 가미된 서체나 기울어진 서체는 가독성이나 판독성에 심각한 장애를 불러온다.

밑줄이나 테두리의 사용도 절제해야 한다. 밑줄 친 글자를 사용하면 글자들의 밑 부분이 밑줄에 포함되어 글자와 글자를 구별하기가 어려워진다. 이럴 경우에는 파워포인트의 그림상자에 있는 직선을 사용하여 "닦아내기"의 "왼쪽에서"로 지정하면 강조하고자 하는 글자 밑에 밑줄이 그어지는 효과를 충분히 나타낼 수 있다. 이때 직선의 색을 빨간색이나 푸른색으로 바꿀 경우, 강조의 의미를 나타낼 수 있게 된다.

5) 시각자료 사용원칙

시각이론에 의하면, 시각자료를 청각자료와 함께 제공할 경우, 메시지 해석이나 이해는 물론, 정보를 장기적으로 기억하는 기억률에도 지대한 영향을 준다고 강조하였다. 또한 나열식 텍스트로 제공된 내용보다 이를 도표화시킨 시각적 화면으로 제공할 때 이해력이 증가하는 것으로 나타났다. 텍스트를 한 눈에 볼 수 있도록 도표나 다이어그램으로 제시하는 방법을 인포그래픽(infographics)이라고 한다. 인포그래픽은 시각적 정보와 설명적 기능을 조합한 자료이기 때문에 메시지 전달에 매우 효과적이다.

(1) 프레젠테이션 시각자료

프레젠테이션을 위한 시각자료는 크게 인포그래픽(infographics)과 모션그래픽(motion graphics)으로 구분된다. 인포그래픽(infographics)이란 정보(information)와 그래픽(graphics)을 합성한 말로, 청중의 집중도를 증가시키고 메시지의 전달효과를 극대화시키기 위한 목적으로 행해지는 정보나 자료, 지식의 시각적 표현을 말한다. 따라서 인포그래픽은 나열식 텍스트를 최소화하고 이미지화로 구성된 메시지를 전달함으로써 복잡한 정보를 신속 정확하게 설명할 수 있다는 장점을 가지고 있다. 인포그래픽의 종류에는 그림, 삽화, 클립아트, 그래프, 차트, 도형, 도표, 다이아그램, 흐름도(flow chart), 로고, 일러스트레이션, 달력 등 다양한 시각 자료들이 포함된다.

모션그래픽이란 움직임(motion)과 그래픽(graphics)을 합성한 말로, 인포그래픽이 정지된 그림이나 시각자료를 의미하는 것이라면, 모션그래픽은 움직임을 가진 시각자료를 말한다. 모션그래픽이란 애니메이션이나 비디오 영상 기술을 이용하여 다양한 움직임을 만들어내는 그래픽 기술을 말한다. 통상적으로 모션그래픽은 음향과 결합한 멀티미디어 프로젝트에 활용된다.

(2) 색상의 제한

프레젠테이션 디자인은 한 장의 슬라이드에 사용하는 색은 3가지 이내로 제한해야 한다. 슬라이드를 처음 작성해보거나 경험이 부족한 초보자들은 화면을 화려하게 장식하기 위해 많은 색상을 쓰기 쉽다. 그러나 지나치게 많은 색을 사용하면 화려함에 시선이 현혹되어 정작 중요하게 전달해야 하는 내용은 색상에 가려진다. 프레젠테이션의 본질은 메시지의 전달이다. 따라서 색상은 내용을 전달하기 위한 보조적 기능에서 벗어나면 안 된다.

이와 더불어 슬라이드 화면마다 색을 바꾸는 것도 지양해야 한다. 한 슬라이드 당 3가지 색으로 제한했다고 하더라도 화면마다 색이 달라진다면 슬라이드가 통일성을 잃어 내용 전달의 연계성이 부족하게 된다. 슬라이드 내용 중 강조하고 싶은 부분은 글씨체의 크기를 변화시키거나 글씨의 색을 변화시킨다. 이렇게 함으로써 청중은 중요핵심 아이디어에 시선을 집중하게 된다.

(3) 배경색의 선택

슬라이드의 배경색은 프레젠테이션 장소의 크기나 조명 상태에 따라 달라져야 한다. 일반적으로 발표장소가 넓을 경우에는 어두운 색을 배경으로 하는 것이 좋으며, 좁은 장소일 경우에는 밝은 색으로 배경을 구성하는 것이 바람직하다. 또한 발표장의 조명이 어두운 장소에서는 짙은 회색이나 짙은 파란색과 같이 명도가 낮은 색을 배경색으로 해야 하며, 밝은 곳에서는 밝은 노랑이나 밝은 회색, 혹은 밝은 파란색과 같이 명도가 높은 색이 배경색으로 적당하다.

이는 모두 인체의 시각반응을 통제하는 명반응(light reaction)과 암반응(dark reaction)

을 최소화하여 시각적 피로함을 줄이기 위한 전략이라고 할 수 있다. 특히 조명이 밝은 장소라도 배경색을 흰색으로 지정해서는 안 된다. 왜냐하면 명도가 높은 흰색에 적응하기 위해서는 인간의 시각반응이 달라지기 때문이다.

어두운 장소에서 밝은 장소로 나갈 때의 시각반응의 변화를 명반응이라고 한다. 명반응을 위해서는 눈으로 들어오는 빛을 차단하기 위해 동공이 수축한다. 일반적으로 밝은 곳에서는 눈으로 들어오는 빛을 차단하기 위해 동공의 지름이 약 3.5mm까지 줄어들게 되며, 어두운 곳에서는 최대한도로 빛을 받아들이기 위해서 8mm까지 확장된다. 밝은 장소에서는 이미 어느 정도의 명반응이 일어난 상태이다. 이때 흰색 배경의 슬라이드를 비추면, 인체에서는 밝은 색에 재적응을 하기 위해 2차적인 명반응이 일어나면서 동공이 수축된다. 동공수축이 갑자기 일어나면 이로 인해 망막이 과잉으로 자극되어 통증을 유발시킨다. 따라서 청중은 슬라이드 화면 가득히 흰색의 배경이 비쳐지면 눈의 부담을 피하기 위해 시선을 회피하게 된다. 청중의 시선이 화면에서 벗어나게 되면 슬라이드를 제공하는 일차적인 목적을 달성하기 어려워진다. 따라서 밝은 장소에서는 흰색 배경을 피해야 한다.

그림 13-6 색상 선택의 원칙

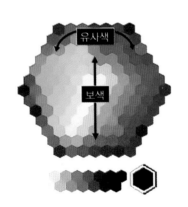
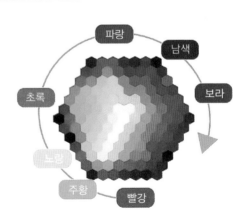

참고문헌 ∿

《국내문헌》

강길호 · 김현주 (2001), 커뮤니케이션과 인간, 한나래.

강명희 외 (2017), 교육방법 및 교육공학(제3판), 파주, 교육과학사.

강영진 (2009), 갈등해결의 지혜, 일빛, 94~98.

강인애 (1995), 구성주의 원리 : 조교 교육 프로그램 개발, 교육공학 연구, 11(1), 25~46.

고화숙 (1999), 아동이 지각한 사회적 지지가 학습동기에 미치는 영향, 아동교육, 8(1), 27~38.

구현정 (2000), 대화의 기법, 경진문화사.

권성연 외, (2018), 교육방법 및 교육공학, 파주, 교육과학사

김동윤 · 오소현 (2012), 첫눈에 반한 커뮤니케이션 이론, 커뮤니케이션북스, 번역본.

김명혜 (2020), 스피치와 프레젠테이션, 박영스토리.

김무규 (2012), 소통을 위한 성찰: 체계이론의 관점으로 살펴본 성찰적 커뮤니케이션 이론 연구,
　　　　한국언론정보학보 통권 제58호, 180.

김민수 (2004), 리치미디어 컨텐츠 구현에 있어 상호작용 모델, 디자인학연구 제17권 제1호,
　　　　203.

김보경 (2013), 취업 목적 말하기의 특성과 교육 방안, 화법 연구.

김상희 (2005), 서비스접점에서 소비자 감정표현과 판매원 반응에 관한 연구: 언어적, 비언어적
　　　　커뮤니케이션을 중심으로, 소지자과학연구, 제16권 제2호, 111~146.

김영국 · 박성현 (2007), 한글 타이포그래피의 공간 구조적 특성, 한국콘텐츠학회논문지.

김영석 (2005). 설득 커뮤니케이션, 나남.

김영임 (1998), 스피치커뮤니케이션, 나남.

김우룡 · 장소원 (2004), 비언어적 커뮤니케이션론, 나남, 436.

김유나 (2008), 중학생의 발표 불안 해소 지도 방안, 석사학위논문, 전남대학교 교육대학원, 광주.

김정환 (1987), 교육철학, 박영사.

김현 　 (2015), 키위교육학 하, 북이그잼, 272.

김현민 (2014), Bandura의 사회학습이론을 적용한 미술수업모형 개발.

김현주 · 양승목 (2004), 국내외 대학 커뮤니케이션 교육현황: 국내 대학사례, 한국소통학회 가
　　　　을철 정기학술대회 발표논문.

나은미 (2007), 성인화자의 말하기 평가 방법 효과적인 프레젠테이션의조건 및 평가에 대한 고찰, 화법연구.

도이 사토시·다카하시 슌스케 (2006), 곽해선 역, 로지컬 프레젠테이션, 이다미디어.

문은배 (2011), 색채 디자인 교과서, 서울: 안그라픽스.

박경희 (2004), 유사 언어가 방송 메시지 전달에 미치는 영향에 관한 연구 뉴스 전달 속도 분석을 중심으로, 석사학위 논문, 성균관대학교.

박란희 (2009), 목소리 구성요소의 커뮤니케이션 효과에 관한 연구화자의 호감도와 공신력에 미치는 영향을 중심으로, 박사학위 논문, 계명대학교.

박민수 (2008), 8가지 커뮤니케이션 기법, 시그마프레스.

박선영 (2003), 사회불안 유발 상황의 구분 및 사회불안 하위유형의 차별적 특성, 석사학위논문, 서울대학교.

박성익 외 (2008), 교육방법의 교육공학적 이해, 교육과학사, 서울, 145.

박성익 외 (2015), 교육방법 및 교육공학(제5판), 파주, 교육과학사.

박성창 (2000), 수사학, 서울: 문학과 지성사.

박영찬 (2004), 일반인 대상 스피치 교육의 현황, 한국스피치커뮤니케이션학회 학술대회 자료집.

박용익 (2003), 수업대화의 분석과 말하기 교육, 서울: 역락.

박정숙 (2017), 경험 서사를 활용한 시 창작 교육 방법 연구.

박홍원 (2011), 주체, 타자, 커뮤니케이션: 레비나스와 함께 커뮤니케이션을 다시 생각하기, 언론과 사회 제19권 제2호.

백미숙 (2006), 교양교육으로서 말하기교육의 현황과 방향: 성균관대학교의 스피치와 토론 강좌 사례를 중심으로, 수사학, 제10집, 323~348.

범기수 외 (2009), 자기주장성과 스피치 교육의 효과, 스피치와 커뮤니케이션, 12호, 196~218.

서미경 (2008), 목소리 디자인 성공을 좌우하는 보이스 톤과 매너 전략, 서울 중앙북스.

서병인 외 (2000), 현대 조직행동, 서울, 삼영사.

서영진 외 (2010), 고등학생의 공식적 말하기에 대한 불안 연구: 화법 구성 요소와 말하기 분안의 상관을 중심으로. 청람어문교육, 42, 209~242.

세종대왕기념사업회한국글꼴개발연구원 (2000), 한글글꼴용어사전, 서울:세종대왕기념사업회.

손세모돌 (2002), 발표에서의 부차 언어 연구, 화법연구.

신상인 (2013), 교사와 또래의 부정적 피드백이 발표 불안 및 수행에 미치는 영향, 석사학위논문, 서울대학교, 서울.

신지영 (2008), 말하기의 조음 및 운율 요소에 대한 평가, 한국어학.

신지영 (2013), 소통과 공감을 위한 전달력 높은 말하기의 언어학적 조건-운율적 측면을 중심으로, 어문논집.

신희선 (2006), 여대생 리더십 향상을 위한 의사소통 교육에 관한 연구-숙명여대 발표와 토론 수업 사례을 중심으로, 한국스피치커뮤니케이션학회 봄철학술연구 발표논문.

심미선 (2000), 수용자. 홍기선 외, 현대방송의 이해. 서울: 나남, 371~411.

아리스토텔레스 (1998), 김재홍 역, 변증론, 서울: 까치글방.

안범희 (1993), 학교 학습 심리학, 하우기획출판, 서울, 100.

안상수 (1990), 글자꼴 개발 방안(1), 《한글 글자꼴 기초연구》 출판연구총서 7, 한국출판연구소.

양미경 (2012), 내재적 학습 동기 연구의 동향과 과제. 열린교육연구, 20(4): 187~209.

언론중재위원회 (2014), 설득을 위한 경청(傾聽), 조정을 위한 설득과 수사의 자료 제9권.

윤석민 (2007), 커뮤니케이션의 이해, 서울: 커뮤니케이션북스.

윤혜림 (2004), 컬러리스트를 위한 체계적인 종합이론서 COLORIST, 서울: 국제.

이경화 외 (2011), 교육심리학(개정판), 서울: 교육과학사.

이규현 (2018), 경영학의 이해. 학현사.

이상철 (2005), 교양교육으로서 스피치 토론 프로그램의 유익성과 한계점, 한국소통학회 가을철 정기학술대회 발표논문.

이선미 (1999), 라디오 인기 오락 프로그램 진행자의 준 언어적 표현의 특성 연구, 화법연구, 1권, 157~158.

이수라 외 (2006), 대인관계 능력과 프레젠테이션 기술, 글누림.

이수빈 (2019), 플립러닝(Flipped Learning)을 활용한 기초화성학 수업이 학업 성취에 미치는 영향.

이시은 (2004), 성공적인 대화를 이끄는 고품격스피치, 태학사.

이유나 외 (2008), 발표상황에서 발표자의 비언어적 요소가 발표자의 이미지 평가 및 메시지 전달효과에 미치는 영향, 스피치와 커뮤니케이션.

이인희 (1995), 뉴미디어 환경에서의 커뮤니케이션 모델에 관한 연구, 한국방송학보 통권 제6호, 116.

이종수 (2009), 행정학사전, 대영문화사-성취동기이론의 개념.

이진학 (2005), 스피치 교육의 현황과 과제: 사회 및 평생교육 영역에서, 한국소통학회 가을철 정기학술대회 발표 논문.

이창덕 외 (2000), 삶과 화법, 서울: 문학동네.

이창안 (2002), 현대사회의 화법, 세종출판사.

이한분 (2008), 파워 스피치의 이론과 실제, 서울: BG북갤러리.

장성민 (2015), 은유 분석을 통한 고등학생의 발표 장르에 대한 인식 조사, 화법연구, 30, 325~360.

전영우 (2002), 스피치커뮤니케이션.

전은주(2010), 말하기 불안 해소의 교수・학습 방법. 화법연구, 16, 95~124.

정 백 (2000), 효과적인 커뮤니케이션 달성을 위한 평가모델 연구, 언론학연구 제4집.

정현숙 (2002), 커뮤니케이션 관점에서 고찰해 본 한국적 협상 커뮤니케이션의 스타일과 문제점: 사회구성주의모델을 중심으로, 스피치와 커뮤니케이션 제1호.

정혜식 (2012). 스피치 교육이 스피치 능력과 셀프리더십에 미치는 효과, 경희대학교 언론정보대학원 석사학위논문.

조동욱 외 (2015), 17년 차기 대권 후보군들의 목소리 특징 분석, 한국통신학회 학술대회논문집.

조두환 (2006), 최고의 설득을 이끌어내는 프레젠테이션, 가람출판사.

조민하 (2014), 프레젠테이션의 효과적인 조음 및 운율 전략 정보전달적 말하기와 설득적 말하기의 비교를 통하여 대학생 말하기 향상을 위한 준언어적 구성 요소와 방법에 대한 모색, 화법연구.

조재윤 (2004), 프레젠테이션 교육의 문제점과 그 개선 방향, 화법연구 7, 115~113.

조창연 (2004), 인간커뮤니케이션의 모델 구축을 위한 인지기호학적 연구, 커뮤니케이션학 연구 제11-1호.

최양수 (2006). 서론: 디지털 시대의 미디어 이용. 최양수 외, 디지털시대의 미디어 이용, 서울: 커뮤니케이션북스, 1~12.

최영인 (2014), 설득 화법의 청중 고려 양상과 교육적 적용. 박사학위논문, 서울대학교, 서울.

최중락 (2018), 재미있는 경영학 워크북, 상경사.

키케로 (2006), 안재원 역, 수사학(말하기의 규칙과 체계), 도서출판 길.

한국산업인력공단 (2007), 색채학, 서울: 한국산업인력공단.

한국산업인력공단 (2010), Chromatology 색채학, 서울: 산업인력공단.

한덕웅 외 (1996), Spielberger의 상태-특성 불안검사 Y형의 개발, 한국심리학회지 건강, 1(1), 1~14.

홍종배 (2005), 대구/경북지역 대학의 스피치 교육 현황과 과제, 한국소통학회 가을철 정기학술대회 발표논문.

황보명 외 (2015), 목소리로 연상되는 이미지에 관한 연구, 언어치료연구.

황진숙 (2013), 정보처리이론에 근거한 중국어 교수-학습 방안.

《외국문헌》

A. Mehrabian (1971), Silent Messages, Wadsworth.

Adams, J. Stacy and William Rosenbaum (1962), "The relationship of worker productivity to cognitive dissonance about wage inequities", Journal of Applied Psychology 46(3): 161~164.

Antony, M. M. & Swinson, R. (2005), 최병휘 역, 수줍음과 사회불안의 극복: 대인공포증과-142-발표 불안, 면접불안, 수행불안의 자가치료, 서울: 시그마프레스, (원서출판 1996).

Aristotle (1991), Aristotle on Rhetoric, Trans. with Introduction, Note, and Appendixes by George A. Kennedy, Oxford.

_____ (1991), The Art of Rhetoric, Tra. by H. C. Lawson-Tancred, London.

_____ (1975), The "Art" of Rhetoric, Tra. by John Henry Freese, Cambridge.

_____ (1966), Topica, Trans. by E. S. Forster, Cambridge.

Alley-Young, G. (2005), An individual's experience: a socio-cultural critique ofcommunication apprehension research. Online Submission, 30(1), 36~46.

Ayres, J. and Raftis, S. M. (1992), The impact of evaluation and preparationtime on high public speaking anxious speakers' thoughts, behavior, andstate-communication apprehension, Southern J ournal ofCommunication, 57(4), 323~327.

Baron.R.A & J.Greenberg (1990), "Behavior in Organization", Allyn & Bacon, 75.

Beatty, M. J., Heisel, A. D. Hall, A. E., Levine, T. R., & La France, B. H. (2002), Communication apprehension as temperamental expression: acommunibiological paradigm, Communication Monographs, 65(3), 197~219.

Beatty, M. J. & McCroskey, J. C. (2009), A communibiological perspective oncommunication apprehension, In J. A. Daly, J. C. McCroskey, J. Ayres,T. Hopf, D. M. A. Sonandre, T. K. Wongprasert (Eds.), AvoidingCommunication: Shyness, Reticence, and Communication Apprehension, Cresskill, NJ: Hampton Press, 53~66.

Beatty, M. J., McCroskey, J. C., & Heisel, A. D. (1998), Communicationapprehension as temperamental expression: a communibiologicalparadigm. Communication Monographs, 65(3), 197~369.

Beatty, M. J. (1988), Public speaking apprehension, decision-making errors inthe selection of speech introduction strategies and adherence tostrategy. Communication Education, 3/(4), 297~311.

B.H. Westley and M. MacLean, "A conceptual model for mass communication research" in Journalism Quarterly, Vol. 34, 31~8.

Carey, C. (1994), "Rhetorical means of persuasion", Persuasion-Greek Rhetoric in Action ed., Ian Worthington, New York.

Charles Horton Cooley (1909), Social Organization, New York, Charles Scribners and Sons, 1909, 23~31.

Cicero (1968), De Inventione, 1, 64, trans. H. M. Hubbell (Cambridge: Harvard University Press.

Colin Cherry (1978), On Human Communication - the Third Edition; London; The MIT Press,1978, 3~9, 30.

Daly, J. A., Caughlim, J., & L. Stafford. (2009). Correlates and consequences ofsocial-communicative Anxiety. In J. A. Daly, J. C. McCroskey, J.Ayres, T. Hopf, D. M. A. Sonandre, T. K. Wongprasert (Eds.), Avoiding Communication: Shyness, Reticence, and CommunicationApprehension, Cresskill, NJ: Hampton Press, 23~50.

Darby, B. W., & Schlenker, B. R. (1986), Children's understanding of socialanxiety. Developmental Psychology, 22(5), 633.

Denis McQuail (1994), Mass Communication Theory: An Introduction, third Edition, London,SAGE, 41~49.

Deci, E. L. and Ryan, R. M. (1985), Intrinsic Motivation and Self-determination in Human Behavior, New York: Plenum.

E. C. Krabbe (2002), "Meeting in The House of Callias: An Historical Perspective on Rhetoric and Dialectic", Dialectic and Rhetoric, ed., Frans H. Van Eemeren, Peter Houtlosser(Boston: Kluwer Academic Publishers), 33.

Elihu Katz and Paul F. Lazarsfeld (1955), Personal Influence: The Part Played by People in theFlow of Mass Communication, Glencoe, The Free Press of Glenco.

Elihu Katz (1972), "the Two-Step Flow of Communication", in Wilber Schramm (ed.), MassCommunications 2nd Edition, Urbana, University of Illinois Press, 346~365.

Eysenck, H. J. & Eysenck, M. W. (1985), Personality and IndividualDifferences: A Natural Science Approach. New York, NY: Plenum.

F.E.X. Dance (1967), "toward a theory of human communication", in Frank E.X. Dance(ed.), Human Communication Theory-Original Essays; London; Holt, Rinehart and

Winston,Inc., 1967, 293~416.

Flaherty, L. M., Pearce, K. J., & Rubin, R. B. (1998), Internet and face-to-face communication: Not functional alternatives. Communication Quarterly, 46, 250~268.

Fremouw, W. J. & Breitenstein, J. L. (1990), Speech anxiety. In Handbook ofSocial and Evaluation Anxiety, New York, NY: Springer, 455~474.

Gass, R. H., & Seiter, J. S. (1999), Persuasion, Social Influence, and Compliance Gaining. Needham Heights, MA: Allyn & Bacon.

Gilford, J.P., (1967), "The Nature of Human Intelligence," McGrawHill, 152.

Golding and Murdock, 1991, op. cit., 15~30,

Hall, E. T. (1976), Beyond Culture. Garden City, NY: Doubleday AnchorBooks.

Harold D. Lasswell (1948), "the Structure and Function of Communication in Society", in LymanBryson (ed.), The Communication of Ideas, New York, Institute for Religious and socialStudies, 37~8.

Herzog, H. (1944), What do we really know about daytime serial listeners. In P. Lazarsfeld & F. Stanton (Eds.), Radio research 1942~1943.

Herzber's motivation-hygiene theory (A.K.A two-factor theory)

Hofstede, G. (1995), 세계의 문화와 조직. 차재호, 나은영 (역). 서울: 학지사, (원서출판 1991).

Kashdan, T. B. and Herbert, J. D. (2001), Social anxiety disorder in childhoodand adolescence: current status and future directions. Clinical Childand Family Psychology Review, 4(1), 37~61.

Katz, E., Blumler, J. G., & Gurevitch, M. (1974), Utilization of masscommunication by the individual. In J. G. Blumler, & E. Katz (Eds.), The uses of mass communication: Current perspectives on gratifications research, Beverly Hills, CA: Sage, 19~32.

Katz, E. & Faulkes, D. (1962), On the use of the mass media as escape. Public Opinion Quarterly, 26, 378.

Kessler, R. C., Stang, P. E., Wittchen, H. U., Ustun, T. B., Roy-Burne, P. P.,& Walters, E. E. (1998), Lifetime panic-depression comorbidity in theNational Comorbidity Survey, Archives of General Psychiatry, 55(9), 801~808.

Kwang-Myumg Kim. (2002), "Idea Generrration for a Design Project with the CGTS System," Master's Thesis, Seoul National University of technology, 8.

Kwang-Myumg Kim et al., (2011), "Business ProjectPracti cal," Seoul Metropolitan Office of

Education, 43.

Leary, M. R., & Kowalski, R. M. (1995), Social anxiety. New York, NY: TheGuilford Press.

Locke, E, A., & Latham, G. P. (1990b), A theory of goal setting and task performance. New Jersey: Prentice Hall.

Mannuzza, S., Schneier, F. R., Chapman, T. F., Liebowitz, M. R., Klein, D. F.,&Fyer, A. J. (1995), Generalized social phobia: reliability and validity.Archives of General Psychiatry, 52(3), 230~237.

Marks, I. M., & Gelder, M. G. (1966), Different ages of onset in varieties ofphobia. American Journal of Psychiatry, 123(2), 218~221.

Maslow, Abraiham (2009), 동기와 성격, 오혜경, 21세기 북스.

Mayes, 1978: 신유근, 1987

McCroskey, J. C. (1976), The effects of communication apprehension onnonverbal behavior. Communication Quarterly, 24(1), 39~44.

McCroskey, J. C. (1977), Oral communication apprehension: a summary ofrecent theory and research. Human Communication Research, 4(1), 78~96.

McQuail and Windahl (1993), op. cit. 14.

Mehrabian, Albert, and Martin Williams (1969), "Nonverbal Concomitants of Perceived and Intended Persuasiveness." Journal of Personality and Social Psychology.

Menzel, K. E. & Carrell, L. J. (1994), The relationship between preparation andperformance in public speaking. Communication Education, 43(1), 17~26.

M. L. Knapp & J. A. Daly(eds.) (2002), Handbook of Interpersonal Communication, Sage Publications, 245.

Öhman, A. (1986), Face the beast and fear the face: animal and social fears asprototypes for evolutionary analyses of emotion. Psychophysiology, 23(2), 123~145.

Paul F. Lazarsfeld, Benard Berelson andHazel Gaudet (1948), the People's Choice, New York, Columbia University Press.

R. Braddock (1958), "An Extension of the Lasswell Formula", in Journal of Communication, Vol.8, 88~93.

R. Birdwhistell (1970), Kinesics and Context, University of Pennsylvania Press.

Rileyand Riley (1959), op. cit, 557~8

Robbins.S.P. (1988), "Organization Theory", Prentice-Hall, 1988, 39.

Ryan, R. and Deci, E. (2000), "Self-determination Theory and the Facilitation of Intrinsic Motivation, Social Development, and Wellbeing." American Psychology, 52: 141~166.

J.W.Riley, JR. and M.W. Riley (1959), "Mass Communication and the Social System", in R.K.Merton et al. (eds.), Sociology Today, New York, Basic Books Inc., 538~9.

Schlenker, B. R., & Leary, M. R. (1982). Social anxiety and self-presentation: aconceptual model. Psychological Bulletin, 92, 641~669.

S. Cohen and J. Young (eds.) (1973), The Manufacture of News: social problems, deviance and the mass media, London, Constable, 10.

Shearon A. Lowery and Melvin L. De Fleur (1988), Milestones in Mass CommunicationResearch - Media Effects - Second Edition, London, Longman, 163~185

Shannon & W. Weaver (1949), The Mathematical Theory of Communication, University of Illinois Press.

Street, Jr. Richard L., Robert M. Brady. (1982). "Speech Rate Acceptance Ranges as a Function of Evaluative Domain, Listener Speech Rate and Communication Context", Communication Monographs.

Theodore M. Newcomb (1959), "The Study of Consensus", in Merton et al., Sociology today, op. cit, 277~292.

Tiffin and McCormik (1965), "Indusrtial Psychology", Englewood Cliffs : .Prentice-Hall, 250~340.

Vygotsky, L. S. (1978), Mind in society : The development of higher psychologicalprocesses. NY : Harvard University Press.

Wadleigh, M. (2009), Contextualizing communication avoidance research:research, scope, realm, and paradigm. In J. A. Daly, J. C. McCroskey,J. Ayres, T. Hopf, D. M. A. Sonandre, T. K. Wongprasert (Eds.),Avoiding Communication: Shyness, Reticence, and CommunicationApprehenstion (pp. 3~22). Cresskill, NJ: Hampton Press.

Wanous & Zwany. (1987), 김범국 외 1998.

찾아보기

저자약력

김호준

강원대학교 일반대학원 행정학 박사
강릉원주대학교 경영·정책과학대학원 행정학 석사
강원대학교 삼척캠퍼스 공공행정학 행정학사
現 경복대학교 간호대학 겸임교수

우은영

국민대학교 테크노디자인전문대학원 인터랙션디자인랩 박사과정
고려대학교 경영전문대학원 경영학 석사
국민대학교 경영대학 기업경영 경영학사
現 경복대학교 간호대학 겸임교수
現 ㈜Ivysquare 대표이사

김정호

한림대학교 일반대학원 분자의과 이학 박사
한림대학교 일반대학원 의학과 의학 석사
한림대학교 바이오메디컬학 이학학사
現 경복대학교 간호대학 겸임교수
現 Biovision 대표이사

세상에 울림을 주는
논리적인 발표기법

초판발행   2023년 2월 24일

지은이   김호준·우은영·김정호
펴낸이   안종만·안상준

편 집   김윤정
기획/마케팅   손준호
디자인   이소연
제 작   고철민·조영환

펴낸곳   ㈜ **박영사**
             서울특별시 금천구 가산디지털2로 53, 210호(가산동, 한라시그마밸리)
             등록 1959.3.11. 제300-1959-1호(倫)
전 화   02)733-6771
f a x   02)736-4818
e-mail   pys@pybook.co.kr
homepage   www.pybook.co.kr
ISBN   979-11-303-1663-5 93170

정 가   24,000원